经贸院士
建德荷兰
贺教授卯
年大以向项目
成立玉然

季羡林

教育部哲学社会科学研究重大课题攻关项目
"十三五"国家重点出版物出版规划项目

二十国集团与全球经济治理研究

RESEARCH ON G20 AND GLOBAL ECONOMIC GOVERNANCE

黄茂兴 等著

中国财经出版传媒集团
经济科学出版社
Economic Science Press

图书在版编目（CIP）数据

二十国集团与全球经济治理研究/黄茂兴等著.—北京：经济科学出版社，2020.12
教育部哲学社会科学研究重大课题攻关项目"十三五"国家重点出版物出版规划项目
ISBN 978-7-5218-2257-1

Ⅰ.①二… Ⅱ.①黄… Ⅲ.①二十国委员会-关系-世界经济-经济治理-研究 Ⅳ.①F113

中国版本图书馆CIP数据核字（2020）第264480号

责任编辑：孙丽丽　胡蔚婷
责任校对：王苗苗
责任印制：范　艳　张佳裕

二十国集团与全球经济治理研究

黄茂兴　等著

经济科学出版社出版、发行　新华书店经销
社址：北京市海淀区阜成路甲28号　邮编：100142
总编部电话：010-88191217　发行部电话：010-88191522
网址：www.esp.com.cn
电子邮箱：esp@esp.com.cn
天猫网店：经济科学出版社旗舰店
网址：http://jjkxcbs.tmall.com
北京季蜂印刷有限公司印装
787×1092　16开　27.75印张　530000字
2021年8月第1版　2021年8月第1次印刷
ISBN 978-7-5218-2257-1　定价：111.00元
(图书出现印装问题，本社负责调换。电话：010-88191510)
(版权所有　侵权必究　打击盗版　举报热线：010-88191661
QQ：2242791500　　营销中心电话：010-88191537
电子邮箱：dbts@esp.com.cn)

课题组主要成员

首席专家　黄茂兴

成　　员　Tony Heron（英）　陈建奇　王　茭
　　　　　　俞　姗　戴双兴　李军军　叶　琪
　　　　　　唐　杰　黄新焕　陈伟雄　易小丽
　　　　　　白　华　张宝英　郑清英　程俊恒
　　　　　　陈　莹

编审委员会成员

主 任 吕 萍
委 员 李洪波　柳　敏　陈迈利　刘来喜
　　　　　樊曙华　孙怡虹　孙丽丽

总 序

哲学社会科学是人们认识世界、改造世界的重要工具，是推动历史发展和社会进步的重要力量，其发展水平反映了一个民族的思维能力、精神品格、文明素质，体现了一个国家的综合国力和国际竞争力。一个国家的发展水平，既取决于自然科学发展水平，也取决于哲学社会科学发展水平。

党和国家高度重视哲学社会科学。党的十八大提出要建设哲学社会科学创新体系，推进马克思主义中国化、时代化、大众化，坚持不懈用中国特色社会主义理论体系武装全党、教育人民。2016年5月17日，习近平总书记亲自主持召开哲学社会科学工作座谈会并发表重要讲话。讲话从坚持和发展中国特色社会主义事业全局的高度，深刻阐释了哲学社会科学的战略地位，全面分析了哲学社会科学面临的新形势，明确了加快构建中国特色哲学社会科学的新目标，对哲学社会科学工作者提出了新期待，体现了我们党对哲学社会科学发展规律的认识达到了一个新高度，是一篇新形势下繁荣发展我国哲学社会科学事业的纲领性文献，为哲学社会科学事业提供了强大精神动力，指明了前进方向。

高校是我国哲学社会科学事业的主力军。贯彻落实习近平总书记哲学社会科学座谈会重要讲话精神，加快构建中国特色哲学社会科学，高校应发挥重要作用：要坚持和巩固马克思主义的指导地位，用中国化的马克思主义指导哲学社会科学；要实施以育人育才为中心的哲学社会科学整体发展战略，构筑学生、学术、学科一体的综合发展体系；要以人为本，从人抓起，积极实施人才工程，构建种类齐全、梯队衔接的高校哲学社会科学人才体系；要深化科研管理体制改革，发挥高校人才、智力和学科优势，提升学术原创能力，激发创新创造活力，建设中国特色新型高校智库；要加强组织领导、做好统筹规划、营造良好学术生态，形成统筹推进高校哲学社会科学发展新格局。

哲学社会科学研究重大课题攻关项目计划是教育部贯彻落实党中央决策部署的一项重大举措，是实施"高校哲学社会科学繁荣计划"的重要内容。重大攻关项目采取招投标的组织方式，按照"公平竞争，择优立项，严格管理，铸造精品"的要求进行，每年评审立项约40个项目。项目研究实行首席专家负责制，鼓励跨学科、跨学校、跨地区的联合研究，协同创新。重大攻关项目以解决国家现代化建设过程中重大理论和实际问题为主攻方向，以提升为党和政府咨询决策服务能力和推动哲学社会科学发展为战略目标，集合优秀研究团队和顶尖人才联合攻关。自2003年以来，项目开展取得了丰硕成果，形成了特色品牌。一大批标志性成果纷纷涌现，一大批科研名家脱颖而出，高校哲学社会科学整体实力和社会影响力快速提升。国务院副总理刘延东同志做出重要批示，指出重大攻关项目有效调动各方面的积极性，产生了一批重要成果，影响广泛，成效显著；要总结经验，再接再厉，紧密服务国家需求，更好地优化资源，突出重点，多出精品，多出人才，为经济社会发展做出新的贡献。

作为教育部社科研究项目中的拳头产品，我们始终秉持以管理创新服务学术创新的理念，坚持科学管理、民主管理、依法管理，切实增强服务意识，不断创新管理模式，健全管理制度，加强对重大攻关项目的选题遴选、评审立项、组织开题、中期检查到最终成果鉴定的全过程管理，逐渐探索并形成一套成熟有效、符合学术研究规律的管理办法，努力将重大攻关项目打造成学术精品工程。我们将项目最终成果汇编成"教育部哲学社会科学研究重大课题攻关项目成果文库"统一组织出版。经济科学出版社倾全社之力，精心组织编辑力量，努力铸造出版精品。国学大师季羡林先生为本文库题词："经时济世 继往开来——贺教育部重大攻关项目成果出版"；欧阳中石先生题写了"教育部哲学社会科学研究重大课题攻关项目"的书名，充分体现了他们对繁荣发展高校哲学社会科学的深切勉励和由衷期望。

伟大的时代呼唤伟大的理论，伟大的理论推动伟大的实践。高校哲学社会科学将不忘初心，继续前进。深入贯彻落实习近平总书记系列重要讲话精神，坚持道路自信、理论自信、制度自信、文化自信，立足中国、借鉴国外、挖掘历史、把握当代、关怀人类、面向未来，立时代之潮头、发思想之先声，为加快构建中国特色哲学社会科学，实现中华民族伟大复兴的中国梦做出新的更大贡献！

教育部社会科学司

前 言

全球治理源于全球化的兴起，早在19世纪后期，主权国家就开始开展对人道救助、卫生、通信和环境等领域的国际合作实践。1918年美国威尔逊总统提出的"十四点"和平计划，论述了关于成立国际联盟的想法，这可以看作是全球治理思想的最早实践。1945年，联合国成立，作为最具综合性和代表性国际组织的诞生标志着全球治理实践的正式开端。同年，布雷顿森林会议以后创建的国际货币基金组织、世界银行、关贸总协定这三大组织标志着全球经济治理平台和机制的运行。1975年成立的G7组织标志着由发达国家把控的全球治理局面初步形成。在全球治理早期实践的基础上，全球治理概念于20世纪70年代中期孕育而生。冷战结束后，全球治理开始正式进入学者们的研究视野，形成了一系列研究成果，为我国参与全球经济治理提供了理论依据和现实支撑。

2008年全球金融危机爆发后，二十国集团（以下简称"G20"）领导人峰会首次在美国华盛顿召开，会议决定吸纳新兴经济体进入全球金融稳定论坛。2009年9月，在美国著名的"钢城"召开的G20匹兹堡峰会正式确定将G20机制作为讨论全球经济议题的主要平台，并使之对国际经济的管理进一步制度化。G20已成为一个重要的国际合作机制，被视为后危机时代改革全球经济治理框架、建立国际经济新秩序的有效载体。

当前，G20涵盖了全球最重要的发达国家和发展中国家，经济总量超过了全球经济总量的85%，是全球治理的重要平台，同时也聚集了全球大部分的创新资源和要素，凝聚着全球最强劲的创新动力。以

2008年国际金融危机的爆发、二十国集团（G20）部长会议升级为全球首脑峰会为标志，G20开启了从危机应对型治理向长效型全球治理的转变。G20是一个极具代表性的新的国际合作框架基础，它的历史使命不仅仅局限于解决国际金融危机及其所带来的影响，而应随着21世纪国际地缘政治的发展变化，肩负起建立国际未来新秩序的重大使命。

在新型大国互动关系和新的全球治理秩序下，为了更有效地承担全球治理舵手这一角色，G20需要朝着更开放、更多边、更灵活、更有效的方向发展。G20的战略目标是构建21世纪公平公正的国际经济秩序。现在国际社会正面临着一系列社会、经济、环境和安全问题，这些问题将会决定全球和平与发展的前景。因此，未来G20应当将关注的重点从经济金融问题扩展到经济金融领域之外，有效连接多边国际机制，使其作为当前全球治理更为有效的平台。

G20与全球经济治理的意义，只有放置于更大的历史时空中才能看得更清晰。2016年9月，二十国集团领导人第十一次峰会在中国杭州举行。中国作为主席国提出了"构建创新、活力、联动、包容的世界经济"作为峰会主题，并设置了"创新增长方式""更高效全球经济金融治理""强劲的国际贸易和投资""包容和联动式发展"四大议题板块。中国在完善全球治理、为世界经济注入新动力方面提出或参与了很多建设性倡议，推动各方凝聚共识并制定行动方案，中国在完善全球经济治理、促进全球经济增长方面发挥了积极作用。2017年7月，二十国集团领导人第十二次峰会在德国汉堡举行。本次峰会以"塑造一个相互连通的世界"作为主题，并围绕全球经济稳定从"确保经济稳定性、改善可持续性、负责任地发展"三个主要议题板块展开讨论。这次峰会重新凝聚了主要经济体全球互联互通和共享全球化的共识，推动G20各成员在促进全球经济稳定、完善全球经济治理、激发全球经济新动能等方面做出了积极贡献。值得一提的是，德国从中国手中接过G20主席国后，延续2016年中国G20杭州峰会上的绿色金融、气候、结构性改革、创新增长、包容性发展等重点议题，并在与G20杭州峰会保持连续性的基础上，继续向前推进并将其深层次化、具体化。在2018年和2019年二十国集团领导人第十三次峰会、第十四次峰会上,中国国家主席习近平在 G20 峰会上强调,G20 各成员处在不同发展阶段,在一些问题上存在利益差异和观点分歧很正常。关键是要弘扬伙伴精神,本着相互尊重、相互信任态度,平等协商、求同存异、管控分歧、扩大共识。在中国政府的积极推动下,峰会宣言多处写入完善全球经济治理、深化 G20 合作等中国主张和中国方案,成为 G20 平台上的最强音,获得与会国家领导人的积极共鸣和响应。2020 年 3 月 26 日,中国国家主席习近平在出席二十国集团领导人应对新冠肺炎特别峰会上强调,实施有力有效的财政和货币政策,加强金融监管协调,减免关税、取消壁垒、畅通贸易,维护全球产业链供应链稳定,保障人民基本生活。这些主张对于全球协调行动抗击疫情具有重要意义。

鉴于 G20 与全球经济治理的现实和发展要求,2016 年 11 月,由本人担任课题负责人申报 2016 年度教育部哲学社会科学研究重大课题攻关项目"二十国集团与全球经济治理研究",项目批准号为 16JZD028 成功获得中标立项。在三年多的科研攻关中,本人和课题组成员借鉴国内外研究者的相关研究成果,紧密跟踪 G20 与全球经济治理的前沿研究动态,不断拓展理论和方法创新,形成了这份最终研究报告。2020 年 8 月,经教育部组织哲学社会科学研究重大课题攻关项目结题验收审核,本书通过了专家鉴定,并纳入重大攻关项目成果出版计划。在此,由衷感谢教育部社科司给予的资助和大力支持。

本书在借鉴国内外前期研究成果的基础上,力图对 G20 与全球经济治理问题做相关深入剖析。当然,这是一项跨越多个学科的研究领域,课题组受到知识结构、研究能力和占有资料有限等主客观因素的制约,在一些方面的认识和研究仍然不够深入和全面,还有许多需要深入研究的问题未及研究。有鉴于此,我们将继续深化研究,继续完善理论体系和分析方法,并加强实践性对策研究,将进一步做出新的探索与思考。课题组愿与关注这项研究的专家学者一道,继续深化对 G20 与全球经济治理的理论和实践研究,对中国积极参与全球经济治理提供有价值的决策借鉴。

黄茂兴

2020 年 10 月

摘 要

二十国集团（以下简称"G20"）涵盖了全球最重要的发达国家和发展中国家，经济总量超过了全球经济总量的85%，其影响和作用举足轻重，也处于应对风险挑战、开拓增长空间的最前沿。以2008年国际金融危机的爆发、G20部长会议升级为全球首脑峰会为标志，G20开启了从危机应对型治理向长效型全球治理的转变。如今，发达国家与新兴经济体交错围绕在以G20为中心的各式各样的多边协调机制之中，G20作为国际经济合作的重要论坛，已成为当今世界最重要的全球治理平台。在世界经济进入后金融危机弱复苏和全球新冠肺炎疫情肆虐时期，深入研究如何完善G20的发展，使其向长效全球经济治理机制转型，对推动全球经济秩序进入一个力量更加平衡、更加互利共赢、更加包容发展的新阶段，具有重要的理论意义和现实价值。

基于这样的研究背景并在充分借鉴国内外研究者的相关研究成果的基础上，课题组围绕"二十国集团与全球经济治理研究"这一教育部哲学社会科学研究重大课题攻关项目的任务要求，聚焦全球经济治理的变革趋势、G20如何参与全球经济治理以及G20在推动全球经济治理中的角色担当等重点问题开展了深入研究，并深入探讨中国在G20机制化建设和推动全球经济治理改革中的实践探索，为中国积极参与G20事务提供有价值的理论指导和决策借鉴。本书由三大部分、共十四章构成，基本框架如下：

第一部分：全球经济治理与二十国集团的使命担当。这部分内容主要体现在本书的第一章~第四章，即从全球经济治理的内涵和理论演进出发，阐释了全球经济治理的发展历程、演变趋势，以及G20兴起和发展过程中对推动全球经济治理改革的重要驱动作用,并深入分析了 G20 在全球经济治理中的使命担当,包括需要着力解决的重点问题、后疫情时代推动全球经济治理的重点领域等。

第二部分:二十国集团在全球经济治理中的实践探索。这部分内容主要体现在本书的第五章～第十章,即从 G20 在全球经济治理主平台中的机制化建设入手,全面分析了 G20 在推动全球宏观政策协调、强化全球投资政策合作、促进全球贸易政策沟通、改革全球金融治理体系、参与全球绿色治理行动等方面的实践发展,发挥的重要作用,取得的积极成效,以及可能面临的困难与挑战等。特别是结合当前的全球新冠肺炎疫情危机,探讨了 G20 合作机制面临的机遇和挑战,以及后疫情时代 G20 合作机制完善发展的趋势展望。

第三部分:中国在二十国集团中推动全球经济治理的积极作为。这部分内容主要体现在本书的第十一章～第十四章,即从深入分析中国参与全球经济治理的理念和实践出发,阐述了中国在积极参与 G20 机制化建设并在完善全球经济治理中的角色担当,特别是 2016 年中国成功举办 G20 杭州峰会前后为 G20 及至世界经济秩序建设做出的重要贡献,并就中国如何参与 G20 改革进程,使中国在推动全球经济治理中发挥更大作用提出了相应的政策建议。同时,中国政府面对突发的新冠肺炎疫情所采取的及时有效措施对于全球合作抗疫及国际贸易合作等方面的贡献和作为,再一次彰显了中国在全球经济治理进程中的大国担当。

Abstract

　　The Group of Twenty (referred to as "G20") covers the most important developed and developing countries in the world, whose total economic volume takes up more than 85% of the global economic volume. G20 countries are in the forefront not only in terms of influence and role, but also risk and challenge and expanding the potential of growth. G20 summit has initiated the transition from crisis-responsive governance to long-term global governance, marked by the outbreak of the international financial crisis in 2008 and the upgraded G20 global summit from ministerial meeting. At present, G20 is an important forum for international economic cooperation, and it has become the most important global governance platform in the world, where developed countries and emerging economies are intertwined with various multilateral coordination mechanisms centered around the G20. At stake of the weak recovery of the world economy after the financial crisis and the raging global COVID-19 pandemic, in-depth research performs eminent importance on theoretical significance and practical value on the topics such as: how to improve the development of the G20, transform it into a long-term global economic governance mechanism, and promote the global economic order into a more balanced, more mutually beneficial and more inclusive win-win new stage.

　　Based on this research background and on the basis of making full use of the relevant domestic and international research results, our research team focused on the topic of the "G20 and Global Economic Governance Research" —a major project of the Ministry of Education's philosophy and social science research-emphasizing on the reform trend of global economic governance, how the G20 participates in global economic governance, and the role of the G20 in promoting global economic governance. We also carry out in-depth research on China's efforts in G20 institutionalization and the promotion of global economic governance reforms. The practical exploration of China provides valuable theoretical guidance and decision-making reference for China's active participation in G20 affairs. This book is composed of three parts, including fourteen chapters. The basic framework as follows:

Part 1: Global economic governance and G20 mission. This part is composed from chapter one to four, starting from the connotation and theoretical evolution of global economic governance. It explains the development process and evolution trend of global economic governance, and the important role of driving force global economic governance reform during the rise and development of G20. It also contains in-depth analysis of the G20's mission in global economic governance, including key issues that need to be addressed, and key areas to promote global economic governance in the post pandemic era.

Part 2: the practical exploration of G20 in global economic governance. This part is composed from chapter five to ten, starting from the main platform construction of global economic governance from institutional construction of the G20. It contains a comprehensive analysis of the G20's role in promoting global macro policy coordination, strengthening global investment policy cooperation, improving global trade policy communication, reforming the global financial governance system, participating in global green governance actions and other aspects of practical development. We analyze the important role played by the G20 in these areas, the positive results achieved, and the difficulties and challenges that may be faced, especially under the current COVID pandemic global crisis, which is still continuing to spread. The possible opportunities and challenges faced by the G20 cooperation mechanism are discussed, as well as the prospects for the improvement and development of the G20 cooperation mechanism in the post pandemic era.

Part 3: China's active actions in promoting global economic governance in G20. This part is composed from chapter eleven to fourteen, starting from an in-depth analysis of China's concept and practice in participating in global economic governance. It contains China's active participation in the G20 institutionalization and improvement of global economic governance. China has made important contributions to the G20 and to the world economic order, especially before and after the successful G20 Hangzhou Summit in 2016. We propose corresponding policies on how China can participate in the G20 reform process to play a greater role in global economic governance. At the same time, we further analyze in detail on the contribution of G20 cooperation on fighting with COVID-19 pandemic and international trade, with China's rapid actions after the outbreak COVID-19, which once again demonstrates China's responsibility on global economic governance.

目录

上篇

全球经济治理与二十国集团的使命担当 1

第一章 ▶ 全球经济治理的理论内涵与主要内容 3

第一节 全球经济治理的内涵 3
第二节 全球经济治理的构成要素 8
第三节 全球经济治理的理论基础 11
第四节 全球经济治理的起源和演变 17

第二章 ▶ 全球经济治理格局演变趋势与二十国集团的兴起 26

第一节 经济全球化趋势与全球经济现状分析 26
第二节 全球经济治理格局的演变趋势 34
第三节 二十国集团的兴起对全球经济秩序构建的重要意义 42

第三章 ▶ 二十国集团的发展历程、作用及其挑战 47

第一节 二十国集团的发展历程 47
第二节 二十国集团在全球治理体系中的重要作用 57
第三节 贸易保护主义和民粹主义下二十国集团面临的挑战 63
第四节 新冠肺炎疫情对二十国集团合作机制带来的冲击和挑战 68

第四章 ▶ 二十国集团在全球经济治理中的使命担当 72

第一节 二十国集团担当全球经济治理使命的必然性 74

第二节　二十国集团在全球经济治理中使命担当的角色变化　83

第三节　二十国集团在全球经济治理中使命担当的趋势展望　87

第四节　二十国集团在全球经济治理进程中需要着力解决的问题　94

第五节　二十国集团在后疫情时代推动全球经济治理的重点领域　99

中篇

二十国集团在全球经济治理中的实践探索　103

第五章 二十国集团在全球治理主平台中的机制化取向与策略选择

第一节　二十国集团机制化建设的历史演变与现实展望　105

第二节　二十国集团机制化建设面临的问题与挑战　112

第三节　二十国集团机制化建设的动因与发展方向　116

第四节　二十国集团机制化建设的外部关系协调　125

第五节　二十国集团机制化建设的内部关系协调　128

第六节　后疫情时代二十国集团合作机制面临的机遇和挑战　139

第七节　后疫情时代二十国集团合作机制完善发展的趋势展望　144

第六章 二十国集团推动全球宏观政策协调与活力增长　149

第一节　二十国集团推动全球宏观政策协调具有重要意义　150

第二节　二十国集团推动全球宏观政策协调以促进经济增长的演化过程　152

第三节　二十国集团推动全球宏观政策协调方面面临的主要挑战　154

第四节　二十国集团推动全球宏观政策协调的政策途径　156

第五节　二十国集团完善推动全球宏观政策协调的保障机制　161

第七章 二十国集团强化全球投资治理政策合作与协调　165

第一节　第二次世界大战以来全球投资治理的历史演变与趋势特征　165

第二节　二十国集团是推动全球投资治理改革的中坚力量　175

第三节　二十国集团框架下全球投资治理面临的机遇和挑战　178

第四节　二十国集团框架下全球投资治理体系的构建　181

第五节　二十国集团框架下中国积极参与全球投资治理的改革方略　186

第八章 二十国集团促进全球贸易政策沟通与协调　196

第一节　全球贸易政策的演变历程　196

第二节　当前全球贸易政策的新动态　200

第三节　二十国集团在全球贸易政策协调中发挥的积极作用　210

第四节　二十国集团在全球贸易政策协调中面临的主要困境　215

第五节　后疫情时代二十国集团国际贸易合作的困境与挑战　217

第六节　二十国集团框架下促进全球贸易政策协调的政策措施　223

第七节　后疫情时代二十国集团国际贸易发展的政策协调与合作举措　227

第九章 ▶ 二十国集团推动全球金融治理改革与创新　235

第一节　当前全球金融治理秩序的基本格局与主要问题　235

第二节　二十国集团推动全球金融治理改革与创新的主要进展　243

第三节　二十国集团推动全球金融治理改革与创新仍面临的挑战　256

第四节　二十国集团推动全球金融治理改革与创新的愿景　263

第十章 ▶ 二十国集团参与全球绿色治理的行动与展望　268

第一节　全球绿色治理的发展历程　268

第二节　二十国集团参与全球绿色治理的行动与成效　275

第三节　二十国集团参与全球绿色治理的动力分析　279

第四节　二十国集团参与全球绿色治理的制约因素分析　284

第五节　全球绿色治理的趋势展望　289

第六节　二十国集团积极参与全球绿色治理的政策建议　292

下篇

中国在二十国集团中推动全球经济治理的积极作为　297

第十一章 ▶ 中国参与全球经济治理的理念与实践　299

第一节　全球经济治理的主要内容　300

第二节　全球经济治理体系的历史演进　304

第三节　中国在参与全球经济治理中的角色变迁　308

第四节　当前全球经济治理面临的新形势新情况　312

第五节　中国在完善全球经济治理进程中的理念倡导　315

第六节　中国为完善全球经济治理积极提供中国方案　318

第七节　后疫情时代中国国际贸易发展定位与战略选择　322

第十二章 ▶ 中国积极参与二十国集团建设并推动全球经济治理改革的实践变化　328

　　第一节　中国参与二十国集团建设的发展历程　328
　　第二节　中国参与二十国集团建设的突出表现　333
　　第三节　中国在积极参与二十国集团建设中对全球经济治理改革的主要贡献　342

第十三章 ▶ 中国在二十国集团中的利益攸关领域和责任发力点　348

　　第一节　中国在二十国集团中的利益攸关领域　348
　　第二节　中国在二十国集团中的责任发力点　358
　　第三节　中国在推动二十国集团合作抗疫中的行动及其贡献　366

第十四章 ▶ 中国更好参与二十国集团并在全球经济治理中发挥更大作用的政策路径　372

　　第一节　推进开放、透明和有益的全球投资环境的营造　372
　　第二节　推动贸易的开放、融合及转型升级　378
　　第三节　推进更稳定更有韧性的国际金融架构的构建　383
　　第四节　推动经济包容和联动式发展　390

参考文献　394

后记　407

Contents

Part I
Global Economic Governance and the Mission of the G20　　1

Chapter 1　The Theoretical Connotation and Main Contents of Global Economic Governance　　3

    1.1　The Connotation of Global Economic Governance　　3
    1.2　The Elements of Global Economic Governance　　8
    1.3　The Theoretic Basis of Global Economic Governance　　11
    1.4　The Origination and Evolution of Global Economic Governance　　17

Chapter 2　The Evolution Trend of Global Economic Governance Structure and the Rise of G20　　26

    2.1　An Analysis of the Trend of Economic Globalization and the Current Situation of Global Economic Development　　26
    2.2　The Evolution Trend of Global Economic Governance Structure　　34
    2.3　The Great Significance of the Rise of G20 to the Construction of Global Economic Order　　42

Chapter 3　The Development Process, Role and Challenges of the G20　　47

    3.1　The Development Process of the G20　　47
    3.2　The Important Role of the G20 in the Global Governance System　　57
    3.3　The Challenges the G20 Faces under Protectionism and Populism　　63

3.4 The Impact and Challenges of COVID-19 on the G20's Cooperation Mechanism　68

Chapter 4　The G20's Mission and Responsibility in Global Economic Governance　72

4.1 The Inevitability of the G20 to Bear the Mission of Global Economic Governance　74

4.2 The Changing Role of Mission and Responsibility for the G20 in Global Economic Governance　83

4.3 The Development Trend of Mission and Responsibility for the G20 in Global Economic Governance　87

4.4 The Problems to be Solved by the G20 in the Process of Global Economic Governance　94

4.5 The Key Areas of the G20 Promoting the Global Economic Governance in the Post-epidemic Era　99

Part II
G20's Practical Exploration in Global Economic Governance　103

Chapter 5　The Institutionalized Orientation and Strategy Articulation of G20 in the Main Platform of Global Governance　105

5.1 The Historical Variation and Realistic Prospection of G20 Mechanization　105

5.2 The Problems and Challenges Facing G20 Mechanization　112

5.3 The Motivation and Development Direction of G20 Mechanization　116

5.4 External Coordination of G20 Mechanization　125

5.5 Internal Coordination of G20 Mechanization　128

5.6 Opportunities and Challenges Facing the G20 Cooperation Mechanism in The Post-COVID-19 Era　139

5.7 Trends and Prospects for G20 Cooperation Mechanism Improving Legal System in The Post-COVID-19 Era　144

Chapter 6　G20 Promotes Global Macro Policy Coordination and Growth Dynamism　149

6.1 Importance of G20 Promoting Global Macro Policy Coordination　150

6.2　The Evolution of G20 Promoting Global Macro Policy Coordination for Accelerating Economic Growth　152

6.3　The Major Challenges Facing G20 Promoting Global Macro Policy Coordination　154

6.4　The G20's Policy Approaches to Promote Global Macro Policy Coordination　156

6.5　Improvement of Safeguards for G20 Promoting Global Macro Policy Coordination　161

Chapter 7　The G20 will Strengthen Policy Cooperation and Coordination on Global Investment Governance　165

7.1　The Historical Evolution and Trend Characteristics of Global Investment Governance Since World War II　165

7.2　The G20 is a Key Force in Promoting Reform of Global Investment Governance　175

7.3　Opportunities and Challenges Facing Global Investment Governance under the G20 Framework　178

7.4　The Construction of Global Investment Governance under the G20 Framework　181

7.5　China will Actively Participate in the Reform Strategy of Global Investment Governance under the G20 Framework　186

Chapter 8　The G20 Promotes Global Trade Policy Communication and Coordination　196

8.1　The Evolution of Global Trade Policy　196

8.2　New Developments in Current Global Trade Policy　200

8.3　The G20 Plays an Active Role in Global Trade Policy Coordination　210

8.4　The Main Dilemma Facing the G20 in Global Trade Policy Coordination　215

8.5　The Difficulties and Challenges of G20 International Trade Cooperation in the Post-Epidemic Era　217

8.6　Policy Measures to Promote Global Trade Policy Coordination under the G20 Framework　223

8.7 G20 Policy Coordination and Cooperation Measures for International Trade Development in the Post-Epidemic Era　227

Chapter 9　G20 Push Forward Global Financial Governance Reform and Innovation　235

9.1 The Basic Pattern and Main Problem of Current Global Financial Governance Order　235

9.2 The Main Progress of G20 in Pushing Forward Global Financial Governance Reform and Innovation　243

9.3 Challenges of G20 Still Facing in Pushing Forward Global Financial Governance Reform and Innovation　256

9.4 The Vision of G20 in Pushing Forward Global Financial Governance Reform and Innovation　263

Chapter 10　The Action and Expectation of G20 Participating in Global Green Governance　268

10.1 The Development History of Global Green Governance　268

10.2 Actions and Achievements of G20 Participating in Global Green Governance　275

10.3 Dynamic Analysis of G20 Participating in Global Green Governance　279

10.4 Constraints Analysis of G20 Participating in Global Green Governance　284

10.5 The Trends and Outlook in Global Green Governance　289

10.6 Policy Recommendations of G20's Active Participation in Global Green Governance　292

Part Ⅲ
China's Active Actions in Promoting Global Economic Governance in the G20　297

Chapter 11　The Idea and Practice of China's Participation in Global Economic Governance　299

11.1 The Main Content of Global Economic Governance　300

11.2 The Historical Evolution of the Global Economic Governance System　304

11.3 The Changing Role of China in Participating in Global Economic Governance　308

11.4 The New Situation of Current Global Economic Governance　312

11.5 The Idea Advocated by China in Improving Global Economic Governance　315

11.6 The Solutions Provided Actively by China in Improving Global Economic Governance　318

11.7 The Development Orientation and Strategic Choice of China's International Trade in the Post-epidemic Era　322

Chapter 12　The Changing Practice of China in Actively Participating in G20 Construction and Promoting the Reform of Global Economic Governance　328

12.1 The Development History of China in Participating in G20 Construction　328

12.2 The Outstanding Performance of China in Participating in G20 Construction　333

12.3 China's Main Contribution to Global Economic Governance Reform in Actively Participating in G20 Construction　342

Chapter 13　The Crucial Benefit Field and Responsibility Force Point of China in G20　348

13.1 The Crucial Benefit Field of China in G20　348

13.2 The Responsibility Force Point of China in G20　358

13.3 China's Actions and Contributions in Promoting Fighting Against the Epidemic in Joint Efforts of the G20　366

Chapter 14　China's Policy Path to Better Participate in the G20 and Play a Greater Role in Global Economic Governance　372

14.1 Promote the Creation of an Opening, Transparent and Beneficial Global Investment Environment　372

14.2 Promote the Opening, Integrating and Transformation and Upgrading of Trade　378

14.3 Promote the Construction of a More Stable and Resilient International

Financial Architecture 383
14.4 Promote Economic Inclusion and Linkage Development 390

References 394

Postscript 407

上 篇

全球经济治理与二十国集团的使命担当

第一章

全球经济治理的理论内涵与主要内容

第一节　全球经济治理的内涵

随着全球化浪潮的席卷，全球性的问题开始出现。所有的国家、组织、个体都置身于全球化的世界中，越来越多的国家意识到，国际公共问题难以依靠个别主权国家解决，需要不同的行为主体参与解决，尤其是全球经济问题。全球经济治理最早始于第二次世界大战之后建立的布雷顿森林体系，2008年全球经济危机爆发之后，G20峰会的成立标志着全球经济治理正式形成。当前对于全球经济治理的内涵，还未形成统一的观点。由于全球经济治理是基于全球治理的概念提出的，因此，要了解全球经济治理的概念内涵，首先要厘清全球治理的概念内涵和研究，并揭示全球治理和全球经济治理二者之间的关系。

一、全球治理

全球治理的出现伴随着全球化的出现，全球化是全球治理的原因，而全球治理是结果，并会对全球化产生发挥作用。第一次全球化可以追溯到1750年到1914年第一次世界大战之前，由以英国为代表的欧洲国家发起。在这个阶段，全球性的地理大发现和资本主义的兴起，推动了殖民扩张，资本、产品和原材料在宗主国和殖民地之间的交易推动了全球化进程。第一次世界大战和第二次世界大战结束后，美国取代了英国成为全球治理的霸权国，从1950年开始的第二次全球化便是以美国为主导的。这一次的全球化，促进了全球的自由贸易，加深了发达国家经济之间的融合。而在全球化过程中，也产生了经济发展不平衡等诸多问题。

自20世纪90年代全球化进入高涨时期，全球治理的理论概念开始得到学术界的广泛关注。不过到目前为止，学术界对于全球治理的定义还并不统一。其中，最为广泛采用的定义来自全球治理委员会。1992年，28名国际知名人士发起成立了"全球治理委员会"，并于1995年发表了《天涯成比邻——全球治理委员会的报告》，该报告系统阐述了全球治理的概念，认为全球治理是指个体和制度、公共和私有的行为体管理其共同事务的诸多方式的综合，是通过协调有冲突的、有差异的利益，并采取合作行为的一种持续性过程[1]。

除此之外，国内外的其他学者也相继提出了其他关于全球治理的定义。例如，罗森诺（Rosenau）是治理理论的主要创始人，他从区分"治理"和"统治"的角度界定了治理的含义。他认为，和依靠政府强制力量实现的统治相比，治理既包含政府机制，同时也包含非政府、非正式的机制，治理具有去中心化、治理主体多元化的特征[2]。全球治理指的不仅仅是维持或不维持国际事务管理的正式机构和组织。联合国系统和各国政府无疑是全球治理的核心，但它们只是全局的一部分[3]。托尼·麦克格鲁（2002）则认为全球治理结构是多层的，是从地方到全球的多层面中公共权威和私人机构之间一种逐渐严谨（正式与非正式）的政治合作体系，其目的是通过制定和实施全球的或跨国的规范、原则、计划和政策来实现共同的目标和解决共同的问题[4]。克拉克和爱德斯（Clarke and Edwards, 2004）认为全球治理指一系列规范性、社会性、法律性、制度性和其他的过程和规范，这些过程和规范塑造并在有些情况下调节和控制全球化和碎片化的辩证相互作用[5]。国内学者俞可平（2002）认为，全球治理指的是通过具有约束力的国际规制解决全球性的冲突、生态、人权、移民、毒品、走私、传染病等

---

[1] Commission on Global Governance. *Our Global Neighbourhood: the Report of the Commission on Global Governance*. Oxford University Press, 1995, pp. 2–3.

[2] *Governance without Government: Order and Change in World Politics*. Cambridge University Press, 1992.

[3] Rosenau J N.: *Governance in the Twenty-first Century. Palgrave Advances in Global Governance*. Palgrave Macmillan, London, 2009: 7–40.

[4] 托尼·麦克格鲁、陈家刚:《走向真正的全球治理》，载于《马克思主义与现实》2002年第1期，第33~42页。

[5] Clarke, J., & Edwards, G.: *Global Governance in the Twenty-first Century*. 2004. Springer.

问题，以维持正常的国际政治经济秩序①。蔡拓（2004）认为全球治理是以人类整体论和共同利益论为价值导向的，多元行为体平等对话、协商合作，共同应对全球变革和全球问题挑战的一种新的管理人类公共事务的规则、机制、方法和活动②。陈志敏（2016）认为全球治理是国际体系中以主权国家为核心的各个行为体的共同合作，通过正式的制度和非正式的安排，协调各自利益和政策，以应对全球化时代人类社会所面对的各种跨国和国际挑战，并支持各个国家实现国家治理水平提升的活动③。

虽然不同的学者对于全球治理的定义还有争议，但总的来说，学者对全球治理的理解存在以下共识。第一，全球治理的目标是健全和发展一整套维护全人类安全、和平、发展、福利、平等和人权的新的国际政治经济秩序④。第二，全球治理是平等性、协商性、自愿性和网络化管理的模式。不同于传统政府管理的强制性，全球治理体现的是一种全新的权力关系和管理规则，即参与者的平等性、管理的协商性与自愿性，以及多元权力主体、多维权力运作的网络化管理。参与者以自愿、平等的姿态加入治理体系中，并形成一个网络体系框架，在这个网络体系中进行沟通、谈判、协商，形成一系列有助于经济治理的制度或共识。第三，全球治理的主体主要有三类，包括各国政府机构、正式的国际组织（如联合国、国际货币基金组织、世界银行、世界贸易组织等）和非正式的全球公民社会组织。第四，全球治理的对象主要包括全球安全、生态环境、国际经济、跨国犯罪、基本人权等。

二、全球经济治理

经济全球化是全球化中占据重要地位的问题。最早是指发达国家之间的经济合作。可以追溯到第二次世界大战后由美国主导建立的布雷顿森林体系。随着全球化进程的加速，全球经济问题不断呈现，尤其是金融危机的爆发，如何解决诸如国际贸易摩擦、宏观经济政策协调、节能减排标准竞争等全球经济问题也成为世界各国面临的一个重要难题。全球经济治理旨在通过生产公共产品（如金融稳定）纠正市场失灵，提高世界经济的效率和有效性，是全球治理中的重要一环。

---

① 俞可平：《全球治理引论》，载于《马克思主义与现实》2002年第1期，第20~32页。
② 蔡拓：《全球治理的中国视角与实践》，载于《中国社会科学》2004年第1期，第94~106页。
③ 陈志敏：《国家治理、全球治理与世界秩序建构》，载于《中国社会科学》2016年第6期，第14~21页。
④ Cox R. W. : *Globalization, Multilateralism and Democracy*. Academic Council on the United Nations System, 1992.

同全球治理一样，目前学者们关于全球经济治理的定义也存在争议，并没有统一的定义。

周宇（2001）认为全球经济治理是一种广义的、综合意义上的概念，指一部分或全体主权国家之间进行的、超越国家主权的经济合作和共治，既包括合作行为和行动，也包括创立和运行合作机制，同时也包括相关的各种理念和构想[①]。同时他也认为全球经济治理概念是一个能够随时代变化而变化的动态的概念，在不同的历史阶段，它所承载的内涵也会有所变化。莫谢拉和韦弗（Moschella and Weaver，2013）将全球经济治理定义为基于国际规则的框架，通过该框架，经济行为者（国家、公司、制度化机构、组织团体或个人）寻求解决集体行为问题和促进跨境商品、货币、服务与技术专长交换的协调与合作[②]。隆国强（2017）认为全球经济治理体系是针对国际贸易、国际投资、国际金融等跨境经济活动而形成的由价值观、国际规则和国际组织构成的治理系统[③]。并且他认为该机制具有六大特点，分别是治理机制多层次性、治理主体多元性、治理行为较弱的强制性、治理体系具有的演进性、治理规则涵盖的广泛性和贸易投资自由化的价值观。陈伟光和蔡伟宏（2018）认为全球经济治理是国家和非国家行为体对全球经济合作中的共同问题进行协调和处理的过程，也是世界经济秩序的形成和维持过程[④]。他们认为全球经济治理的框架体系包含了治理目标、治理主体、治理客体、治理机制以及治理结果。在一定程度上，全球经济治理是对全球性市场的干预和调控，旨在对不公正的全球经济运行结果进行纠偏。隋广军和查婷俊（2019）认为全球经济治理涉及民族国家、亚国家组织、超国家组织以及跨国组织四类主体，这些主体通过制定和实施全球或跨国的经济规则，达到共同的目标，解决经济全球化中面临的问题[⑤]。陈伟光和刘彬（2019）认为全球经济治理指世界无政府状态下国家和非国家行为体通过相应的国际制度规范对全球经济问题进行协调和处理的过程，也是世界经济秩序塑造和维护的过程[⑥]。阿里·法拉兹曼（Ali Farazmand，2018）认为全球经济治理可以定义为一个基于规则的国际框架，通过该框架，经济行动者寻求解决集体行动问题，并促进世界经济定义中的交换货物、

[①] 周宇：《全球经济治理与中国的参与战略》，载于《世界经济研究》2011 年第 11 期，第 26~32 页。
[②] Moschella, M., & Weaver, C.：Handbook of Global Economic Governance. Routledge，2013.
[③] 隆国强：《全球经济治理体系变革的历史逻辑与中国作用》，载于《中国领导科学》2017 年第 11 期，第 20 页。
[④] 陈伟光、蔡伟宏：《全球经济治理新范式——基于权威、制度和观念的视角》，载于《社会科学》2018 年第 8 期，第 35~44 页。
[⑤] 隋广军、查婷俊：《贸易摩擦冲击下的全球经济治理体系变革——基于治理规则的视角》，载于《天津社会科学》2019 年第 3 期，第 106~112 页。
[⑥] 陈伟光、刘彬：《全球经济治理的困境与出路：基于构建人类命运共同体的分析视阈》，载于《天津社会科学》2019 年第 2 期，第 74~80 页。

货币、服务和技术专长方面的跨境协调与合作①。

虽然这些定义有所区别，但我们仍然可以从这些定义的共性把握全球经济治理的内涵。具体地，全球经济治理包含以下几个特点：

（1）从目的上看，全球经济治理旨在通过生产公共产品（如金融稳定）以纠正市场失灵的情况，维护全球经济的稳定、均衡和公平，提高世界经济的效率和有效性。

（2）从治理形式上看，全球经济治理可以是正式的，也可以是非正式的。正式治理主要包括法律和国际治理机构（如国际货币基金组织 IMF）、论坛（如 G20 峰会）、国际私营委员会（如国际会计准则委员会 IASB）和国际非政府组织（如绿色和平组织 Greenpeace）。非正式治理则包含非正式的原则、规范和协议等，这些原则、规范和协议等确定了行动者群体之间关于关键问题的一般共识。

（3）从治理主体上看，全球经济治理主体主要包括国家、国际组织、国家集团、跨国公司、非政府组织、跨国联盟、跨国游说团体、知识共同体等。

（4）从治理客体上看，全球经济治理客体主要包括全球宏观经济协调问题、全球货币和金融问题、全球贸易投资治理问题、全球能源资源协作问题和发展与贫困问题等。

三、全球治理与全球经济治理的关系

现有的研究对全球治理与全球经济治理的边界也进行了一定的探讨。显然，全球治理的涵盖范围比全球经济治理大，除了全球经济治理，全球治理还涉及共同解决能源、环境、跨国犯罪、恐怖主义等全球性问题；但是全球经济治理作为全球治理的核心主题，已渗透到人类社会的各个领域，因此要清晰界定全球治理和全球经济治理的区别是困难的。总的来说，二者的关系应当是辩证统一、不可分割的。全球经济治理可以看作全球治理中的一个部分，也可以看作全球治理在经济领域中的应用和延伸。

虽然二者相互交织不可分割，我们仍然可以发现以下共性和区别：首先，二者的共性主要体现在他们的目标都是提供全球性的公共产品。全球治理的目标是维护世界和平和安全，全球经济治理的目标是维护国际经济的稳定。而以上的和平和稳定均要依靠国际制度这一公共产品来实现。其次，二者的区别主要体现在以下三点：第一，全球治理早于全球经济治理提出，全球治理的出现最早可以追

---

① Ali Farazmand Farazmand A. （eds） *Global Encyclopedia of Public Administration*, Public Policy, and Governance. New York, NY: Springer, 2018.

溯到1648年威斯特伐利亚体系的形成，而全球经济治理则最早出现于第二次世界大战之后布雷顿森林体系的建立，2008年G20首脑峰会的召开则标志着全球经济治理的正式启动；第二，全球经济治理的目标是全球治理目标的一部分，全球治理的目标包括促进国际社会的安全和稳定、加强世界的法治、应对全球性危机、处理日常的国际公共事务等[①]，而全球经济治理的目标则服从于以人类安全、和平、发展、平等等人权为宗旨的全球治理目标，强调在"无政府治理"状态下，各国政府通过建立超主权意义的正式国际组织来实现全球经济秩序的共建和管理；第三，全球治理的内容范畴远大于全球经济治理，全球经济治理的内容包含在经济领域中的体现，包括全球宏观经济治理、全球金融治理、全球贸易治理、全球产业治理、全球会计治理和贫困治理，而全球治理除了包含全球经济治理，还包含全球安全治理等内容。

四、全球经济治理的概念界定

根据已有的理论探讨和实践，本书认为全球经济治理指无政府状态下，正式与非正式组织秉持维护世界经济稳定、均衡与公平的理念，通过沟通、协商、谈判的方式构建相应的国际制度或达成治理方式的共识，从而形成解决全球化中所面临的经济问题的治理系统。它包含以下特点：第一，全球经济治理的目标是构建合理有效的全球经济治理框架，维护世界经济稳定、均衡与公平，解决全球宏观政策协调、全球投资治理、全球贸易、全球金融治理、全球绿色治理等问题，纠正全球市场运行结果的不公正；第二，全球经济治理的主体既包含正式组织（如主权国家和国际组织）也包含非正式组织（如跨国公司和全球公民组织）；第三，全球经济治理的主体权利关系是平等的，权利主体的加入是自愿的；第四，全球经济治理体系的构建是通过沟通、协商、谈判完成的。

第二节　全球经济治理的构成要素

全球经济治理的构成主要包含以下四个要素：治理目标、治理主体、治理客体和治理平台。

---

① Commission on Global Governance. *Our Global Neighbourhood*: *the Report of the Commission on Global Governance*. Oxford University Press, 1995.

一、全球经济治理的目标

2008年金融危机爆发后，全球经济治理的目标是解决金融危机，而危机过后，全球经济治理的核心目标是建立经济基础以实现全球经济的可持续和包容性增长。回顾历届的G20峰会，讨论的主题包括全球复苏、金融监管、改革国际金融体系、转变经济发展方式、经济可持续与平衡增长、促进全球贸易增长、国际金融机构改革和发展、国际货币体系改革、促进就业和投资、世界经济增长、贸易和能源问题、反腐败、数字经济、气候变化、难民移民、技术创新等。因此，本书认为，全球经济治理的目标是构建有效的治理框架，这里包括两点：(1) 维护国际经济的稳定和发展；(2) 实现全球经济的可持续发展。

二、全球经济治理的主体

全球经济治理的主体包括主权国家、跨国公司、全球公民以及由这些主体构成的正式和非正式组织。主权国家是全球经济治理的最主要主体。按照历史的发展，主权国家又可以区分为发达国家、中等发达国家和新兴经济体及发展中国家。第二次世界大战之后，以美国为首的发达国家建立了布雷顿森林体系，标志着全球经济治理的开始。而随着经济危机的爆发，G7取代了布雷顿森林体系，中等发达国家开始登上了全球经济治理的舞台。2008年全球经济危机爆发后，新兴经济体和发展中国家开始加入全球经济治理的行动中，平等参与治理并对全球问题发声。跨国公司和全球公民是全球经济治理直接的实施者，是微观全球经济治理最为活跃的行为体，他们对于主权国家的发声和全球经济治理的制度塑造起着重要的推动作用。除此之外，由这些主权国家、跨国公司和全球公民形成的正式或非正式组织也构成了全球经济治理的主体。

三、全球经济治理的客体

全球经济治理的客体指所要解决的全球性经济问题，这些问题的主要特征就是具有跨国性，难以依靠个别主权国家解决，因此必须要通过国家与国家之间的合作来解决。具体来说，全球经济治理的课题主要包括全球宏观经济政策协调问题、全球货币治理、全球金融治理、全球贸易与投资问题、全球产业治理、全球绿色治理、全球贫困治理等。全球宏观经济政策协调问题，包括各国财政政策、汇率政策、货币政策等内容的协调;全球货币治理问题,包括汇率的浮动、SDR篮子货币的选择;全球金融治理问题,包括金融机构监管、金融市场的全球合作与协调机制;全球贸易与投资问题,包括贸易摩擦、倾销与反倾销等纠纷;全球产业治理,包括协调各国的产业政策、优化全球的价值链布局等;全球绿色治理,包括针对资源节约、环境友好、生态安全、气候变化等问题;全球贫困治理,包括针对全球的经济发展不平衡产生的矛盾,通过构建多边合作协调机制,缩小贫富差距,实现全球经济的均衡发展。

四、全球经济治理的平台

全球经济治理的平台是由国际制度和程序构成,包含了正式的平台和非正式的平台。全球经济治理平台可以划分为三类,包括第一类具有正式国际制度的组织或机构,如G20、国际货币基金组织、世界银行、世界贸易组织;第二类是具有非正式制度的组织和机构,如金砖五国、G7集团、G8集团;第三类是相关的国际经济发展倡议、计划,如由中国发起的"一带一路"倡议。全球经济治理的平台并不局限于以上三类,当一个主权国家发起的全球性活动得到其他主权国家的认可和参与时,其就能形成一个非正式的治理平台,而形成正式的治理平台难度则比非正式治理平台的难度要大很多,因为其涉及的面更广,但是正式治理平台所能产生的影响也比非正式治理平台要更深远和广泛。值得注意的是,这里的正式组织和非正式组织与全球经济治理主体有所区别,经济治理主体强调的是这些组织整体;而作为平台,强调的是这些组织所形成的规章制度、流程程序(见表1-1)。

表1-1　　　　　　　　全球经济治理要素

目标	全球经济稳定增长、收入分配公平、可持续发展、改善贫困等	
主体	国家、国际组织	
	跨国公司、非政府组织	
	全球公民	
客体	全球宏观政策协调	
	全球货币治理	
	全球金融治理	
	全球贸易与投资治理	
	全球产业治理	
	全球绿色治理	

续表

机制	G20、G7 非正式国际组织

第三节 全球经济治理的理论基础

关于全球经济治理的学科属性,虽然目前并没有取得一致的观点,但当前学者的基本共识是全球经济治理研究是一门跨学科的研究。它涉及管理学、经济学、哲学、法学、社会学、统计学等多门类学科,单独从某一个视角去研究全球经济治理难以揭示它的全貌,因此有必要从多学科视角去探究全球经济治理。据此,由于全球经济治理本身具有跨学科的特征,学者们在研究全球经济治理的时候,所采用的理论视角也各不相同。其中,国际政治经济学是全球经济治理的一个重要学科基础。国际政治经济学是国际政治学的一个学科分支,主要研究国际政治与国际经济之间的相互影响制约关系。早期涉及全球经济治理的国际政治经济学理论包括:霸权稳定论、相互依存论和依附理论。不过正如前面所说的,全球经济治理是一个跨学科的研究,后面学者们又采用不同的研究视角延伸出了国际合作理论、全球制度变迁理论、博弈论、国际公共物品理论等用于研究全球经济治理的理论。

一、霸权稳定理论

霸权稳定理论最早由美国经济学家金德尔伯格于 20 世纪 70 年代初在《1929~1939 年世界经济萧条》一书中提出,后由吉尔平和克拉斯纳等人发展完善。霸权稳定理论认为,国际政治权力结构决定国际经济秩序和利益分配①,多边自由国际经济体系的维持需要霸权者提供一种稳定的国际经济政治秩序。霸权稳定理论的观点主要有以下几点:第一,国际经济秩序的稳定和繁荣需要霸权来维持。所谓霸权,指的是在军事、经济、政治及自然资源等方面具有压倒别国的优势,是能够发挥领导支配作用的大国②;第二,霸主必须有自我牺牲和恪守自

---

① 樊勇明:《霸权稳定论的理论与政策》,载于《现代国际关系》2000 年第 9 期,第 20~23 页。
② 牛震:《关于霸权稳定论及其评价》,载于《世界经济与政治》2000 年第 10 期,第 22~27 页。

由主义的价值观念,并承担公共商品所需的一切成本的财政能力。

在学界中,一部分学者提出了霸权必将衰弱的观点。吉尔平从收益递减的视角阐述了霸权衰弱的缘由。当霸权的成本和收益达到均衡,保护成本的增加使得霸权国的收益减少,维持现状的成本上升,霸权国就会趋于衰弱①。周丕启(2005)认为,霸权衰弱是由于霸权权力出现了合法性危机,导致借助强制性权力进行维护的成本持续增加,由此消耗了霸权力量,带来了霸权力量的衰弱②。在实践中,从历史发展上看,霸权稳定理论经历了从个体霸权向集体霸权的转变。第一次世界大战和第二次世界大战之后,英国霸权衰落,美国霸权时代开启。而随着发达国家和发展中国家的发展,G7首脑峰会和G20首脑峰会相继成立,这些都标志着霸权主义已从一国霸主向集体霸主的转变。

二、复合相互依赖理论

复合相互依赖理论由美国学者罗伯特·基欧翰和约瑟夫·奈提出③,指各个国家和区域之间,在经济发展的过程中并不彼此独立,而是相互依存、相互制约的。他们发现,随着相互依赖的加深,各种非国家行为体越来越活跃于国际舞台,这种非国家行为的出现无法用之前的"国家中心"范式来解释。现实主义的"国家中心"认为国家是最重要的行为体,国家之间存在现实或潜在的冲突,随时都可能引发战争进行解决。而复合相互依赖理论则构建了另一幅图景,即大量的次国家和非国家行为体构成了比仅仅由国家构成的行为体更为复杂的世界,非国家行为体也能直接参与世界政治,武力并不是有效的政策工具。

基欧翰和奈认为政治现实主义已经过时,国家之间存在共同利益,是相互依赖的关系,应当通过加强国际间的合作来解决经济和社会问题。在这些观点的影响下,复合相互依赖理论的支持者倡导多边主义、平等主义和共同参与,认为国家之间的合作能够减少摩擦、带来双赢,并且他们强调经济和社会问题是国际关系中所要解决的首要问题。值得注意的是,相互依赖并不必然导致合作④,但能够为双方的行为提供良好的情势结构,而决定双方最终是否会产生合作行为,还需要其他因素的作用。

---

① [美]罗伯特·吉尔平,武军等译:《世界政治中的战争与变革》,中国人民大学出版社1994年版。
② 周丕启:《合法性与霸权的衰落》,载于《世界经济与政治》2005年第3期,第50~55页。
③ [美]罗伯特·基欧汉、约瑟夫·奈:《权力与相互依赖》,北京大学出版社2012年版。
④ 牛恒磊、张亚军:《基于相互依赖理论的"金砖国家"选择性合作探讨》,载于《经济研究导刊》2017年第13期,第177~180页。

三、依附理论

依附理论最早由阿根廷学者劳尔·普雷维什于 20 世纪 60~70 年代提出。该理论认为，发达国家和发展中国家的政治经济之间是一种剥削与依附、被剥削的关系，发达资本主义国家构成了世界经济的中心，而发展中国家则处于世界经济的外围，受到发达国家的控制与剥削。该理论是新马克思主义的重要理论学派之一。从不同的视角来看，可以将依附理论区分为悲观的依附理论和乐观的依附理论[①]。

依附理论的悲观看法认为，随着资本主义世界经济的形成，发达国家占据世界经济的中心地位，而发展中国家处于外围。发达国家凭借自身强大的政治、经济和军事实力占据了支配地位，控制和剥削外围的发展中国家和落后国家。而这些外围国家由于技术、资金等的不足，在政治和经济上依赖于中心国家，由此产生了发达世界和不发达世界的不平等关系。这种观点认为不发达国家处于被动的境地，他们在世界经济中处于不平等的劣势地位。而发达国家处于主动的境地，他们在世界经济中处于优势地位。

依附理论的乐观看法则提出了"依附发展"的论点。乐观看法认为，虽然这种"核心—半边陲—边陲"的结构难以发生改变，但是这个结构是动态的。即身处于其中的国家可能从边陲地位上升到半边陲地位甚至核心国家。而核心国家也可能下降为半边陲或边陲地位，也就是说处于边陲和半边陲地位的国家可以通过依附核心国家实现依附性的发展。依附理论的乐观看法认同了"核心—边缘"的结构，同时通过关注结构中的动态变化为不同国家在此结构中的博弈产生了正面意义。

四、国际合作理论

国际合作理论本身存在着不同的观点。新现实主义、新自由制度主义和建构主义等西方主流理论，分别发展出了霸权合作理论、国际机制合作论和共有观念合作论等国际合作理论[②]。霸权合作理论是在霸权稳定论基础上演绎出的国际合作理论。其代表人物是查尔斯·金德尔伯格、克拉斯纳和吉尔平等。他们认为霸

[①] 张敦福：《依附理论的发展历程和新进展》，载于《山东师大学报（社会科学版）》2000 年第 1 期，第 28~31 页。

[②] 李格琴：《西方国际合作理论研究述评》，载于《山东社会科学》2008 年第 7 期，第 134~139 页。

权合作能够减少无序的状态且有助于全球经济的稳定运行。罗伯特·吉尔平认为霸权国的存在是保证在制度下合作的前提，制度的持续存在依赖于霸权国的存在。当一个在国际社会中起主导作用的霸权国家，愿意且能够为国际体系的稳定提供必要的公共物品，且其他国家也愿意在霸权体系中扮演一定的角色，那么国际合作就能够发生；而如果没有霸权国家，或者霸权国家处于衰弱之中，那么国际体系就可能陷入混乱之中。总之，新现实主义下的霸权合作理论认为，国家之间的合作只有在霸权稳定的情况下才有可能发生。

新自由主义的国际合作理论以肯尼思·沃尔兹为代表，认为"无政府状态并不意味着混乱和失序"[①]，虽然国际系统是无政府的，但是国与国之间却有着高度的秩序。具体而言，新自由主义引入了国际机制的概念，论证了机制是保证国家之间形成和维持合作的充分条件。所谓国际机制，指"一系列围绕行为体的预期汇聚到一个既定国际关系领域而形成的隐含的或明确的原则、规范、规则和决策程序"[②]。基欧汉认为，虽然国际机制的形成可能有赖于霸权国家，但是当国际机制形成之后，即使没有霸主的存在，当两个或两个以上的国际行为体在利益上具有部分或全部重合，他们就能够达成相互协调的共识，且他们会监管彼此对规章制度的遵守，而这就是国际机制的功能。

建构主义的代表人物亚历山大·温特认为国际社会的无政府状态不是既定的，而是由国家构建出来的。他认为霍布斯文化、洛克文化和康德文化这三种无政府文化存在着三种不同的共有文化。在霍布斯文化中，每个国家行为体都把对方当作敌人，因此在这种文化中，冲突发生的可能性大于合作；在洛克文化中，每个国家行为体互为竞争对手，他们可能达成合作关系，但更多是竞争关系；而在康德文化中，国家行为体之间视对方为朋友，因而能够通过信任建立长期的合作关系。

五、全球制度变迁理论

全球制度变迁理论认为全球经济治理的本质是提供一种制度安排。而全球经济治理的发展过程实际上就是在制度失灵后的改进和完善过程。该理论认为全球经济治理制度变迁包含以下几个特征：第一，制度的变迁方向是由大国主导的，全球经济治理的内容和形式会受到政治、经济实力强大的主导国家的影响。第二，制度的变迁呈渐进式过程，这种变迁必然会涉及不同国家经济体的根本利

---

① 肯尼思·沃尔兹：《国际政治理论》，上海人民出版社 2003 年版。
② 罗伯特·基欧汉：《霸权之后——世界政治经济中的合作与纷争》，上海人民出版社 2006 年版。

益，因此制度变迁的过程必然是缓慢的。第三，制度的变迁是逐渐多元化的过程，未来的全球经济体将会纳入更多的国家主体，新的制度将通过各个国家主体的平等协商产生。

邓若冰和吴福象（2016）基于全球制度变迁理论视角，分析了全球经济治理制度的变迁与演进路径，指出在制度变迁过程中，发达国家的偏好决定了全球经济治理制度变迁的方向[①]。根据发达国家的偏好异同，他们提出了四种全球经济治理制度变迁演进路径，包括形成协调一致的多边制度、发达国家俱乐部制度、多个竞争性区域制度并存和全球经济治理制度不存在或碎片化的共识。程永林等（2016）从制度分析视角，提出全球经济治理机制经历了霸权竞争型治理模式、霸权主导型治理模式和霸权合作性治理模式三个阶段[②]，认为当前全球失衡的主要原因是发达国家主导下的霸权治理模式的失调引起了国际经济治理格局的失控，增强新兴经济体和发展中国家的制度话语权是治理的关键。

六、博弈论

博弈论的研究焦点主要是分析决策主体如何在博弈过程中进行决策以及形成的均衡。从合作的视角看，博弈论可以划分为合作和非合作博弈两种。当博弈双方存在具有约束力的协议时，出现合作博弈；当博弈双方不存在有约束力的协议时，出现非合作博弈。合作博弈通常是从整体上进行决策；而非合作博弈是博弈方从个人角度做出的理性最优选择。根据博弈论，全球经济治理中涉及的主题的行为是在得益的驱动下开展的，博弈过程中如果行为体只顾追求眼前经济利益最大化，而忽视了整体的利益，那么最终将可能造成低效率的零和博弈，难以达到共赢的合作博弈。但是，关于全球经济治理是应该采用合作博弈还是非合作博弈，其实还存在争议。部分学者认为应当采取合作博弈，从而改善效率、提高福利；而有的学者认为合作博弈产生的是政府行为，不具有市场性，会干扰市场的有效运行。

博弈论对于分析全球经济治理中国家与国家之间的博弈具有重要作用，且有助于我们发现影响全球经济治理的重要因素。如蔡伟宏（2015）通过分析大国主导下全球金融治理制度的形成，构建了发达国家与发展中国家之间的博弈模型，

---

① 邓若冰、吴福象：《全球经济治理制度变迁与演进路径》，载于《河北学刊》2016年第1期，第110~115页。

② 程永林、李青、李子文：《全球经济治理：制度变迁、演进机理与战略评估》，载于《青海社会科学》2016年第6期，第90~97页。

发现大国的国家偏好是决定全球金融治理制度类型的重要变量①。同时博弈论也能够帮助我们分析国际关系中不同国家的行为策略,为不同国家制定策略提供参考。如程永林和黄亮雄(2018)通过博弈论分析美国霸权是否在现有全球经济治理体系中进入了衰退周期,并分析了美国可能采取的策略,探讨中国和其他发展中国家的可行政策②。

七、国际公共物品理论

国际公共物品理论源自萨缪尔森1954年发表的《公共开支的纯理论》一文中的"公共产品"概念,指"任何人对该产品的消费都不影响其他人对该产品进行同等消费的产品"③。公共产品具有两个特征,非排他性和非竞争性。非排他性指的是任何人在消费该公共产品的时候都不能排除其他个体对该产品的同时消费;非竞争性包含两层含义,一是边际生产成本为零,即每增加一个消费者,该公共物品的边际成本不会增加,二是边际拥挤成本为零,即每个消费者消费公共物品的时候都不影响其他消费者的消费质量④。国际公共产品指的是收益能够普及各个国家、各种群体以及不同时代人们的公共物品。在全球经济治理中,国际公共物品理论认为自由的国际贸易体制、稳定的国际金融体制、可靠的国际安全体制和有效的国际援助体制都属于国际公共物品⑤。因此,国际货币基金组织和WTO也都属于国际公共物品的范畴。

国内学者徐恺(2006)则将国际公共物品划分为以下五个方面,包括国际自由贸易体系、稳定和开放的国际金融体系、国际安全领域、国际的可持续发展环境和非传统安全的公共产品供给⑥。其中国际自由贸易体系,包括能够使全球贸易活动自由流动的关于度量衡的国际统一标准;稳定和开放的国际金融体系,包括能够拥有足够的国际储备资本,保障国际货币之间的自由流动,并能够保障国际收支调节;国际安全领域,包括能够协调各国对安全和冲突的处理和调停机

---

① 蔡伟宏:《国家博弈、制度形成与全球金融治理》,载于《国际经贸探索》2015年第8期,第102~116页。
② 程永林、黄亮雄:《霸权衰退、公共品供给与全球经济治理》,载于《世界经济与政治》2018年第5期,第131~148页。
③ Paul A. Samuelson: *The Pure Theory of Public Expenditure*, Review of Economics and Statistic, 1954, 36(4): 387-389.
④ 张帆:《国际公共产品理论视角下的多哈回合困境与WTO的未来》,载于《上海对外经贸大学学报》2017年第4期,第5~17页。
⑤ 樊勇明:《西方国际政治经济学》,上海人民出版社2006年版,第57~58页。
⑥ 徐恺:《国际公共产品、地区国际公共产品与东亚供给模式》,载于《理论界》2009年第6期,第188~190页。

制；国际的可持续发展环境，包括建立可持续的国际环境。非传统安全的公共产品供给，包括建议关于网络安全、公共卫生安全、恐怖主义等制度机制的建立。

第四节　全球经济治理的起源和演变

一、全球经济治理的起源

全球经济治理起源于第二次世界大战以后以美国为主导建立的布雷顿森林体系。第二次世界大战结束后，美国、德国、日本等国家实力不断充实，导致它们与英国统治下的全球经济治理之间产生了矛盾和冲突。尤其是美国，通过战争机制获得了世界上超过3/4的黄金储备量，在世界经济中处于霸主地位，没有任何国家能够与之抗衡，借此美国以绝对优势在国际金融领域创建了布雷顿森林体系[①]。1944年7月1日，44个国家参加了在美国新罕布什尔州布雷顿森林镇召开的联合国货币金融会议（简称"布雷顿森林会议"），商议第二次世界大战后的国际货币体系问题。经过讨论，最终通过了由美国提出的"怀特计划"，并确立了以美元为中心的国际货币体系，即布雷顿森林体系。此外，还成立和制定了国际货币基金组织（IMF）、世界银行（WB）和关贸总协定（GATT），建立了相对稳定的世界货币金融体系和贸易体系，为一些重大的全球性经济问题提供了机制，形成了全球经济治理的雏形。但是这一套体系是由美国主导建立的，在设计上以美国的利益优先，在实际的运行中为美国企业的全球拓展提供了便利。

二、全球经济治理的发展

全球经济治理从起源到发展，经历了以美国为中心的单边治理、以美国为首的西方世界主导和新兴经济体及其他发展中国家共同参与的多边治理。总的来说，全球经济治理的发展进程可以划分为三个阶段：

第一阶段（1945~1975年）：国际货币基金组织、世界银行和关贸总协定的设立，该阶段的主要内容是布雷顿森林货币体系和自由贸易体系的建立。在该阶

---

① 李向阳：《布雷顿森林体系的演变与美元霸权》，载于《世界经济与政治》2005年第10期，第14~19页。

段，参与治理的国家主要是美国、英国等发达国家。具体地，布雷顿森林体系主要包含两点：第一，美元与黄金挂钩，每一美元的含金量为 0.888671 克黄金；第二，其他货币与美元挂钩，其他国家政府规定各自货币的含金量，并通过比例确定与美元的汇率。同时布雷顿森林体系还建立了国际货币基金组织和世界银行两大金融机构，前者负责提供短期资金信贷，后者提供中长期信贷。

第二阶段（1975～2008 年）：1973～1975 年爆发的经济危机催生了 G7 首脑峰会，后扩展为 G8。G7 集团成员国包括美国、英国、德国、法国、日本、意大利和加拿大。20 世纪 70 年代初在第一次石油危机发生后，1975 年 11 月在法国的倡议下，美国、英国、德国、法国、日本和意大利成立了六国集团，随后 1976 年加拿大加入六国集团，七国集团由此诞生。1997 年，俄罗斯的加入使得原有的 G7 转变为了 G8。2014 年，俄罗斯被暂停 G8 成员国资格，G8 又转变为 G7。在此阶段，全球经济治理的内容为发达国家之间的宏观经济合作。该阶段的主要内容是财政政策、货币政策和汇率政策的协调。

第三阶段（2008 年至今）：该阶段始于 2008 年下半年成立的 G20 首脑峰会。相比于 G8，G20 所涵盖的全球经济治理主体从发达国家扩展到了发展中国家，其成员国除了原先的八国集团，还包括中国、阿根廷、澳大利亚、巴西、印度、印度尼西亚、韩国、墨西哥、沙特阿拉伯、南非、土耳其及欧盟 12 个重要经济体。G20 的成员涵盖面广，二十国集团 GDP 占据全球经济总量的 90%。事实上，二十国集团最早成立于 1999 年，由美国等七个工业化国家的财政部长在德国科隆提出，通过每年举行会议，让有关国家就国际经济、货币政策展开非正式谈话，目的是防止亚洲金融风暴的重演。彼时的二十国集团会议的主要活动为"财政部长及中央银行行长会议"。2008 年金融危机之后，世界权力发生转移，并进一步引发了国际体系和国际秩序的变革。原先的二十国集团会议和 G8 峰会被二十国首脑峰会（G20）取代。该阶段的主要内容是扩大财政、货币和汇率政策的合作范围；改革 IMF；建立全球金融监管体系；建立全球宏观经济量化监控指标。

在三个阶段中，全球经济治理机制不断演变，面对全球经济中爆发出的金融危机问题，国际金融治理机制实现了从布雷顿森林体系的霸权国主导，到 G7 集团主导再到 G20 集团主导的变迁。作为一种新的制度模式，二十国集团适应了国际经济权利结构的变迁[①]。在治理目标上，2008～2009 年主要是全球金融危机治理，2010 年后为全球经济日常事务的治理；在治理主体上，新兴经济体开始在

---

① 崔志楠、邢悦：《从"G7 时代"到"G20 时代"——国际金融治理机制的变迁》，载于《世界经济与政治》2011 年第 1 期，第 134～154 页。

G20中崛起，以平等的身份参与到全球经济治理中，同时巴西、俄罗斯、印度、中国和南非成立的金砖五国于2009年首次召开国家领导人峰会，开始了新兴经济体的独立发声。

总体而言，全球经济治理的战略演进有如下特点：

第一，治理主体从原来的正式组织向正式组织与非正式组织并存的状态转变。原来的全球经济治理是包括国家和正式的国际组织，如国际货币基金组织、世界银行等，而第二次世界大战之后，跨国公司也逐渐兴起，越来越多的跨国公司在实践中参与到了全球经济治理中，使得全球经济之主体不仅包含宏观主体，还增加了包括跨国公司的微观主体。此外，全球公民社会组织也是重要的非正式国际组织。

第二，治理客体从原来的货币治理、金融治理、贸易治理扩展到全球经济危机治理、金融监管治理和绿色治理等。全球经济治理最开始是由美国霸权主导的，其治理体系更多是服务于以美国为首的发达国家。然而随着布雷顿森林体系弊端的暴露，全球经济危机兴起，在不断的发展演变中，如何治理全球经济危机、金融监管议题、绿色治理议题等，成为全球经济治理的重要治理客体。

第三，治理平台由美国霸权向发达国家联盟再到融入新兴经济体和发展中国家的转变，呈现出多样化的特点。从第二次世界大战以后至今，由美国主导的布雷顿森林体系逐渐显露出了自身的矛盾和弊端，经济危机的出现催生了G7集团的成立。然而2008年爆发的金融危机，显示出以美国为主导的发达国家已经不能胜任全球经济治理，新兴经济体的兴起改变了世界格局，G20的成立宣告了新兴经济体从全球经济治理边缘进入了全球经济治理的核心。

三、全球经济治理的主要内容演变

全球经济治理的主要内容包括全球货币治理机制、全球金融治理机制、全球贸易治理机制、全球金融监管治理机制和全球绿色治理机制等。以下从不同内容的演变和现状介绍全球经济治理的现状。

（一）全球货币治理机制

1. 布雷顿森林体系

全球经济治理体系自建立以来，一直处于变革的状态中。布雷顿森林体系虽然以多边主义为治理方式，但它的本质是以美国为主导，以美元为中心。美国经济学家罗伯特·特里芬研究该体系后提出了著名的"特里芬困境"。指出美元在布雷顿森林体系下承担了矛盾的双重职能，作为世界储备货币，美国必须成为贸易顺差国，保持美元坚挺；而作为国际结算货币，美国必须成为贸易逆差国，将美元流通到全世界。这一悖论在 20 世纪六、七十年代频繁爆发的美元危机和经济危机中得到了验证。随后，美国的经济实力被削弱，国际货币体系发生了变革，布雷顿森林体系被牙买加体系所取代。

2. 牙买加货币体系

1976 年 1 月，国际货币基金组织理事会在牙买加首都金斯敦举行会议，经过讨论，签订了"牙买加协议"。同年 4 月，理事会通过了《IMF 协定第二修正案》，形成了新的国际货币体系。和布雷顿森林体系相比，牙买加货币体系主要的改变有：第一，扩充了储备货币，使储备货币多元化。相比于布雷顿森林体系下美元的单一国际储备地位，牙买加货币体系增加了黄金储备，使制度欧元、日元和英镑等国际性货币成为国际储备货币的选择；第二，实行汇率制度多样化。在牙买加体系下，浮动汇率制和固定汇率制并存；第三，黄金非货币化。降低黄金的货币作用，取消国家间必须使用黄金清偿债权债务的规定，降低黄金在国际储备中的地位。该体系虽然增加了储备货币类型、认可了浮动汇率制的合法性，但是美元的主导地位仍然存在。因此，牙买加协议实际上形成了以美元为主导、多种储备货币辅助的局面。由此产生的结果是：其他货币的加入确实导致了美元地位的下降。

3. 特别提款权 SDR（Special Drawing Rights）

特别提款权，或称为"纸黄金"，是国际货币基金组织根据会员国认缴的份额分配的，可用于偿还国际货币基金组织债务的一种账面资产。它是由国际货币基金组织于 1969 年首次提出的一种复合储备资产，旨在缓解美元国际流动性的不足。SDR 的交易仅限于国家之间进行，私人不能持有或交易 SDR。国际货币基金组织提供了两种方式以供 SDR 交易，自愿贸易安排或指定机制。自愿贸易安排，一国向国际货币基金组织提出交易申请，国际货币基金组织将寻找有意购买 SDR 的国家，对两国进行匹配；如果没有合适的买家，国际货币基金组织将启动指定机制，指定某个会员国与其进行交易。

1973 年，SDR 的价值主要是基于 16 种货币的一篮子基础，内容复杂。1986 年，国际货币基金组织简化了 SDR 的构成，将 SDR 的货币篮子减少为 5 种货币，包括德国马克（欧元诞生前的德国货币）、法郎、英镑、日元和美元。1993 年欧盟成立后，SDR 货币篮子调整为美元、欧元、日元和英镑。2016 年 10 月 1 日，人民币正式入篮成为 SDR 构成，美元、欧元、人民币、日元和英镑所占权重分别为 41.73%、30.93%、10.92%、8.33% 和 8.09%。

（二）全球金融治理机制

在全球金融治理机制中，主要涉及 IMF 份额改革、投票权改革、份额公式的改革、理事会代表席位的改革，WB 份额和投票权改革。

1. 国际货币基金组织（IMF）份额改革

份额是成员国向国际货币基金组织认缴的一定数额的资金，并按照资金占比形成各个国家所拥有的股份。份额决定了：（1）成员国需要向国际货币基金组织缴纳的金额；（2）成员国在基金组织中的投票权；（3）成员国能够从基金组织获得的融资额。国际货币基金组织理事会通常每隔 5 年会进行份额检查，份额变化必须获得 85% 的总投票权批准，且一国的份额未经本国统一不得改变。份额变革一直都是金融治理的核心问题，因为份额决定了一个国家的代表权和投票权，决定了一个国家的发声能够得到多大的重视。

2010 年 12 月 15 日，基金组织完成了第 14 次配额总体审查。第十四次审查对 IMF 的配额和管理进行了一系列意义深远的改革。包括将超过 6% 的份额从代表性过高的成员国转移到代表性不足的成员国。这些改革增加了 54 个国家的份额，充分提高了新兴经济体和发展中国家的话语权。改革还将基本票扩充至原来的近三倍，提高了低收入国家的发言权和代表权。

2. 国际货币基金组织投票权改革

IMF 投票权由基本票和加权票组成，其中每个成员国均拥有 250 票基本票。随着新兴经济体和其他发展中国家经济影响力的提升，其要求增加他们在基金组织中的投票权的呼声越来越高。2008 年 4 月 28 日，国际货币基金组织理事会以 92.93% 的高票赞成将基本投票增加至原先的 3 倍，从而提高低收入国家的话语权，这是基金成立以来首次增加基本票。该决议于 2011 年 3 月 3 日正式生效。结合 2010 年的份额改革计划，2010 年改革之后，以中国为代表的发展中国家的投票权得到了提升，中国的投票权从 3.65% 增至 6.07%，成为继美国、日本之后位居第三投票权的国家。其他的金砖成员国，包括印度、俄罗斯、巴西的投票权也有所提升。

3. 国际货币基金组织份额公式的改革

国际货币基金组织份额公司的改革先后经历了布雷顿森林体系公式、布雷顿森林体系修正公式、份额公式审议组和新公式四个阶段。现行的国际货币基金组织份额新公式为以下变量的加权平均值，包括 GDP（权重为 50%）、开放度（权重为 30%）、经济波动性（权重为 15%）和国际储备（权重为 5%）[①]，并在此

[①] IMF – Quotas. https：//www.imf.org/zh/About/Factsheets/Sheets/2016/07/14/12/21/IMF – Quotas.

基础上纳入"压缩因子"的次方根计算得出,"压缩因子"的作用主要是用来缩小成员国计算份额的离散程度。

4. 国际货币基金组织理事会代表席位的改革

国际货币基金组织的理事会每年在国际货币基金组织—世界银行年度会议上召开一次会议。该理事会由24位理事构成,该理事会就国际货币金融体系的监督和管理向国际货币基金组织执行局提供咨询。国际货币基金组织的日常工作由其24人组成的执行委员会监督,执行委员会代表整个成员国,并得到国际货币基金组织工作人员的支持。但是现有的理事会构成还存在成员分布不合理的问题。2010年,在维持24名理事会成员数量不变的情况下,欧洲发达国家向新兴经济体和发展中国家转移了两个理事会席位,同时提出所有的理事会成员将通过选举产生而不是通过部分的理事会成员任命产生。

5. 世界银行份额和投票权改革

世界银行由国际复兴与开发银行、国际开发协会、国际金融公司、多边投资担保公司四个部分构成。其中国际复兴与开发银行为中等收入国家提供资金;国际开发协会为贫困国家提供捐款和优惠贷款。和IMF一样,加入世界银行的成员国需要购买最低认购额,份额越大,投票影响力越大。世界银行在份额和投票权方面也进行了改革,主要包括两个阶段。第一阶段发生在2008年10月,主要变革的内容包括:将基本投票权增加至总投票权的5.55%,将发展中和转型国家在国际复兴与开发银行的投票权增加了1.5个百分点,增至44.1%;第二,将7 117份额授权分配给16个发展中和转型国家。第二阶段发生在2010年,世界银行发展委员会通过了改革方案,主要改革内容包括:发展中和转型国家在国际复兴与开发银行的投票权增至47.19%;国际开发协会中Part Ⅱ国家投票权增至45.59%;国际金融公司中发展中国家投票权降至60.52%,发展中和转型国家投票权增至39.48%[①]。

(三) 全球贸易治理机制

全球贸易治理机制始于第二次世界大战之后建立起来的一系列制度和组织,包括区域或双边贸易协定、多边贸易体系及其他非制度性安排。

1. 多边贸易体系

1947年诞生的关贸总协定(GATT)和1995年取而代之的世界贸易组织(WTO)被统称为多边贸易体系。多边贸易体系的产生旨在通过开展多边贸易谈判、规范贸易活动来化解贸易纠纷,从而推动贸易自由化并促进全球资源的合理

---

① 朱伟婧:《全球经济治理制度性话语权的中国视角研究》,中共中央党校硕士学位论文,2018年。

配置①。关贸总协定生效之后，形成了以"多边主义""自由贸易""非歧视"为关键词的全球贸易秩序②。但是关贸总协定是一个临时工具，由于存在较多的条文漏洞，1990年，意大利提出了建构"多边贸易组织"的设想。1993年，美国提议把"多边贸易组织"改名为"世界贸易组织"。1994年，马拉克什部长会议通过了《建立世界贸易组织协定》，104个参会代表签署了该协定，且协定于1995年1月1日正式生效。

2. 区域贸易体系

多边贸易体系并不能够解决所有的全球经济问题，区域性的经济合作则可以弥补多边贸易体系的不足。为了应对多边贸易体系下的贸易困境，不同的利益体开始寻求多边贸易体系之外的区域性合作，双边贸易协定等区域性的合作开始兴起。区域经济合作的诞生标志是1956年欧洲经济共同体的产生，1960年在英国的倡议下又建立了欧洲自由贸易联盟。随后，出现了北美自由贸易区和亚太经合组织。21世纪以来，随着新兴经济体和发展中国家的发展，区域贸易协定越来越成为加强贸易合作的有效途径。

3. 非制度性安排

随着新兴经济体的崛起，世界经济重心的转移，世界经济格局被重塑，非正式制度安排的治理模式开始得到越来越多的关注。在全球经济失衡的情况下，越来越多的主权国家通过开展自由、平等的对话来推动协议的达成。G8、G20、金砖五国等提供了对话的平台，成为了具有影响力的治理机制。非制度性安排是促成协议形成的重要渠道，为主权国家领导人提供了对话的平台，推进了多边贸易体系的改革，有助于全球贸易治理的发展。

（四）全球金融监管治理机制

在全球金融监管治理方面，主要包括金融稳定委员会、新巴赛尔协议和G20相互评估程序。

1. 金融稳定委员会

金融稳定委员会的前身是金融稳定论坛。1999年4月成立的金融稳定论坛被称为是"俱乐部的俱乐部"。它聚集了20世纪70年代以来诸如全球金融体系委员会的标准设定机构以及如国际货币基金组织的正式国际机构的代表，此外，还有来自G7国家中央银行、财政部、监管机构的代表。1999年6月科隆峰会上，

---

① 刘志中、崔日明：《全球贸易治理机制演进与中国的角色变迁》，载于《经济学家》2017年第6期，第50~57页。

② 王燕：《全球贸易治理的困境与改革：基于WTO的考察》，载于《国际经贸探索》2019年第4期，第105~116页。

金融稳定论坛又吸纳了一些重要的新兴经济体。1999年9月在巴黎召开的会议上，论坛又吸纳了一部分成员，至此金融稳定论坛共拥有11个成员。但是该论坛在监管政策上的影响能力是有限的，尤其是2008年金融危机爆发后，该论坛的弱点显露无遗：无论是在金融和宏观经济政策上的协调或金融风险管理上，都显示出了不足。对此，2008年11月的G20峰会上，决定在金融稳定论坛中纳入更多的新兴经济体。2009年4月的G20峰会上，将金融稳定论坛更名为金融稳定委员会，该委员会由9个西方国家、中国香港、新加坡、韩国和10个新兴经济体组成。金融稳定委员会需要定期向二十国集团报告并接受指示。时任美国财政部长盖特纳评价金融稳定委员会为国际货币基金组织、世界银行、世界贸易组织之外的全球经济治理的"第四大支柱"。

2. 新巴塞尔协议

1974年，由主要工业化国家的财政部长、央行行长和监管机构代表们组成的巴塞尔银行监管委员会成立。1988年，委员会制定了监管银行的规章制度，即巴塞尔协议。随着金融创新层出不穷，在应对东南亚金融危机的时候，巴塞尔协议并没有发挥出应有的作用。随后，对《巴塞尔协议Ⅰ》进行了修改并发布了《巴塞尔协议Ⅱ》，主要的修改内容包括将资本监管框架拓展至资本充足、监督管理和市场纪律三大支柱，将覆盖范围从信用风险扩展至市场风险、操作风险等[①]。

巴塞尔协议由资本充足率、监管当局对资本充足率的监督检查和信息披露三大支柱组成。在从《巴塞尔协议Ⅰ》到《巴塞尔协议Ⅲ》的更新迭代中，三大支柱不断更新完善。第一支柱是资本充足率。维护国际金融体系的安全与稳健是巴塞尔协议的一个重要目标，而充足的资本水平被认为是影响这一目标的重要因素。因此，最低的资本充足率是第一大支柱。围绕市场风险的最低资本要求，第一支柱的变革主要围绕着风险资本的计量方式进行。第二支柱是监管监督。针对《巴塞尔协议Ⅰ》的外部监督检查不足，《巴塞尔协议Ⅱ》补充了包括监督银行建立内部资本评估程序、现场检查、全面评估风险、监督检查银行治理和最低资本要求等程序，《巴塞尔协议Ⅲ》则通过完善银行治理架构、强化银行流动性风险管理、强化银行账户利率风险管理、高度重视各类集中度风险管理和增强监管监督价差的全面性和有效性，进一步强化了《巴塞尔协议Ⅱ》。第三支柱是信息披露。在2004年《巴塞尔协议Ⅱ》正式确立第三支柱框架前，巴塞尔银行业监管委员会就已经发布了《有效银行监管核心原则》《增强银行透明度》等文件强调公开信息披露的重要性。随后又发布了《巴塞尔Ⅱ市场风险框架修订》

---

① 徐振东：《巴塞尔协议持续改进引领全面风险管理变革》，载于《国际金融》2019年第5期，第29~42页。

《增强巴塞尔Ⅱ框架》《第三支柱披露要求》《第三支柱披露要求：整合和增强框架》等文件，提升了银行风险信息披露的精细化程度。

（五）全球绿色治理机制

全球绿色治理机制可以分为政府间国际组织和非政府间国际组织。其中，政府间国际组织主要包括联合国环境规划署（UNEP）、联合国可持续发展委员会（UNCSD）、全球环境基金（GEF）、世界自然保护联盟（IUCN）、欧盟环境保护署（EEA）、北美环境合作委员会（NACEC）及国际生态安全合作组织（IESCO）等。除了这些明确以环境治理为己任的组织之外，其他的全球治理平台也扮演了重要的角色。包括世界贸易组织（WTO）、欧洲经合组织（OECD）、国际货币基金组织（IMF）和国际海事组织（IMO）等。非政府间国际组织是来自民间的广大非正式组织。如亚洲动物基金会（AAF）、保护国际（CI）、美国环境保护协会（ED）、地球之友国际（FoEI）、绿色和平组织（GP）、国际技能环保协会（IEEPA）、国际森林研究组织联盟（IUFRO）、自然保护国际联盟（IUCN）、世界自然基金会（WWF）、美国大自然保护协会（TNC）和世界动物保护协会（WSPA）等。不论是政府间组织还是非政府组织，都在全球绿色治理中发挥着重要角色[①]。

政府间组织以全球性、区域性和次区域的多层级形式形成了一个网络化的结构。目前联合国作为一个国际性组织，在所有的组织中发挥了引领者的作用。在联合国框架下，《联合国海洋法公约》《联合国生物多样性公约》《联合国气候变化框架公约》《联合国防止荒漠化公约》等国际性公约相继出台。欧盟、欧盟环境保护署、东盟等区域性组织更多是在区域层面上开展环境保护，如北美地区的美国、墨西哥、加拿大三国在签署了《北美自由贸易协定》之后又签署了《北美环境合作协议》，防止贸易产生的环境纠纷。比区域更次的层级则因为更能协调各国之间的利益，容易形成环境合作，也成为绿色治理的重要方式。如在东盟"10＋3"的框架下，东北亚地区成立了中日韩三方环境部长会议，在该会议的运作下，已联合开展了"东亚海行动计划""东北太平洋地区行动计划"等多项生态维护行动。

[①] 王江丽：《全球绿色治理如何可能？》，浙江大学硕士学位论文，2009年。

第二章

全球经济治理格局演变趋势与二十国集团的兴起

第一节 经济全球化趋势与全球经济现状分析

一、经济全球化是不可逆转的历史趋势

经济全球化是全球化的重要构成,也是全球化的起源。经济全球化概念第一次出现在 20 世纪 80 年代中期,指的是各国之间因为资源禀赋不同而产生的分工和协作,并带动货物、资本、服务、技术和信息在全球范围内广泛流动,使得各国经济之间的相互依赖程度不断增强的现象。

回顾全球经济发展历史不难发现,经济全球化的发展离不开国际间分工和协作以及科学技术的发展。15 世纪下半叶开始,在经济利益和政治利益的驱动下包括中国、葡萄牙、西班牙在内的中西方国家纷纷开始了远洋探索,新航路的开通大大刺激了国际商品贸易和生产力的发展,为国际分工的产生创造了条件,国际分工开始进入萌芽阶段。到了 18 世纪中叶,第一次工业革命开始兴起。自英国发起、在欧洲和北美国家之间传播的这场技术革命,使得机器生产替代了手工劳作,也让工厂替代了手工作坊,生产力的大幅提升和交通运输领域的革新,极大地促进了国际分工的发展。这一时期国际分工的基本格局是以英国为代表的少

数发达工业国家和广大亚非拉国家构成的农业国之间的垂直分工体系,国际贸易也以工业国的产品输出和原材料输入为主。同时,国际短期借贷也因为国际贸易的发展而迅速发展,国际间的资本流动初具雏形,主要以英国为首的工业国的资本流出和其他国家的资本流入为主,方向单一。到了19世纪70年代,第二次工业革命兴起,自然科学发展与工业生产之间更加紧密结合,电力、石油、化工、汽车等新兴工业门类纷纷出现,社会生产力也开始了第二次飞跃发展。在第二次工业革命中,一方面,资本主义社会化生产趋势加强,生产和资本不断集中,而大规模生产必然催生贸易需求的急剧增长;另一方面,新技术的出现(如内燃机、飞机、电话、电报等的发明),使交通运输、通信领域等发生了质的飞跃,又进一步弱化了各国之间的时空距离,为国际贸易的大规模发展提供了有力的支持。而第二次世界大战之后兴起的涉及新能源技术、信息技术、新材料技术、空间技术等诸多领域的第三次工业革命更是极大地压缩了时空距离,彻底改变了人员、货物、信息以及资本在全球的流动速度和流动方式,其结果是,这期间国际交流的方式不断创新,规模不断扩大。为了更好地促进要素的全球流动和资源的全球配置,国际货币基金组织、世界贸易组织、世界银行、欧元区等各种形式的多边合作组织和协议纷纷出现,"经济全球化"这一概念正是在这一时期开始出现并迅速成为全球共识,同时为各国政府、企业和群众所广泛接受。

正如市场化经济体制一般,经济全球化是人类未来不可阻挡的发展趋势。经济活动的参与人可以划分为消费者和生产者两类,对于消费者而言满足消费需求是其根本目的,对于生产者而言生产利润最大化是其根本追求,而不论是消费者和生产者,在实现自身目的的过程中又都必然受到预算约束。从消费者的角度来看,不论是对物美价廉的追求,还是为满足收入水平不断提高情况下不断多样化的消费需求,都将促使消费者将目光投向国际市场,消费需求全球化趋势将不可避免。对生产者而言,使自身利润最大化就必须尽可能地提高自身的生产效率,而专业化分工和规模经济正是提高效率的重要途径。首先,根据比较优势理论,即使某一经济体在所有商品的生产上相较另一经济体都处于绝对劣势,只要该经济体在所有商品生产上所处的劣势程度不同,那么该经济体在所处劣势较轻的商品的生产方面就具有比较优势,两经济体之间也就可以通过专业化分工和国际贸易实现共赢。现代很多大型跨国企业所遵循的"归核化"发展战略,即将本土经营和发展重点集中在其最具竞争力(资源或能力)的核心环节上而将非核心环节外包给其他国家或地区,正是同样的道理。在现代科技的支撑下,专业化分工早已突破地区边界,全球价值链分工已经成为现代生产模式的核心。其次,规模经济是经济学的基本理论之一,马克思和马歇尔都曾在各自的论著中阐述过规模生产对生产效率提升的重要作用。企业的生产规模扩大之后,一方面企业内部的生产分工将趋于更加合理和专业化，另一方面企业能够利用更先进的技术和机器设备等生产要素，同时一定规模的生产经营管理还可降低成本，即规模生产有助于提高企业的生产效率。综合来看，对于生产者而言，对于效率提升的追求必然导致全球价值链分工，全球价值链分工带来的规模经济效应又会进一步促进国际间的分工和协作，因此，生产全球化势在必行。

事实上，在经济全球化的整个进程中一直不乏不和谐的声音，近几年尤为明显。欧债危机爆发后，英国与欧盟之间的利益分歧愈发明显。2013年英国时任首相卡梅伦提出脱欧公投建议，2016年脱欧公投开始并以52%对48%的结果通过了脱欧投票，经济逆全球化序幕拉开。2017年全球各大主要经济体纷纷释放出众多不同寻常的政治和经济信号。1月达沃斯峰会如期召开，中国国家主席习近平出席大会并在大会上做主题演讲，强调经济全球化乃是大势所趋，各国应该相互协作、共同面对经济全球化过程中可能出现的机遇和挑战，但包括德国、法国在内的多国领导却缺席了此次峰会。达沃斯峰会结束的当天，唐纳德·特朗普正式宣誓就职，成为美国第45任总统。上台后不久，奉行"美国优先"原则的特朗普在陆续宣布退出包括《中导条约》《巴黎协定》《跨太平洋伙伴关系协定》在内的一系列国际协议和组织之后，又于2018年以关税、反倾销税、反补贴税为武器跟中国等许多国家挑起了贸易摩擦，将流落在外的美国企业"带回家"是特朗普政府的一大主张。贸易保护主义在全球范围内的抬头，增加了未来全球经济发展的不确定性。

虽然近年来不确定性因素在增加，但有一点是清晰的：经济逆全球化现象的出现并不代表着经济全球化观点的不正确和全球化趋势的可逆，经济逆全球化现象背后是亟待解决的在经济全球化过程中不可避免的各国之间的利益冲突。以国际产业转移为例。全球价值链分工过程中必然伴随着国际产业转移现象，虽然长远来看国际产业转移对于牵涉的所有国家而言都是个双赢选择，但短期内国际产业转移也必然带来就业转移、利润分配、共享技术，资源消耗和污染转移等一系列问题。这些问题一日得不到有效解决，摩擦和争端就存在一日，从而导致部分国家、机构、团体、组织和个人对经济全球化在认识上的误区。

但非黑即白的思维和行为模式是错误的，利益冲突没有得到有效解决不代表着利益冲突无法得到有效解决，经济全球化无法让所有人满意不代表着经济逆全球化可以让所有人满意。经济学世界里很多问题都是放在完美市场框架下的，也就是不存在任何摩擦的完美竞争市场中。如果我们将完美市场中的经济全球化定义为经济的超级全球化，那么显然经济超级全球化在现实中是不可实现的。但经济超级全球化的不可实现，不代表着必须放弃经济全球化转而选择经济逆全球化，或者说贸易保护主义。技术、经济、文化发展到当前阶段，关起国门自给自足显然不是最优选择，甚至不是可行选择。迫于政治压力，企业和民众可能在一段时间内屈从次优选择，但长期下去在利益的驱使下最终结果要么是寻找现有制度漏洞，要么是推翻现有制度。

经济逆全球化现象的出现，应该说是将过去很长时间里一直被勉强安抚或直接忽视的利益冲突问题再次摆到了台面上，再次凸显了完善全球经济秩序治理体系的重要性和急迫性。平衡各方利益、解决冲突的过程可能要耗费很长的时间和很大的代价，但经济全球化是不可逆转的历史潮流。对于各国政府而言，从本国人民利益最大化的角度出发，当务之急正如国家主席习近平在2017年达沃斯年会上强调的："适应和引导好经济全球化，消解经济全球化的负面影响，让它更好惠及每个国家、每个民族。"

二、当前全球经济发展现状

(一) 经济复苏势头减弱

2008年金融危机爆发后的第二年，全球经济（尤其是发达经济体）陷入了第二次世界大战至今最为严重的衰退，全球一半以上经济体的人均产出出现下降。据世界银行统计数据显示，2009年全球经济增速 -1.69%，这是第二次世界大战后全球经济首次出现负增长，也是第二次世界大战至今唯一的一次负增长。为了应付危机各国政府出台了包括扩张性财政政策和货币政策在内的一系列宏观和金融支持政策。以财政政策为例，世界银行统计数据显示危机爆发后的两年（2009年和2010年）全球政府支出占国内生产总值的百分比从危机前的25%（2007年）直接提高到28.6%左右，增幅接近15%，为经济的恢复和进一步发展提供了相当大的刺激。得益于各国政府的不懈努力，危机爆发后全球经济形势快速好转，2010年全球GDP增速回升到4.28%，然而随后欧洲主权债务危机的蔓延又为全球经济的复苏蒙上了阴影，加之产业结构、金融杠杆、人口老龄化等因素的叠加影响，2011年之后很长的一段时间里全球经济都处在修复和调整阶段，经济增长动力不足和金融风险等问题普遍困扰着各国政府。根据世界银行的统计，2009~2013年五年间全球经济年平均增长速度为2.18%，相比危机发生前五年（2003~2007年）3.94%的年平均增长速度下滑了近1.8个百分点，降幅达到44.67%。

在经历了国际油价暴跌、中国A股市场暴跌、英国的脱欧公投等一连串经济事件后，2016年下半年，经济乐观情绪开始恢复，全球贸易和投资都出现复苏和反弹,全球经济出现明显周期性上升势头。据世界银行的调查报告显示,2017年全球经济活动强于预期,约有120个经济体的GDP同比增速出现上升,是2010年之后范围最为广泛和势头最为强劲的一次上升。国际货币基金组织的统计资料表明,2017年全球经济按市场汇率计算GDP增速为3.77%,同比提高0.4个百分点,增幅接近11.9%。其中:发达经济体的经济上行态势尤为突出,GDP同比增速从2016年的1.7%上升到2017年的2.36%,增幅为38.3%;新兴市场和发展中国家经济继续回升,GDP增速从2016年的4.57%略微提升到4.77%,增幅为4.2%。然而全球经济并未就此走上强势复苏的道路,而是在迈入2018年后再次面临下行压力。2018年全球经济虽然继续延续2017年的复苏倾向,但受逆全球化加重、新兴市场货币危机、欧洲政局不稳等多方面因素的影响,全球经济增长速度再次出现下滑。国际货币基金组织数据显示,2018年全球经济按市场汇率计算GDP增速3.58%,比2017年下滑0.19个百分点,降幅为5%。其中,发达经济体GDP同比增速从2017年的2.36%下降到2018年的2.23%,下降0.13个百分点,降幅为5.8%;新兴市场和发展中国家GDP同比增速从2017年的4.76%下降到2018年的4.51%,下降0.25个百分点,降幅为5.3%。①

2019年上半年,受中美贸易紧张局势和英国脱欧不确定性的影响,全球经济增长势头继续疲弱。不论是发达经济体还是新兴市场和发展中国家,投资和耐用消费品需求持续低迷,短期内经济增速出现大幅提高的可能性不大。国际货币基金组织在2019年7月的《世界经济展望更新预测》中,对2019年和2020年内的全球经济增速均做了0.1个百分点的下调,这也是2019年上半年的第二次下调。调整后,对2019年全球经济增速的预测为3.2%,其中:对2019年发达经济体经济增速的预测为1.9%,相比2019年4月的预测上提了0.1个百分点;对2019年新兴市场和发展中国家的经济增速的预测为4.1%,相比2019年4月的预测下调了0.3个百分点。对2020年全球经济增速的预测为3.5%,其中:发达经济体2020年的经济增速维持2019年4月的预测不变,为1.7%;新兴市场和发展中国家2020年的经济增速则下调0.1个百分点,为4.7%。

(二) 大宗商品市场低迷

2016年之前由于全球经济增长整体趋势缓慢,大宗商品整体呈现供过于求的局面,大宗商品价格因此大幅下降,并在2016年触及2008年金融危机爆发后的最低点,2016年之后受全球经济复苏和供给侧(如石油输出国限产、中东地

---

① 国际货币基金组织,http://www.imf.org/zh/publaicationy WEO/Issues/2021/03/23/world-economic-outlook-april-2021#statistical.

缘政治局势紧张等）因素的综合影响，大宗商品价格开始回升。根据国际货币基金组织的统计，以 2016 年为基年，2017 年和 2018 年大宗商品价格指数（包括能源）分别回升到 113.57 和 128.36，其中：能源类大宗商品价格指数分别回升到 123.92 和 157.69，食品和饮料类大宗商品价格指数分别为 103.22 和 102.08，农业原材料类大宗商品价格指数分别回升到 105.25 和 107.23，金属类大宗商品价格指数分别回升到 122.15 和 129.76（见图 2-1）。

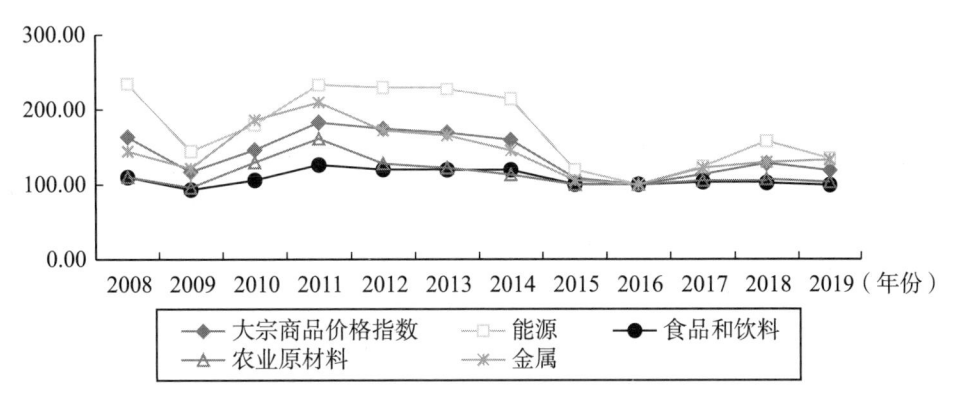

图 2-1　全球主要大宗贸易商品价格指数趋势（2016 年 =100）

资料来源：CEIC 全球经济数据库。

2019 年全球经济仍有下行压力，全球经济活动总体保持低迷，供需因素共同影响大宗商品市场，大宗商品价格呈现下行走势。能源方面，2018 年上半年，虽然全球经济表现好于预期提高了国际市场对原油的需求，但考虑到美国宣布对伊朗重启制裁可能对国际石油供应的影响，国际原油价格从 2017 年底的 61.19 美元/桶一路攀升到 2018 年年中的 76.73 美元/桶，涨幅为 25.4%。然而 2018 年下半年由于美国对伊朗的制裁力度小于预期，特别是许多 OPEC 与等非 OPEC 产油国（如俄罗斯）当年的石油产量纷纷创下新高，国际油价从 2018 年 11 月开始一路狂跌，2 个月内从年中最高的 76.73 美元/桶跌至 53.96 美元/桶，29.7% 的跌幅创下 2014 年后的季度最大跌幅。2019 年 1 月 1 日 OPEC 和俄罗斯等非 OPEC 产油国达成的联合减产协议正式实施且供给收缩超出市场预期，受此刺激加之全球经济活动疲软，国际油价开始触底反弹，国际平均油价从 2019 年 1 月的 56.58 美元/桶上升至 2019 年 4 月的 68.58 美元/桶，涨幅为 21.2%。然而跨入 5 月，一方面全球石油库存持续超预期增长，另一方面全球贸易争端再起，国际机构组织纷纷下调全球经济增速，在供给侧利好有限的情况下，需求侧再次主导市场走势，国际油价再次下跌。2019 年 6 月全球平均原油价格回落至 59.76 美元/桶（国际原油价格来源：CEIC 全球经济数据库）。国际货币基金组织对 2019 年能源类大宗商品价格指数给出的预测值为134.61，较之2018年同比下跌14.6%。①

此外，根据国际货币基金组织的预测食品和饮料类大宗商品和农业原材料类大宗商品价格指数在2019年也将出现下滑，分别从102.08和107.23下降至99.22和103.29，除了受到生产和运输过程中能源成本下降的影响外，消费需求不足也是其重要原因。

（三）国际贸易活动疲软

图2-2是1960年到2018年间全球商品货物贸易总额的变化情况。显然，2008年金融危机发生之前，国际贸易发展形势迅猛，2000年到2007年间全球商品货物贸易总值年均增长速度达到12.1%，2003年到2007年间全球商品货物贸易总值更是以每年两位数的速度飞速增长。2008年危机过后，虽然各国政府以及国际货币基金组织、世界贸易组织、二十国集团等国际经济组织和多边机制采取了一系列强力应对措施，使得全球经济和贸易得到短暂恢复，但经济复苏乏力、经济增长放缓、债务危机等一系列问题使得国际贸易大环境日益严峻。尤其是这两年国际贸易保护主义抬头，英国脱欧、中美贸易摩擦等逆全球化事件的发生更是对国际贸易活动造成了极大地冲击。2018年，全球商品货物进出口总额从2017年的707 558亿美元骤降至394 742亿美元，跌幅超过44%（见图2-2）。

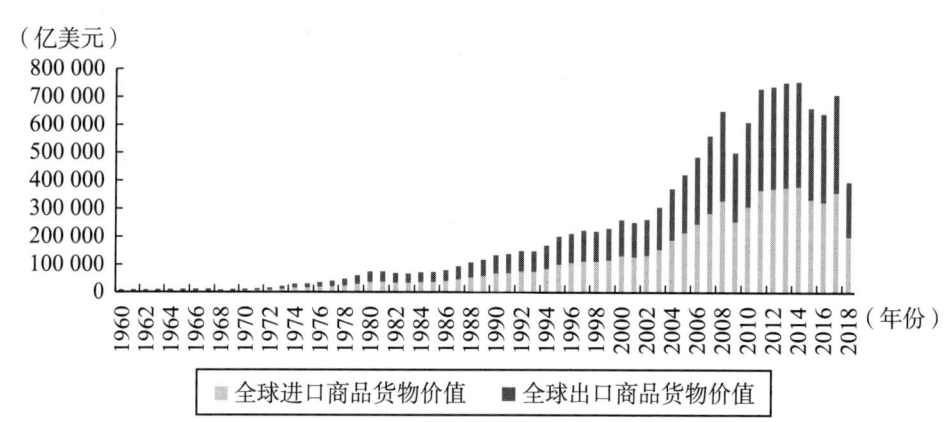

图2-2　全球商品货物贸易总额变化趋势

资料来源：根据世界银行网站相关数据整理。

从贸易总额占GDP的比重来看，2008年金融危机发生之前，全球商品货物贸易总额占全球GDP的比重一直处在上升阶段。2000~2007年间，全球商品货物贸易总额占全球GDP的比重从39.07%上升到48.92%，年均增速4%。危机

---

① 资料来源于国际货币基金组织，《世界经济展望》（2019年4月）。

发生之后，全球商品货物贸易总额在全球 GDP 中的比重从 2008 年的 51.44% 下降到 2009 年的 41.96%，降幅达到 18.42%（见图 2-3）。在经过各国及各国际经济组织的共同努力后，2011 年全球商品货物贸易总额占 GDP 总值一度回到 50%。然而欧洲债务危机、全球范围内的产业转移放缓、汇率波动等因素使得全球商品货物贸易总额在全球 GDP 中的占比再次进入下行趋势。2012~2018 年间全球商品货物贸易总额在全球 GDP 中的占比年均增速为 -1.11%。贸易是经济增长的动力，经济合作与发展组织曾经在研究中发现，过去半个世纪左右的时间里只有 5 年全球贸易增长落后与全球经济增速，在这 5 年之后都发生了经济衰退。从历史规律以及近两年的国际经济局势来看，未来全球经济贸易环境不容乐观。

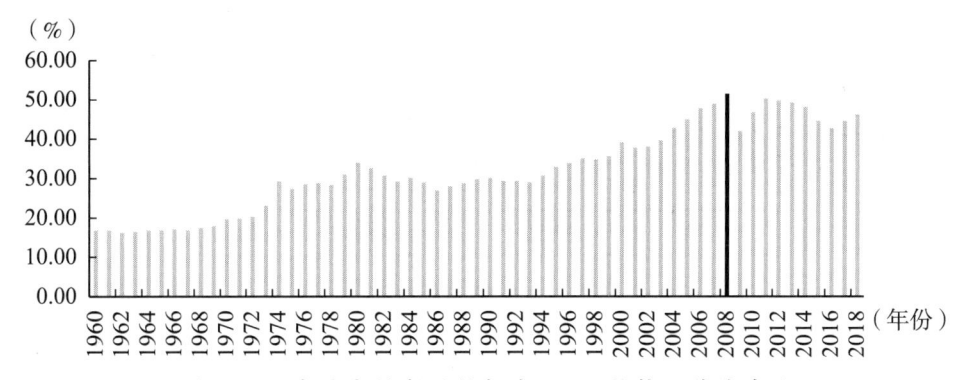

图 2-3　全球商品贸易总额占 GDP 总值百分比变动

资料来源：根据世界银行网站相关数据整理。

（四）通货膨胀相对温和

2008 年金融危机爆发后，许多国家都采取了扩张性的货币政策。世界银行的统计数据显示，危机发生后的十年里全球广义货币占 GDP 总值的百分比从 100.57% 一路攀升到 2016 年的最高点（124.42%），2017 年开始全球货币供应显然已出现下降趋势，2018 年全球广义货币占 GDP 总值的百分比为 123.65%。

快速增长的货币发行必然给物价带来上升压力，但 2008 年后全球并没有像想象中那样出现大范围的物价上涨问题。国际货币基金组织统计数据显示，2008~2018 年间全球居民消费价格指数震荡维持在 3.5% 左右且呈现出明显的下降趋势，2018 年全球居民消费价格指数从危机爆发当年的 4.66% 下降至 3.65%，期间最低曾达到 2.85%（见图 2-4）。其中，发达经济体的居民消费价格指数总体低于全球平均水平，但 2017 年开始超出预期的经济发展势头对其总体物价水平造成刺激，2016 年发达经济体的居民消费价格指数同比翻了一番有余，直接拉高了当年全球居民消费价格指数的平均水平。而新兴市场和发展中国家的通货膨胀率虽然要高于全球平均水平，但金融危机后居民消费价格指数下降的趋势和幅度也在加强。对比2008年和2018年全球、发达经济体、新兴市场和发展中国家居民消费价格指数表现，可以发现全球、发达经济体、新兴市场和发展中国家的居民消费价格指数分别下降了21.6%、上涨了6.9%、下降了35.3%，这也与危机后发达经济体和新兴市场和发展中国家经济发展上的分化有直接关系。①

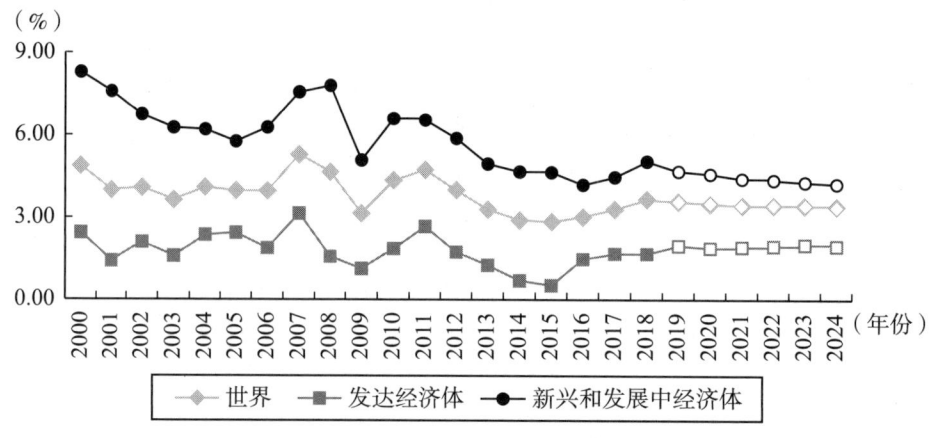

图 2-4 年末居民消费价格指数变化趋势

资料来源：CEIC 全球经济数据库。

考虑到通货膨胀与最终需求一般保持一致，例如 2017 年开始受全球经济复苏势头影响，全球商品价格重回上升趋势，不论是发达经济体还是新兴市场和发展中国家通货膨胀率均出现上涨，而 2019 年全球贸易摩擦带来的经济活动疲软、大宗商品价格回落以及资产价格下降等因素都将对社会最终需求造成抑制，国际货币基金组织预测 2019 年及未来的一段时间里发达经济体以及新兴市场和发展中国家的通货膨胀率将在 2018 年的基础上略微下降，整体保持温和。

第二节 全球经济治理格局的演变趋势

全球经济治理格局的变迁一直伴随着全球生产力的变革和各大经济体之间的力量博弈。整体上看，从全球经济体系形成到现在，全球经济治理格局一直处在不断调整的过程中，并且在这之间的每个阶段中全球经济治理机制都带着显著的

---

① 资料来源于国际货币基金组织，《世界经济展望》（2019 年 4 月）。

"霸权"主义。从第二次世界大战之前以英、法、德、美、日等资本主义强国为核心的全球经济治理格局下的"霸权竞争"模式，到第二次世界大战之后以美国为核心的全球经济治理格局下的"霸权主导"模式和"霸权合作"模式，全球经济治理机制中不变的是"霸权"；不同的只是代表"霸权"的经济主体以及"霸权"经济主体在全球经济治理机制中的主导方式。

一、全球经济治理格局及治理机制的历史演变

（一）殖民主义和帝国主义阶段——霸权竞争

经济全球化的起源可一直往前追溯到 15 世纪地理大发现的起点，从地理大发现开始一直到第二次世界大战结束的这段时期属于经济全球化过程中的第一个阶段——殖民主义和帝国主义阶段。

由欧洲冒险家主导的地理大发现、大探险是人类全球化进程的第一步和最重要的一步。新航路的开辟促进了东西方之间的文化、贸易交流，促进了欧洲资本主义的发展。地理大发现的根本驱动力之一是对财富的渴望。在地理大发现三百年左右的时间里，西欧和北美各资本主义国家通过战争和殖民地的形式瓜分世界领土，在全球范围内夺取原料市场、销售市场、投资场所和战略要地；也通过世界工厂的形式，西欧和北美资本主义国家将资本主义生产方式传向了全世界。第一次世界大战期间，英、法、德、美、日、俄六国共占领 2 500 万平方千米的海外土地，大部分亚洲地区和几乎整个非洲、拉丁美洲都成为帝国主义的殖民地。这些殖民地为资本主义国家提供了大量的原料、劳动力，也是资本主义国家商品输出的重要市场。帝国与帝国之间、帝国与殖民地之间的横跨大西洋、太平洋和印度洋的各条贸易路线将各国紧密联系，真正意义上的世界市场开始形成。

在殖民主义和帝国主义阶段，全球性经济体系开始形成雏形，生产、分配和消费开始从地区性向全球性转变。这一阶段的全球经济治理由资本主义核心区域主导，奉行以经济实力和综合实力为基础的丛林法则，并不以各国或地区的平等互利为基础。第一次工业革命之后，率先完成工业革命、巅峰时期名下统治的领土遍布全球七大洲、殖民地面积和本土面积加起来达到 3 367 万平方千米的大不列颠帝国毫无疑问地成为当时的全球霸主。但是由于当时全球的贸易秩序、金融秩序和市场秩序仍未成型，英国对全球经济秩序的影响能力和控制能力仍然相对有限。随着工业革命的不断推广和深化，各国经济实力和综合国力发生了改变，德国、美国、日本等国家开始崛起，资本主义强国之间围绕全球资源和全球市场展开的竞争和争夺日益剧烈，它们与英国主导的全球经济治理机制之间的矛盾和

冲突也日益激烈，而具有一定公信力和影响力的、用以维持国际经济秩序的国际规则和国际组织的缺位必然导致弱肉强食、单边主义盛行，霸权竞争型治理模式是这一阶段国际经济治理的主要特征。

（二）布雷顿森林体系阶段——霸权主导

随着资本主义的发展，生产社会化与生产资料私有制之间的矛盾日益激化。从17世纪开始全球经济危机事件频发，各国之间的贸易冲突与货币战争不断。由于国际社会缺乏定型力量，经济层面的冲突逐渐向社会层面和政治层面蔓延并激化，并于1914年和1939年分别爆发第一次世界大战和第二次世界大战。经历过两次世界大战之后，全球经济格局发生了重大变化，一方面欧洲列国在全球经济格局中的地位一落千丈，美国开始取代英国、法国、德国等欧洲国家成为资本主义世界的盟主并在国际经济治理中发挥重要作用，另一方面反思大战爆发根源，"合作共赢"逐渐成为主要大国政府的共识，国际经济秩序开始从第二次世界大战之前的单边主义向多边主义转变。

1944年第二次世界大战进入尾声，各战胜国基于共同利益，为了推动经济复苏、促进战后重建，陆续围绕贸易投资、货币金融、国际宏观经济政策协调、发展援助等事务商讨合作。当年7月以国际货币基金组织和国际复兴开发银行为载体的布雷顿森林体系确立，确定了以黄金为基础、以美元为主要国际储备货币的国际货币体系以及以外汇自由化、资本自由化和贸易自由化为主要内容的多边经济制度，也确定了美国在全球经济治理中的核心地位，霸权主导的多边主义成为这一时期全球经济治理的主要特征。此外，第二次世界大战之后欧洲各国开始反思在全球经济治理中领导力旁落的问题，为了维护自身的利益和安全法国、德国、比利时等六国于1967年率先加入并成立欧洲共同体，希望通过欧洲经济的一体化促进贸易与投资的畅通。

整体来看，1944～1972年布雷顿森林体系运行的这一时期，多边和区域联盟主要以建立在政治认同上的经济合作为主，联盟中的国家开始在一定程度上将国内部分经济事权让渡给国际组织或国际条约，而多边和区域联盟中这种"超国家"的治理形式在第二次世界大战后相当一段时间里为国际贸易、国际资本流动创造了良好的环境，加大了不同国家之间的相互依存程度。在这种"超国家"的治理机制中美国仍然扮演着核心主导角色，以苏联为首的社会主义国家联盟在全球治理中关注的重心都是国家安全和政治上的需要，对于经济的重视程度和影响力则相对有限。

(三) 后石油危机阶段——霸权合作

布雷顿森林体系在第二次世界大战之后有效运行了一段时间，但其也有无法克服的缺陷：以美元为国际储备，那么在黄金生产停滞的情况下，国际储备美元的供应就完全取决于美国的国际收支状况。如果美国国际收支保持顺差，则国际储备资产无法满足国际贸易发展需要，容易出现"美元荒"；如果美国国际收支保持逆差，则国际储备资产过剩，容易导致美元危机（特里芬难题）。

一方面，20世纪70年代石油危机和拉美债务危机爆发，布雷顿森林体系难以维系，南北矛盾激化，发展中国家普遍对其在全球经济治理中的不平等地位以及不均衡利益表示不满，国际社会对建立国际经济新秩序的呼声高涨。1963年第18届联合国大会讨论召开贸易和发展会议时，来自亚、非、拉的73个发展中国家和南斯拉夫、新西兰共同提出联合宣言，"75国集团"成立。1964年第一届联合国贸易和发展会议（UNCTAD）上，发展中国家和发达国家在一些重要问题上分歧严重，"75国集团"变身"77国集团"，并起草了《建立国际经济新秩序宣言》，强调各个国家都享有平等参与解决经济、金融、货币等国际事务的权利，要求改善发展中国家在全球经济发展中的待遇。

另一方面，在石油危机的冲击下西方世界经历了第二次世界大战之后最为严重的一次经济衰退，通货膨胀加剧、失业人数急增，各国贸易保护主义抬头。为避免重蹈上一次经济大危机的覆辙，西方发达国家开始强化彼此之间的合作。对于美国而言，石油危机、布雷顿森林体系解体以及日本、欧洲和苏联的崛起都对其主导的霸权治理模式造成了冲击。为了继续维持自身在国际上的霸权地位，美国开始综合采用单边政策和多边主义手段，通过国际组织如联合国、国际货币基金组织、世贸组织和地区组织（如七国集团、八国集团）等在国际层面寻求更多合作。

这一阶段，原有全球经济秩序的危机反而促进了国际经济合作。因为在南北矛盾激化和北强南弱的现实背景下，不论是发达国家还是发展中国家都发现第三方治理更能够平衡两方诉求，因此国际货币基金组织、世界银行、世贸组织等国际多边组织的结构和功能反而得到了进一步加强，但南北实力的差距也决定了这一阶段的国际经济秩序制定仍然是以美国、欧洲和日本等发达国家为主导。

(四) 冷战后阶段——霸权主导

20世纪90年代世界政治、经济格局再次发生异动：1990年日本在经历了4年多的高速发展之后开始迎来泡沫经济的破灭，日本经济开始进入"消失的二十年"；1991年12月苏联解体，东欧经济开始分化；1997年亚洲金融危机爆发，亚洲经济急速发展势头被打破，日本、韩国、新加坡、泰国、马来西亚、中国香港等许多亚洲经济体的经济转向萧条。

冷战结束后的近二十年里（1991~2007年），一方面美国在全球政治、经济上的影响力逐步增强。苏联的解体使得战后美苏两国争霸的政治局面被打破，美国开始成为唯一超级大国。泡沫经济的破灭和亚洲金融危机对日本以及亚洲各国的经济造成了重创，日本失去了可以与美国抗衡的实力。没有了苏联和日本这两个对手，美国开始不断强化对他国内务的干涉。全球经济治理层面，美国采取了多种经济战略和霸权举措，包括在国际社会广泛推行新自由主义理念，在产业、贸易、金融等领域采取一系列单边主义政策等，以巩固其在全球经济领域的霸权主导地位。

另一方面，亚洲金融危机阶段暴露了一个严重的问题：许多小国和经济相对脆弱的国家在面对全球经济危机的冲击时几乎没有抵抗能力，危机后经济的恢复严重依赖国际组织，但国际组织在救援过程中又存在执行力和客观性的问题。例如，亚洲金融危机中韩国、印度尼西亚、菲律宾、泰国都先后向国际货币基金组织发起了求助，但并未解决问题。基于亚洲金融危机中国际货币基金组织的表现，许多发展中国家开始对由西方掌握的多边组织和多边框架提出了质疑，虽然国际货币基金组织之后进行了相应的内部改革，但改革太过缓慢，而且效果不尽如人意。因此，这一阶段发展中国家开始更加积极地通过抱团和联盟的形式参与全球经济治理，随着中国、印度等发展中国家的不断崛起，东南亚国家联盟、亚太经合组织、"金砖"等发展中国家和新兴市场国家在全球经济治理中的发言权越来越大。

二、全球经济治理机制的未来趋势

2008年爆发的全球性金融危机对于世界经济史而言具有重要意义，它不仅对全球经济造成严重冲击，也是全球经济治理格局和全球经济治理机制变迁历史中的一个很重要的分水岭。

从当前全球经济治理格局的特点出发，未来全球经济治理机制的特点如下：

首先，以美国为首的主导特征短期内难以改变。一方面，虽然世界经济呈现"东升西落"态势，新兴市场和发展中国家的经济发展潜力和速度整体好于发达国家，但新兴市场和发展中国家与发达国家之间的整体实力差距至少短期内无法发生扭转。另一方面，包括美国在内的发达国家在全球经济治理中的主导地位不仅来自其经济实力，还来自其强大的科技实力、军事实力、人才实力以及金融实力，新兴市场和发展中国家可能在短期内在经济总量上追平其与发达国家之间的差异（比如中国），但要在科技实力、军事实力、人才实力和金融实力上全面缩小其与发达国家之间的差异，还需要大量的金钱和时间投入，不是一朝一夕可以实现的。美国在世界霸主这一位置上坐了百余年时间，期间经历了多次大的变迁和挑战，至今仍在全球治理中扮演着关键角色，短期内想要动摇其全球经济治理中的主导地位非常困难。

其次，全球经济治理进入"后美国"时期。虽然短期内美国在全球经济格局中的主导地位无法发生根本性改变，但美国对于全球经济治理的话语权和控制权必然不复从前。而这一情形的出现不是因为出现了一个将取代美国在全球经济治理中占据霸权地位的超级大国。当前国际国内都存在一种错误看法，认为只要一个国家的影响力超过美国，那么就能取代美国在包括金融、贸易等国际事务上的话语权。必须意识到，美国在全球经济格局中主导地位日渐不复的根本原因在于其他国家，即参与全球经济治理的要求和维护自身发展权益的愿望日渐强烈的发展中国家。随着科学技术、人类社会的发展，地理、时间乃至文化上的距离将持续缩小，国与国之间、地区与地区之间社会、经济、文化等各方面的联系势必不断加强，不管一国或区域的自身意志如何，脱离整体以"孤木"的形式进行生产和消费是不可持续乃至不可能的。经济活动既然是群体游戏，那么游戏规则就必须为群体中的所有人所接受。同样，全球经济治理必将由原来的某一群体主宰转向所有主体共同参与、共同决策。

最后，"共商共建共享"将是根本宗旨。2013年3月中国国家主席习近平提出了"人类命运共同体"的重大倡议，又于2013年9月提出了"一带一路"的合作倡议。在"一带一路"的合作倡议中，中国提出了"共商、共建、共享"的建设原则和"开放、包容、均衡、普惠"的区域经济合作架构，得到了很多国家的支持，这也为未来全球经济治理的建设提供了方向。"共商"原则也就是民主原则，强调打破少部分发达国家在全球经济治理过程中推行的霸权主义和利己主义，保证各国在国际合作中享有平等的权利和机会，遵循同样的规则，通过共同协商达成治理共识、寻求共同利益。"共建"原则也就是合作原则，强调各国应当共同参与、共同建设全球经济治理机制，在全球经济治理的思想理论、组织机制、重点议题等方面群策群力，以维护全球自由贸易体系，促进全球经济要素有序自由流动，提高全球资源配置效率，造福各国民众。"共享"原则也就是公平原则，强调各国应当在全球经济治理中享有平等的发展机会，这就要求全球经济事务应该由各国共商，全球经济治理规则应该由各国共定，经济发展成果应该由各国共享。

三、全球经济治理体系改革的重点方向

从全球经济格局和全球经济治理体系的特点及未来趋势来看,当前的全球经济治理体系虽然在过去一段时间里为全球经济发展起到了良好的支撑作用,但与未来全球经济发展需要之间仍然存在着一些不可调和的矛盾,全球经济治理体系急需进一步的完善乃至改革。

就目前来看,全球经济治理机制存在的关键问题主要有以下几点。

首先,现有全球经济治理体系下的治理理念与各国多元化现实之间的不一致。20世纪80年代,新自由主义开始取代原有的内嵌自由主义成为全球经济治理的主导理念。所谓新自由主义是指,以私人产权为基础,主张尽可能少的政府干预,利用自由市场规则进行资源配置,并坚持全球经济开放的经济治理理念。政府在新自由主义经济治理理念下的主要功能是提供并维持一个为市场经济服务的制度框架,内嵌自由主义则是指将自由市场嵌入政府调节架构中的经济治理理念。在内嵌自由主义经济治理理念下,对内通过政府干预引导经济和社会发展,对外则奉行多边的自由贸易原则。在当前以美国为主导的全球经济治理体系下,加入全球经济治理框架意味着必须在短时间或一定时间内完成市场化经济制度的建立,这一点与很多国家,特别是新兴市场和发展中国家的治理理念和发展实际之间存在一定的冲突。许多发展型国家奉行市场和政府并重的治理理念(比如日本、韩国、中国),希望通过更加积极的政府干预引导国内和国际资源投向具有战略意义或者发展空间的产业,维持和刺激经济的稳定和快速发展。

其次,现有全球经济治理机制与全球经济格局实际变化之间存在不一致。在当今"东升西落"的经济发展形势下,随着新兴市场与发展中国家各方力量的兴起,其参与全球经济治理的意愿和需要日渐强化。然而,全球经济治理机制并未发生相应变化,经济治理机制的改革落后于全球经济格局的变化。现有全球经济治理机制中虽然不乏新兴市场与发展中国家的影子,但新兴市场与发展中国家所拥有的话语权和决定权与这个群体在全球经济总量中的占比,以及对全球经济发展的影响力大大不符,以美国为首的发达国家集团仍然占据全球经济治理的主导地位。以国际货币基金组织中各国的份额比重为例,目前发达经济体在国际货币基金组织中的份额总和达到了57.7%,新兴市场和发展中国家在国际货币基金组织中的份额总和仅为42.3%。其中发达经济体的代表性大国——美国在国际货币基金组织中的份额比重是新兴市场和发展中国家代表性大国——中国在国际货币基金组织中份额比重的约2.6倍。

最后,现有全球经济治理机制存在结构性缺陷。全球经济治理机制是参与全

球经济治理的经济主体制定并实施的关于治理主体、治理客体、治理方式以及治理成效等要素的集合。一个良好的治理机制必然要求科学界定治理主体和治理客体、合理设计规则机制并保证其高效运行，从而，才能取得良好的治理成效。然而就目前来看，全球经济治理机制仍然存在结构性缺陷。第一，治理主体存在代表性问题。目前全球经济治理决策机制主要依托八国集团（G8）和二十国集团（G20）这些治理平台，一方面这些平台和组织中成员国数量有限；另一方面平台和组织在实际中基本采取大国协调为主、小国参与为辅的模式。在具有广泛影响的国际经济事务上，这些主体在这样的模式下确定的治理思路和方案能否充分体现全球各国的权利与义务必然受到质疑，也容易出现国际经济治理机制的合法性问题。第二，规则机制仍不完备，整体运行效率低下。全球经济治理的执行主要依托世界贸易组织、国际货币基金组织、世界银行等这些国际经济组织。这些组织在运行过程中都存在诸如缺乏独立性、投票份额分配不公、协调机制补偿、执行效率低下、机制约束力弱等一些共性问题，常常导致在一个问题上谈判多年未果、成员国随意退出协议、成员国利用机制挑起争端等问题。第三，缺乏系统、合理的治理评价体系以及基于评价的反馈机制。科学、合理的评价对于机制建设和完善而言至关重要。此外，现有全球经济治理机制与机制之间，特别是硬机制（具有强制约束力，如国际货币基金组织）与软机制（没有强制约束力，如G20）之间的衔接与合作有待提高。机制与机制之间存在成员交叉但并不完全相同，这就容易出现一些问题。比如机制与机制之间可能存在职能重复，又比如一个机制所取得的共识可能无法被其他机制中的其他成员承认和落实。

提高全球经济治理能力，全球经济治理机制改革不可避免。围绕上述关键问题，我们认为未来全球经济治理机制可以从以下几个方面进一步完善。

首先，全球经济治理理念及其落实可以进一步丰富。逆全球化现象改变不了全球化的最终趋势，在全球化的背景下，注重发挥市场在资源配置上的基础性作用、强调竞争和效率、提倡自由贸易的新自由主义经济治理理念，才能够更好地推动全球市场的建设、提高全球资源配置的效率，因此，仍将是以全球经济治理理念为主导。但市场配置资源的效率必须肯定，新兴市场和发展中国家的实际发展也需要尊重。在全球经济治理的过程中，一方面，应该允许多元化经济治理理念的存在，在新自由主义之外积极吸收包括中国在内的其他各国提出的卓有成效的治理理念；另一方面，在涉及具体国家或具体经济事务时应当秉持"法理与人情兼顾"的原则，允许并承认具有实际发展困难或需要的国家或地区在某些事务上应该享有的特殊对待权力。

其次，进一步提高全球经济治理中各国的参与度。提高全球经济治理机制的合法性和代表性，除了要在经济治理过程中更加强调公平与正义，要在价值和理论层面取得并扩大全球共识之外,还要在全球经济治理中不断提高各国的参与度。包括:吸引更多国家参与全球经济治理决策机制和执行机制的建设,或者说加入相关国际经济组织、多边协议或合作平台中;改变现有全球经济治理机制中"大国协调为主,小国参与为辅"的模式,提高新兴市场和发展中国家、中小国家在全球经济治理过程中的话语权和决策权;坚持"共商"原则,在全球经济事务的决定中应该避免受少数或部分国家之间的谈判结果所影响,而应坚持协商共建原则在全球范围内赢得最广泛的信任和支持等。

再次,进一步丰富全球经济治理载体。现有全球经济治理主要以世界贸易组织、国际货币基金组织、世界银行等传统国际经济组织以及 G8 和 G20 等传统多边组织为载体展开工作,随着未来全球经济合作深度和广度的强化以及全球治理理念、治理方式的丰富和改进,现有经济治理载体将渐渐无法满足全球经济治理过程中多边磋商、集体协商和联合实施的需求,在传统全球经济治理载体之外,应该积极发展、吸收类似亚太经合组织、金砖五国、东南亚国家联盟、非洲联盟、亚洲基础设施投资银行、金砖国家开发银行等区域性多边组织和区域性经济组织作为全球经济治理载体的有效补充。

最后,全面优化当前全球经济治理决策和执行机制。包括但不限于:进一步调整、优化国际货币基金组织的投票权和份额分配,增加新兴市场和发展中国家的投票权和份额占比;强化治理机制的职能权威,思考、建立违约惩罚机制;建立、完善全球经济治理过程中的争端解决机制;创新国际经济组织的机构组织形式,提升决策和治理效率;强化世界银行的援助职能,谨慎要求附加条件,在实施援助的过程中避免给被援助国造成过重的负担;建立、强化多层次的全球或区域性金融安全网络和合作,推动全球金融监管标准和法规建设等。

第三节 二十国集团的兴起对全球经济秩序构建的重要意义

2008 年金融危机之后,新兴市场和发展中国家在世界经济版图上兴起,发达国家开始意识并接受只有通过与新兴市场和发展中国家合作才能从根本上解决全球和自身经济增长难题这一现实,也开始重视并吸收新兴市场和发展中国家加入国家间合作平台,这一时期 G20 在全球经济治理中的作用逐渐凸显。G20 在诞生伊始就带着全球治理的责任,并在维护全球经济稳定、促进全球经济增长、构建国际经济新秩序上扮演着不可或缺的角色。

一、G20 的兴起与发展

G20 最开始的原型是七国集团（G7）。20 世纪 70 年代，在先后发生"美元危机""石油危机""布雷顿森林"体系瓦解等一系列事件之后，为了应对全球性经济危机，发达国家之间开始寻求合作，美国、日本、法国、德国、意大利和加拿大 7 个国家率先为研究经济形势、协调政策召开首脑会议并将其机制化，简称 G7。1991 年起，俄罗斯开始参与 G7 峰会，并于 1997 年被 G7 接纳成为成员国，G7 正式变更为 G8。在亚洲金融危机之前，G7 和 G8 峰会是全球经济、贸易和投资的主要治理平台，在很大程度上决定了全球经济的走向。

1997 年亚洲金融危机爆发，危机给新兴工业化国家经济造成了极大的冲击，这些冲击又进一步传导到其他发展中国家和发达国家。危机发生后，国际货币基金组织、世界银行等国际经济机构纷纷出台一系列急救措施，但这些政策措施并没有取得实质性效果。亚洲金融危机的爆发，一方面，让发达国家意识到新兴市场和发展中国家对全球经济的重要影响，另一方面也让发达国家意识到了国际经济机构存在的不足和弊端。为了更好地应对危机对全球经济、金融和贸易造成的破坏，G7 财长会议提出应该让更多的国家加入全球经济治理中，就国际经济、货币政策举行经常性对话。1999 年，包括 G8 成员以及欧盟、中国、韩国、印度、巴西、阿根廷、土耳其、印度尼西亚、墨西哥、澳大利亚、沙特阿拉伯、南非等国家和地区在内的二十国集团正式成立，并于同年 12 月在德国召开了 G20 的第一次财政部长及中央银行行长会议，简称财长会议。从 1999 年至今，G20 财长会议每年举办一次，主要就国际经济、货币政策和金融体系的重要问题展开对话，希望通过对话为相关问题的讨论和协商奠定基础，从而促进全球经济的稳定和持续增长。虽然 G20 是由发达国家、新兴市场国家和发展中国家共同组成，但直到 2008 年金融危机发生之前，G20 的诞生以及新兴市场和发展中国家在全球经济治理机制中的加入都没有改变发达国家（G7）在全球经济治理中的主导地位。

2007 年美国次贷危机爆发并迅速演变为一场全球性的金融危机，虽然国际社会采取了一系列措施，但常规性的治理方式已无法遏制危机的迅速蔓延，这也再一次暴露了发达国家主导下的全球经济治理机制存在的不足，从此，新兴市场和发展中国家在全球经济治理中的实质作用受到了国际社会的关注。在发达国家的推动下，从 2008 年开始，G20 正式从部长级会议升级为领导人峰会。2008 年 11 月，第一届 G20 领导人峰会在美国华盛顿召开，各国就如何合作应对国际金融危机、维护全球经济稳定达成了重要共识并通过了多项行动方案，发表了《华盛顿宣言》。2009年G20第二次和第三次首脑峰会分别在英国伦敦和美国匹兹堡举行，峰会上各国明确了G20是协调全球经济事务的首要平台。2010年G20第四次和第五次峰会分别在加拿大多伦多和韩国首尔举行，峰会围绕危机后的金融改革、贸易改善等问题展开，有达成共识的地方也有存在分歧的地方。2011年起首脑峰会变更为一年一次，也标志着G20的运行开始步入机制化阶段。

2008年金融危机发生后，G20以金融市场改革为抓手，对国际金融秩序进行了重塑，在消除市场紧张情绪上提振了信心，在完善全球经济治理、稳定全球金融市场方面发挥了重要作用。在各方的共同努力下，金融危机得到了有效的控制，全球经济开始出现复苏迹象。但危机打乱了原有的国际秩序，隐藏在经济活动中的许多矛盾逐渐显露。G20的议题开始从原本的应对金融危机扩大到贸易、投资、气候变化、反腐败等领域，G20部长级会议在原本的财长会议之外，还增加了贸易部长会议、农业部长会议、能源部长会议、劳工和就业部长会议等等，G20也逐渐从原本暂时性的危机应对机制向长效的全球治理机制转型。

二、G20对全球经济秩序构建的重要意义

G20已经成为全球最具影响力的多边机制，成员国的经济总量占到了全球经济总量的2/3以上。从G20历届部长级会议和首脑峰会的举办来看，G20参与全球经济治理主要是通过围绕议题的非正式对话完成。G20的建立不以法律为基础，因此G20内部达成的共识和协议也不具备法律约束力，会议所通过的各项公报、宣言和行动纲领对全球治理而言更多的是起到方向性的引导作用，并不会对成员国构成法律约束。但就是这样一个非正式多边机制，对于全球经济秩序的重构而言仍然具有重大意义。

首先，G20是全球经济秩序公平构建的重要平台。虽然公平和自由是西方文化提倡的重要观点，但在具体国际事务的落实中却困难重重。直到目前，全球经济治理仍然受发达国家主导，美国的霸权地位难以撼动。G20的出现是对传统全球经济治理体系的极大冲击，在G20之前没有一个国际治理平台是可以有发展中国家广泛参与的。责任与公平一直是G20的重要议题之一，也是新兴市场和发展中国家在参与全球经济治理过程中一直呼吁解决的关键问题。G20成立最初的10年中，关于责任和公平国际秩序的议题主要集中在贸易自由化、减少贫困和促进发展中国家经济发展等方面。因为对于当时的很多新兴市场和发展中国家而言，解决温饱问题是首要任务。经济发展上的不平衡是一切不平衡现象的根源，要想充分发挥新兴市场和发展中国家在全球经济治理中的作用，当务之急是改善新兴市场和发展中国家的经济条件，缩小其与发达国家之间的发展差距。1999年到

2008年间，G20财长会议主张发达国家对发展中国家提供发展援助，通过国家金融机制改革、多哈回合谈判等手段，实现联合国千年发展规划，为全球经济治理提供更加公平的环境。综合来看，虽然G20中也不可避免地由发达国家占据主导地位，但随着全球经济格局的变化，以及G20内部发展中国家争取构建公平国际秩序的不断努力，国际经济治理秩序正在向着更公平的方向转变。

其次，G20是全球投资治理改革的重要推动力。促进全球经济的稳定和持续增长是G20成立的目标之一，推进全球贸易自由化和投资便利化也一直是G20所努力的方向之一，G20在全球经济投资治理方面的贡献是有目共睹的。2008年金融危机发生后，在八个月的时间里，G20成员国一共签署了36个避免双重征税协定、27个双边投资协定和11个其他国际投资协定。2009年在G20的第二次首脑峰会上，G20强调反对保护主义、要促进全球贸易和投资，更承诺将采取一切力所能及的行动促进和推动贸易及投资。2016年G20首脑峰会通过了《G20全球投资指导原则》（以下简称《原则》）。《原则》作为全球投资治理改革的突破性成果和重要指南，既满足了发达国家对投资保护、投资自由化及投资透明度的高标准要求，又兼顾了发展中国家寻求"发展政策空间"的需要，为促进全球投资治理提供了长远的制度性引导，对强化国际投资合作和投资政策协调具有重大意义。为了确保全球投资向更加开放和自由的方向发展，G20邀请联合国贸发会、世界贸易组织和经合组织对G20成员国进行监督和公开报告。在各项措施的保障下，全球投资环境得到了明显改善，根据UNCTAD和OECD联合发布的《G20投资措施报告》，截至2016年年中G20成员国对外国直接投资采取的具体措施中有80%以上旨在促进投资的自由化和便利化。总体来看，G20在践行反对投资保护主义，推动全球投资合作与政策协调方面成效显著。

最后，G20在全球金融治理中发挥了重要作用。历届G20峰会上，加强国际资本流动的跨国监管一直是重要议题之一。2016年的G20峰会上明确提出各个成员国应当继续不断完善跨境资本流动管理，并提出了具体的工作方向，包括：加强对跨境资本流动的数据收集与风险监测；协调各国宏观经济政策、保障跨境资本稳定流动；总结各国经验，加强对跨境资本流动的国际监管；完善跨境资本流动管理的对话协商机制等。跨境资本流动的数据收集与风险监测方面，G20强调：加强数据收集以更好识别货币和期限错配；解决依法向的数据缺口问题；关注与国际投资头寸货币构成数据的收集、处理和报告。宏观政策协调方面，G20强调避免汇率的竞争性贬值和不以竞争性目的来盯住汇率。各国经验方面，G20强调期待金融稳定理事会、国际清算银行和国际货币基金组织关于宏观审慎政策的各国经验总结。对话协商方面，G20强调：在现有工作和国际货币基金组织监督报告的基础上，通过G20财长和央行行长之间经常性针对资本流动的风险性、全球流动性的溢出和溢回效应展开深入讨论，对国际货币基金组织和金融稳定理事会的早期预警演练以及国际清算银行全球流动性早期预警指标工作进行补充；承诺 G20 成员国每年就第四条款展开磋商，每五年进行一次金融部门评估规划并公布结论；期待 G20 成员国与国际经济机构在自愿原则的基础上分享本国和多边早期预警体系和框架的建设经验和方法；支持国际货币基金组织、国际清算银行、金融稳定理事会和经合组织在资本流动和金融稳定风险领域内加强对话和协商。

第三章

二十国集团的发展历程、作用及其挑战

二十国集团，是一个以国际经济合作论坛形式举办的非正式对话机制，由领导人峰会、财金和协调人双轨道对话会议、部长会议、专业工作组和研究小组会议组成①。相较于正式的国际组织，二十国包括八国集团（G8——美国、加拿大、德国、法国、英国、意大利、日本和俄罗斯），十一个新兴市场国家（中国、韩国、印度、印度尼西亚、澳大利亚、墨西哥、巴西、阿根廷、土耳其、沙特阿拉伯和南非）和一个经济体（欧盟）。本章将通过回溯二十国集团的发展历程，总结在不同国际形势下 G20 曾发挥的作用，并分析当前面临民粹主义贸易保护主义和新冠肺炎疫情等国际形势变化对 G20 的合作机制带来的挑战。

第一节 二十国集团的发展历程

一、G20 的诞生

G20 机制的成立有着深刻而特殊的历史背景。第二次世界大战后，全球经济秩序主要由国际货币基金组织、世界银行和关贸总协定主导。这构成了以美国为

---

① 张海冰：《G20 机制的发展历程与前景展望》，载于《人民论坛》2016 年第 25 期，第 34~36 页。

代表的发达国家对全球经济治理的统治地位，而发展中国家处于依附地位的格局。在国际非正式会晤机制中，八国集团一直作为西方发达国家的"富人俱乐部"，在全球治理中发挥着关键作用。冷战后，随着市场机制的广泛建立、科技进步、国际金融的发展和跨国公司的蓬勃发展，经济全球化迅猛发展，以中国、印度、巴西等发展中国家为代表的新兴工业体迅速崛起，成为全球经济治理中一股重要的力量。

亚洲金融危机的爆发直接促使了G20机制的诞生。1997年7月，泰国宣布放弃固定汇率而实行浮动汇率制度，国际炒家做空泰铢，泰铢兑换美元汇率大幅下降，引发了东南亚金融风暴。泰铢大跌迅速波及菲律宾、印度尼西亚、马来西亚等国，随后中国台湾和中国香港也受到国际金融炒家的猛烈进攻，韩国和日本也未能幸免。至此，东南亚金融风暴发展为亚洲金融危机。1998年初，印度尼西亚与国际货币基金组织之间的援助纷争及日元危机，致使亚洲金融危机进一步加剧。1998年下半年，国际炒家对中国香港和俄罗斯发动进攻，导致港股大跌，卢布贬值70%，俄罗斯股市、汇市大幅下跌，并带动美国和欧洲股市的动荡。至此，亚洲金融危机摆脱区域性范围，对世界经济产生了重大影响。直到1999年，金融危机才算结束，而其带来的持续影响却长达近十年。此次金融危机对世界各国的快速席卷和引发的全球性金融动荡，促使发达国家意识到：在经济全球化过程中，一国或一个地区的金融风险很容易波及其他国家，而任何单一国家都难以应对危机所带来的风险，因此有必要在全球范围内建立起有效的国际协商机制。此时，发展中国家作为一股重要的力量，在这场金融灾难中率先崛起，挽救了世界经济。在此背景下，G20机制应运而生。

G20机制的正式诞生经历了"马尼拉框架小组"、G22和G33三个阶段[①]。马尼拉框架小组是为应对1997年金融危机、恢复地区金融稳定而形成的非正式国际政策协调机制，其主要参与人员包括美国、加拿大、日本、中国、韩国、印度尼西亚、澳大利亚等14个国家的财政部长和央行官员，以及国际货币基金组织、世界银行和亚洲开发银行的官员。此次协调会议通过充分的信息交流、坦率争议使太平洋各国就经济危机应对策略达成了较好的共识，并在危机应对的初期取得了良好的效果。然而，随着金融危机范围的持续扩大，以太平洋地区国家为成员的区域性"框架小组"难以阻止危机的全球性蔓延。

1998年，在时任美国总统克林顿的授意下，美国财长罗伯特·鲁宾（Robert Rubin）利用IMF年会的契机，邀请了世界22个主要发达国家和发展中国家财长与央行行长召开会议，讨论经济危机给全球经济带来的挑战和应对策略，即G22

---

① 徐凡：《G20机制化建设研究》，对外经济贸易大学博士学位论文，2014年。

会议。G22 会议在推进国际和国内金融市场改革、增强信息披露和透明度以及遵守国际标准和准则方面对国际货币基金组织的工作起到了极大的支持作用[①]。鉴于 G22 会议取得的良好成效，G7（美国、英国、德国、法国、日本、意大利和加拿大）财长、央行行长深切讨论了 G22 的机制化推进方案。对比将 G22 "纳入 IMF 框架"方案和"与 IMF 平行存在"方案后，考虑到 G22 非正式会议形式与 IMF 正式性国际组织的性质相悖，同时议题范围上仅在 IMF 框架内讨论将严重影响 G22 机制的有效性，最终确定了与 IMF 平等存在的方案。

1999 年 3 月和 4 月，33 个国家的财长、央行行长召开了两次在 G22 基础上的扩大会议，即 G33 会议。成员国在 G22 的基础上新增了西班牙、瑞典、瑞士、荷兰、比利时、土耳其、沙特阿拉伯、埃及、摩洛哥、智利和科特迪瓦。会议主要探讨国际金融监管的强化问题，尤其是对新兴金融市场的监管。这两次非正式会议对于加强国际金融体系的治理架构起到了积极作用。然而 G33 与 G22 都属于临时会议，参加成员国和会议主题主要由发达国家邀请和主导。因此，新兴市场国家更期待一种稳定而平等的与发达国家的对话机制。发达国家一方面较为肯定与新兴市场国家之间灵活务实的非正式会议的意义，另一方面也认为 G33 规模过大，较难保证对话的成效。

在发达国家和新兴市场国家都对 G33 对话机制表示肯定但又对成员构成有不同意见的背景下，G20 机制成立了。1999 年 6 月 G7（美国、英国、德国、法国、日本、加拿大、意大利）科隆峰会和 9 月的华盛顿会议的报告均指出要建立"布雷顿森林体系内部非正式对话机制"，以令国际金融治理体系适应新的世界经济形势。然而，就该对话机制邀请的成员尚有争议，仅就加入的成员国条件达成一定共识，即新的成员国应该具备的条件：在全球经济中具有系统重要性；能促进全球金融稳定；新机制的整体构成能够体现世界经济格局出现的新变化以及地区代表性的均衡；为保证成员国之间能够在机制内坦率地进行交流，成员国的数量规模不宜过大。

在该共识下，最终确定了 20 个成员国外加国际货币基金组织、世界银行的非正式交流机制。除 G7 以外，新加入的成员国从地区均衡性看包括：位于亚洲的中国、印度、韩国、印度尼西亚，位于中东的沙特阿拉伯、土耳其，位于北美洲的墨西哥，位于南美洲的巴西、阿根廷，位于大洋洲的澳大利亚，位于非洲的南非，以及横跨亚欧大陆的俄罗斯。此外，在未加入 G20 的 G33 国家中，欧洲由于已有德国、法国、英国、意大利是 G7 成员，且欧盟作为经济体整体列入成员行列，因此西班牙、比利时、荷兰和波兰未再列入；亚洲国家中马来西亚和泰

---

① 朱杰进：《G20 机制非正式性的起源》，载于《国际观察》2011 年第 2 期，第 9~15 页。

国等由于经济实力和人口体量较小未列入；非洲国家方面，由于 G20 成立时主要关注全球金融稳定，使得非洲的代表性较弱，这也是 G20 机制的一点不足。

综合看 G20 成员国各方面数据，领土面积占全球的 60%，人口总数占全球总人口数的 2/3。2020 年世界各国 GDP 排名显示，二十国集团中的 19 个独立国家除南非位列 40 以外，其他国家 GDP 总量均位于全球前 30，欧盟国家中西班牙、荷兰、瑞士、波兰、瑞典、比利时、奥地利也在排名前 30 位以内。G20 国家的经济总量占全球经济总量达 85%。

1999 年 11 月，G20 各国财政部副部长和央行副行长在加拿大温哥华召开了首届 G20 会议筹备会，即温哥华会议。此次会议广泛讨论了 G20 机制的创建问题，包括确立新机制的名称为"二十国集团"；确立了由易到难的议题设置方针；确立了 G20 的主席由单独的 G20 轮值主席国担任，确立了国际货币基金组织总裁、世界银行行长的固定参会资格；还商定了 G20 机制运作的具体安排，即 G20 以非正式部长会议形式进行，财长、央行行长会议每年一次，副手会议每年两次；不签订《宪章》；不设秘书处和工作人员；会议中的商讨也不以达成有法律约束力的国际协议为目标，而是促成各国达成共识。

在此之后，1999 年 12 月 15 日，G20 首次财长、央行行长会议于德国柏林正式召开，标志着 G20 机制的成立。G20 的诞生标志着新兴市场国家进入了全球经济治理框架，是发展中国家与发达国家就全球治理平等对话、共同应对金融危机、实现经济持续稳定增长的重要平台。

G20 机制自 1999 年诞生起，至今，已组织召开 26 次会议。2008 年以前以财长和央行行长的部长会议形式召开，其发展包括创始阶段和发展阶段[1]。2008 年之后，受经济危机影响升级成为国家领导人参加的首脑会议。同时，发展议程一直是 G20 关注的重点，尤其是联合国发布《2030 可持续发展议程》以来，发展议程对全球政治经济治理的影响越来越大。根据 G20 发展议程的变迁，2008 年之后的首脑峰会可以分为边缘、核心至拓展与创新三个阶段[2]。以下就 G20 部长会议阶段与首脑峰会阶段的发展历程进行回溯。

二、G20 部长会议阶段（1999～2007 年）

二十国集团部长会议根据议题分为两个阶段。第一阶段为创始阶段，为 1999 年和 2000 年的两次财长和央行行长会议，议题主要集中于金融、贸易和投资等

---

[1] 张笛：《二十国集团机制化进程研究》，华中师范大学硕士学位论文，2012 年。
[2] 马腾腾：《二十国集团下发展议程的变迁研究》，外交学院硕士学位论文，2017 年。

经济问题。第二阶段为 2001~2007 年间的七次会议，2001 年 9·11 恐怖袭击事件发生，对全球政治经济影响重大，当年 G20 的议题拓展到反恐领域，随后逐步扩大至政治、气候环境、社会发展等诸多领域。

G20 第一次财长和央行行长会议由德国财长主办，加拿大财长主持，于 1999 年 12 月 15 日~16 日在德国柏林召开。该会议未成立专门的工作小组，而是自由讨论各国关注的问题，并发布了 G20 创始公报①，其中指出了 G20 的创建目的，即"为了在布雷顿森林体系框架内提供一个新的非正式对话机制，以扩大具有系统重要性经济体之间就主要经济和金融政策的讨论并推进合作，达到惠及所有人的稳定、可持续的世界经济增长。"会议确立了二十国集团的角色，着重讨论了面临全球金融体系的脆弱性的应对策略，并达成加强国际金融组织的审查力度、完善金融治理的共识。

2000 年 10 月 25 日，金融危机的高峰期逐渐消退，二十国集团财长和央行行长集聚加拿大蒙特利尔，举办了 G20 第二次会议，并达成了"蒙特利尔共识"。此次会议重点讨论了 G20 如何继续发挥作用以及如何增加其在未来的影响。第一，就当时经济的热点，即经济全球化带来的机会与挑战，各国部长进行了坦率交流，在发表的公报中总结了各国的认识；第二，各国就增加 IMF 和世界银行等国际金融机构的透明度达成共识；此外，会议还提出了减少可能导致金融危机财政政策漏洞的具体方法，并主张建立国际金融的统一规则。

在此之后，G20 进入了发展阶段，会议的举办开始了制度化进程，轮值主席国不仅包括发达国家，也包括发展中国家。同时关注的议题从金融、贸易、投资等经济领域拓展至反恐、气候环境和社会发展等领域。

2001 年 11 月 16 日~17 日，G20 第三次会议在加拿大渥太华召开。此次会议前两个月，美国遭遇了 9·11 恐怖袭击，这对全球稳定和经济发展影响极大。因此，此次会议的重要议题就是应对恐怖主义对全球经济和金融稳定造成的冲击，以及商议各国如何配合采取反恐措施以控制和打击恐怖主义。此外，各国参会的财长和央行行长一起就国际金融规则、标准以及国际资本市场、债务市场等的制定和完善方案进行了讨论，并出台了 G20 行动计划以帮助贫困和经济脆弱国家对抗恐怖袭击带来的经济下滑。会议公报还重申了经济全球化所带来的机遇和挑战。此次会议议题不再仅限于国际金融领域，还包括反恐问题，这也标志着 G20 迈向了全球治理的道路。

2002 年 11 月 23 日，第四次 G20 财长和央行行长会议于印度首都新德里举行。此次会议关注的核心议题依旧是经济全球化和控制恐怖主义。会上，各国对

---

① 二十国集团：《G20 创始公报》，德国柏林，1999 年。

世界经济发展形势和未来趋势进行了评估与展望，尤其是面临经济危机的处理方案，经济全球化挑战下如何保障世界经济的持续增长，以及针对恐怖主义的金融问题①。此次会议是 G20 会议首次在发展中国家举办，体现了守成国和新兴崛起国之间的平等性和对新兴市场经济体的认可。同时会议中还着重提出了经济全球化过程中对发展中国家的不利点，并讨论了一些解决方案，充分体现了 G20 对发展中国家利益的代表性。

第五次 G20 财长和央行行长会议于 2003 年 10 月 26 日~27 日举办，会议地点为墨西哥莫雷利亚。此次会议评估了当时的世界经济形势，并提出经济危机仍未完全消除，不过各国的宏观经济政策对应对危机起到了良好效果，全球经济正逐步恢复②。此次会议关注世界经济的平衡发展，尤其是发展中国家的发展；探讨了经济全球化中国家贸易带来的利益分配问题，提出促进全球多边贸易、使贫困国家能够享有合理的利益分配，以及国际机制如何有效发挥这方面的作用。此外，各国针对反恐问题提出了构建联合网络破除恐怖组织的资金来源。

2004 年 11 月 20 日~21 日，第六次 G20 财长和央行行长会议于德国柏林举行。此次会议公报③显示，各国较满意于 2003 年以来全球经济的快速增长和较低的通货膨胀率，同时也担忧石油等原材料价格的上涨。同时，本次会议关注到各国国内政策对国际经济增长和降低不稳定因素的重要作用，并开始注重各国国内政策和国际机构政策之间的互动，提出了全球经济增长目标。同时要求二十国集团各国提出各自具体的改革框架以推动全球经济增长，还对各国基于税收的信息交换提出了宣言。

第七次 G20 财长和央行行长会议于 2005 年 10 月 15 日~16 日在北京召开。本次会议主要议题是"加强全球合作：实现世界经济平衡有序发展"④。此次会议恰逢布雷顿森林体系建立 60 周年，因此对该体系改革问题进行了深入讨论，并发布了《G20 关于改革布雷顿森林体系的声明》，针对实行改革的必要性进行了探讨，各国也表现出了对改革的强烈支持。另外，会议讨论了人口老龄化造成的社会问题，尤其是移民和劳动力问题。此外，会议针对全球均衡发展出台了《G20 关于全球发展问题的声明》。

2006 年 11 月 18 日~19 日，第八次 G20 财长和央行行长会议于澳大利亚墨尔本举行，此次议题围绕"建设和维持繁荣"展开。首先，会议评估了全球经济形势，对经济持续增长较为乐观，同时较为担忧通货膨胀问题。本次会议还重点

---

① 二十国集团：《2002 年 G20 财长和央行行长会议公报》，印度新德里，2002 年。
② 二十国集团：《2003 年 G20 财长和央行行长会议公报》，墨西哥莫雷利亚，2003 年。
③ 二十国集团：《2004 年 G20 财长和央行行长会议公报》，德国柏林，2004 年。
④ 二十国集团：《2005 年 G20 财长和央行行长会议公报》，中国北京，2005 年。

讨论了能源、矿产等原材料市场价格上涨对世界经济的重要影响。并对布雷顿森林体系改革问题再次进行讨论,各国还就国际货币基金组织第二阶段改革问题发表了意见。此外,会议议题还涉及了移民、恐怖主义、气候变化和国际债务等问题。

第九次 G20 财长和央行行长会议于 2007 年 11 月 17 日~18 日于南非开普敦召开。本次会议的核心议题仍旧围绕世界经济和金融问题,讨论了商品流通政策、金融稳定政策以及布雷顿森林体系改革等问题,各成员国就稳定增长和平衡发展表达了决心[①]。2007 年,美国爆发的次贷危机对美国国内经济造成了严重影响,虽然发展中国家经济仍在增长,但世界经济可能下跌,经济发展形势不明朗。因此,本次会议强调了未来全球再次爆发金融危机的可能性,警示各国注重宏观金融政策的调整和加强,并坚持开放贸易投资,反对贸易保护主义。G20 会议针对金融危机的国际联合作用,展现了 G20 在全球经济和治理当中越来越重要的作用,也预示着在面临未来经济波动中 G20 将担负起重要角色。

三、G20 首脑峰会阶段(2008~2020 年)

2008 年,美国次贷危机引发了来势凶猛的金融危机,致使全球金融市场在短时间内发生巨大动荡。这不仅对发达国家造成巨大影响,也导致新兴市场国家的不稳定。在此背景下,主要代表发达国家利益的 G8 意识到新兴市场国家对全球经济稳定的重要性和应对金融危机所能提供的帮助。在法国、加拿大、澳大利亚等国领导人的倡议下,G20 会议升级为首脑峰会。由此,G20 进入峰会时代。这标志着守成国与崛起国就全球金融治理问题平等对话的序幕正逐步拉开。从2008 年 G20 华盛顿峰会到 2019 年沙特利雅得峰会,期间共举办过十七次会议,其中峰会十五次,历次会议出台了很多全球经济治理的有效措施。

2008 年 12 月,在全球经济和国际金融面临的巨大危机下,G20 成员国领导人齐聚美国华盛顿,召开了首次 G20 领导人峰会。此次会议主题为应对金融危机,避免金融危机重演[②]。峰会对当时的经济形势和金融危机发生的根本原因进行了分析,总结认为原因包括市场金融风险防范意识不足、经济体制改革不彻底、宏观经济政策协调性不够。据此,G20 成员国在会上就宏观经济政策、经济体制改革和财政政策等方面进行深入讨论,促成了各国达成共识和承诺,以一致行动应对经济危机。此次峰会的召开,标志着世界主要经济强国在应对金融危机时选择了 G20 这一平台,表明 G20 正逐步担负起全球经济治理的重要责任。

---

① 二十国集团:《2007 年 G20 财长和央行行长会议公报》,南非开普敦大学,2007 年。
② 郭沁心:《世界性权力转移与二十国集团的发展》,上海外国语大学硕士学位论文,2017 年。

2009年，金融危机对全球经济的影响愈演愈烈，在此背景下G20领导人峰会在该年度内召开了两次。首先，G20第二次领导人峰会于4月2日在英国伦敦召开。会上，成员国总结了共同应对经济危机的进展情况，并一致认为继续实施有利的经济刺激措施的必要性，同时需要采取全球性解决方案以应对经济危机进一步深化所带来的问题。会议商定通过大规模财政和金融等经济刺激措施，以期保证经济的可持续和平衡增长，并发布相应文件《全球复苏和改革计划》。其中包括通过了1.1万亿美元刺激经济复苏计划。此次峰会上还成立了金融稳定理事会。

9月24日~25日，第三次G20领导人峰会在美国匹兹堡举办。此次会议期间世界经济从危机中有所缓解。会议肯定了成员国在修复金融体系、稳定市场、促进经济复苏等方面所取得的成效。各国将持续采取维持经济强劲发展的政策，实行结构改革、完善银行和其他金融机构的监管体系，以推进全球经济强劲、可持续及平衡增长。此外，会议广泛讨论了除金融以外的议题，包括气候变化、贫困地区粮食和资金供给、化石能源补贴及伊朗核问题等。此次会议的突出成就包括两点，一是确定了G20为"国际经济合作主要论坛"，二是设立了实现全球强劲、可持续和平衡增长的框架。

2010年6月26~27日，G20第四次领导人峰会于加拿大多伦多如期举行。彼时，世界经济虽有所恢复，但巩固复苏成果是关键点。各成员国就继续现有经济刺激计划、保持财政可持续性达成共识。同时，面对正在发生的欧洲债务危机，防止欧债危机扩大化也成为重要议题。此外，峰会还讨论了反腐败行动计划、绿色复苏和全球可持续增长、气候变化、能源补贴、海洋环境保护等问题。

11月11日~12日，第五次G20领导人峰会于韩国首尔召开。此次会议总结了历次峰会的成果，传递出成员国应对世界经济挑战的决心和信心，并制定了《首尔行动计划》，在宏观经济政策、结构性改革和相互评估进程等方面达成承诺。此外各成员国就2010年出台的"联合国千年发展目标"进行补充，达成"首尔共识"。制定了一系列具体行动计划，以改善民众生活水平和推动发展中国家基础设施建设。此外，会议还讨论了建立金融安全网、预防和消除腐败、应对气候变化等议题。

第六次G20领导人峰会由法国戛纳承办，召开时间为2011年11月3~4日。当时，欧债危机进一步扩大，加剧了国际经济的动荡，同时新兴国家经济发展也出现减速，大宗商品价格波动较大。G20领导人就加强政策协调、促进就业增长达成共识。成员国加强对欧元区综合改革的关注，以防止欧洲债务危机的扩散。同时会议提出应当建立更为稳定和有弹性的国际货币体系、改革金融部门以加强市场诚信、完善能源市场以应对气候变化、建立多边贸易体系和加强反腐力度等。峰会还对 G20 机制化进程进行了讨论,肯定了 G20 非正式化的形式。

2012 年 6 月 18 日~19 日,G20 领导人齐聚墨西哥洛斯卡沃斯,召开第七次峰会。此次会议重申了各成员国共同行动、共同努力,以解决国际金融市场的紧张态势、促进经济增长和金融稳定、巩固复苏。G20 欧元区成员承诺将采取一切政策保障欧元区的稳定。各国将积极落实结构和监管改革,建立更有效的抗风险金融体系。此外,各成员国还就可持续的公共财政、商品价格变动、就业和社会保障、反对贸易保护主义、加强国际金融安全网建设、加强普惠金融、粮食安全、反腐败等多项议题达成共识。

2013 年 9 月 5 日~6 日,G20 领导人于俄罗斯圣彼得堡会晤,举办第八次峰会。二十国集团领导人认为当务之急是增强全球经济复苏、创造就业、扩大投资、加强市场监管以巩固长期增长的基础。峰会通过了《圣彼得堡发展展望》,提出将采取措施增强粮食安全、金融包容性和基础设施建设等。并重申了加强多边贸易、增强贸易透明度和反对贸易保护主义。此外,峰会还重点关注了二十国集团与国际货币基金组织等国际机构的相互作用与监督。

第九次 G20 领导人峰会于 2014 年 11 月 15 日~16 日于澳大利亚布里斯班举办。此次会议以促进全球增长、提高世界人民生活水平、创造就业为核心议题,并通过了《布里斯班行动计划》。会议制定了 G20 整体 GDP 在 2018 年前额外增长 2% 的经济发展目标。该目标的实现可以创造 2 万亿美元的财富和提供数百万就业岗位。会议重点讨论议题包括促进就业、增强全球经济抗风险能力和金融体系稳定、国际税收体系、反腐败合作、贸易体制、能源安全和气候变化等。

2015 年 11 月 15 日~16 日,第十次 G20 领导人峰会在土耳其安塔利亚举办。此时,全球经济增长整体向好,但增长不均衡,国际金融市场也存在较多不确定性,地缘政治方面问题越来越受到各国关注。峰会上,各成员国承诺确保促进就业和投资,坚持全球多边贸易,促进包容性增长。以及应对国际劳动力流动和人口老龄化带来的就业问题。同时加强银行等金融机构的抗风险能力,构建公平和现代化的国际税收体系,推进落实国际货币基金组织等国际机构的改革方案。会议还就 2030 年可持续发展议程,以及 G20 在粮食安全、能源可及性、基础设施建设、普惠金融、气候变化等方面所能给予的支持等进行了重点讨论。此外,会议还讨论了难民危机引起的问题和互联网经济时代所带来的机遇与挑战。

第十一次 G20 领导人峰会在中国杭州举办,召开时间为 2016 年 9 月 4 日~5 日。此次峰会议题为"构建创新(innovative)、活力(invigorated)、联动(interconnected)、包容(inclusive)的世界经济",即四个 I。"创新"即构建全球创新体系,推进科技创新和创新经济;"活力"指完善全球治理,增强全球经济抗风险能力,释放经济增长潜力;"联动"即促进贸易与投资,推进基础设施互联互通，推动世界经济联动式发展;"包容"即让发展成果惠及全球,实现世界经济可持续、平衡的包容性发展。峰会上各领导人还呼吁落实《2030年可持续发展议程》、促进《巴黎协定》生效,并发布《G20落实2030年可持续发展议程行动计划》,明确定位了发展议程及其指导原则、涵盖范围和具体行动。会议还通过了《G20创新增长蓝图》《G20全球贸易增长战略》《创业行动计划》和《全球投资政策指导原则》。议题上不仅讨论了G20的传统议题,还拓展创新至绿色金融、帮助发展中国家工业化进程和实现减贫目标等。会议总结和确认了历次会议承诺的执行情况以及各国的具体行动,清晰阐释了促进全球强劲、可持续和平衡增长的短期和中长期目标。此次会议是G20成立以来发展中国家参与最广泛、发展成果最突出的一次峰会,还有六位非G20成员国(老挝、乍得、塞内加尔、哈萨克斯坦、埃及、泰国)的发展中国家领导人出席了此次会议。此次会议对提升发展中国家地位,增强新兴市场国家的代表权和发言权,以及完善G20的机制化建设具有重要作用。

2017年7月7日~8日,G20第十二次峰会于德国汉堡举行。此时全球经济发展较好,但仍存在深层次的矛盾,复苏动力不足,贸易保护主义有抬头迹象,且美国退出了应对气候变化的《巴黎协定》,这些都给全球共同发展造成了阻力。本次汉堡峰会重申了G20应对时代挑战、塑造联动世界的目标,通过各国携手合作推进强劲、可持续、平衡和包容性增长,是对杭州峰会精神的良好继承,会议上各国领导人就分享全球化的益处、建立更有韧性的全球金融体系和架构、气候能源及落实2030年可持续发展议程达成了共识。并提出强化各国对承诺的执行力将是未来的工作重点。

第十三次G20领导人峰会在阿根廷布宜诺斯艾利斯举办,于2018年11月30日至12月1日如期召开。此次会议以"为公平与可持续发展凝聚共识"为主题,集中讨论了未来的工作、面向发展的基础设施以及可持续的粮食安全三大问题。就全球经济形势问题上,G20肯定了经济增长的良好态势,也指出了发展的不平衡问题,表达了继续实行有利于稳定经济增长的货币和财政政策和落实结构改革的决心,并通过了《布宜诺斯艾利斯行动计划》。此外,会议还就杭州峰会讨论过的各项议题和领域进行了继承,包括经济、贸易与投资、数字经济、可持续发展、基础设施建设、气候变化、反腐败、反恐等问题。

2019年6月27日~29日,第十四次G20领导人峰会于日本大阪召开。本次峰会围绕"实现自由、公平、非歧视性、透明、可预见、稳定的贸易和投资环境"进行了讨论。成员国认为2020年前经济将呈温和增长态势,但也有下行风险,而贸易和地缘政治问题正逐渐突出。会上各成员国就保持市场开放、改革世界贸易组织、支持联合国可持续发展目标、严格执行应对气候变化的《巴黎协定》等问题达成一致。此外,与会领导人还深入讨论了创新、环境与能源、就业、女性赋权、发展等议题。最后,会议决定第十五次领导人峰会将于 2020 年在沙特阿拉伯首都利雅得召开。

2020 年,受新冠肺炎疫情冲击影响,在沙特首都利雅得举行的 G20 峰会以视频方式举行,时间为 11 月 21 日~22 日,本次会议以"实现所有人的 21 世纪相遇"为主题,强调全球协调行动多边合作,共同应对新冠肺炎疫情大流行带来的生命健康、民生及经济冲击,致力于共建强劲可持续、平衡、包容的后新冠肺炎疫情时代的国际秩序。大会还着重探讨了"赋权于人;塑造新领域,保护地球"等重点问题。

总结来看,G20 自成立起即作为"布雷顿森林体系内部的非正式对话机制",成为守成国与崛起国之间实现平等对话的平台,共同应对全球经济政治问题。尤其是 2008 年上升回领导人峰会以来,G20 会议的讨论范围从经济金融领域拓展至就业、教育、反恐、反腐、气候变化、基础设施、可持续发展等生命保护各个领域。峰会所达成的承诺也大幅增加,使 G20 会议不仅是各国洽谈经济问题的途径,更是促进各国携手应对挑战、承担责任、共同发展、分享成果的重要机制。因此,G20 峰会正在全球治理中扮演着越来越重要的角色。

第二节 二十国集团在全球治理体系中的重要作用

纵观二十国集团十四次领导人峰会,其成立契机源于 2008 年爆发于美国的金融危机。发达国家意识到单纯依靠自身力量难以应对金融危机,更有效的全球治理需要新兴市场国家的参与,全球金融治理也亟须有效的变革。G20 开启峰会时代以来,发展中国家能够平等地与发达国家就全球治理对话,并在推动崛起国与守成国之间的国际合作、开放性协商方面提供了重要平台,对促进全球金融稳定、经济增长和社会发展方面发挥了重要作用。以下就其在全球治理体系中发挥的作用进行更详细的分析。

一、G20 的成立提升了全球应对经济危机的能力

二十国集团的成立起源于泰国金融危机的爆发,而升级为领导人峰会又因美国次贷危机的爆发,G20 峰会上各国达成的共识及行动计划的实施,在应对全球金融危机中功不可没。而 G20 对于经济危机的治理能力,与 G20 机制本身的制

度优势不可分割，其制度优势主要体现在以下三点[①]。

一是权力结构和制度结构适应性强。全球治理制度的有效性很大程度上依赖于该制度是否合理反映了世界各国构成的权力结构。第二次世界大战刚结束时，欧洲、日本等都从战后的废墟中重建，他们非常依赖于美国的资本。当时由美国主导建立的布雷顿森林体系反映的是美国对全球经济权力的独霸局面。随后，西欧和日本的迅速发展，使世界权力中心开始向日欧转移，美元危机最终结束了美国单极制霸的布雷顿森林体系的运行，而转化成以美、欧、日等西方发达国家为主导的七国集团 G7。冷战结束后，俄罗斯作为在地缘、政治、经济、安全等领域具有重要作用的大国被吸纳入 G7。自 20 世纪 90 年代起，中国、印度、墨西哥、南非等国经济水平和国际地位正逐步提高，然而这些发展中国家一直未受到 G7 的重视。直到 2007 年经济危机的发生，西方发达国家才意识到有效的全球治理离不开新兴市场国家的参与。也正是发展中国家的实力提升，才使得全球经济格局出现新的变化，在此格局上诞生的 G20 机制，对新时代下的全球治理具有重要作用。

二是兼顾了治理制度的合法性和有效性。治理制度的有效性要求其必须具有较为集中的决策机制，从而才能较高效地制定治理措施并予以实施。而过度的有效性难以避免将大多数国家排除于决策制度之外，导致治理制度被视为大国政治的工具，缺乏广泛的代表性和民主性，致使制度的合法性不被认可。因此在国际治理制度中，有效性和合法性历来难以两全，即使很多正式性的全球治理机构如联合国、国际货币基金组织、世界银行等，也不能做到兼顾所有国家的民主，因为将各国都纳入全球治理制度中，广泛的民主虽然可以保证制度的合法性，但也会大大降低其有效性。而 G20 诞生于发达国家无法仅依靠几个国家的力量解决全球经济危机之时。成员国 GDP 总值占全球达 85%，人口超 40 亿，成员国遍及六大洲，在经济规模、人口数量和地域范围上都具有较强的代表性。新兴市场国家的加入，在原来 G8 的基础上既增强了制度的合法性又提升了制度治理危机的能力，同时未将所有国家纳入，在一定程度上保留了制度的有效性。

三是制度建设成本较低。制度建设成本指的是不同国家之间进行谈判的缔约成本，包括创建该制度所付出的信息搜集成本、决策谈判成本、交易成本以及由于制度约束导致的主权成本（sovereignty cost）[②]。经济危机爆发前，主要的非正式国家集团为 G7，经济危机爆发时，仅依靠七国集团力量的治理制度无法解决全球性危机，为阻止危机的蔓延需要采取迅速而有效的措施，经济成本和时间成

[①] 杨西坡：《全球治理视角下的制度变迁：金融危机与二十国集团》，复旦大学硕士学位论文，2013 年。

[②] 奥利弗·威廉姆森：《资本主义经济制度》，商务印书馆 2002 年版，第 539 页。

本都迫使发达国家和发展中国家只能对现有制度进行改革以应对危机。对于 G8 的改革，可以采用"G8+5"（即 G8 加中国、印度、巴西、墨西哥、南非）的多边对话模式，但这仍使发展中国家处于边缘地位，难以发挥新兴市场国家的力量。而最适宜的方案，便是将 G7 扩大，纳入重要的新兴国家，成立新的全球治理架构代替 G7，于是 G20 机制应运而生，其成立的成本仅仅是对 G8 的适当改革。在 G20 以财长和央行行长会议运行的 10 年间，所形成的具有包容性和组织多样性的成熟议事规则和程序，较大程度上节约了交易成本[①]，这也促成了 G20 在短时间内即从部长会议升级成为领导人峰会。此外，G20 的非正式机构模式及松散的组织形式，为成员国节省了主权成本，既激发了发展中国家对于全球治理的参与热情，又使其不至陷入等级森严的治理机制之中。

因此，二十国集团正是在新兴国家崛起的背景下，面临经济危机的挑战下而产生的治理制度。且制度的合法性和有效性使机制具备较高的协商效率，较低的建设成本激发了各国的参与度和平等性。G20 的成立直接动因是应对经济危机。2008 年美国次贷危机直接导致了全球性的金融危机。美国通过转移风险的治理方式，将金融危机转移到欧洲。将欧元拖下水，使欧元区各国苦不堪言的同时也加剧了美欧矛盾。而美联储的第二轮量化宽松政策，又进一步导致了全球性的通胀。G20 成立后，各成员国着手出台了多项经济刺激计划，并就计划的实施时机、规模、支持的行业进行了广泛而深入的探讨，且达成共识。据统计，G20 国家实行了全球约 90% 以上的经济刺激计划。在 G7 集团基础上扩展成立的 G20 集团，极大程度上分担了美欧各国的经济压力，加强了全球对经济危机的应对能力，通过经济刺激计划对全球经济起到了重要的引领作用，加快了经济危机的平复和经济秩序的恢复。

二、G20 提供了发展中国家参与全球治理的平台

如前所述，二十国集团纳入了新兴市场国家，这一方面表明了新兴国家的地位在提升，另一方面为其提供了参与全球治理的极好平台，也意味着发展中国家需要承担更多责任。G20 是发展中国家与发达国家平等协商的最高平台，也是发展中国家提升发声力的合法机构，因此，发展中国家对于通过 G20 的协商机制构建国际经济新秩序积极性高涨，也希望借此促进国际金融市场的稳定、世界各国的合作和全球经济健康平衡发展。

在多年的努力下，新兴市场国家在全球治理中的话语权有所提升，如在国际货币基金组织中的整体份额、在世界银行的投票权皆有上升。印度总理辛格指出深化国际金融机构改革十分重要，同时需要进一步提升发展中国家的发言权。巴

西财政部长曼特加也曾提出由美元、欧元、人民币、英镑、日元等组成新的世界储备货币。金砖国家（中国、巴西、印度、俄罗斯、南非）有力推进了货币体系的改革，并主张加强对国际金融市场的监管，扩大本币在多边贸易中的结算范围，以及批评美国的量化宽松政策给全球经济带来的通货膨胀压力。

新兴市场国家借助二十国集团的平台表达了共建更公平的国际经济体制的愿望，也成为推动国际经济秩序变革的忠实拥护者和践行者。例如土耳其和中国作为发展中国家，在坚持自身这一定位的同时，努力担当发展中国家代表，为新兴市场国家谋求利益，维护新兴市场国家的话语权，提升自身影响力的同时，充当G20与其他发展中国家的纽带。当然，也有部分国家出于自身的利益拥护G20机制。如墨西哥借助G20提高自身国际地位，并利用担任主席国的机会实行大外交政策；澳大利亚以自身经济金融实力为依托，欲占据国际金融体系改革的主动地位；阿根廷则在农业问题方面以自身利益为重，在重视G20的同时不惜对抗他国等。

中国借用G20峰会创新了全球治理的新领域和模式。例如，在2016年杭州峰会上，中国作为东道主，将贸易与投资纳入G20议程范畴，并形成《全球投资指导原则》，其中制定的九项原则为构建开放、透明和可持续的投资环境和各成员国出台投资政策提供了纲领性文件，是制定多边投资协定和全球投资规则的重要基础。此外G20杭州峰会还出台了《G20全球贸易增长战略》，根据21世纪全球贸易、投资和生产的趋势，讨论了全球价值链、电子商务、数字贸易、服务贸易和贸易便利化等议题。此外，在G20会议机制中加入贸易部长会议，专门讨论贸易与投资合作问题，并成立贸易投资工作组，制定其职责范围与工作程序，推动会议商讨机制的落实和会议成果的实施。

总之，G20为发展中国家对全球政治、经济、安全等问题的参与和解决提供了重要平台，是新兴市场国家进行多边外交、参与全球治理、引领某些领域发展的舞台。也为发达国家与发展中国家平等沟通，共同应对经济危机，构建全球合作伙伴关系，提升各国政策协调性，关注全球稳定、平衡和可持续发展问题，推动发展中国家基础设施建设，促进贸易自由，反对贸易保护主义等各方面做出了重要贡献。

三、G20是现有国际经济组织的积极补充

二十国集团是经济危机挑战下全球经济金融治理的产物，是对三大国际经济组织（国际货币基金组织、世界贸易组织、世界银行）的补充和完善，为顺应时代的变革、应对经济危机和协调大国政治经济政策发挥了重要作用。不同于

IMF、WTO 和 WB 的正式组织，G20 的非正式性使其在全球治理当中灵活性较强，且与其他正式机构在体制上没有竞争性，从而降低了组织间的冲突，完善国际经济的治理结构。G20 与三大经济组织的协作，一方面体现在三大经济组织为 G20 会议提供专业知识、分析资料及其他技术支持；另一方面，G20 通过各国间的讨论和协作推进了其他经济机构的运作和改革，具体包括如下举措。①

一是改革和加强金融部门的监管②。为了防范引发全球性经济危机的金融风险，G20 各国领导人提出应当加强金融部门的监管力度。2009 年伦敦峰会上，各成员国和相应机构的专家们深入探讨和协商了银行资本充足率、高管薪酬、衍生品交易监管和国际会计准则等问题。而 2010 年首尔峰会上，各国在巴塞尔协议Ⅲ的基础上就"加强银行监管"达成了共识，且之后对于该协议的平均履约率都较高，如 G-SIFIs 履约达 88%、场外衍生工具交易监管达 84%，巴塞尔Ⅲ达 73%。而美国专门颁布了《弗兰克金融改革法案》，就金融机构监管框架和银行高管激励机制进行改革，对银行和其他金融机构的操作进行约束和规范，还加强了消费者保护。伴随着改革进行的，也有部分国家对于激进的金融改革的反对。因此，各成员国在后续时间里对于金融监管措施落实执行的态度参差不齐。

二是对现有国际金融制度进行改革③。为保证国际货币基金组织对于金融危机的治理效果，伦敦峰会上 G20 向 IMF 注入 7 500 亿美元资金，以保证 IMF 足够对有短期流动性危机的国家提供资金援助。此外，在 2012 年洛斯卡沃斯峰会上，G20 再次向 IMF 提供了 4 560 亿美元资金，极大提升了 IMF 的可贷款规模。同时，G20 各成员国就 IMF 和 WB 等国际治理制度的改革问题达成共识，包括提升了发展中国家在 IMF 中的投票权以及份额比，以反映新兴市场国家在现有治理制度当中的利益诉求。其中我国的份额从 3.72% 扩大至 6.39%，投票权占比从 3.65% 提升到 6.07%。整个新兴市场国家获得 6% 的份额转让，这有力提高了发展中国家的发言权及其参与全球治理的热情，也明显提升了 IMF 的合法性。

三是增加了贸易融资，确立了反对贸易保护主义的原则。伦敦峰会上，为稳定全球贸易，二十国集团以出口信贷和保险的方式提供的贸易融资资金额达 2 500 亿美元，这促使了 2010 年全球贸易市场的回暖。此外，2008 年华盛顿峰会以前，各成员国已经确立了反对贸易保护主义的原则，如承诺自 2008 年 9 月起的一年内不增设任何贸易壁垒，2009 年两次峰会都对此进行了重申；2010 年将该承诺

---

① 杨西坡：《全球治理视角下的制度变迁：金融危机与二十国集团》，复旦大学，2013。
② 张笛：《二十国集团机制化进程研究》，华中师范大学，2012。
③ 张夏馨：《全球治理框架中的二十国集团研究》，南京师范大学，2014。

延长至 2013 年底，随后的洛斯卡沃斯峰会又延长至 2014 年。而略为遗憾的是，各国对该承诺的执行情况不够严格，很多国家甚至设置了较此前更多的壁垒。因此在贸易保护主义抬头的情况下，G20 发挥全球治理机制作用愈加重要。

总之，G20 通过在峰会中的宣言、承诺或指明方向等，明确其他国际经济机构目标，或者为其他国际经济机构筹措了资金，同时有力推进了国际经济机构改革，以及金融部门的监管，进一步提升了其他国际经济机构的治理能力和治理效果。

四、G20 促进了联合国改革及其决议的推动落实

二十国集团还有力促进了联合国的改革及其决议的落实。联合国作为第二次世界大战后成立的国际组织，具有广泛的代表性、合法性及重要的影响力，多年来在国际经济、社会、法律、安全、人权和世界和平等方面促进了各国的合作。虽然联合国长期以来对全球治理的很多方面发挥了积极作用，然而由于其在组织机构设置和工作效率等方面的不足、安理会工作模式的代表性不够广泛、各项行动极大程度依赖于大国之间的合作等原因，联合国正逐渐受到国际社会的质疑。相较而言，二十国集团在全球经济、人口、地域等覆盖范围都较广，具有更强的代表性和合法性，以及团结更广泛国家的能力。基于 G20 的组织优势，通过对国际经济金融问题的治理共识，能够对联合国的对应组织施加影响，促使国际问题更高效地解决。

此外，G20 对于推动落实联合国确立的议题具有重要作用。两者对于全球议题的互动包括 G20 成员国对联合国已经确立的议程的推动以及对于新的全球议程的确立和推动①。"联合国 + G20"的模式一方面具有联合国的深度合法性，也有 G20 的广泛代表性，在议程推动方面较单一组织的推动更有效力。综合历次峰会来看，G20 对联合国全球议程的推动主要涉及可持续发展、气候变化、反腐等领域。

就可持续发展方面，联合国于 2000 年发布了《千年发展目标》。该千年目标与可持续发展问题从 G20 峰会诞生以来就成为峰会的核心议题。2008 年 G20 峰会对《千年发展目标》的重要性进行了强调，并做出了相应的援助承诺，各成员国宣示将承担与国家自身能力和角色相匹配的义务。之后的 G20 峰会都对可持续发展问题持续关注。2010 年的峰会上，二十国集团在峰会公报中指出将结合联

---

① 李东燕：《G20 与联合国全球议题的积极互动及中国的贡献》，载于《当代世界》2016 年第 10 期，第 26~29 页。

合国"千年发展目标高级别会议",推动 2015 年前实现千年发展目标。联合国在 2015 年 9 月的可持续发展首脑会议上,正式颁布了联合国《2030 年可持续发展议程》。随后的 G20 峰会对联合国制定的发展议程进行了工作落实,成员国承诺将继续为可持续发展贡献,并出台了《G20 和低收入发展中国家框架》,并在 2016 年峰会上制定了《G20 落实 2030 年可持续发展议程行动计划》,良好地衔接了 2030 年可持续发展议程和二十国集团的工作。在之后的峰会上,G20 继续关注和推动了该议程的落实。

在气候变化问题上,G20 支持联合国的《气候变化框架公约》,以及联合国秘书长气候变化融资问题高级别咨询小组的工作,在多次峰会上重申了支持气候变化协议的落实。2016 年杭州峰会公报中确认了 2015 年巴黎气候变化大会上的成果,并重申了履行相应的行动对于应对气候变化的重要性,中国和美国还先后向联合国交存了《巴黎协定》批准文书,标志着全球最大发达国家和最大发展中国家共同应对全球气候问题的雄心与决心。然而 2019 年,美国单方面宣布退出《巴黎协定》,这对全球发展无疑是一大遗憾。

在反腐败问题上,二十国集团峰会一直保持高度关注,并将预防和打击腐败作为集团的重要使命。2015 年 12 月,联合国出台《联合国反腐败公约》,成为具有法律效力的指导国际反腐败行动的纲领性文件。G20 致力于其推动全球各国加入、批准并落实该公约。杭州峰会上,G20 通过了《二十国集团反腐败追逃追赃高级原则》,并承诺继续共建 G20 拒绝腐败分子入境执法合作网络,通过改善公共和私营部门廉洁度及透明度,实现 G20 成员国内对于反腐零容忍、机制零漏洞和行动零障碍的目标。

此外,二十国集团还关注了联合国注重的其他全球热点议题,如粮食安全、反恐问题、难民问题、清洁能源等。例如在西非埃博拉病毒爆发后,G20 全力支持和配合联合国应急机构阻止疫情;对于恐怖袭击问题,G20 呼吁世界各国落实联合国安理会 2253 号决议,控制恐怖组织的资金支持。虽然二十国集团对部分全球议题尚停留在口头表态程度,但对联合国对相关问题的解决,仍具有积极的推动作用。

第三节 贸易保护主义和民粹主义下二十国集团面临的挑战

当今世界正面临百年未有之大变局。在该变局中,国际格局和力量对比正发生重大演变,在经济全球化和世界多极化发展的态势下,新兴市场国家和发展中国家的力量正加速积聚，其崛起"势不可挡"，尤其是中国的特色发展效果显著，正引起世界各国的广泛关注；在新兴市场力量推动下，全球治理体系也面临新的变革，国际社会正面临着是合作还是对立、是开放还是封闭、是互利共赢还是以邻为壑的分水岭，国际局势紧张动荡，难以预测；新一轮科技革命方兴未艾，大数据、人工智能、生物医药、量子科技等正蓬勃发展，未来十年也是新旧动能转变的十年。在此大变局下，以美国特朗普政府为代表实行的贸易保护主义和民粹主义，是逆全球化的经济民族主义，对国际局势影响重大。在此背景下，G20面临着多重挑战。

一、贸易保护主义冲击下 G20 面临的挑战

美国自特朗普政府上台后，先后抨击中国、加拿大、欧盟等贸易伙伴存在不公平贸易，并陆续退出"跨太平洋伙伴关系协定"、巴黎气候协定、联合国教科文组织、联合国人权理事会、伊核协议、万国邮政联盟、美俄中导条约等，肆意破坏国际规则，并频繁挑起贸易争端，通过各类贸易制裁措施意图以不平等的双边关系构建以"美国优先"的贸易规则[①]，主要包括以下方面。

一是以"公平贸易"为理论外衣引起贸易摩擦。第二次世界大战以来，以美国为主导建立的自由贸易政策大力推行，其互利互惠和促进公平竞争的原则是世界贸易组织多年来践行的核心指导思想，也促进了全球贸易的迅速发展，各国经济发展差距逐步缩小。然而，特朗普政府执政以来，全面调整贸易政策，以美国的单边利益为出发点，无视不同国家的发展差距，仅以美国国内规则和标准来衡量国际贸易的公平性，并以"公平贸易"作为理论外衣，要求各国实行与美国相同的关税水平及开放度，并将与伙伴国的贸易逆差等同于"不公平贸易"，频繁挑起贸易纠纷，旨在迫使伙伴国增加进口或限制出口以降低美国调整逆差的成本。美国所强调的"公平贸易"，实质上是一刀切的"对等贸易"。在具体实施措施上，特朗普政府泛化"不公平贸易"，单方面采取"反倾销""反补贴"行为，并利用 201 调查、337 调查等对多种产品加征巨额关税，导致美国与中国、韩国、日本等伙伴国摩擦愈演愈烈。尤其美国明确将中国定位为战略性"竞争对手"，重点打击《中国制造2025》列示的高科技产业，对华为公司实行全面技术封锁，导致中美贸易争端升级为战略性贸易战争[②]。据商务部统计，2019年上半

[①] 金香丹、廉晓梅：《特朗普政府贸易保护主义政策冲击：中日韩 FTA 谈判的机遇与挑战》，载于《东北亚论坛》2019 年第 5 期，第 1~10 页。

[②] 佟家栋：《中美战略性贸易战及其对策研究》，载于《南开学报》2018 年第 3 期，第 1~3 页。

年中美贸易总值下降9%，对美出口下降2.6%，自美国进口同比下降25.7%。总之，贸易摩擦给双边贸易带来较为明显的负面影响。二十国集团作为推动发达国家与发展中国家平等、开放对话的重要平台，其推进全球经济持续增长和维护金融稳定的宗旨受到极大挑战。并且事实上已经给多国带来了不可预估的损失，如对进入美国的钢铁产品的"232"调查，迫使福特汽车取消了原本在墨西哥16亿美元的建厂计划，迫使韩国、墨西哥和加拿大对贸易协定进行修订以更有益于美国利益。

二是强调双边谈判和单边主义，欲以"三零贸易"重塑全球贸易规则。"三零贸易"即"零关税、零壁垒、零补贴"。特朗普上台后，美国即退出多边经济谈判组织跨太平洋伙伴关系协定，而转向更有益于美国利益的双边谈判，随后利用加征关税、限制谈判期等手段令伙伴国让步，使美国贸易利益最大化。而"三零贸易"究其实质是在市场开放、产业补贴、国企、知识产权、汇率等方面都作了更高的要求，是以美国自身利益为出发点形成的表面公平体系，用以维护美国的核心竞争力和产业优势。对于中国等发展中国家而言，"三零贸易"不仅意味着剥夺世界贸易组织对发展中国家的关税优惠，还将极大降低发展中国家对产业采取阶段性扶持的合法性，直击发展中国家的实体经济，不利于产业升级和经济发展。二十国集团中多数为新兴市场国家，各国之间的磋商机制通常为公平透明的多边机制。特朗普政府发起的单边主义，对现有国际秩序和国际规则是一大冲击，破坏了WTO成员在多边贸易协定下的权利，也损害了多边贸易体系的基础；还逼迫韩国、日本、墨西哥、欧盟、加拿大等合作伙伴遵守美国制定的规则，接受美方开具的条件，谈判成为美国引导的单方面下截止期和条件的形式，否则实施高压政策和制裁。这种单边主义不仅削弱了全球多边主义贸易基础，还严重冲击了全球贸易的可持续性，更破坏了国际制造业的产业链，最终可能导致美国在内的世界经济和投资的回缩。G20如何运作和商谈，如何引领全球平等谈判机制的发展，如何促进全球贸易和投资的良性稳定发展，是不得不面对的重大问题。

三是采取全方位贸易保护措施，维护美国的经济霸权[①]。特朗普政府在2017年和2018年分别颁布了《贸易政策议程》。其中，2017年的议程中提出"美国优先"的贸易思想，旨在扭转贸易逆差、振兴制造业以及改善就业率，并将维护美国主权、执行美国国内贸易法、开拓海外市场以及确立更有利于美国的贸易协议列为优先任务。2018年进一步提出利用美国作为全球最大的经济强国所具备的各类优势以实现"公平贸易"的目标，并将改革多边贸易制度列入优先任务

---

① 李杨、孙俊成：《特朗普政府的贸易保护主义政策——基于政党政治的研究视角》，载于《美国研究》2019年第3期，第43~59页。

中。该贸易政策的出台，标志着美国确立了全方位的贸易保护主义策略。随后，特朗普政府利用关税保护和非关税保护措施，以及贸易保护及贸易投资保护。如直接对进口钢材、进口铝加征高额关税，对进口木材、化学、橡胶等展开"双反"调查；频繁使用针对知识产权保护的"337"调查，提高外资准入门槛，对外资施行歧视待遇，限制跨国资本流动，干预跨国公司的国际投资，加征离岸利润税迫使跨国企业回迁等。特朗普政府以维护经济安全为由实质是维系美国的经济霸权，却违反了世界贸易组织达成的规则和纪律，损害了其他 WTO 成员的正当利益。

总之，特朗普政府施行的"美国优先"理念，以美国自身利益为重本无可非议。然而，采用不正当手段一味谋求本国利益，将自身利益与他国利益甚至人类共同利益相对立，不符合国际社会基本共识①。并且在国家间出现利益分歧时，不以平等协商的方式来解决，而是自恃经济实力以傲慢姿态开条件，单方面罗列"罪名"、强加谈判期限，严重缺乏诚意，甚至在缺乏证据的情况下，滥用国际引渡扣押中国企业高管。因此，美国对国际规则合则用，不合则弃的行为，导致国际秩序和国际规则受到损害，甚至引发了逆全球化的蔓延，对全球经济造成消极影响。根据 IMF 的预测，全球贸易摩擦可能引起全球范围内 4 300 亿美元的经济损失。

美国货物进口量居全球第一，世界各国忌于此对美国的贸易专制和霸权敢怒不敢言。但这不意味着美国脱离多边贸易协定和国际协定以及解决争端的方法是正确的。欧盟、日本等组织和国家都愿就如何深化自由贸易与美国展开谈判，但反对美国为自身利益强行对他国施加压力。2019 年大阪峰会公报中指出，尽管贸易摩擦下全球经济多边治理体制遭受削弱，但全球经济治理仍十分重要，并且发表了《共同宣言》。世界范围内，自由贸易的进程未曾止歇，如在 G20 期间欧盟与南美共同市场间签订了贸易协定，欧盟与东盟最大经济体之一的越南也签署了自由贸易协定。虽然特朗普退出了跨太平洋伙伴关系协定，但仍有日本、越南等 11 国组成的全面与进步跨太平洋伙伴关系协定。因此，G20 机制在未来全球治理当中虽然面临较大压力，但对于保障全球经济在正确的道路上行进仍然作用重大。

2021 年，拜登政府上台后，在美国贸易政策执行方式上有所调整，更加注重与主要盟友间的政策协调，而较少采用双边施压方式，但加强对本国利益主体的保护依旧是政策主基调。拜登上台以来的多次发言也显示了其倾向于采用多边协调方式解决贸易争端的态度，这可能对降低贸易保护主义对全球经济贸易投资的影响。

---

① 张胜：《贸易霸凌正将世界带入险境》，载于《光明日报》2019 年 5 月 27 日，第 7 版。

二、民粹主义冲击下 G20 面临的挑战

特朗普政府竞选演讲时即宣称其当选后将对中国商品征收45%的关税。其上台后实施了一系列贸易保护主义组合权，民粹主义与欧美有着很深的历史渊源。其基本思想是极端强调平民群众的价值与理想，依靠平民大众对社会进行激烈改革，以为平民谋利作为所有政治运动与制度合法性的依据，将普通民众视为政治改革的唯一决定力量。民粹主义表面以人民为中心，实则最缺乏公民个人尊严与个人基本权利。其主张的人民是一个抽象整体，而非具体的个人。

这些极端的行事方式是继中东恐怖主义之后，威胁世界的另一股危险力量，并且在全球有蔓延趋势。英国新任首相约翰逊，其竞选口号为"英国最伟大、英国最优先"，并发誓令英国到2050年成为欧洲最繁荣国家，并在未来成为世界最强国家，这与特朗普如出一辙。其上台后，倚仗特朗普反欧立场实行硬脱欧策略，并相互承诺英国脱欧后英美将签订"优厚的贸易协议"，使双边贸易规模上涨三至五倍①。因此有舆论指出约翰逊的上台进一步膨胀了民粹主义阵营。

自2016年英国脱欧公投起，民粹主义开始在西方国家蔓延，从特朗普和约翰逊的上台，再到巴西总统博索纳罗、意大利副总理萨尔维尼，再至澳大利亚、印度、土耳其、沙特等国家，都执行与特朗普类似的对外政策。这些极端政客通过煽动性语言吸引注意，如"美国优先""巴西优先""意大利优先""印度优先"等。而这些口号之所以能获得支持，主要在于选民们反对外来移民，希望民族利益至上。探究根源在于社会不平等发展，专家治国论不被认同，相对于招致反感的传统精英执政，极端政客的煽动性口号更容易吸引民众的支持。

因此，在特朗普贸易保护主义实施的背后，更是民粹力量的发酵和增长。而民粹力量在实行逆全球化政策、反对自由由贸易、抵制现有国际机制、反对国际组织时，也将给主张国际社会齐心协力应对危机、推动全球治理机制改革、寻求合作以促进经济增长和金融稳定的二十国集团带来极大挑战。尤其是民粹力量在全球治理问题的立场上，于本国有利则积极响应，不利则消极怠惰甚至阻挠，将极大影响治理措施的确立以及实施效果，也会影响治理制度本身的发展与变化。因此，G20的制度化进程，可能遭受民粹力量的抵制，使G20制度化改革举步维艰。

---

① 孙海潮：《英国新首相上任，"民粹主义阵营"更膨胀?》，载于《解放日报》2019年7月31日，第8版。

第四节　新冠肺炎疫情对二十国集团合作机制带来的冲击和挑战

第二次世界大战以来，世界经济体系几乎没有受到来自经济系统外因素的强烈冲击，世界范围内也没有爆发大规模的流行病，有关公共卫生安全鲜少成为国际组织协商的议题，也极少形成应对突然公共卫生安全事件的预案，突发新冠肺炎疫情传播速度快、影响范围广，令国际组织猝不及防，不可避免地对世界经济社会发展以及对国际组织关系和国际合作产生巨大冲击，许多专家学者将其称为是第二次世界大战以来全球最严重的一次大流行病，并对其破坏性和冲击力进行预判。联合国秘书长古特雷斯表示新冠肺炎大流行是自第二次世界大战以来最严重的全球危机，恐将造成经济衰退。① 新加坡国立大学郑永年教授认为，疫情使"二战"以来形成的"世界秩序"走向解体，全球化进程放缓。② 中国人民银行行长易纲指出疫情已严重冲击全球经济，造成产业链供应链循环受阻，国际贸易投资萎缩，失业人数急剧增加。③ 世界银行在2020年6月期的《全球经济展望》中估计全球经济2020年将收缩5.2%，成为第二次世界大战以来程度最深的经济衰退。④ 全球财富管理论坛举行的"疫情冲击下的国际局势与全球治理"研讨会上，与会专家也一致认为疫情会使多边机构作用被削弱，并挑战了全球治理体系的有效性和稳定性。⑤

G20作为代表性最为广泛的全球多边治理平台也难以在疫情中独善其身，合作机制不可避免地受到冲击。G20成立之初主要是通过财长和央行行长会议定期就经济金融问题进行协商对话，为了应对2008年金融危机升格为领导人峰会后，G20在全球事务处理和应对中发挥的作用越来越大，逐渐形成了以峰会为引领，以负责峰会筹备、成果磋商等事务的协调人和对经济金融问题进行磋商的财经渠

---

① 《二战后最大危机　联国忧疫情引冲突》，大公网，2020年4月2日。http://www.takungpao.com/news/232111/2020/0402/433101.html。
② 郑永年：《可把大湾区打造成地区嵌入型经济平台》，载于《南方日报》2020年6月9日，第3版。
③ 易纲：《我国经济持续向好的基本面不会改变》，新浪财经网，2020年5月26日。http://finance.sina.com.cn/china/2020-05-26/doc-iircuyvi5039833.shtml。
④ 《世界银行：新冠疫情使全球经济陷入二战以来最严重衰退》，新浪财经网，2020年6月9日。http://finance.sina.com.cn/roll/2020-06-09/doc-iirczymk5981552.shtml。
⑤ 《疫情冲击下的国际局势与全球治理研讨会举行》，中国财富管理50人论坛网站，http://www.cwm50.cn/newsitem/278356253。

道"双轨机制"为支撑、部长级会议和工作组为辅助、非政府组织之间的交流为补充的运行机制。每年的峰会都会围绕共同关心的问题设定议题，集体讨论达成共识并发表公报，努力消除国家和地区间的分歧，为解决问题一致行动，形成了一套相互协商、相互妥协、平等对话、互利共赢的合作机制。然而，疫情对G20合作的理念、重点领域、进程和方式等机制产生了强大的冲击，少部分国家和群体把疫情与政治挂钩，鼓吹全球合作脱钩，成为分化G20合作的借口。在第73届世界卫生大会上，联合国秘书长古特雷斯不仅充分肯定了G20合作的重要性，而且呼吁G20要紧急启动大规模刺激计划，增加发展中国家可获得的资源。具体而言，疫情对G20合作机制的冲击主要表现在以下几个方面。

一、显现了以经济利益为核心的合作局限性

纵观历次G20领导人峰会的议题，主要聚焦于经济增长、金融、贸易、创新、就业、气候变化、反贫困、可持续发展、就业等方面，基本上是以经济发展不同阶段的突出问题为核心，同时兼顾不同国家和地区间的公平与包容，这些问题既是困扰全球化的常态性问题，也会随着发展形势变化与时俱进地运用新方法、新手段加以解决。总体上，G20议题缺乏对突发性公共事件的议题讨论，没有建立预警机制和制定相应的应急预案，缺乏维护全球公共卫生安全的合作经验，显现了G20长期以来过于重视以经济利益为核心，在公共卫生安全等一些偶然性、非盈利性等公共利益问题上仍存在"真空"，只看到这些问题的防控需要付出高额成本，却没有充分预估到这些问题一旦爆发对经济发展的深度影响。G20合作内容的全面性、长远性有待进一步充实。

二、激化了G20合作的理念分歧

G20涵盖了不同社会制度、不同发展程度的国家和地区，既有共同的利益，也有各自的诉求，发达国家更加偏向于以自身利益为考量，而以中国为代表的新兴国家则更倾向于获取更多公平参与的机会，G20合作通过在多边框架下寻找各方的最大共同点，最大程度弱化理念分歧，在维护共同利益的基础上形成了求同存异的合作格局。然而，疫情却打破了这种不稳定的均衡，激化了潜在的矛盾和分歧。

三、冲击了G20产业链合作的稳定性

G20包括不同经济发展水平的国家和地区，这些国家和地区在不同的产业部

门、企业部门根据各自的比较优势,在长期的互补合作中形成了稳定的、良性调整的产业链分工格局,G20 成为强化各国和地区之间产业链合作的助力器和黏合剂。疫情使 G20 物流、商流、人流等受到不同程度的阻断,造成了很多企业停产停工,延缓人们的收入增长,供需市场疲软,部分供应链产业链断链向上下游传导,造成全球大范围产业链流通不畅。经历了抗疫物资短缺,越来越多的国家和地区愈加重视从产业安全的角度来布局产业链,重视发展基础性和战略性产业,避免产业链过长或将产业过度外移,摆脱对一些产业的进口依赖,政府对产业链的干预明显增加,当然,疫情也促进信息技术、生物医药、数字经济、智能经济等相关产业发展,亟须形成新的产业链分工格局。疫情使 G20 产业链合作进入调整与重构阶段,并将伴随着国家和地区间的竞争和博弈持续较长时间。

四、助长了单边主义和逆全球化思潮

自 2008 年金融危机以来,国际上单边主义、贸易保护主义、逆全球化思潮层出不穷,挑战着全球化进程。特别是近年来,英国脱欧、美国奉行"美国优先"战略、频频退群、反移民政策等,逆全球化浪潮此起彼伏。疫情更是强化了单边主义和逆全球化思潮,会使得某些国家借口维护产业安全而进一步实施贸易保护主义;抗疫隔离和保持社交距离以及产业链断裂会降低国家和地区间的交流往来频次,有些国家可能会借机阻碍自由贸易和区域经济一体化进程。美国为了维护政党利益把疫情政治化,宣布将退出世界卫生组织,对中国恶意制裁不断加码,破坏了经济全球化的政治环境,完全践踏了 G20 包容共赢的合作精神。

五、凸显了缺乏协调多方发展经验的软肋

G20 长期以来专注危机应对和经济增长,专注建立经济治理机制,其职能范畴主要在经济领域,利益成为维系各国合作的纽带。发达国家与发展中国家在利益共享和责任分担方面始终存在分歧,发达国家始终无法隐去其霸权思维,不愿意承认历史责任,尽量推卸现实责任,对不发达国家的道义责任和无偿援助消极应对。G20 没有常设机构,其事务的协调和协议履行主要依靠定期或不定期会议讨论和各国各地区的自觉性和信用,伴随着很大的任意性和不确定性。因此,G20 的职能执行具有单一性和不稳定性,在统筹协调经济、社会、文化、安全等多方发展时经验不足。疫情的发展迫切需要各国和地区的团结合作,统筹医疗和防护物资的供应,协调好疫情防控与经济发展的关系,以及建立相伴随的自由、公平、非歧视、透明、稳定的经济社会发展环境,要求要关注发展落后国家的疫

情防控和提供必要的援助，关注低收入者、中小企业等的需求，等等。在当前全球发展局势下，常规的经济规则和经济政策工具难以适用，要求 G20 加强政策协调和创新，在平衡各方利益和维护各方关系稳定方面亟须协调互助。

第四章

二十国集团在全球经济治理中的使命担当

14~15世纪的新航路开辟和地理大发现将彼此隔离的世界联系在一起。彼时，欧洲的文艺复兴运动促进了人的解放，人类对自我认知和世界认知的根本性转变交织在一起，推动了科学革命以及随之而来的工业革命，从此，从欧洲开始，人类的触角开始向其他国家和地区延伸，拉开了全球化的序幕。全球化是人类认识世界和改造世界的又一伟大胜利，各种资源要素在更大范围空间内流动，为各个国家和地区带来了新的产品和服务，颠覆着人类传统的生产方式和生活方式，不同文明的交融也推动了世界文明的融合与进步。马克思在《德意志意识形态》中评价全球化："它首次开创了世界历史，因为它使每个文明国家以及这些国家中的每一个人的需要的满足都依赖于整个世界。"① 当然，全球化也带来了负面影响，从早期西班牙、葡萄牙开始，殖民侵略就相伴而生。伴随着科学革命的开展，工业革命的扩展，资本主义也把殖民主义带到了全世界，最终形成了世界殖民体系。全球化呈现出"西盛东衰"的局面。但是，霸权的行动可以打击一个国家经济社会的发展，却无法动摇一个国家和民族文明的根本。东方国家特别是中国千百年来积累和沉淀的仁义、包容、平等的思想虽然始终与西方的殖民文化格格不入，但是西方的殖民思想却阻挡不了马克思主义真理在东方的传播，打着基督教普世价值文化的幌子试图实现殖民文化的统治也没有阻碍文化多样化的进程。多样化的文明是撬动西方霸权地位的暗流，也使得全球治理中始终存在着不同力量的交锋。

---

① 《马克思恩格斯选集》（第1卷），人民出版社1995年版，第67页。

纵观人类发展的历史，合久必分，分久必合似乎是一个普遍的规律，在全球化演进中，各个国家和地区在全球经济中的地位并不是永恒不变的，国家和区域的经济力量总是处在不断变化之中，由此产生对全球经济地位的不同诉求，国家实力的不平衡增长导致原有制度框架内的权力和利益平衡被打破，权力和利益关系的重构引起全球经济治理体系发生结构转型。[1] 因此，全球经济组织结构也表现出分分合合的变化态势，经济地位集中化或是分散化取决于各国经济力量对比的变化，也取决于不同文化和文明的影响，进一步决定着各经济主体的地位和作用。第二次世界大战结束以来，全球经济发展进入了相对和平与稳定时期，也从无序竞争进入讲求规则和制度的时代，全球经济治理正式步入国际经济发展的轨道。最初，由美国等西方国家主导建立的布雷顿森林体系奠定了全球经济治理的制度基础，在此基础上成立的关税与贸易总协定、世界贸易组织、世界银行、国际货币基金组织、七国集团峰会等在全球经济治理中都扮演着重要的角色，历经石油危机、拉美债务危机、东亚金融危机的冲击，倒逼全球经济治理体系进行不同程度的调整和改革。然而，2008年全球金融危机及随后的欧洲债务危机对全球经济治理秩序发出了空前的挑战。新自由主义指导下的"华盛顿共识"对西方世界带来系统性的经济危机，也冲击着金融基础设施不健全的发展中国家，使"华盛顿共识"的发展模式名誉扫地。[2] 美国主导价值观的衰落导致了其霸权结构的削弱。[3] 与此同时，治理的意识形态逐步多元化，治理涵盖的领域不断扩展，治理的载体和平台也更加多元化，全球治理模式进入了嬗变的加速轨道。[4] G20临危受命，被赋予了应对金融危机的很高期望，这一代表着更加广泛的国家利益平台的全球治理作用更加凸显出来。从G20的兴起、发展及其作用中可以看出，G20不是一个偶然性的平台，而是全球经济治理分分合合发展进程中的必然指向，G20的出现搅动着竞争的多边主义转轴，全球经济治理体系进入新旧交替的大变革之中，[5] 也推动着当前全球经济治理机制由传统的"西方治理"向"西方与

---

[1] 徐秀军：《新兴经济体与全球经济治理结构转型》，载于《世界经济与政治》2012年第10期，第49~79页。

[2] Simon Maxwell: *The Washington Consensus is Dead! Long Live the Meta – Narrative*, Overseas Development Institute, London, January, 2005, pp. 1 – 13.

[3] J. G. Ruggie: *Constructing the World Polity: Essays on International Institutionalization*, New York: Routledge, 1998, pp. 229 – 239.

[4] 曾铮：《格局演变 模式嬗变 战略适变——"后美国时代"全球经济治理与中国方略》，载于《区域与全球发展》2018年第3期，第100~108页。

[5] 李杨、高天昊：《从G7到G20：竞争的多边主义与日本的全球经济治理角色》，载于《外交评论》2016年第5期，第109~134页。

非西方共同治理"的格局转变。①

第一节 二十国集团担当全球经济治理使命的必然性

全球化的深入拓展使国际投资和国际贸易往来日益频繁,国际分工地位日益强化,国家与地区之间利益相互交织,形成了联系紧密的网络,每个国家和地区都是利益网上的重要节点,任何一个节点的断裂都会造成物质流、资金流的中断,进而影响整个网络运行的畅通。在这样一张"你中有我、我中有你"的复杂网络中,传统以美国为主导的霸权主义治理方式已经难以阻挡物质利益的流动,全球经济治理效应的边际递减以及治理机制的机械化和僵化凸显出全球治理的供给不足,难以协调好利益网上各个节点之间的关系,必须进行全球治理模式的推陈出新。另外,以中国、印度、巴西和俄罗斯为代表的新兴经济体在全球利益网上的重要性越来越强,成为全球经济治理不可或缺的力量。包含主要发达国家和新兴发展中国家的G20不仅是当前代表性最广泛的平台,同时也在历经了多次峰会磋商之后,在全球经济治理实践磨炼中不断成熟,成为携手应对金融危机、修补利益网、修复利益传导机制的重要组织。G20肩负着实现世界经济稳健增长、推进国际货币基金组织和国际金融体系改革、推动国际贸易投资向更加公平包容方向前进的重要平台责任,这是历史和时代共同赋予的使命。

一、G20担当全球经济治理使命的时代选择

每个时代的发展都有每个时代的任务,每个时代的矛盾解决和任务担当又是每个时代的使命。我们当前所处的"是最好的时代,也是最坏的时代"②,一方面,科学技术发展从未如此之快,物质财富的积累十分丰富,社会生产力达到了较高的发展水平;另一方面,频频发生的地区冲突、恐怖主义、难民潮等严重影响了世界的和平与稳定,经济危机引发的贫困、失业、收入差距拉大等问题不断恶化,世界发展面临着极大的不确定性。要解决这些矛盾和冲突需要一个更加能平衡各方利益关系的平台机构,传统以美国为首的G7作为全球经济治理平台,

---

① 黄仁伟:《全球经济治理机制变革与金砖国际崛起新机遇》,载于《国际关系研究》2013年第1期,第54~70页。
② 习近平在世界经济论坛2017年年会开幕式上的主旨演讲。

面对新的全球经济危机,历经多次调整后仍然无能为力,要把偏颇的全球经济治理平台重新恢复平衡需要吸纳新兴发展中国家参与,于是,G20就成为产生于这一时代并为解决这个时代矛盾的产物。G20担当全球经济治理角色并不是临时和偶然的,而是在试图理顺全球混乱秩序中,通过不断尝试、总结经验而自然选择的结果。当前,全球经济治理主要面临着以下的矛盾和困境:

(一) 全球经济治理机制运转失灵

现行的全球经济治理机制主要脱胎于战后的布雷顿森林体系,形成以国际货币基金组织、世界银行以及世界贸易组织为支柱的治理结构,在很长一段时间内形成了以美国为主导的"霸权稳定体系"。[1] 然而,这种霸权式的全球治理机制却渐行渐微,面对着不断变化的世界经济格局,全球治理机制改革却未能与时俱进,在减轻全球经济失衡、维护金融市场稳定、推动多边贸易、解决主权债务危机等方面尤其显得力不从心。墨西哥金融危机、东南亚金融危机、俄罗斯金融危机、南美金融危机等各种危机接踵而至。特别是2008年的国际金融危机以及伴随的债务危机是多年来全球经济治理矛盾的集中性爆发,凸显了原有的宏观政策工具使用不当,如经济金融风险监测、预防和处理机制不健全,国际经济制度建设滞后等问题,导致全球经济总量和结构失衡。全球经济治理机制运转"失灵",无法克服一系列矛盾,引发了货币金融领域的动荡和危机,投资贸易领域的保护主义、单边主义盛行,经济发展领域的收入不平等加大等问题。据统计,全球最富有的1%人口拥有全球47%的财富,全球最富有的10%人口拥有全球85%的财富。[2] 诺贝尔经济学奖得主、美国哥伦比亚大学约瑟夫·斯蒂格利茨教授将这一现象归咎为全球经济治理体系在提供公共产品方面存在明显不足,比如在向发展中国家提供基础设施、基础工业建设等方面的支持非常有限。[3] 为了扭转全球经济治理机制的"失灵",国际机构也进行了相应的调整,如国际货币基金组织增加了对中长期经济增长的考虑,世界银行也支持借款国金融机构改革,世界贸易组织把更多发展中国家纳入规则和制度安排中等,但是这些调整并没有从根本上改变全球经济治理结构,也无法消除危机。2019年3月,习近平在中法全球治理论坛闭幕式发表的讲话中就鲜明指出了全球发展的病根在于"四大赤字":治理赤字、信任赤字、和平赤字、发展赤字,要为全球经济疗病治痛,就是要破解这些赤字。

---

[1] Elke Krahmann: *American Hegemony or Global Governance? Competing Visions of International Security*, International Studies Review, Vol. 7, No. 4, 2005, pp. 531 – 545.

[2] Credit Suisse Group AG, *Global Wealth Report* 2018, October, 2018.

[3] 许立群、王云松等:《全球经济治理需要中国智慧》,载于《人民日报》2015年11月13日,第3版。

（二）全球经济治理体系内部分裂

全球经济运转是一个庞大的体系，单凭某个国家的力量难以撬动，需要多个国家和地区相互合作，共同施力。虽然长期以来美国霸占着全球经济治理的主导地位，但是仍然需要借助 G7 来争取其他发展经济体的支持。然而，G7 内部的发展不平衡以及受危机影响程度不同，各成员国的利益出现分化，为了应对危机、促进本国经济增长，各成员国开始谋求有利于自身经济发展的对外合作方式，特别是面对着新兴市场国家及发展中国家的崛起，各国有着不同的利益盘算，G7 内部不同的声音越来越多。美国奉行我行我素的一贯做法，对 G7 其他国家"既拉又打"，通过共同意识形态的宣扬以及在政治、经济、军事等领域的部署，使欧盟和日本对其形成地缘安全上的依赖。美国的霸权至上在近年来大有抛弃 G7，重建新的全球治理机制，实施单边治理之势，他的大棒也挥向了欧盟、日本等国，对他的这些"传统盟友"也实施贸易保护主义。欧盟和日本受制于美国，在全球治理中的态度摇摆不定，欧盟把关注点放在气候方面，试图扛起应对全球气候变化的道义大旗，进而重整全球经济版图；日本也曾试图整合东亚区域经济，建设"东亚共同体"，但是迫于美国的压力，这些设想在实施过程中都没有取得较大进展。2018 年的七国集团峰会未达成共识，出现了其历史上前所未有的分裂状态，继美国退出《巴黎气候协定》、联合国教科文组织、伊核协议等国际多边机构之后，美国再次站在了其传统盟友的对面。[①] 全球经济治理体系内部的分裂使其很难形成推动全球经济发展的合力，各国争夺全球治理和国际规则制定主导权的较量十分激烈，单边主义、保护主义愈演愈烈，民粹主义和逆全球化思潮抬头，多边主义和多边贸易体制受到严重冲击等严重削弱了全球环境治理的力量，全球经济发展将往何处去，是合作还是要对立，是开放还是要封闭，是互利共赢还是要以邻为壑，[②] 全球经济治理体系中各股明潮暗流的涌动使其充斥着很大的不确定性。

（三）新兴经济体兴起对全球经济治理结构调整施压

长期以来的全球经济治理机制把广大发展中国家和不发达国家排除在治理体系之外，部分最不发达的国家甚至根本还未能参与到经济全球化中，这是极不公平的，直接导致了各种资源要素的趋利性流动和全球资源配置的不合理，拉大了国家与国家之间的差距，南北鸿沟不断加大，按照这样的态势，要在 2020 年使

---

① 刘宏松：《G7 内部分歧加深将致影响力削弱》，载于《第一财经日报》2018 年 7 月 2 日。
② 刘元春：《认识把握我国发展的重要战略机遇期》，载于《人民日报》2019 年 5 月 22 日，第 3 版。

半数最不发达国家脱离最不发达国家行列的目标将难以实现。① 全球经济治理制度内在的"带有歧视性,主要对富国有利,而对穷国不利",② 连最基本的物质援助的承诺都没有兑现。发达国家曾经承诺要给予最不发达国家发展援助额度至少达到捐助国国民总收入的0.15%～0.2%,然而大多数国家并没有履行这一承诺。③ 这并不是自由市场的发展结果,而是人为的制度设计造成的。如斯蒂格利茨指出,全球化的问题并非产生于全球化本身,而是来自管理全球化的方式方法。④ 随着新兴市场和发展中国家在全球经济中的比重不断提高,发达国家与新兴经济体之间的经济联系更加紧密,据国际货币基金组织估计,发达经济体的增长对新兴经济体的溢出效应达到52.8%,而新兴经济体又会对前者产生17.4%的回溢效应,新兴经济体增速每下降1个百分点,发达国家将下降0.2个百分点。⑤ 新兴发展中国家的经济影响力不断增强,但是其在全球经济治理体系中的地位却没有得到反应,虽然国际货币基金组织和世界银行一定程度上增加了新兴市场国家和发展中国家的投票权,但是代表性仍然很不充分,并没有从根本上触动原来的利益格局,美国仍拥有单一否决权。此外,国际货币基金组织和世界银行的领导权一直由欧美双寡头垄断,即欧洲人担任国际货币基金组织总裁、美国人担任世界银行行长。⑥ 随着新兴经济体经济上的崛起,这些国家对世界银行、国际货币基金组织等机构的弊端表达了强烈的不满,要求增加在全球经济治理中的发言权和代表性。此时,中国积极推动"一带一路"倡议、参与金砖国家合作机制的建立、引导亚投行和新开发银行等一系列动作显示了在参与全球经济治理体系改革中的中国方案和中国智慧。

(四) 单边主义和逆全球化潮流涌动

特朗普在竞选美国总统期间的口号是"美国优先"和"使美国再次伟大",充分表达了其单边主义的思想,其在就任美国总统后,便将这一思想融入美国发展的战略中,标志着其单边主义的兴起。除了美国的单边主义外,全球也涌动着"逆全球化"的浪潮,英国公投脱欧、卡塔尔宣布退出石油输出国组织等事件的发生;西方国家排斥外来移民、民粹主义思潮兴起;反全球化、逆全球化、去全

---

① UNCTAD. *The Least Developed Countries Report*, 2017.
② [美] 戴维·韦尔奇, 张小明译:《理解全球冲突与合作:理论与历史》,上海人民出版社2012年版, 第310～311页。
③ UNCTAD. *The Least Developed Countries Report*, 2016.
④ [美] 斯蒂格利茨, 雷达等译:《让全球化造福全球》, 中国人民大学出版社2011年版, 第2页。
⑤ IMF. 2014 *Spillover Report*. July 2014.
⑥ 陈伟光、蔡伟宏:《全球经济治理新范式——基于权威、制度和观念的视角》, 载于《社会科学》2018年第8期, 第35～44页。

球化的阴影笼罩着西方社会,成为西方国家的政治主流。① 单边主义和逆全球化的行为,维护了少部分当权者的利益,却破坏了广大民众的利益,激起了广大民众的反抗,导致政府失能、政治极化、分离主义、种族排外等政治乱象,恰恰反映了西方国家在经济治理中的无能。传统的全球经济治理体系内部的结构已经支离破碎,亟须整合和修复,但是却不能走"一家独大、赢者通吃"的老路,而是要追求共享目标,共同提供全球公共品。② 习近平将人类命运共同体与全球经济治理结合在一起,提出世界各国应该"共建合作共赢的全球伙伴关系,携手构建人类命运共同体,共同完善全球经济治理"。③

(五)全球经济治理内容愈加复杂

虽然全球经济治理聚焦的是全球经济性问题,随着全球经济向纵深发展以及各国在经济改革与创新中的不断探索与尝试,全球经济发展的内容和形式愈加多样化,全球经济治理的范围也愈加宽泛,全球宏观经济协调问题、全球货币和金融问题、全球贸易投资问题、全球能源资源协作问题、全球贫困和发展问题、反腐败问题等都被纳入全球经济治理的范畴。④ 2016 年,习近平在 G20 工商峰会开幕式的主旨演讲中提出了当前全球经济治理面临的四个方面的重点:共同构建公正高效的全球金融治理格局,维护世界经济稳定大局;共同构建开放透明的全球贸易和投资治理格局,巩固多边贸易体制,释放全球经贸投资合作潜力;共同构建绿色低碳的全球能源治理格局,推动全球绿色发展合作;共同构建包容联动的全球发展治理格局,以落实联合国 2030 年可持续发展议程为目标,共同增进全人类福祉。⑤ 可见,与旧的全球经济治理范畴相比,当前全球经济治理面临的问题更加复杂,涵盖了金融、贸易、能源、可持续、人口、科技等诸多领域,而且各个经济领域之间关系错综复杂,牵一发而动全身,特别是随着科技创新在经济领域广泛渗透,加速了风险的释放和扩散。因此,不仅需要有先进的治理手段,而且要有高超的治理智慧。比如在金融治理领域,金融全球化与信息全球化的相互交织加大了金融风险的联动性,金融创新既促进金融发展,也对金融监管提出

---

① 栾文莲:《对当前西方国家反全球化与逆全球化的分析判断》,载于《马克思主义研究》2018 年第 4 期,第 89~98 页。
② 程永林、黄亮雄:《霸权衰退、公共品供给与全球经济治理》,载于《世界经济与政治》2018 年第 5 期,第 90~97 页。
③⑤ 习近平:《中国发展新起点 全球增长新蓝图——在二十国集团工商峰会开幕式上的主旨演讲》,载于《人民日报》2016 年 9 月 4 日,第 3 版。
④ 陈伟光、蔡伟宏:《全球经济治理新范式——基于权威、制度和观念的视角》,载于《社会科学》2018 年第 8 期,第 35~44 页。

了新的挑战;① 在贸易投资领域,受贸易保护主义政策及国际贸易环境恶化的不利影响,全球贸易增长乏力,2015年和2016年全球货物贸易额连续两年出现负增长,全球贸易实际增长率与GDP实际增长率之比屡创金融危机后的新低。② 全球经济治理对象的复杂性就必然要求要有一个充满活力、能运筹帷幄的治理平台。

(六) 全球治理充斥着全球主义和国家主义的矛盾

全球主义指的是全球层面的价值共识和公共利益,通过全球性的集体组织合力推动全球治理体制运行,并通过有约束力的共识、条约、法律条款等实现有效治理的目标。全球主义综合考虑各个国家的利益,在维护共同利益基础上形成自上而下的全球一致行动方案,各个国家遵守和履行达成的共同协议,通过自觉行动维护共同利益。"主权取决于它保护个人权利的责任,无论任何国家失去了这个责任,其他的主权国家就可以运用国际权威保护和维护个人的权利。"③ 习近平曾指出:"和平、发展、公平、正义、民主、自由,是全人类的共同价值,也是联合国的崇高目标。"中国在多个场合提出"人类命运共同体"的主张就是全球主义的价值观,与西方所谓的普世价值形成了强烈的反差,这个理念的宗旨更能够促进支撑世界新秩序的构造、是更易被广大国家和地区接受的价值观。与全球主义相对的是国家主义,国家主义强调国家在全球治理中的主导地位,虽然也认为国家与国家之间的合作是全球治理的有效方式,但是合作的出发点是本国利益的最大化,在维护本国利益的基础上兼顾全球利益的实现,这样的合作是不稳定的,往往是基于国家之间谈判和相互妥协的结果。国家主义更加强调在维护各国利益基础上自下而上地推进全球治理,如由发达国家组成的七国集团长期以来占据着全球治理的核心地位,在国际事务中处处维护发达国家的利益;联合国等国际组织的主权原则、不干涉内政原则不断受到非传统安全问题和"保护的责任"等原则的挑战。④ 全球主义和国家主义之间既相互协调,又相互矛盾,全球经济治理需要全球国家的共同努力,这在多个国家已经形成了共识,但是,全球利益的实现过程中有时又或多或少会牺牲部分国家的利益。比如,发达国家要为发展中国家和不发达国家提供经济援助,发展中国家不得不选择走成本更高的工

---

① 徐秀军:《维护全球金融安全需各国协调与合作》,载于《光明日报》2018年8月19日,第8版。
② World Trade Organization. *World Trade Statistical Review* 2018,P10.
③ 张胜军:《国际刑事法院的普遍管辖权与自由主义国际秩序》,载于《世界经济与政治》2006年第8期,第1~10页。
④ 张胜军:《全球治理的最新发展和理论动态》,载于《国外理论动态》2012年第10期,第24~28页。

业化道路以保护生态环境，等等。妥善处理好全球主义和国家主义的关系，有利于更好地凸显全球治理的责任和公平。

二、G20 担当全球经济治理使命的历史选择

从全球经济治理的发展历程可以看出，全球经济治理结构调整与全球经济发展变化具有耦合性，遵循着经济社会发展的历史的、一般的规律，G20 担当全球经济治理的使命是历史的必然选择。

（一）G20 担当全球经济治理使命遵循历史规律

首先是生产力与生产关系的变化规律。与人类社会发展遵循的生产力和生产关系的变化规律一致，全球经济治理也遵循着这一规律，科学技术进步推动全球生产力的解放和发展，为全球经济的发展注入动力，也由此决定了全球的生产关系，形成与之相适应的经济治理方式。全球经济治理从最早欧洲的海上霸权争夺，到重心逐渐向美洲转移，再到第二次世界大战后的美苏争霸，以及冷战结束后形成的以美国为主导的全球经济治理格局，再到新兴经济体崛起对全球话语权的诉求等，这实质也是全球经济发展变化的路线图，正是这种经济力量对比的变化决定了全球经济治理结构的变化。

其次是对立统一的规律。任何事物以及事物之间都包含着矛盾性，矛盾双方既对立，又统一，推动事物呈现波浪式前进和螺旋式上升的发展态势。全球经济治理体系是由多个不同的国家和地区组成，这些国家和地区之间既有共同的利益，也有各自的利益，彼此相互合作，也相互竞争，在竞争中又相互妥协。推动全球经济治理结构的改革和完善，使全球经济治理体系从各自为政走向目标与行动的统一，从落后走向先进，不断走向成熟。

最后是量变和质变的转化规律。第二次世界大战后，以布雷顿森林体系为基础建立的美国为主导的国际货币体系对全球经济治理发挥着重要作用，但由于美元金本位制的固有缺陷以及国际收支调节机制不畅，全球经济治理机制作用有限，美国在维护美元的地位和自身利益基础上不断进行调整。但是，矛盾的累积最终导致了布雷顿森林体系的崩溃，客观上也需要一个新的全球治理体系的诞生，于是西方七国首脑会议应运而生，这就是被广泛提起的"G7"。G7 的产生，是全球经济治理从单一到多元的一个重要转折。在随后 30 多年的时间里，G7 垄断着全球经济治理权，但也在应对大大小小的金融危机中不断调整。2008 年金融危机彻底暴露了经济全球化条件下自由市场经济的固有弊端和深层次结构矛盾，这种矛盾在现有的治理体系内已无法调整，标志着西方主导下以私有化、市

场化、自由化为特征的全球经济治理模式的破灭。① 与此同时，新兴发展中国家的崛起使全球经济治理体系又面临着一次重要转折。

此外，还有内因和外因的变化规律。事物发展变化中，内因起决定作用，外因通过内因起作用。全球经济治理体系变化的根本原因还是在于其内部的组织机制和结构，并取决于经济治理体系结构的改革，如果全球经济治理体系是紧密的、健康的，那么无论外部经济发展环境如何变化，都能运筹帷幄、有效治理。因此，每一次全球经济治理机制的重大调整，其根本原因是由于现有全球治理结构的自身因素，难以适应经济发展形势的变化所导致的，改革势在必行。2008年金融危机只是引发全球经济治理体系变革的导火索，是一个外在的诱发性因素，即使没有发生金融危机，也必然会因为某个经济事件的发生而引发全球经济治理结构的调整。

因此，从辩证唯物主义和历史唯物主义的变化规律来看，新事物的产生、旧事物的灭亡是人类社会发展永恒的规律。G20 作为全球经济治理的新事物和新平台是符合历史发展规律的，而且从 G20 在全球经济治理中已有的表现来看，G20 的鲜明特征体现在代表性、平等性和有效性上，有较高的治理效率和较好的治理效果，为应对全球危机开出了一剂又一剂的良方，是具有巨大潜力和发展前景的新事物。虽然在取代旧的经济治理体系中存在着反复和波折，但是历史的发展是向前的，谁也无法阻止新事物发展的步伐，经济社会发展规律是不可逆的。G20 作为全球经济治理的新平台，必然会取代现有的全球经济治理体系。

（二）G20 倡导的价值观迎合了绝大多数国家的利益诉求

亚当·斯密和大卫·李嘉图的自由贸易理论产生于新兴资本主义上升时期，迎合了资本主义全球扩张的需求，因此，这一理论很快就取代了重商主义、贸易保护等理论，成为资本主义加快全球资源配置的依据，自由主义也成为西方发达国家全球经济治理的主流价值观。第二次世界大战结束后，主张自由化、私有化和市场化的新自由主义成为以美国为主导的全球治理体系的核心意识形态，这一价值理念以国家自我利益为中心，放大市场的逐利性，导致了三大负面效应：加大世界经济发展的不平衡、加大世界经济发展的波动性以及强化世界经济发展的矛盾性。② 进入 21 世纪以来，西方发达国家试图利用 G7、G8 和发展中大国的对话机制，继续以新自由主义意识形态主导全球治理事务，例如，G8 一致同意德

---

① 李由：《全球经济治理机制变迁与中美方案的历史考察》，载于《经济问题》2018 年第 6 期，第 86~91 页。
② 曾铮：《格局演变　模式嬗变　战略适变——"后美国时代"全球经济治理与中国方略》，载于《区域与全球发展》2018 年第 3 期，第 100~108 页。

国提出的加强与新兴发展中国家合作的"海利根达姆进程",虽然这一倡议表面上是为了增强发达国家与发展中国家的互信和理解,但是其价值理念仍是新自由主义,是西方发达国家安抚发展中国家的暂时性妥协,全球经济治理的主导权和话语权仍然由西方发达国家掌控,这种价值观损害了多数国家的利益,只迎合了少数国家的利益诉求。

G20 的鲜明特征体现在代表性、平等性和有效性上,它囊括了全球最主要的经济体,在 G20 内部发达国家与发展中国家的地位是平等的,相互协商、加强合作、实现平等的对话和经济的平衡增长,逐步缩小国家之间的发展差距。只要这些经济体能够稳定增长,世界经济就不会出现大的波动;只要这些经济体能够精诚合作,全球经济就能实现更有序的分工。在中国等国家的努力下,G20 在二十多年的发展中逐渐形成了"同舟共济、合作共赢"的精神,积极倡导"共商共建共享"的治理理念,坚持"义利并举、以义为先"的合作之道,全球经济治理呈现更加公平、公正、高效的局面。这一价值观有利于公平的国际秩序的构建,通过减少贫困、加大发达国家对发展中国家的援助、反对贸易保护主义等提升发展中国家的国际地位,全球治理也由西方国家"治理"非西方国家朝着西方国家和非西方国家共同参与、共同治理的更加公平、公正、高效的方向发展,[①] 各个国家间形成了更加紧密的"命运共同体"。G20 倡导的价值观迎合了大多数国家的利益,以道义和人文情怀引发共鸣,体现国家的责任,这是多个国家和地区在经历经济发展的"惊涛骇浪"和饱受不平等待遇后,对维护自我利益和追求更加公平国际环境的自主、自愿选择,更加珍惜和憧憬 G20 价值观指导下的目标达成,以达到更大的合作效果,适应了维护全球经济安全与稳定的需要。

(三) G20 在全球经济治理中脱颖而出

全球金融危机导致的全球经济的混乱局面,暴露了全球经济治理的深层次问题,加速了全球经济结构调整和治理权力的重新分配,引发了国家之间对全球话语权的争夺,既有单打独斗,也有抱团而出,多方力量的争夺推动了全球经济治理体系的瓦解和重构。从 G20 兴起和发展的历程可以看出,G20 领导人每年定期会晤的想法最早是由德国前总理赫尔穆特·施密特(Helmut Schmidt)提出的,但在全球经济治理的竞争中,从一个国家之间对话的普通平台发展成为全球经济治理的重要平台,这符合了市场选择"优胜劣汰、适者生存"的规律。G20 涵盖的成员国比 G7 更具有广泛性和代表性,在处理国际问题方面能发挥更有效的作

[①] John J. Kirton, *G20 Governance for a Globalized World*, Farnham: Ashgate, 2013, pp. 112 – 118.

用，同时 G20 与有 200 多个成员国参加的联合国大会相比数量不过于庞大，可以实现更高的协调和治理效率。G20 是全球经济治理中最新的多边机制，增强了发展中成员国的权威，从非正式部长会议机制上升为峰会机制，从应对危机到逐步转向对全球经济事务常态化治理，从合作共赢、包容创新等峰会理念到达成各项政策协议，并由国际货币基金组织、世界银行、世贸组织、经合组织等主要的国际经济金融组织和多边论坛落实，G20 在协调各国政策应对金融危机、恢复经济方面已经取得了显著成效，正越来越多地以"支持、鼓励和指引"的方式影响现有的国际机制。[①] 十多年来，G20 推动各项政策落实和取得的切实成效有目共睹，赢得了广泛的国际信任，以实际行动证明其自身强大的生命力，完全可以成为全球经济治理的主要领导机构，越来越多的国家和地区对 G20 取代传统的 G7 成为全球经济治理核心平台寄予了殷切期望。G20 作为全球治理重要平台的角色作用会进一步发挥出来，因为目前国际上并没有出现可以与其竞争的对手，也没有可替代的更好选择，G20 无论在治理理念还是组织实力方面都具有创新性和长远性，其全球代表性也最为广泛，涵盖了发展最好的发达国家和发展中国家，这是目前任何的国际平台所无法比拟的。此外，G20 还形成了 B20（工商领导人峰会）、T20（智库峰会）、C20（民间社会代表会议）、L20（劳动会议）、W20（女性会议）、Y20（青年会议）等配套机制，各自具有一套工作范式，发挥其专业性和针对性服务，使 G20 能够更好地开展全球经济治理工作。可见，G20 成为全球经济治理的重要平台恰逢"天时、地利、人和"，是全球经济治理历史进程中必然的选择。

第二节　二十国集团在全球经济治理中使命担当的角色变化

一、G20 在全球经济治理中的使命担当

从 1999 年正式成立到现今，G20 已经走过了 20 多年的发展历程，这期间，全球经济既有平稳运行时期、快速增长时期，也有危机爆发时期以及危机过后的低迷时期，G20 基本经历了经济增长的一个完整的周期，在不同的经济周期阶段，G20 的角色担当和作用发挥也不同。主要经历了从 G7 的有益补充到应对金

---

① 朱杰进：《复合机制模式与 G20 机制化建设》，载于《国际观察》2013 年第 3 期，第 6～12 页。

融危机的重要平台，再到长效治理机制的角色转变。

在成立之初，G20 只是由各国财长和中央银行行长参加，定位是在国际货币基金组织和世界银行框架内进行的非正式对话，讨论的话题主要限于财政金融领域，作用是推动国际金融体制改革以及促进发达国家与新兴市场国家之间的合作，共同促进世界经济稳定和持续增长，目标是防止类似亚洲金融风暴的重演。一直到 2008 年，G20 一直以这样的角色参与全球经济治理。可见，在最初的十年间，G20 担当着全球金融市场秩序的维护者，起着金融市场波动稳定器的作用，尽量通过定期会晤及时发现和协调金融市场存在的问题，将金融风险降到最低。G20 同时还兼具沟通发达国家与新兴市场国家间促进相互合作，提升新兴发展中国家参与全球事务话语权的职能。彼时，全球经济治理的主体仍然是 G7，会议议题主要被 G7 控制，新兴市场国家的发言权和话语权有限，G20 只是依附于 G7 而存在的一个新兴的国际组织，是 G7 在全球经济治理中的有益补充。

2008 年金融危机爆发是 G20 使命担当的一个转折点，表明仅仅靠各国财长和中央银行行长的定期非正式对话根本无法解决全球经济发展累积的矛盾，也表明金融危机的出现不仅仅是财政金融领域的政策失灵，而是整个全球经济发展的结构性失衡。这意味着常规的治理方式已经难以遏制金融危机的蔓延之势，难以从根本上解决全球经济的"顽疾"，再次暴露了以发达国家为主导的全球治理规则的不合理性，需要切实发挥新兴经济体国家在全球治理中的实质性作用。在发达国家的推动下，G20 实现了从部长级会议升格为领导人峰会。2008 年 11 月，首届 G20 领导人峰会在华盛顿召开，各国就合作应对国际金融危机、维护世界经济稳定达成重要共识，通过多项改革措施应对全球金融危机。2009 年，G20 匹兹堡峰会明确提出了 G20 是协调全球经济事务的首要平台；从 2011 年戛纳峰会起，G20 决定每年举行一次峰会，标志着 G20 运行步入机制化轨道。G20 通过采取果断措施推进金融市场改革，重塑国际金融秩序，消除严重的市场紧张情绪，在稳定世界金融市场、避免全球衰退、完善全球经济治理等方面发挥了重要作用。在 G20 以及其他国家和国际组织的共同努力下，金融危机的破坏程度大大降低，但是金融危机打乱了原有的经济运行秩序，暴露了全球经济运行中许多隐藏的矛盾，危机的阴霾以及后续的影响仍在持续，留下许多"后遗症"。G20 的议题也从应对金融危机的财政金融议题逐渐扩大到贸易、投资、发展、难民、气候变化、反腐败等几乎所有的全球经济治理议题，与议题相对的 G20 部长级会议也从最初的央行行长和财长会议扩容到劳工和就业部长会议、贸易部长会议、农业部长会议、发展问题部长会议、旅游部长会议、能源部长会议等多个部长级会议，G20 机制本身也从暂时性的危机应对为主转向兼顾长效性的经济治理。在这一阶段，G20 担当的使命主要就是促进各国携手应对金融危机，尽量降低金融危机的破坏程度,相互抱团取暖遏制经济增长的下滑,尽快从金融危机的泥潭中走出来,同时探寻推动新一轮全球经济增长的路径。

随着金融危机的阴霾逐渐散去,全球经济似乎已经度过了危机时期最艰难的时刻,但是金融危机留下的问题还待解决。一方面,各国综合国力发生了很大变化,彼此博弈更加激烈,国际环境日趋复杂,原有的国际经济稳定性被打破,许多规则制度有待重塑;另一方面,部分国家的经济还是一片混乱,债务高企、失业率上升、收入差距扩大,导致民粹主义兴起,增加了社会发展的不稳定性。此外,发达国家和发展中国家的经济实力对比也发生了很大变化,据统计,按购买力平价计算,2008 年新兴经济体占全球 GDP 份额已达 51.2%,超过了发达国家所占的份额,2017 年这一比例上升到 59%;在增速上,2008~2017 年,新兴经济体的年平均增速为 5.1%,比世界平均水平高出约 2 个百分点,比发达国家高出 3.9 个百分点;2017 年,新兴经济体对全球经济增长的贡献已经达到了 80%。[①] 越来越多的安全和社会性议题加入 G20 的议题之中,新兴经济体在全球经济发展中的影响越来越大,G20 的作用已经不再局限于作为经济事务协调的平台,更要发挥全球综合性治理的平台作用,同时也要思考内部结构的调整。G20 的关注点从联合实施经济刺激计划转向宏观政策的协调。2016 年 G20 杭州峰会可以看作 G20 使命担当的又一转折点,中国明确提出了"构建创新、活力、联动、包容的世界经济"的主题,为世界经济增长提出了"中国方案",既从创新增长方式、完善全球经济金融治理、提振国际贸易和投资、促进包容联动式发展等方面着手,为世界经济增长注入新动能,同时呼吁 G20 应进行结构性改革,注重不同国家之间政策的协调,这意味着 G20 在全球治理中的使命担当从危机应对机制向长效治理机制转型,从侧重短期政策向短中长期政策并重转型。未来,G20 将肩负着推动全球经济增长的重任,在全球经济治理中担当结构性改革先行者和全球经济秩序稳定者的使命,维护多边体制的权威性和有效性,担当自由开放的世界经济体系的捍卫者,全球经济治理公平正义的缔造者和守护者。

二、G20 在全球经济治理中使命担当的特征

G20 在全球经济治理中使命担当的角色变化体现了 G20 的灵活性和前瞻性,历次峰会中,G20 秉承合作精神,相互协商,达成了许多共识,在推动世界经济增长和维护多边贸易体制方面都取得了丰硕的成果,在国际经济事务中发挥着越来越不可替代的作用。G20 在全球治理中使命担当的变化主要呈现四个方面的

---

① 陈四清:《完善全球金融治理》,载于《中国金融》2018 年第 15 期,第 10~12 页。

特征：

一是从被动参与到主动担当。1998年亚洲金融风暴的扩散和破坏程度的加深，发达国家不得不联合新兴的发展中国家共同应对，最初组成的G20财长会议完全是为了应对暂时性危机以及如何避免重蹈危机的需要。此时全球经济治理的主要角色仍由世界银行、国际货币基金组织、G7等担任，G20似乎是一个附属于这些国际机构的临时性组织，是西方发达国家迫于自身利益需求不得不联合新兴发展中国家而做出的一定让步。亚洲金融危机过后，G20财长会议虽每年召开一次，但在全球治理中并没有什么影响力。2008年金融危机爆发后，G20财长会议升格为领导人峰会，G20在应对危机中的抢眼表现被越来越寄予厚望，不仅在全球经济治理中的地位越来越强化，其被全球认可和接纳的程度也越来越广。G20内部西方发达国家似乎也越来越离不开新兴发展中国家的参与和支持。G20逐渐从被动地应对危机转向主动地根据全球经济发展的难题设置议题，从G7的跟随者和附属者转向能独立应对和解决问题的倡导者和实施者。

二是责任意识淡化到责任意识不断加强。在G20财长会议举行之初，G20国家之间的合作仅仅是出于自身的利益考虑而应对短期困难，没有预料到全球经济发展变化会如此之大，也没有预料到隐藏在全球经济发展中的潜在问题和矛盾会如此之深，因此，G20起初的责任意识是比较淡薄的，仅仅是为了防范区域性的金融风险，也仅仅局限于财政金融领域，并没有上升到承担全球责任的高度，在参与全球经济治理中弥补G7等存在的不足。随着全球化的深入，国家与国家之间的联系更加紧密，特别是2008年金融危机的爆发更是暴露出了当前全球经济治理体系的弊端，少数国家主导的全球治理并不能解决全球性的失衡问题。各个国家和地区也逐渐意识到本国和本地区的利益与其他国家和地区的利益是紧密联系在一起的，必须加强国家间的合作，维护共同的利益才能更好地实现本国的利益。G20上升为领导人峰会后已经明显地表现出其承担全球责任的意识在不断增强，特别是其议题越来越广泛，并且将议题从财政金融领域逐渐扩大到影响全球经济增长和持续发展的贸易、投资、气候变化、社会公平等领域，G20承担全球经济治理责任的使命感越来越强。

三是内部结构从不平衡趋向平衡。一直以来，西方发达国家凭借着自己的政治经济优势垄断着全球经济治理的主导权，并倡导和推崇新自由主义理念，通过不平等的体制机制设置占有国际市场上大部分资源，甚至不惜牺牲发展中国家和不发达国家的利益。G20是在G8的提议下成立的，发达国家也自然将一贯的"霸权"特性带入到G20中，使G20内部结构一开始就呈现出明显的不平衡，新兴发展中国家的话语权份额很小，与其经济、人口总量所占份额不匹配。然而发达国家的行为并没有阻碍新兴发展中国家的步伐，新兴发展中国家在金融危机中的表现反而显得更加抢眼。随着经济实力的不断增强,也增强了发展中国家要求增加全球经济治理话语权的底气,发达国家不得不正视新兴发展中国家的崛起,也不得不在一些议题讨论中允许新兴发展中国家参与其中。如世界银行在2010年通过改革方案,发达国家向发展中国家转移了3.13个百分点的投票权,中国成为仅次于美国和日本的第三大股东国;2016年国际货币基金组织份额改革正式生效,大约有6%的份额向新兴市场和发展中国家转移。① 全球性议题中也更多地考虑消除贫困、加大援助、促进人类可持续发展、促进社会公平正义等方面的问题,G20内部结构呈现出从不平衡趋向国家间地位更加平衡的趋势。

四是G20责任担当范围从局部性逐步扩展到全面性。随着金融危机的逐渐消退,G20并没有因此而淡化,反而在全球经济治理中涉足得越来越深,参与得越来越广。从一开始G20财长和央行行长会议讨论的议题主要集中于金融危机的预防和解决,后来逐渐地把全球化挑战、打击恐怖主义、国际发展援助、应对气候变化、打击金融犯罪、促进金融改革、制定经济增长政策等纳入议题范围。后来随着G20在全球经济治理中从危机应对转向中长期治理,承担的责任也从经济政策的制定和调整转向深层次的中长期结构性改革。G20的议题范围扩展得更加宽泛,早已突破了单纯的经济性问题的讨论,多边贸易体系建设、发展援助、反腐败、粮食安全、能源安全、打击恐怖主义、反贫困等社会性问题也纳入其中。G20已不单单是全球经济治理的平台,更是一个全球综合性事务治理平台,在全球的影响力越来越大,已经成为一个担负全球责任的不可或缺的重要角色。

第三节　二十国集团在全球经济治理中使命担当的趋势展望

"放眼世界,我们面对的是百年未有之大变局",② 全球经济发展面临着前所未有的机遇,也面临着前所未有的挑战。经济全球化深入发展,国际分工不断深化,国际投资规则不断完善将持续推动国际贸易和投资成为国际经济活动中最普遍的形式,越来越多的经济体被纳入全球经济体系中,特别是被纳入国际金融体系和货币体系中,极大改变着全球的资源配置和利益配置格局。全球数字经济的发展,人工智能、量子计算等各种新技术层出不穷,对传统经济发展模式也形成了巨大的冲击,在大幅提高效率、拉近世界距离的同时也可能会滋生新的风险和

---

① 陈四清:《完善全球金融治理》,载于《中国金融》2018年第15期,第10~12页。
② 习近平接见回国参加2017年度驻外使节工作会议的全体使节并发表重要讲话。

泡沫，给全球经济监管提出了新的命题。历史的发展证明，经济全球化符合各国的共同利益，面对保护主义和逆全球化的挑战，协调不同群体之间、不同国家之间的利益分配关系，改革和改善全球经济治理体系至关重要。① G20作为全球经济治理的重要平台，无论是其在过往中已经发挥的作用及积累的经验，还是其对未来全球经济发展提出的方案，G20都有责任发挥领导作用，引领全球经济平稳运行，为世界经济发展开拓路径。

面对复杂多变的国际形势，G20在全球经济治理中应该怎样以不变应万变，继续担当全球经济治理重要平台的使命，习近平在出席2018年亚太经合组织工商领导人峰会上提出了"坚持开放导向，拓展发展空间；坚持发展导向，增进人民福祉；坚持包容导向，促进交融互鉴；坚持创新导向，开辟增长源泉；坚持规则导向，完善全球治理"的五点主张，这五点主张深刻地揭示了经济全球化发展的内在规律，② 为全球经济治理该做什么、该怎么做提出了中国方案，也为G20全球经济治理的使命担当提供了启示。在全球经济多元化、多极化和分散化的发展进程中，G20应该为全球经济的共商与合作提供稳定、持续的平台，担当好全球经济治理的重要使命。

一、全球经济增长的驱动者

在G20历次峰会的议题中，促进世界经济复苏和增长始终是核心议题。虽然金融危机的阴霾已经逐渐散去，大部分的国家已经逐渐恢复到促进经济增长的通道，但是新旧动能转换还没有完成，新的经济增长基础还非常薄弱。2019年5月联合国发布的《2019年世界经济形势与展望年中报告》指出，受贸易紧张局势悬而未决、多国政策不确定性和商业信心不断减弱影响，所有主要发达经济体和大多数发展中区域增长全面放缓，2019年世界经济增速将放缓至2.7%，低于年初的3%预期值。全球经济增长仍面临着较大压力和充满不确定性，直接影响着全球经济的稳定性和持续性。国务院总理李克强在2019年博鳌亚洲论坛演讲时指出：面对世界经济下行压力等共同挑战，没有哪个国家能够独善其身。必须寻求互利合作的双赢、多赢之道，以开放的胸襟、包容的气度、协调的行动，为世界经济发展注入信心、增添力量。G20使命担当中的第一任务仍然是继续充当全球经济增长的驱动者，为全球经济增长设计方案、谋划策略、搭建平台。一是要继续把促进全球经济增长纳入峰会的首要议题，强化国家间的共同利益，增强各

---

① 李向阳：《经济全球化的发展方向》，载于《求是》2018年第21期，第61~63页。
② 权衡：《经济全球化的内在规律和发展方向》，载于《新民晚报》2018年11月30日，第2版。

国之间的合作,各项政策讨论和磋商都要以这一共同利益为前提。特别要在经贸往来上强化合作,避免贸易保护主义,为全球经济增长提供更加自由宽松的环境;二是 G20 应达成维护多边主义和自由贸易的共识,建议和推动主要国际组织在坚持开放、透明、包容、非歧视等基本原则基础上进行结构性改革,以促进国际贸易自由化,推动资源要素在更大的空间内流动和配置;三是提振全球消费需求的信心,倡导全球生产结构调整和优化,提升劳动生产率,面向全球市场需求从供给侧优化以促进产品结构升级,拓展生产边界,激发全球市场的需求潜力,不断释放中长期的增长潜力。要特别注重结合 2030 年可持续发展议程、亚的斯亚贝巴行动议程和《巴黎协定》等促进全球经济增长和可持续发展;① 四是要支持和推动全球科技创新,科技创新是全球经济增长的第一推动力,2018 年中国科学院文献情报中心和科睿唯安联合发布的《G20 国家科技竞争格局之辩》中专门对人工智能进行了分析,并指出,G20 各国政府在人工智能领域的积极布局,已经形成递进式、持续性的发展动力,这一动力又可以具体转化为全球科技创新的竞争力和活力,这是世界科技创新未来和方向的决定力量。数字化、智能化、网络化是全球创新的最新成果,同时又是推动全球经济增长的重要动力。G20 要积极推动全球开展创新合作,特别是面向技术创新的前沿领域,不断推出创新成果,增强全球经济增长的动力。

二、全球金融系统的监管者和稳定者

经济全球化的显著表现之一就是金融全球化的深入发展,金融是最容易产生泡沫的领域,纵观历史上历次的全球性经济危机,几乎都是以金融领域事件为导火索,维护全球金融安全是一个永恒的话题。与 2008 年金融危机相比,如今全球金融市场面临着新的环境,维护全球金融安全的新挑战不断涌现、新风险不断累积,防范全球金融风险和维护全球金融安全始终不能松懈。当前全球金融系统的风险主要有:随着金融全球化和信息全球化的发展,各国金融系统联系更加紧密,一个国家和地区的金融政策调整或市场波动很快就会传导到其他国家或地区,引发金融系统的共振;随着云计算、大数据、人工智能等信息技术在金融领域内的普及和应用,金融与科技的深入融合催生了许多新型金融方式,同时也形成了金融监管的真空地带,增加了金融系统监管的复杂性和难度;2018 年,美国《多德—弗兰克法案》的改革议案先后获参议院和众议院通过,这一议案的通

---

① 吴涧生:《从 G20 汉堡峰会看全球经济治理的"变"与"不变"》,载于《中国发展观察》2017 年第 14 期,第 5~8 页。

过使得除特大型银行之外的银行金融机构的监管力度都会降低,这会推动美国银行业的并购,进一步对全球金融监管产生深远影响。① 这些新风险的出现意味着应对2008年金融危机的监管机制需要与时俱进地创新,而G20应积极发挥这一平台作用。在过去的十几年间,G20在落实国际金融监管改革成果、维护全球金融体系稳健性、增强大银行应对国际风险等方面的能力大幅度提升,也证明了G20在全球金融系统中的"稳定器"作用,当前只有G20能驾驭得了全球庞大且错综复杂的金融系统。G20应一如既往地担当起国际金融市场监督者和改革推动者的角色,在国际货币基金组织和世界银行改革中发挥积极作用。包括加强各国宏观经济政策的沟通协调,减少政策负面外溢影响,确保各国金融政策工具的使用能有效维护金融市场的稳定;鉴于全球债务风险的攀升,G20要积极推动国际货币基金组织与世界银行加强对低收入国家债务监测和能力建设,并要求金融稳定委员会探讨加密资产风险监管;② 要理顺国际金融市场秩序,避免竞争性贬值且不以竞争性目的来盯住汇率,以免使全球经济陷入恶性竞争的状态中;加强G20反腐败合作,在金融领域加强监管和严格控制。此外,要与金砖国家开发银行、亚洲基础设施投资银行等新兴国际金融机构建立积极紧密的关系,积极推动国际金融机构份额和治理改革,增加新兴市场和发展中国家的代表性和话语权,促成落实金融机构改革的各项措施,确保全球金融体系的稳定性和与时俱进的创新性。

三、自由贸易和多边贸易体制的维护者

1947年,23个发起国在日内瓦签订了《关税与贸易总协定》(GATT),标志世界多边自由贸易政策的成立,如今,多边贸易体制已经走过了70多年,对减少国际贸易摩擦、促进世界贸易增长、繁荣国际市场起到了重要的作用,据统计,多边贸易体制推动世界贸易增长率相较于工业革命前增长了200多倍。③ 多边贸易体制是迄今为止全球自由贸易最好的制度安排,是各国贸易共赢、利益共享的良好机制。然而,随着贸易规模的不断增大,全球多边自由贸易发展中存在的问题也逐渐显现出来,利益分歧加大,协商难度加大、谈判效率降低、议题难以推进、"多哈谈判"停滞不前等等。多边贸易体制存在的这些问题使得一些国

---

① 徐秀军:《维护全球金融安全需各国协调与合作》,载于《光明日报》2018年8月19日,第8版。
② 陈东晓:《G20峰会为世界经济传递积极信号》,新华网,http://www.xinhuanet.com/world/2018-12/04/c_1210008578.htm。
③ 《多边贸易体制正在经历风雨考验》,中国金融新闻网,http://www.financialnews.com.cn/hq/yw/201804/t20180412_136351.html。

家开始转向寻求双边贸易机制,同时这些问题也被一些国家肆意放大,成为其实施单边主义和贸易保护主义的借口。多边贸易体制面临着空前的危机和挑战,世贸组织的部分成员也在探寻可能的改革方法,如美国和欧盟成立"执行工作组",但特朗普还特别强调除了进行改革外,还要特别关注知识产权盗窃、强制技术转让、工业补贴等不公平的交易行为,将矛头直指新兴发展中国家。虽然多边贸易体制存在着诸多问题,但是不能因此而否认其在全球自由贸易发展中的重要作用。近年来,由于国际贸易紧张局势给全球经济发展带来的破坏已经显现,据国际货币基金组织预测,贸易保护主义会导致国际商业信心下降,到2020年,全球产出可能比当前预测低0.5%;经合组织的预测则更加悲观,预计到2021年全球贸易将下降2%。① 全球经济发展亟须自由贸易和多边贸易体制的坚定维护者,G20将担当此任,努力将国际贸易秩序拉回正轨。G20机制在多年的运行中,始终坚定维护以世贸组织为核心的多边贸易体制,坚信只有多边合作才能促进世界经济的繁荣,G20的大多数成员国都支持多边主义以及国际组织的改革发展。面对着贸易保护主义、单边主义等行为对多边贸易体制的破坏,G20应充分利用这一平台机制,加强各国之间的协商和交流,并制定应对贸易保护主义的方案,提出解决方法。G20各个国家应该加强团结合作,既着眼于当前的问题,一致反对贸易保护主义行为,联合起来共同对贸易保护者施加压力,化解贸易紧张局势;又要着眼于长远考虑,积极推动世贸组织框架下的多边贸易体制谈判取得实质性的进展,为世贸组织改革提供方案,切实促进贸易和投资自由化便利化,做自由贸易和多边贸易体制坚定的维护者。

四、全球经济治理体系改革的参与者

经济全球化推动了全球经济治理体系的不断演变,然而全球经济治理体系结构的僵化滞后于全球经济的发展,表现为治理的碎片化和低效率,2008年金融危机暴露了全球经济治理体系的结构性问题,虽然国际机构也进行了积极地调整和弥补,但总的来说并没有从根本上触及全球经济治理的根本利益问题,没有改变传统的经济治理格局。贫困、失业、收入差距拉大……全球性问题仍频频爆发,经济增长动能不足,其根本性问题还在于全球经济治理的结构性问题,积极推动国际货币基金组织、世界银行和世界贸易组织等多边经济协调机构的结构性改革成为各方普遍共识。结构性改革是引领全球经济彻底走出困境、培育全球经济发展新动能的根本之策,也是中长期全球经济增长的动力之源,G20应成为全

---

① 《G20峰会前瞻:共创发展机遇 共享发展成果》,载于《人民日报》2018年11月26日,第3版。

球经济治理体系结构性改革的参与者和推动者。一方面促进主要国际组织机构的改革,调整其内部的份额结构,增强新兴发展中国家的话语权,调整其目标责任,建立更加公平的国际经济秩序;另一方面是推动 G20 本身的结构性改革,让 G20 成为行动队而不是清谈馆。自从 2014 年 G20 峰会首次提出就业、贸易、投资与竞争四个结构性改革的优先领域以来,至 2016 年,G20 杭州峰会又提出了增强型结构性改革计划,并制定了结构性改革路线图,确定了促进贸易和投资开放、推进劳动力市场改革、鼓励创新、改善营商环境、推动基础设施建设、强化和完善金融体系等 9 大优先领域以及 48 条指导原则,还利用一套共同指标评估 G20 整体在优先领域的改革情况。后续的评估显示,G20 部分国家结构性改革均有进展,个别国家由于过分依赖外部需求而在外需放缓下导致出口下滑拖累经济增长,一定程度下延缓了结构性改革的进程。① 结构性的问题和矛盾是一个长期的问题且根深蒂固,因此,全球经济治理体系变革是一个长期的过程,并且也不是对已有治理体系的全盘否定,而是在尊重现有国际治理规则的同时,建立新的治理机制。G20 要继续承担全球结构性改革的推动者,因势而谋、顺势而动,协调发达国家与发展中国家的地位,积极参与并努力引领国际经贸规则制定更加有利于新兴国家,增加国际公共产品的供给,在全球经济治理体系变革中发挥更大作用。②

五、全球公平正义的包容者

由于各国经济发展水平的差异,以及国家和地区之间的竞争性,意味着全球经济是一个不平衡的动态发展过程,这符合全球经济发展的规律。但是国家和地区之间的发展差距不能过大,否则会引发政治冲突、社会冲突等问题,因此,既要保持合理的竞争以增强全球经济的发展活力,又要避免差距过大,使不同发展水平的国家和地区协调起来,实现共同发展。根据世界银行报告显示,极端贫困人口数量不断增加,而且极端贫困人口呈现聚集化的趋势,如撒哈拉以南非洲的极端贫困人口由 1990 年的 2.78 亿人增至 2015 年的 4.13 亿人。并且世界银行还进一步分析造成极端贫困人口增加的原因是气候变化,这与联合国气候变化专门委员会的研究结果如出一辙,《全球 1.5℃增暖特别报告》曾提出,如果能在 2100 年将全球升温幅度控制在 1.5℃内,那么将有百万人可以避免因气候风险致贫。③ 国际货币基金组织的报告也指出了全球经济增长的不平衡性,近年来全球

---

① 《改革不断深化,墨、中、德上升最快》,搜狐财经,http://www.sohu.com/a/156281123_463913.
② 田俊荣、杜海涛、王珂、林丽鹏、齐志明、罗珊珊:《参与全球经济治理体系变革》,载于《人民日报》2019 年 2 月 27 日。
③ 赵媛:《推进全球经济包容性发展》,载于《中国社会科学报》2018 年 12 月 25 日。

经济增长并没有惠及最贫困地区,非洲、西亚、拉丁美洲和加勒比国家的部分地区的人均收入增长将会陷入停滞不前的状态。2018 年,世界经济论坛发布的《2018 年包容性发展指数》显示,近 5 年来,虽然世界经济总体在增长,但国家之间很不平衡,29 个发达经济体中有 20 个在社会包容性方面下滑或不变。国际慈善组织乐施会 2018 年也发布报告称,2017 年,全球新增财富的 82% 都流入了全球 1% 的富人手中,而全球一半人口的财富却没有增加。多个研究报告表明,全球经济发展的不平衡性在增强,差距在不断扩大,而且这种不平衡性还会进一步强化。联合国发布的《2019 年世界经济形势与展望》的报告就担忧,由于全球贸易摩擦加剧会影响全球的投资信心和商业信心,影响亚洲、非洲、拉丁美洲等国家的出口,使这些国家的一些行业陷入债务困境。[1] 经济发展上的不平衡会引发政治、社会等不平衡,不利于国家之间的合作,也不利于全球化的顺利推进。G20 应发挥公平正义的包容者角色,包括各国相互之间制度和政策的包容,促进各国宏观经济政策协调,与《2030 年可持续发展议程》有效对接,为国际贸易建立包容、透明、有利发展的框架;促进各国经济上的包容,强化经济领域的务实合作,坚持维护多边体制,发达国家要对发展中国家和不发达国家必要的支持和援助;要加强技术创新的包容性,强化国家之间绿色技术、数字经济的国际合作,应对气候变化,缩小技术鸿沟。G20 的包容平台作用会形成正向合力,并向全球传递正面的溢出效应,携手共建人类命运共同体。此外,G20 要着眼于长期的可持续发展,为落实 2030 联合国可持续发展议程提供政治意愿、发展融资、社会参与等方面的支持,共同致力于在全球范围内消除极端贫困,战胜不平等和不公正以及遏制气候变化。围绕着这一目标制定相应的议题并达成共识,为南北合作和南南合作提供有效的对话平台,发挥自己的影响力,建立起引领型的全球伙伴关系。

六、全球创新的推动者

创新是推动全球经济增长的根本动力,在不同时代,创新的手段、方式各不相同,依托于科学技术革命,创新浪潮推动了经济社会发展进步,改变了人类的生产生活方式,也改变着社会组织结构和治理方式。经济全球化的深入发展带动了创新资源的跨区域流动,创新早已不再是一个国家或地区的行为,关键核心技术的突破也往往需要多个国家的共同合作和努力,创新给全球经济治理带来新的契机和挑战。一方面,创新为全球经济治理提供了新的技术手段,依托先进的信

---

[1] 《联合国报告:贸易争端损害全球经济增长前景》,中国经济新闻网,http://www.cet.com.cn/wzsy/qwfb/2246609.shtml。

息技术、网络技术等可以对全球经济运行进行有效的监管，从事后治理转向事前监测，更加有效地防控风险；另一方面，创新也会改变国际分工格局，使全球各个国家形成更加紧密的创新链、价值链和利益链，提高创新的附加价值，共享创新成果。G20 作为全球经济治理的重要平台，应积极推动全球创新进程，自从 2016 年 G20 杭州峰会提出了"G20 智慧（SMART）创新倡议"，G20 智慧创新论坛成为峰会期间的论坛之一，在落实创新倡议、促进各国之间创新交流与合作发挥着积极作用，同时，在最近几年的 G20 峰会中，数字经济与创新相关议题都是讨论的焦点，并且渗透到金融、就业、教育等各个议题的讨论中，以确保新科技和新经济的红利可以普惠共享。

当前，数字经济、共享经济是全球范围内涌现的新模式，以大数据、物联网、人工智能、量子信息、基因技术为代表的新技术革命蓬勃发展，深刻地改变着全球的生产生活方式，也改变着全球经济治理的组织形式。在经济转型和结构调整中，数字经济已经成为 G20 经济增长的新动能。根据华为的研究报告，到 2025 年，每增加 1 美元信息通信技术（ICT）投资，会使得 GDP 增加 5 美元，累计使全球 GDP 增加 17.5 万亿美元。G20 要积极承担推动全球创新的使命，充分利用互联网平台促进 G20 各成员的创新要素和创业资源交互、共享和整合，提高创新创业活动的积极性；加强 G20 各成员的产业、企业合作，推动 G20 在创新软硬件设施的建设，如在信息通信技术创新、网络基础设施互联互通、数据安全与隐私保护、基于信息通信技术、跨境电子商务合作等领域的务实合作，为全球创新以及全球经济发展注入新的活力。

第四节　二十国集团在全球经济治理进程中需要着力解决的问题

历史和时代的发展赋予了 G20 在全球经济治理中的责任担当。G20 在积极谋求从危机处理向中长期治理转变；从短期政策向长期机制转变；从政策调整向结构性改革转变等正是 G20 作为国际组织责任担当的自我调整和转变。但不容忽视的是，G20 的发展也面临着当前国际环境的外部挑战和内部结构性矛盾的困境，决定着 G20 要在全球经济治理中履行好责任和使命还需要处理好一些关系和矛盾，也意味着 G20 的角色塑造和使命强化是一个长期的过程。具体而言，G20 在全球经济治理中需要处理好的关系主要包括以下几个方面：

一、G20 与 G7 的关系

G7 在全球经济治理中已经有 40 多年的历史，形成了一套比较成熟的机制和运行方式，累积了一定的经验，G7 内部的各成员之间的关系调整也形成了默认的方式，有较强的应变能力和弹性。相比而言，G20 的历史较短，而且是在 G7 基础上形成的，组织相对松散，结构惯性也较弱，应对结构变化和变革压力的经验稍显不足。G7 作为传统西方发达国家的主要构成，其成立 G20 初衷的目的就是为了应对金融危机，这并不会改变其霸权的特性，也不会主动将全球治理的地位和利益过多地与新兴发展中国家分享。因此，G20 很大程度上还是由 G7 主导和把控，即使 G20 已经取得了全球经济治理主要平台的地位，但依然无法阻止 G7 内部的再生性和稳定性。因此，G20 在进行经济治理时很大程度上还是会优先考虑 G7 的核心利益，G7 基于自身利益的考虑也会推动 G20 的不断调整和修复，但是由于惯性带来的滞延，G20 中承袭 G7 的一些特性还会继续存留。因而，G7 和 G20 具有一定的矛盾性，它既给组织带来稳定，又成为变革的阻力。[①] 要使 G20 真正独立发挥在全球经济治理中的平台作用，就要淡化 G7 的传统作用，强化多边合作机制作用，提升新兴经济体的地位和话语权，既充分沿袭和借鉴 G7 的经验，又强化 G20 的整体作用，真正推进治理结构的根本转型。

二、文明差异与融合的关系

冷战结束后，"历史终结论"和"文明冲突论"一度成为西方治理思想主流，这一价值观也被带入了全球经济治理中，"历史终结论"把资本主义的政治、经济体系看作是人类社会发展的最终形态，"文明冲突论"则认为国际社会中的主要矛盾是不同文明之间的冲突，这两种思想主张都使得西方发达国家在全球经济治理中采取了自由主义的价值观以及霸权式的行径。虽然西方发达国家也对这种行径导致的金融危机后果进行反思，但是价值观和文明的内在化难以在短期内改变。G20 包含不同制度、不同发展水平、不同价值观认同、不同文明的国家和地区，决定了在全球经济治理上会存在着不同的看法和分歧，各个国家之间的合作首先需要文明和价值观的融合。虽然不同国家、不同民族的文明各不相同，但

---

① 李鞍钢：《基于组织惯性视角的 G20 全球经济治理结构转型》，载于《广西社会科学》2018 年第 2 期，第 148~152 页。

是"每一种文明都有自己存在的价值，文明绝无高低优劣之分"，① 文明也不会相互取代，"文明之间要相互尊重、平等相待"。因此，要促进G20各成员国文明的交流与融合，彼此尊重，包容互鉴，不能将自己的文明和价值观强加于他人之上，也不能将文明的不同和价值观的差异作为排斥他人的借口，而是要立足人类的共同利益和长远利益，缔造人类共同的文明，既促进文明的融合，又形成推动G20全球经济治理的价值遵循。

三、发达国家与新兴发展中国家的关系

G20是由传统发达国家和新兴发展中国家构成的，新兴发展中国家的参与必然会打破传统全球经济治理格局，也有参与分享全球经济利益的诉求，各成员的利益立足点不同，对问题的看法也不同，造成不同国家之间的利益分歧。并且由于国内法和国际法的不同，即使在G20峰会上达成了一致合作意向，也会存在无法落实的情况，如国际货币基金组织改革方案在美国国会得不到批准就是典型的例子。阿根廷经济学家普雷维什曾经提出了"外围资本主义"的观点，指出"发达资本主义国家本质上具有向心性、吸收性和统治性，其扩张是为了利用而非发展外围，世界体系的内在矛盾根深蒂固。"以美国为例，作为拥有霸权地位的国家，也不会轻易放弃在国际货币基金组织和世界银行的主导权，面对着新兴发展中国家的兴起，美国打算"另起炉灶"，重新建立一套规则来继续把持对全球经济发展的主导权。G20要能持久、稳定地发挥在全球经济治理中的主导作用，就要首先消除内部矛盾，促进发达国家与新兴发展中国家合作。正如爱德华·卡尔在《二十年危机》中所言："合作带来共同增长。从长远来看，国际秩序的最大获益者必须做出足够的牺牲，使获益少的国家能容忍这种秩序，才有希望维持秩序的延续。"② 良好治理机制的形成需要各个国家一致的努力，"保障国际秩序的有序变革，不仅取决于现行秩序的挑战者，也取决于现行秩序的维护者。"③ 因此，对G20而言，要积极推动内部结构性调整，使发达国家与发展中国家之间共处更加平衡，成为真正的"命运共同体"。

四、G20与其他国际经济机构的关系

G20成员都是联合国、国际货币基金组织、世界银行和世贸组织成员，但

---

① 习近平在2019年亚洲文明对话大会上的主旨演讲。
②③ 黄薇：《全球经济治理与G20》，载于《领导科学论坛》2016年第11期，第43～62页。

是这些组织机构中很多成员并不是 G20 的成员，G20 能否在全球经济治理中获得主导和核心地位还需要处理好与其他国际经济组织机构的关系。G20 升格为领导人峰会后，其与国际组织的关系在不断改进，国际货币基金组织、世界银行等国际组织为 G20 提供了重要的合法性，而 G20 也为与这些国际组织的合作提供了平台和框架。如 G20 向国际货币基金组织增资以增强国际金融市场的信心，积极推动国际金融机构改革，以提高发展中国家的投票权，积极推进世贸组织的改革，以建立更加自由的国际贸易环境等。要理顺 G20 与这些国际经济机构之间的关系，G20 和这些国际经济机构并不是并列关系，而是为这些经济组织机构的改革和完善提供平台，形成外部的压力，以及为这些机构更好地运行提供必要的方案和支持。因此，要加强 G20 与其他国际经济组织机构的合作，从而使得 G20 的决议能够通过正式的渠道审议并通过。同时，全球经济治理会经过一个从以 G7 为主导转向真正以 G20 为主导的过渡期，在这一过渡期更多的是考虑如何更好发挥国际货币基金组织和世界银行的治理实效，从而起到更好的补充和完善作用，而不是急于替代。[①] 此外，要处理好 G20 与区域经济组织之间的关系，如推动亚太经合组织（APEC）会议、"一带一路"倡议融入 G20 框架，更好发挥 G20 的引领作用，增强不同机构组织之间的联动性，形成应对全球经济发展问题的合力。

五、协商与落实的关系

G20 建立时没有法律文件为基础，不具备正式的国际法律地位，完全是成员国自愿组成的一种保证型的合作组织，它既没有常设秘书处，也没有执行或监管的治理实体，决定了 G20 只是全球治理的协商平台而不是执行平台。G20 在峰会期间通过的各项公报、宣言和行动计划没有法律约束力，不能对成员国构成国际法律义务，而且根据有些国家的国内法，这些行动能否落实还需要国内法律通过。因此成员国在 G20 峰会上所做的承诺也是一种保证型的政治承诺，不具备执行上的法律强制力。这使得 G20 成员国在行动落实上更多的依托各国的信任，凭借道德约束，存在着难以履行的风险，并且即使没有积极落实也不需要承担责任，违约成本低。由于缺乏落实机制，多数议题议而不决，特别是随着金融危机最困难的时期已经过去，G20 在合作方面有所松懈，降低了 G20 机制的运行效率，也加大了 G20 转型难度。当前，随着国际贸易保护主义的兴起，一些国家采

---

① 徐凡、陈晶：《美国在 G20 全球经济治理中的现实挑战与战略评估》，载于《国际贸易》2017 年第 6 期，第 57~61 页。

取的一系列极端贸易保护措施,破坏了国际经济秩序和 WTO 规则,并且在国际经济中反复无常,毫无诚信,践踏了各国之间的合作意愿,导致了国际信任赤字,直接破坏了全球经济治理体系的完整性。因此,G20 要处理好议题协商与落实的关系,要建立相互信任机制、履行机制和监督机制,确保各项议题能达成一致的共识,同时又能落到实处。

六、传承与创新的关系

G20 成立之初的主要目的是为了应对金融危机,着眼于国际经济金融体制改革,而后随着 G20 的地位和作用不断增强,议题逐渐扩大到政治、社会等领域。当前全球经济发展进程中既有长期性的问题,也有临时性的问题。在全球经济治理中,既要着眼于为长期问题的解决制定方案,又要针对临时性问题形成应对之策。G20 基本能结合国际经济形势的变化与时俱进地关注国际经济热点问题,并探寻解决路径。每一届峰会召开既要面向国际新形势设置新议题,又要承前启后,确保 G20 历届峰会形成的共识和统一行动的连续性以及对前期政策进行评估。当前,确保经济稳定性和改善可持续性是全球治理的一项长期任务,围绕创新增长和结构改革进一步制定新的举措,加快落实 2030 年可持续发展议程,帮助发展中国家尤其是非洲国家摆脱贫困形成新的共识,推进 G20 全球治理不断深入。因此,G20 要处理传承与创新的关系,G20 运行的时间短、经历少,在全球治理方面经验还比较缺乏,一方面要确保政策措施的延续性;另一方面要积极探索如何开展创新、如何更好地加强国家间的合作、如何妥善处理好内部矛盾和外部利益的关系,以及如何及时应对可能出现的风险等,这也考验着 G20 对经济发展趋势的预判和应变能力,对全球治理的责任承担能力。

七、普通问题与核心问题的关系

G20 最初的议题设置主要围绕着经济问题和金融问题,旨在通过 G20 的合作调整国际经济金融秩序。但是随着金融危机的蔓延以及引发的经济危机,经济全球化进程中潜伏的许多政治、社会问题也暴露出来了,全球经济治理面临着前所未有挑战,G20 从危机应对转向中长期的治理,在全球经济治理中扮演着越来越重要的角色,其议题范围也不断扩大,从金融领域扩展到贸易投资、气候变化、欧洲难民危机、反恐等国际热点问题,从经济领域延伸到社会领域、环境领域、政治领域等。由于 G20 本身也正处于转型期,不可能同时应对所有的问题。为了提高治理效率,G20 应该将当前面临的问题分为普通问题和核心问题,普通问题主要指的是长期性的问题，如地区间冲突、宗教矛盾、金融秩序、人口问题等，这些问题的存在有长期的历史根源，同时其解决也需要一个长期的过程；核心问题指的是阻碍当前经济增长的急需解决的问题，如贸易保护主义、单边主义、逆全球化、有效的气候和环境政策、《2030年可持续发展议程》的实施、数字化的全球性挑战等，这些问题已经成为影响全球合作和全球经济可持续发展的障碍，必须集中精力优先解决。因此，G20要处理好普通问题与核心问题的关系，根据全球性问题的轻重缓急，合理安排，优先应对和解决核心问题。同时，有序推进普通问题的解决进程，更好地实现治理资源的优化配置，提高全球经济治理效率。

第五节 二十国集团在后疫情时代推动全球经济治理的重点领域

疫情的全球扩散暴露了全球治理的短板，虽然世界卫生组织（WHO）在疫情暴发之初就介入疫情防控和协调各国公共卫生政策，但是在遏制疫情全球蔓延中收效甚微；国际货币基金组织、世界银行、世界贸易组织等专业性国际机构，相互之间较为独立，没有协调总体全局的能力；联合国成员太多且一国一票，政策协调难度大，执行效率低；G7主要是发达国家的代表，且在疫情爆发后，G7并未及时出台政策举措；G20紧急召开应对疫情的特别峰会凸显了G20的责任担当，但G20内部的部分国家肆意破坏团结，甚至分裂合作体系。这些都凸显了传统全球治理碎片化的特征，放大了全球治理中协调不足、结构赤字、合作不稳、大国博弈等问题。

受疫情的影响，全球治理结构会发生一定的变化。全球化的问题最终需要全球化的发展来解决，后疫情时代，各个国家和地区都面临着对内协调疫情防控和促进经济发展，对外促进资源要素流动和产业链合作，正如习近平在第73届世界卫生大会视频会议开幕式上所说的：团结合作是战胜疫情最有力的武器。在目前的全球组织结构中，外围条件和内部条件都决定了G20是最合适、最有希望担当后疫情时代全球治理重任的组织机构，个别国家的阻挠和破坏并不足以动摇G20的决心，坚持多边合作和全球化道路，构建G20紧密合作体系，对抗击疫情蔓延、促进全球经济早日复苏具有重要作用。后疫情时代，G20合作要顺势而为、应势而变、稳中求新、化危为机，发挥G20政策协调的积极作用，成为促进全球化提升的积极力量。其合作的重点领域主要表现为以下几个方面：

一、从防止经济衰退中挖掘经济增长动力

长期以来,G20孜孜不倦地为全球经济增长寻求动力,从创新驱动、加强宏观经济政策沟通协调、推进结构性改革等方面致力于构建长期、包容、可持续的发展机制,为全球经济企稳复苏做出了巨大贡献。然而,新冠肺炎疫情阻挠了全球经济增长的步伐,并使全球经济发展面临着前所未有的挑战。根据国际货币基金组织2021年1月发布的《全球经济展望报告》预测,2020年全球经济为负增长,比2019年下滑了4.4%,全球GDP总量比2019年减少3.91万亿美元。疫情作为一个偶然因素使全球经济复苏的道路变得更加漫长,经济发展回调向上还是调头向下取决于疫情的防控力度和经济发展的支撑力度。稳定成为当前全球经济发展的重要目标。G20不应有太多开辟经济新增长点的冒险尝试,而是要把重心放在防止经济衰退上,加强政策协调,更加聚焦于扶持各国的实体经济和就业,帮助减轻债务负担和去杠杆,摒弃贸易保护主义,采取更加开放的政策,维持全球供应链和价值链的畅通稳定,构筑阻止经济衰退的底部支撑,在保证全球经济稳定的基础上探寻经济增长新的动力源。

二、在现实问题治理中更加注重短板弥补

G20在应对危机中逐渐成长为全球重要的大国事务协调平台和全球治理改革平台,这一平台主要着眼于问题治理,为全球化进程扫清障碍,形成了发现问题、识别问题、解决问题的治理机制,在维护全球经济的稳定方面发挥了重要作用。从应对经济危机、促进可持续发展到创新联动、促进包容性增长,再到加强政策协调,推进结构性改革以及反对贸易保护主义、促进贸易自由化等,G20的治理重点随全球经济问题的变化而发生着变化,具有很强的问题导向,而且逐渐建立起了危机快速响应机制和应对机制。然而,新冠肺炎疫情警示着全球化进程中隐藏着许多潜在的问题和危机,特别是一些疏于防范的来自非传统安全领域、非经济领域的危机会对经济发展产生巨大影响,疫情可能只是这些潜在问题爆发的冰山一角。全球治理需要有忧患意识,未雨绸缪。G20要在对现实问题治理的同时重视对潜在短板的弥补,对各种潜在的危机进行充分预判。如在疫情防控中建立全球公共安全卫生体系;在加强各国政策协调中降低债务风险;在对不发达国家援助中帮助他们建立起必要的公共基础设施等。在问题应对和短板弥补中,G20才能逐渐建立起全球治理的风险预警体系和防控体系,为全球治理保驾护航。

三、以强化国家组织间多边合作倒压内部团结

一直以来,由于 G20 包含了不同社会制度国家和不同发展层次国家,内部合作充满了博弈和矛盾,需要寻求共同利益点的妥协,这也成为 G20 合作不稳定的根源,时而和谐,时而矛盾,新冠肺炎疫情的爆发就是激化了不稳定的因素。G20 应对新冠肺炎特别峰会宣布启动 5 万亿美元经济支持计划,并决定向发展中国家和最不发达国家提供技术、物资和人道主义资金方面的援助后不久,美国就宣布暂停给世界卫生组织提供资金,更是决定要退出世界卫生组织,一些国家选择站队美国反对全球抗疫合作,还有一些国家摇摆不定,这些都暴露了 G20 内部合作的不稳定性,以至于 G20 应对新冠肺炎疫情特别峰会达成的行动共识并没有发挥出遏制疫情扩散的有效作用。以中国为代表的抗疫积极派在极力强化 G20 内部团结的同时,要推动 G20 与国际货币基金组织、世界银行、联合国、世界贸易组织等国际组织之间建立更加紧密的关系,参与这些国际组织的协商决策并委托这些组织成为 G20 决议的落实机构和执行平台,同时也使这些组织所代表的更多国家弘扬团结抗疫的正义性,联合起来对反对国家施加压力,倒逼压实 G20 的内部合作。

四、用合作实效成果激励提振合作信心

G20 合作并不仅是政府之间的协商,更需要有广泛的民意支持,不同于经济危机等其他方面的影响,新冠肺炎的高传染性和一定的致命性直接关系广大人民的生命健康安全,而且疫情引发的企业倒闭、失业、收入减少等一系列连锁反应也威胁着广大人民正常的生产生活,疫情的防控也需要广大民众的积极配合,G20 的抗疫合作要以保障全世界人民的根本利益为根本立足点和出发点。以往 G20 合作可能更加注重合作的内容和形式、合作的分工、合作的成本分担和利益分享,然而疫情防控合作收益更多是非物质方面的社会效益。因此,G20 合作要更加注重道德、信心等精神层面的激励。G20 将会把提振合作信心作为强化合作的首要任务,而提振合作信心最直接有效的方法就是展示区域性抗疫合作的成效,如东亚合作抗疫、中国与欧盟合作抗疫、中国与东盟合作抗疫、中俄合作抗疫、中非合作抗疫等多边合作抗疫中取得的积极成效全世界有目共睹,这些合作抗疫的经验宣传、借鉴将凝聚更广大人民的共识和支持,为 G20 合作注入强大的创新力量。

五、以技术创新加速运用赢得抗风险时间

创新一直以来都是 G20 的重要议题，被视为是全球经济增长的动力源，但是 G20 在创新合作上偏重于上游的研发合作，合力开展关键技术攻关以形成新技术、开发新产品，各个国家和地区在创新产品生产和先进技术产业化应用的下游环节基本上各自开展，这主要是因为下游环节围绕追求利润的市场竞争更为激烈。创新是 G20 永恒的主题，但不同形势下创新合作的侧重点和任务不同。由于新冠肺炎疫情的影响，全球经济下行的转折点难以预测，这关系到全球产业链恢复和重构的不确定性政策实施只能控制疫情蔓延、降低疫情风险，而"最终战胜疫情，关键要靠科技。"① 要发挥各个国家的科技优势联合攻关，并且这一科技不是停留在实验室的研发阶段，而是能进行实际应用，生产出安全有效的疫苗、药物、医疗设备，能利用人工智能、大数据等新技术进行流行病学和溯源的精准筛查，能对病毒的中间宿主进行可靠判断，弄清楚病毒究竟从哪里来。G20 将更多倾向于加速创新技术运用的下游端合作，为抗疫以及抗经济衰退风险赢得更多时间。

六、在制度优势借鉴中提高全球治理效能

中国抗击疫情取得的成功彰显了社会主义制度的优越性，也为包括 G20 在内的世界上其他国家健全国家制度和提高国家治理能力提供了经验和启示。虽然社会主义制度与资本主义制度有本质区别，G20 内部也充分尊重各个国家和地区的制度选择与安排，但是制度的实现形式却是可以相互借鉴的，疫情充分体现了制度是对治理方式进而对治理效率的重要影响因素。近年来，G20 在推动结构性改革中主要侧重于宏观经济政策的协调以弥补治理的碎片化，形成强有力的全球治理体系，但是较少涉及制度层面。疫情所凸显的制度重要性将使 G20 把结构性改革从政策层面进一步上升到制度层面，为国家和地区间的制度优势借鉴提供平台，一方面在相互交流中使人类命运共同体的理念得到更广泛的理解和认同，增进互信；另一方面各个国家以自身制度为依托，不断增强治理能力和促进治理互补，形成强有力的治理合力，提高全球治理效能。

---

① 习近平：《最终战胜疫情，关键要靠科技》，载于《人民日报》2020 年 3 月 3 日，第 1 版。

中 篇

二十国集团在
全球经济治理
中的实践探索

第五章

二十国集团在全球治理主平台中的机制化取向与策略选择

自1999年首次峰会以来,二十国集团机制不断成长,走向了常态化。成立之初,G20只是为应对金融危机和全球经济动荡的临时性对话平台。经过20年的发展,G20不但已取代七国集团(G7)成为"全球经济治理的首要平台",而且对话的内容也已经超越经济领域向全方位、多层次发展,成为全球治理的主要机制之一。然而,G20机制从诞生之日起,就存在一些难以克服的问题,比如多届G20峰会都没有达成有实际意义的举措。对G20机制有效性和必要性质疑的声音也开始出现。为应对全球经济增长放缓和贸易保护主义的抬头,继续拓宽和深化合作,G20机制也需明确未来建设的方向,为各国在政治、经济、文化等领域的合作提供更加有力的平台支撑。

因此,本章将在总结G20在过去20年发展演变的基础上,分析当前G20机制面临的问题与挑战,梳理各方对G20机制建设的不同看法,提出G20未来机制化的方向,并从外部关系和内部治理两个方面给出具体建议。

第一节 二十国集团机制化建设的历史演变与现实展望

国际机制指的是"在给定的问题或领域里行为者汇聚而成的一系列明确或模

糊的原则、规范、规则和决策程序"①。具体到 G20 的机制,就包括了 G20 的角色定位、功能作用、议题设置、组织架构、运作方式、承诺履行以及 G20 与其他国际组织的合作方式等内容。机制化就是建立机制的过程,是关系发展到特定阶段,各主体为促进共同利益或接近冲突,通过协商确定机制的各方面内容,以有效引导各方预期行为,从而降低交易成本的过程。要讨论 G20 机制化的方向,先要对现有机制进行分析,了解从组织形式、参与成员、议程设置到转型和演变的背景,总结过去 20 年机制化的规律。

一、G20 机制化建设的历史沿革

对于 G20 的发展阶段,许多学者从不同的角度进行了不同的划分,比如著名的加拿大 G20 研究者彼得·哈吉纳尔(2017)根据议程设置将 G20 分为四个发展阶段②;同样是加拿大的学者基尔顿(Kirton,2013)则根据组织发展的原理将 G20 的发展分为形成、平衡影响和峰会创建三个阶段③。中国学者王文和王鹏(2019)则从 G20 角色定位的角度出发,将 G20 的发展分为部长级会议、危机应对、预防机制转型和新全球化治理四个阶段④。新现实主义认为霸权的存在是国际秩序的前提,机制改革或变迁的动因往往是国际权力结构的变化。所以本书根据国际力量格局和 G20 的机制建设的关键时点(见图 5-1),将 G20 机制化分为四个阶段。

第一阶段是"部长级会议时期",从 1999 年 12 月首次 G20 财长和央行行长会议开始到 2008 年 10 月首届领导人峰会之前,期间总计举办了 10 次会议。在 G20 机制本身应对亚洲金融危机初见成效,形成 G8+5 领导人会晤的海利根达姆进程推动,以及全球金融危机三方面力量作用下,G20 领导人峰会的最终成员名单和基本定位初步形成。

第二阶段是"危机应对机制时期",从 2008 年 11 月到 2010 年 10 月的前 4 次 G20 领导人峰会。这一时期,G20 作为国际经济合作首要平台的定位得到确认,领导人峰会以及三个层次内外部的会议体系也基本形成。由于面对直接且严峻的金融危机挑战,G20 成员具有强烈的对话与合作动机。因此,即便在缺乏完善制度体系的条件下,G20 机制也在应对全球金融危机的过程中体现出令全球各

---

① 简军波、冬汉:《国际机制的功能与道义》,载于《世界经济与政治》2002 年第 3 期,第 15~20 页。
② [加拿大]彼得·哈吉纳尔:《二十国集团演变、互动、记录》,中国发展出版社 2017 年版。
③ Kirton J: *Growing G20 Governance for a Globalized World*, Global Review, 2013 (5): 43-60.
④ 王文、王鹏:《G20 机制 20 年:演进、困境与中国应对》,载于《现代国际关系》2019 年第 5 期,第 1~9 页。

国信服的有效性。

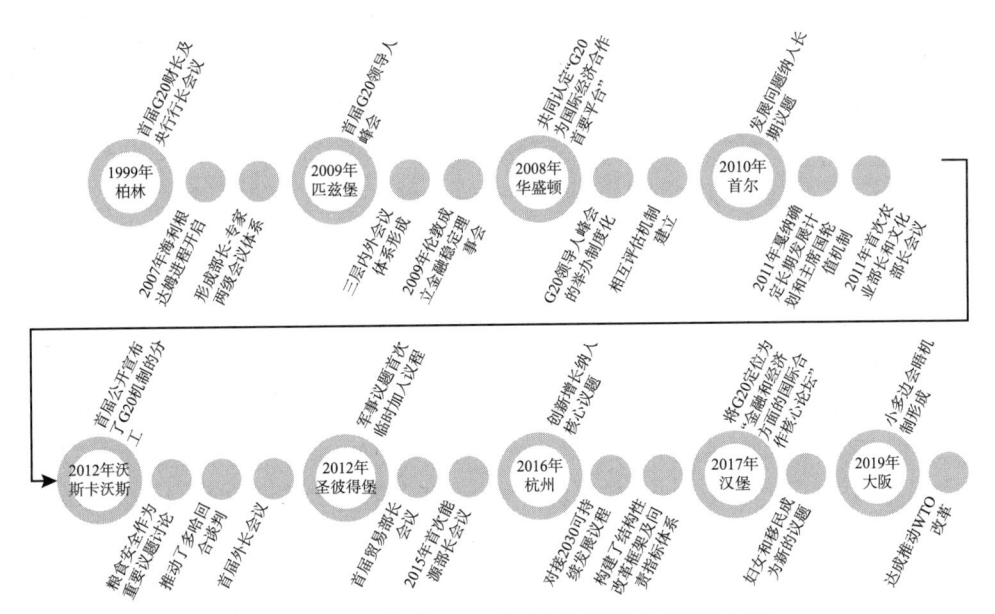

图 5-1 20 年来 G20 机制化建设的重要内容

第三阶段是"转型经济综合治理机制时期",包括从 2010 年 11 月到 2017 年 6 月的 7 次领导人峰会。这一时期,全球经济开始从危机中恢复,危机应对的紧迫性下降。作为全球新治理机制潜力的 G20 开始了从"危机应对机制"向"经济综合治理机制"的转型。G20 内部的机制建设逐步推进,制定了长期发展计划、议题范围不断扩大,部长级会议和工作组工作的涉及面也越来越广。在 2013 年圣彼得堡峰会后,G20 的议题几乎已经包括了国际经济、政治、外交、军事、环境等方方面面的问题。在相互评估程序的落实及外部机制的联动方面也逐步推进。G20 转型经济综合治理机制已经初见成效,到 2016 年杭州峰会期间,达成了《二十国集团领导人杭州峰会公报》和总计 28 份各个领域的具体成果文件。

第四阶段是"建设经济治理长效机制时期",包括从 2017 年 7 月至今的 3 次领导人峰会。全球经济治理面临新的形势,由于新兴经济体在全球经济复苏中的作用和国际力量的变化,G20 主要阵营间的差异和矛盾重新凸显。在 G20 作为全球经济合作核心机制得以巩固的同时,内部机制建设的步伐在放缓,但与外部机制及国际组织间的合作在加强。

二、G20 机制化建设的现状分析

如图 5-2 所示,当前 G20 机制可以大致分为内外部两个体系和三个层级:

其中最核心的是每年的 G20 领导人峰会。G20 机制所有的优势和作用主要体现在全球主要大国领导在峰会上的直接对话。领导人峰会对整个 G20 机制的运作和走向起到战略引领作用。从 2008 年首次 G20 领导人峰会后，领导人每年的会晤机制就正式形成。由于最初 G20 机制的定位是"全球首要的经济合作论坛"①，所以前几届的领导人峰会主要围绕两个方面的议题：一是次贷危机的联合应对；二是经济领域的全球性问题。在 2010 年首尔峰会将"发展问题"纳入主要议程之后，领导人峰会的议题又扩大到另外两方面，一是全球性重大问题，比如国际金融安全、自由贸易、粮食安全、气候问题等等。二是 G20 机制本身的建设问题。历届参加 G20 领导人峰会的除了成员国的领导人外，实际上还包括了 G20 的永久受邀请对象，以及一些主要国际治理机制的负责人②。

在领导人峰会之下的第二个层次的对话和协商包括三个方面，一是直接为领导人峰会服务，提前进行主要议程、安全问题、行程问题协商的协调人会议③。协调人会议除了直接为领导人峰会提供筹备服务外，还会向工商团体、智库和非政府组织征求相关建议，并在峰会之后开展总结和后续执行相关问题的讨论。二是根据历届峰会不同的主要议题，不定期召开的各部长级会议，包括财长和央行行长会议、贸易部长会议等，这些会议往往成为落实领导人峰会决定的重要途径，起到务实合作的作用④。三是由各成员在不同领域的外围专业人员组织的各类活动，以促进各国领导人与各领域领军人物的对话。比如与 G20 关系最为密切的二十国集团工商峰会（B20），就是由 G20 成员国各派出两名工商界领袖参加，主要就 G20 相关议题征求工商界领袖的意见并寻求在达成目标方面的支持。这些具体领域的专业论坛，通常在领导人峰会之前召开，并向 G20 峰会提交相关问题的报告⑤。这些会议既发挥了对 G20 智力支持的作用，也夯实了各国合作的社会民意基础，加深 G20 成员国民众之间的相互了解，为长期合作创造社会和舆论环境。

G20 机制中第三个层级的会议包括为部长级会议服务的专家组和工作组会

---

① 在 2009 年 9 月的匹兹堡峰会确立。

② 目前 G20 的永久受邀对象包括东南亚国家联盟、非洲联盟、非洲发展新伙伴关系三个国际机制的主席国，以及 IMF、OECD 两个国际组织的领导人以及西班牙的领导人。此外，历届主席国也会根据地域、伙伴关系和重点议题等原因邀请一些其他国家和组织的领导人参与，比如杭州峰会就邀请了 77 国集团的主席国泰国，而安塔利亚峰会则邀请了地缘关系紧密的阿塞拜疆。

③ 目前各国协调人工作团队通常包括一位主协调人和两位副协调人，两位副协调人分别负责经济和外交方面的工作。协调人会议每年都会召开 3~4 次，但在 2012 年的圣彼得堡峰会前后召开了多达 6 次的协调人会议。

④ 比如最早的财长和央行行长会议从 2008 年以来每年都召开 2~4 次，而旅游部长会议第一是在 2010 年约翰内斯堡召开，此后只在 2011 年、2012 年和 2015 年召开过三次。

⑤ 这些报告有的会以 G20 支持性文件的形式正式发布。

议，以及由各类组织及下属机构召开的讲座和研讨会。其中专家组和工作组是为上两级会议提供技术和学术支持，通常每个专家组和工作组由一个发达经济体和新兴经济体成员共同主持。这些工作组有的会长期开展研究工作，也有的是不定期组建。G20 体系中的各级会议参与者及其下设机构在每年的峰会期间都会举办大量的专家讲座、专题研讨和论坛，从而将更广泛的政府组织、非政府组织、专家学者、工商团体、民间组织等吸纳到峰会的智力支持系统中。随着各级会议涉及的主题扩大，这些讲座、研讨会和论坛也形成了庞大的体系。比如 2016 年杭州峰会期间，就组织了多达 70 场的会议①。

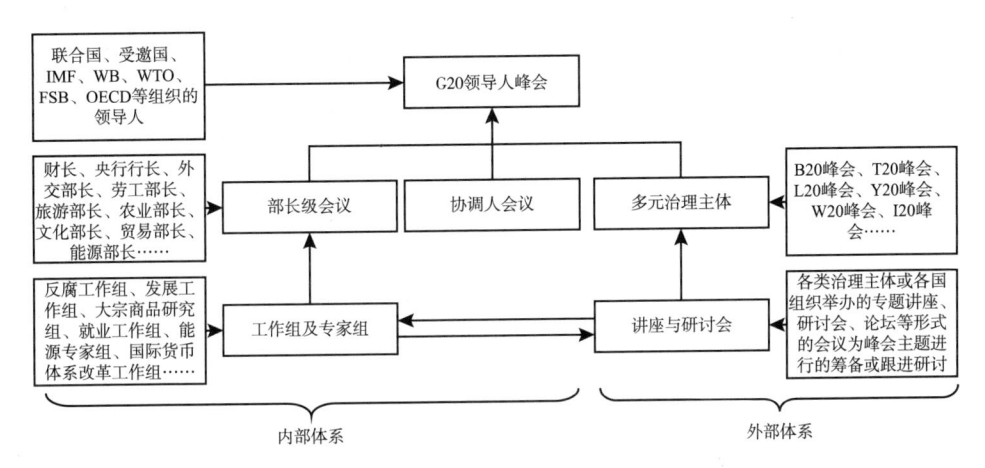

图 5-2　G20 机制化建设的运作体系

目前 G20 机制主要是建立在各成员国的主观共识基础上，仅具有松散的论坛性质，其具体程序、议题设置、最终成果以及承诺或共识都没有突出约束性，成员国之间的双边和多边经济合作主要是以平等对话与协商的方式进行。运行过程是各成员国领导人针对主席国确定的主题及当时的全球性问题在峰会上提出具体的讨论话题，经过对话、协调与磋商，形成一致立场并制定可能的解决方案，同时将共识与承诺以书面形式发表声明，并制定可能的行动方向，然后由各级部长、协调人会议及专业论坛再讨论如何具体执行。2009 年匹兹堡峰会后还建立了成员国相互评估承诺执行情况的制度和程序，采用"委托专业机构评估+领导人峰会评估"的形式进行，但由于议题的不断扩大和承诺数量的增加，导致评估的难度大大提高，因此评估制度并没有全面实施。G20 机制主要的运作形式即由"议题设置—策略建议—行动方案—执行实施—承诺评估"五个环节构成。

---

① 王毅：《G20 杭州峰会：中国特色大国外交的成功实践》，载于《求是》2016 年第 21 期，第 18~20 页。

三、G20 机制化建设的积极成效

(一) G20 机制促进达成了应对危机的政治共识

自 2008 年首次首脑峰会的对话机制建立以来,G20 对于全球快速有效应对金融市场风险和维护经济稳定发展起到了十分明显的作用。通过主要发达经济体、新兴经济体和发展中经济体领导人的直接非正式对话,迅速将动荡的全球金融环境稳定下来。之后每年的领导人峰会及部长级会议对全球应对政治、金融、发展、贸易等全球性议题展开广泛对话,不仅致力于解决金融危机的遗留问题,还关注和涉及影响全球平衡发展的多方面长期和潜在问题。例如,G20 伦敦峰会推动在全球关注的金融监管领域,形成了金融稳定理事会 (Financial Stability Board, FSB),对于该领域改革的推动起到重要作用,也进一步稳定了全球经济局势。在此基础上,G20 机制推动形成了多边对话、合作与磋商的新形式,进而推动应对危机之外的多方面政治共识的形成,为发展问题、反腐败问题、气候问题等全球性问题的磋商提供了新平台。在没有全球"一体化"的条件下,G20 机制通过磋商来对冲负面效应,降低全球经济风险[①]。

(二) G20 机制有效回应了全球治理格局的新变化

G20 机制的建立和转型发展是对全球经济治理格局新变化的有效回应,同时也满足了新兴发展中国家参与全球经济治理的新需求。首先,近年来的很多全球性问题,比如极端贫困、发展停滞、环境破坏等问题产生和加剧的原因往往是全球经济治理不足所造成。一些具体问题的全球性协议,必须依托于各个主权国家的对话与协商才能得以施行,G20 机制满足了各主权国家平对对话的需求。

其次,G20 机制将西方发达经济体和主要新兴经济体汇聚在一起,涵盖了具有影响的主要国际合作发展领域的所有大国,具备了治理全球性问题的规模和基础。而且相对而言的规模较小,所以能够更有效地协调各方立场,凝聚共识。

再次,一些传统的全球经济治理机制被不符合当前全球局势的"游戏规则"和既得利益者所绑架,难以回应新的全球局势及新兴国家的利益诉求,也很难通过原有治理机制的自身改革来做出回应。G20 机制为这些原有治理机制的改革注入了新兴力量,提供了外部动力。

---

① 辜学武:《G20:经济全球化的政治对冲机制及其前景》,载于《同济大学学报(社会科学版)》2017 年第 2 期,第 30～37 页。

最后，以金砖国家为代表的新兴经济大国已成为影响全球主要治理问题的重要力量。无论是推动经济改革还是寻求全球发展空间，都必须找到一个有效的全球经济对话与合作的平台。相比其他传统的治理机制，G20 的代表性、包容性和灵活性，符合新兴大国在新型多极化形势下寻求独立平等外交的诉求①。

（三）G20 机制驱动了全球多元对话

近年来，以美国为代表的部分发达国家出现种种逆全球化的言论与做法，令全球各国普遍担忧全球治理与发展的趋势。通过 G20 机制加强对全球治理合作精神与价值的重申，能够对全球多元价值所代表的各行为体的合作起到引导作用。

历届 G20 领导人峰会通过鲜明的主题和一系列达成的共识向世界明确传达加强国际合作的精神与信号。在全球贸易保护主义有所抬头的特殊形势下，G20 杭州峰会达成的"放眼长远、综合施策、扩大开放、包容发展"；G20 汉堡峰会达成的"承诺携手合作，塑造全球化，造福全人类"；G20 布宜诺斯艾利斯峰会达成的"维护多边贸易体制，改革世贸组织"等，都体现了在 G20 机制下，各国加强国际经济合作、反对保护主义的共识，契合全球多元对话在原则层面的要求。

四、G20 机制化建设的趋势展望

以上简要介绍了 G20 在过去 20 年间机制的变化及现状，可以发现其体制机制、角色功能、运作方式、组织架构等都是不断演变的，是适应国际政治、经济和外交局势更好发挥其自身定位和作用而改变的。从近年来国际局势的变化及对未来几年形势的展望，本书认为 G20 机制将呈现以下几个发展的趋势：

第一，代表性不断提升。随着受邀参加 G20 峰会的外部成员和国际机构数量的增加，G20 在全球范围内的代表性不断增强。外围支持体系的逐步完善，也使 G20 所形成的承诺、宣言等最终成果能够反映更广大学者、工商界和非政府组织的意见。

第二，有效性不断提升。随着部长级会议和专家组、工作组涉及范围的不断扩大，G20 领导人峰会所达成的共识和承诺能够得到更多专业支持和跟进实施。相互评估程序的出台和完善，与国际货币基金组织、世界银行、世界贸易组织及联合国下属机构的合作，也将推动最终成果的务实化。

---

① 徐凡：《G20 机制化建设与中国的战略选择——小集团视域下的国际经济合作探析》，载于《东北亚论坛》2014 年第 6 期，第 35~45 页。

第三，交流领域与协商议题的范围不断扩大。目前通过 G20 建立起的 G20 和外围发展中国家，G20 和外部多元治理机制以及 G20 和国际组织的合作已涵盖政治、经济、金融、贸易、社会、人文多个领域，形成多层次、全方位的合作架构，合作内容也日趋多元化。

第四，交流与合作的载体越来越丰富，从部长级会议单个层级，到领导人峰会—部长级会议两个层级的协商，再发展到领导人—部长—专业团体三个层级的交流与合作。

第五，生命力不断增强，在开放的对话平台上，不断组合、新生不同问题领域的多边对话机制。在 2019 年的大阪峰会期间，中国国家主席习近平就参与了中非领导人会议、金砖国家领导人集体会晤、中、印、俄三方领导人会晤。日本首相也参与了日、美、印三方集体会晤。这些小型的多边会议使 G20 峰会框架下的议程更为丰富，沟通交流更充分，达成最终协议的可能性更高。

第二节 二十国集团机制化建设面临的问题与挑战

20 年间，G20 的组织与合作机制已初步成形。但相比其他成熟的国际机制，G20 仍处于起步阶段，在有效性方面还存在比较突出的问题。而且，国际政治经济形势风云变化，G20 目前的机制也必将面临新的挑战。为准确分析 G20 机制当前存在的问题和面对的挑战，我们采用国际机制研究中常用的合法性、约束力和有效性三个概念并结合 G20 机制的实际情况，来衡量目前 G20 机制化成效。这三个方面既有独立性也有关联性，一般来说机制的合法性越强，就能够起到越强的约束力；而约束力越强也就能够有越好的有效性。从这些标准来评判 G20 目前存在的问题，可以明显地看到尽管 G20 机制化在过去 20 年已经取得不小的进展，但还存在几个突出的问题。

一、参与者的代表性问题

G20 机制的代表性问题，突显在 G20 成员国的构成方面。虽然 G20 成员国在经济和政治上具有巨大的影响力，但绝大部分发展中国家都被排除在 G20 机制之外。尤其是 G20 中仅仅只有一个来自非洲大陆的国家，很难代表整个非洲大陆国家的利益和观点。

如果进一步分析 G20 机制下发达国家和新兴国家的实力对比，可以发现 G7

成员仍然在 G20 机制建设进程中占据主导地位；G20 成员中既包括欧洲主要大国，又包括欧盟，扩大了欧洲国家的影响力；还有一些西方发达国家仍希望以 G7 作为全球治理的主要平台，这些争议也在一定程度上挑战了 G20 的代表性和合法性。

尽管较少的重要国家能够有助于提升协商效率，但缺乏合法的机制将更多发展中国家纳入治理体系，很大程度削弱了 G20 的合法性，导致其达成的共识缺乏在全球范围内的合法性。

二、承诺和共识的约束力问题

G20 相比于战后建立的其他全球治理机制，目前正式化的程度还比较低。G20 本身没有常设机构，缺少正式、规范的组织机制，共识与承诺也没有法律约束力。因此，G20 峰会只是靠各国的合作意愿来维系，由于缺乏配套机制来监督执行，成员间达成的协议难以有效实施，往往只停留在口头承诺、自觉履行层面，所以执行力和有效性不足。

例如，2008 年的华盛顿峰会各国承诺将继续推行自由贸易，并致力于在 2010 年的多哈回合贸易谈判（Doha Development Round）上达成一个均衡的协议。但实际上 2010 年多哈回合贸易谈判未能完成。因此，G20 之间的合作象征性意义居多，实质性进展居少。执行力缺失在一定程度上削弱了 G20 的效力和信誉。再比如，虽然在多届峰会上各国都达成了对于应对气候变化和碳减排的承诺，但实际上包括日本在内的多个国家都仍然在增加燃煤电厂的资金投入。

每一届 G20 的最终成果以联合声明、宣言或共识的模式出现，没有对各成员国在此基础上的权利和义务做出明确说明和规定，后续也没有各类专门委员会等常设机构跟进评估和监督。而且，各成员国在合作过程中不可避免会产生摩擦，但 G20 并无争端的处理机制，合作和履责过程中新出现的问题得不到及时有效的解决，这势必影响各成员国间合作与承诺意向的达成。

此外，G20 机制下并没有固定总部和常设秘书处。2002 年开始实施的"三驾马车"制度，虽然使 G20 机制在成员邀请、会议时间安排、议题和议程设置甚至最终成果形式等方面具有很强的灵活性，但也正是这种软性约束，使 G20 机制的效率和效果大打折扣。

三、内外部的协调性问题

首先，由于各成员国在政治制度、意识形态、经济制度和经济发展阶段的差异,对参与 G20 抱有不同程度的热情,所主要关注的领域和问题也不尽相同,导致各成员在具体议题上的观点和参与度有很大差别,在很多重要议题上互相牵制,甚至产生重大冲突,明显降低了 G20 的运作效率和效果。

其次,G20 中实际形成的三大阵营间的协调。一般认为,G20 内部存在三大阵营。一是以美国为代表的原 G7 国家,前期主要关注于恢复经济增长的问题,近年来更偏重关注需要发展中国家参与的国际社会问题,希望通过修补现存全球治理机制,维持全球经济秩序。二是以"金砖"五国为代表的发展中大国,由于关注发达国家和发展中国家发展不平衡的问题,更希望推动改革现有治理机制,使现存国际治理方式向更加公正合理的方向转变。三是中等强国组成的阵营,它们在上述两个阵营之间迂回游离,希望通过抱团取暖,增加发言权①。

最后,G20 机制与其他全球治理机制间的合作问题。由于 G20 机制本身并不具有执行功能,其承诺和共识的执行要依赖成员国在其他国际机制中的角色。比如在贸易方面的承诺需要依托 WTO 来实现。但 G20 与 WTO 是何种关系?如何能够确保 WTO 来监督 G20 达成的共识?这是 G20 必须面对的重大外部协调问题。再比如,同样是新兴的非正式合作机制,G20 应该如何处理与"一带一路"倡议间的关系?

四、议题的"泛化"问题

G20 目前的非正式性导致每届峰会的运作较为松散,稳定性不足,而稳定性方面最受到关注的就是历届 G20 主题和议题的设置。

首先,自 2010 年多伦多峰会后,G20 首脑峰会的议题出现明显的泛化趋势。从前三届明确聚焦金融危机的相关问题一下扩展到一系列与金融危机没有直接关联的议题上。最近的 2019 年日本大阪峰会,不但没有统一的主题,而且在峰会前一周才发布了包括全球经济、贸易与投资、创新、环境与能源、就业、女性赋权、可持续发展以及全民健康在内的八大议题,所涉及的内容可以说包罗万象。虽然也有人认为 G20 议题的扩大化并不是问题,不应该将议题的设置过分局限在经济领域,而应该强调把议题设置的重点放在高度上,即确保议题具有领导人层面的关注度②。但是,议题在一定时期内的延续性肯定是有利于确保各国对承诺的履行,并针对该议题进行深入的交流与合作。

---

① 王文、王鹏:《G20 机制 20 年:演进、困境与中国应对》,载于《现代国际关系》2019 年第 5 期,第 1~9 页。

② 杨洁勉:《二十国集团的转型选择和发展前景》,载于《国际问题研究》2011 年第 6 期,第 50~60 页。

其次，在历届的 G20 峰会中，轮值主席国对峰会主题和具体议题的设置发挥主导作用，这种议程设置机制导致了许多本来已经取得一些进展和需要深入讨论的议题不了了之。比如 2015 年的安塔利亚峰会原本的主题是"世界经济的包容性增长"，但由于法国突然遭受了恐怖袭击，各成员国在峰会上把主要的精力都花在了反恐和难民的处理问题上，与最初的峰会主旨偏离，也就更谈不上延续性了。

最后，各成员国重点关注的领域有所不同，G20 机制本身又缺少固定的章程来突出重点领域，也导致议题的延续性不足。尤其是有 G7 与金砖国家间所重点关注的问题本来就有很大差异，前者更加关注安全问题、健康问题、监管问题，而后者则更关注包容问题、发展问题。

五、G20 机制化推进的内外部桎梏

一方面，G20 内部集团化造成了 G20 的角色和功能定位矛盾，所以在机制化问题上难以达成一致。G7 各国要利用 G20 机制维持传统国际金融秩序，而新兴经济体则更希望利用 G20 机制对原有国际金融秩序进行变革。目前来看，所有 G20 机制化的重大推进都未获得实质性进展。2010 年首尔峰会，韩国曾提议 G20 设置常设秘书处并落户首尔，但最终未果。2011 年巴黎峰会上，法国再次意图推动此事，同样未能成功。此后的数次峰会，虽然仍有不少这方面的提议，但都没有实质性的提议和推动。反对者则认为，G20 是网络治理的代表形式，体现了非等级制的治理方式，正是需要利用其非正式性和灵活性方面的长处，所以没必要设立正式的机构[1]。

另一方面是外部存在一些功能相似的、可替代的传统机制，降低了 G20 的国际公信力和进一步机制化的价值[2]。要使 G20 机制真正成为"全球经济治理新架构"，必须逐渐通过改革把 IMF、WB、WTO 三大机构纳入 G20 机制的执行环节中，但从目前来看这一过程异常艰难且遥遥无期。此外，虽然 G20 机制已经尝试将各种区域性治理机制纳入其范畴，但能否真正有效整合也是一项严峻的挑战。

无论是常设机构的建立、议题设置的范围、G20 参与议题讨论的资格问题，还是 G20 与外部治理机制间的关系，都涉及 G20 机制的合法性。G20 机制在危机之后实际上已经转型成为一个"指导委员会"——它不断地将各类国际组织纳入

---

[1] 张严冰、杜胜平：《当前二十国集团的机制化困境及应对之策》，载于《现代国际关系》2015 年第 12 期，第 53~58 页。

[2] 邹亚宝、王凯：《论 G20 机制化及中国在全球经济治理中的策略》，载于《战略决策研究》2011 年第 6 期，第 32~38 页。

会议议程，也不断地分配任务给他们。比如 G20 戛纳峰会开始，IMF、WB、OECD 等国际组织都被要求参与到 G20 的多项议程讨论中，并在特定的情况下向 G20 报告。G20 的确在应对全球危机过程中建立了这样的影响力，但它行使这种权力的合法性仍然存在问题，"身份危机"是制约 G20 机制化的根源。

第三节 二十国集团机制化建设的动因与发展方向

G20 机制在过去 20 年间为世界主要大国间的合作开辟了广阔的空间，不仅是大国之间协调应对全球性危机问题，也为新兴大国争取到更多与发达国家平等对话的机会。但目前为止 G20 所达成的许多成果都是长期性的承诺，不是一两次峰会期间能够完成的，如果要证明 G20 能够成为真正长期有效的全球治理机制。未来 G20 机制化需要更加明确未来的角色定位、功能作用和建设方向。但目前 G20 内部对于 G20 机制化还存在争议，这些争议与 G20 本身的困境、全球局势的变化共同构成了 G20 机制化的动因。

一、G20 机制化建设的争议与评论

关于 G20 机制的发展方向，各国和全球学者有着不同的看法，这些看法大体上可以分为三类。第一类观点是：彻底停止论。持这种观点的学者认为，G20 机制作为应对全球危机的使命已经完成后，就变得没有存在的必要。一方面，目前全球已经存在多种正式（比如 IMF、WB、WTO）和非正式（比如 G7、OECD、APEC）的多边协调机制，足以满足全球治理的需求。另一方面，由于 G20 机制本身面临合法性、代表性和有效性不足的问题，难以真正弥补目前全球治理机制中存在的问题。持有这种观点的主要是 G20 的非成员国及来自这些国家的学者，他们对于 G20 机制缺少明确的成员国资格标准，也没有统一的治理规则并排除了全球绝大部分国家而进行的全球治理不认同。这种观点较为悲观，只是片面地强调了 G20 机制存在的问题，没有用发展和动态的视角来看待 G20 机制。事实上，包括 G20 成员国在内的全球主要国家对于 G20 机制协调全球经济事务的作用十分看重。

第二类观点是：大力支持论。持有这类观点的学者认为传统以发达国家为主导的全球治理机制无论是在应对全球危机还是南南合作等问题方面，已经呈现出明显的弊端。这些机制长期被发达国家所把控，机制僵化，难以自身推动变革。

G20 近年来的议题范围不断扩大，实际上承担了全球范围内综合治理对话与协商的责任，通过对话与协商使全球各阵营国家能够增进了解，相互沟通，并从外部推动传统全球治理机制的变革。持支持论观点的学者还认为，G20 本就应该是一个综合性的宏观指导委员会，而不是微观问题如何实施的论坛，因此它目前的有效性问题，完全可以通过与其他多边组织或现行治理机制的合作来弥补，形成紧密协作的关系①。因此，在明确 G20 机制定位与功能的基础上，大力推动其机制朝向更加明确、有序和稳定的方向发展，不但能够预防全球经济再次爆发系统性危机，也有利于抑制近年来出现的贸易单边主义倾向。这种观点代表了目前关注 G20 发展的学者的主流，对于 G20 机制的发展历史和规律有着较为清晰的认识，但在机制化的具体策略上仍然有一定的争议。

第三类观点是：有限支持论。这种观点一方面充分认可 G20 机制在应对全球经济危机方面的作用，但又不认可 G20 能够替代以 G7 为主导的，包括 IMF、WTO 在内的传统全球治理机制。G20 机制采用的是对话和协商，而不是投票表决的形式来达成共识，这导致在面对一些重大利益相关问题的时候，主要大国之间很难达成一致。这就让各界怀疑 G20 的现有机制是否有能力履行作为全球经济核心治理机制的职责。"小国搭便车"和"大国集体行动困境"是另一个导致对 G20 长期有效性持有怀疑的原因。由于 G20 是一个全球少数主要国家参与的协商平台，如果将其视为一个国际公共物品，它就具有公共物品的非排他性和非竞争性特点，使其不可避免会遇到"搭便车"问题。这是指 G20 成员以外的其他国家，并不需要付出什么代价，就可以从 G20 对话、协商、危机应对等全球治理中获得公共物品的"溢出效应"。在这种情况下，这些没有参与 G20 的国家，也就不会有动力去主动参与或积极构建新的全球治理机制，更不愿意付出额外的努力和成本。"小国搭便车"的问题就可能引发 G20 机制出现"大国集体行动的困境"的危机，就是说在 G20 机制下越是努力增进整体利益的成员国，获得总收益的份额反而会越小，长此以往，G20 的成员国就可能不再会为 G20 的整体利益行事，G20 机制就会陷于停滞。毫无疑问，有限支持论观点的担忧并不是无的放矢，但其所顾虑的问题与 G20 机制目前承担的功能与角色并不相符，过高估计了 G20 机制未来所可能承担的职责，也就容易导致与现实情况的反差。现实情况中，被邀请参与到 G20 机制下的非成员国更多表达的是 G20 代表性的问题，也具有积极参与的动力。"小国搭便车"和"大国集体行动困境"还不是目前 G20 机制面临的主要问题。但有限支持论的观点，也的确能给为 G20 机制化的方向和

---

① 王在亮、齐为群：《G20 实现机制化的模式与中国的战略选择》，载于《印度洋经济体研究》2018 年第 1 期，第 1~17 页。

策略提供有价值的提醒和参考。

综合上述各类的观点，本书认为尽管 G20 机制客观上确实在代表性、约束力和稳定性方面存在问题，未来的发展也肯定会进一步遭遇合法性和有效性的争议，甚至也可能出现"搭便车"和"集体行动困境"等方面的问题。但其在现阶段仍然是预防全球性金融危机、巩固和重塑南北合作的最佳选择，所以"彻底停止论"是明显不可接受的。与此同时，G20 机制也肯定不是全球治理的唯一选择，甚至也还不应该视其为最重要的选择，但可以展望其在未来扮演更加重要的角色和作用，并将其视为推动传统治理机制朝向更加公正、合理方向改革的重要杠杆。基于这个观点，本书将进一步分析 G20 机制化的必要性，从而明确其未来可能能够扮演的更多角色和可能实现的更多功能。

二、G20 机制化建设的必要性

（一）国际力量格局变化的要求

新兴经济国家的整体性崛起是 21 世纪前十年世界经济的一个主要特征，尤其是"金砖五国"的经济发展成为世界经济恢复增长的主要引擎。2008 年金融危机后，传统西方主要经济体经济衰落，而新兴经济体持续呈现良好的发展势头。经济基础的此消彼长推动了全球政治力量格局的变化。G7 与新兴经济体之间的利益碰撞和摩擦也越来越频繁。国际多边关系和国际治理体系的转型呼声因此一浪高过一浪。华盛顿峰会以来，G20 内部的发达国家与发展中国家的阵营分化趋势更加明显，进一步激化了新旧力量之间的冲突。虽然金融危机严重打击了 G7 为代表的传统发达经济体，但新兴经济体并没有从中获得更多收益。目前新兴经济体呈现的良好发展势头只是在危机和后危机时段展现的相对优势，具有短暂性和不确定性。国际力量格局虽然发生了变化，但并不是彻底改变，变化的比例也不大，只是从经济体量上新兴经济体出现了一些相对优势。

据世界银行公布的数据，自 1999 年首次 G20 部长级会议以来，G7 占全球 GDP 的比重从 67% 下降到 2018 年的 46%，下降了 21 个百分点，而同一时期，金砖国家占全球经济的比重从 8% 上升到 23.6%，新兴经济体占全球经济的比重从 23.3% 上升到 30.4%[①]。

此外，以"金砖五国"为代表的新兴经济体从 G20 伦敦峰会开始挑战美元

---

① 新兴经济体包括 G20 成员国当中的阿根廷、巴西、中国、印度、印度尼西亚、韩国、墨西哥、俄罗斯、沙特阿拉伯、南非和土耳其等 11 个国家，又称为 E11。

主导的国际货币体系。美元在国际储备资产中的比重从 1999 年的 71.5% 下降到 2018 年的 61.7%。由美国主导的国际货币体系正不断走向衰落,货币领域开始发生了不可逆的多极化趋势。G20 当初能够从部长级会议发展升级为领导人峰会,并替代 G7 成为国际经济对话的主要平台,其中最重要的原因就是经济形势的变化使发达国家意识到,仅仅依靠 G7 的规模和协作已经不足以应对全球化背景下的全球性危机问题,必须将部分的话语权让渡给新兴大国,从而刺激经济再增长。

从目前的经济增长情况来看,2018 年新兴市场国家的经济增长达到 5.1% 的平均增速,略低于 2017 年的 5.2%,远高于全球平均 3.7% 和发达经济体 2.3% 的增速,并在国际贸易和吸引直接投资方面保持逆势增长。根据 IMF 公布的 2019 年世界经济趋势展望,2019 年新兴经济体与发达经济体将仍然维持目前的增长速度差距。

但也必须清楚地认识到,虽然美元主导的金融体系受到了冲击,且多次的 G20 峰会都对改革国际金融治理机制达成了共识,但并没有出现要求完全推翻现行治理体制的声音。当前的全球经济治理体制只是在一定程度上落后于世界格局和经济发展的趋势,没有根据新兴经济体的崛起进行及时调整,还没有到寿终正寝的时候。

鉴于对国际力量格局和当前治理机制的这种判断,将 G7 一手推动建立,并已经取得发达经济体和新兴经济体共同认可的 G20 机制进一步发展完善,无疑是最适合的选择,是能够让全球主要力量阵营接受的方案。从 G20 部长级会议到领导人峰会所开始的 G20 机制化道路,让发达经济体与新兴经济体展开了平等对话与协商,并且对 IMF 的特别提款权、WTO 改革、反贸易保护主义、加强国际金融监管等方面达成了共识。这符合了当前全球经济治理机制改革的要求。因此,G20 进一步机制化是在全球层面调整上层建筑以适应经济发展变化的最可行办法。

(二)适应全球经济发展规律的要求

从全球经济发展的历史角度看,每一次出现严重的经济失衡,都伴随着世界金融秩序的重大变革。20 世纪,全球经济曾两次出现大范围的贸易失衡。第一次发生在 20 世纪 60 年代,失衡主要发生在西方国家内部,主要逆差方是美国,顺差方是日本和欧洲国家。美国无法履行用美元自由兑换黄金的承诺后,出现了美元与黄金的脱钩,直接导致了布雷顿森林体系的解体。第二次发生在 20 世纪 80 年代,因为石油危机和经济危机的交替出现,美国经济出现了"滞胀",而日本、德国作为当时的新兴经济体,经济发展的势头强劲。这次严重经济失衡的最终结果是多方签订"广场协议",让美元对日元、马克等主要货币贬值。作为当时世界第二大经济体的日本，经济在此之后陷入长达 30 多年的低迷，至今尚未完全恢复，基本失去了在国际金融市场上的话语权。这两场 20 世纪的经济失衡都是发生在 G7 内部，虽然对全球经济稳定造成了严重影响，但波及范围相对较小，通过 G7 自身的协调机制就得以解决。

然而，2008 年出现的金融危机是一次真正全球性的经济失衡。与前两次危机相似的是逆差方仍是美国，但顺差方除了日本、德国以外，又增加了中国、印度、俄罗斯、巴西等新兴经济体。也就是说，经济失衡的覆盖范围已经突破了 G7 范围，对全球经济的影响已经真正波及各个层级。因此，G7 内部无论如何协调都是解决不了这场全球性经济失衡问题的。解决问题的关键是需要一个囊括 G7 和新兴经济体所共同构建的新的对话和协商机制。由此，G20 机制也就成为符合历史发展规律的产物。

（三）防范全球性金融风险的需要

毫无疑问，G20 机制至今为止取得的最大成效就是促使传统发达国家与新兴国家联手应对 2008 年爆发的全球性金融危机。从根源上来说，这场危机是来自从 20 世纪 70 年代发达国家开始推行的新自由主义政策，导致世界各国放松对金融的管制，从而便利了资本在全球范围流动。在该政策的刺激下，国际金融体系的流动性、规模和范围得到巨大扩张。在资本全球化配置的高效推动下，世界经济得以迅速增长，而跨国资本也在这一过程中获得超额收益。与此相应的是全球各个经济体之间的关联度和依存度大幅度增加，并且更易受金融市场不稳定的影响，面临系统性金融风险的概率大大增加。跨国资本累积的庞大金额和原本的投机性流动使资本天生的逐利与贪婪被数倍放大，而应对新生全球性金融衍生品的监管几乎处于空白，这两方面的原因共同催生了 2008 年的金融危机[1]。

2008 年金融危机后，由于对于国际资本制造危机和危机影响认识的加深，各国强烈意识到联手打造全球金融治理体系的重要性。通过 G20 机制下的对话与协商，各国对加强国际资本的结构性监管已经达成了共识。但在具体措施方面，如何填补监管空白，如何避免金融泡沫，如何解决银行"大而不能倒"的尴尬问题，如何在全球范围建立金融防火墙等，这些问题还远远没有得到准确的答案，还必须依赖一个被证明有效的全球性金融治理机制来应对。

传统发达经济体及其所构建的金融治理机制是这些金融问题的始作俑者和帮凶。无论是 IMF、WB 还是 WTO，在面对金融危机时所起到的作用，令各国对它们目前的运行机制到底能够在多大程度上有效应对全球金融危机产生疑问。以

---

[1] 李由：《关于后危机时代的 G20 转型问题》，载于《理论探索》2017 年第 1 期，第 86~91 页。

IMF 来说，作为国际金融问题监管及协调的最重要的正式机构，在金融危机中出现的国际收支失衡处理中对新兴发展中国家的援助迟缓，并且附加许多苛刻条件，在应对 1997 年亚洲金融危机后就受到广泛诟病。WTO 作为以促进全球自由贸易为目的，机制成熟，功能完善的正式机构，近年来在应对贸易保护主义的问题上表现出的低效和不透明，也引发了各国的争议，降低了其自身的公信力。

新兴的发展中国家虽然是当前世界经济中的亮点，近年来保持着较好的发展势头，但由于自身经济总量和国际经济治理能力的相对不足，不可能依靠他们全新构建起国际金融体系的结构化监管机制。以包括大量新兴经济体的亚洲经合组织（APEC）为例，从 1989 年成立至今，APEC 在多边经济治理方面取得了不少成果。但从金融危机发生至今，APEC 由于议题内容庞杂、机制化进展缓慢、成员矛盾缺少正式的协调机制等问题，使其在国际金融治理方面缺乏有效成果。

综上所述，目前世界各国联手开展金融监管，进一步控制全球金融风险的唯一办法就是通过发达经济体与新兴经济体的平等对话、协商与合作，推动传统金融治理机制的改革。而 G20 机制无疑是目前最合适的对话平台，因而通过其自身进一步的机制建设来完善与外部各种治理机制的协调也是十分必要的。

（四）打造更加包容的世界经济秩序的需要

新兴经济体开始从过去世界经济的被动参与者角色转变为积极的治理者。G20 机制的转型也同样反映了国际经济治理机制正从霸权主义、单边主义向平等协商的转变。当然，目前发达经济体仍然在世界经济中扮演主导的角色。这是由于，无论在经济发展阶段还是利益诉求的多样性方面，发达经济体与新兴经济体之间的差异还很大。因此新兴经济体参与到全球经济治理机制中，会直接引发一个新问题——如何兼容不同发展程度的经济体。另外，在全球经济整体增长放缓的背景下，发达经济体在不同程度上出现了贸易保护主义的倾向，这对后危机时代全球经济协调发展造成了直接的威胁，放大了全球经济不确定性的风险。同时考虑这两方面因素，就会发现，打造更具包容性的世界经济秩序已经迫在眉睫。

更具包容性的新秩序既要避免贸易保护主义，又要规避新自由主义全球化本身所蕴藏的风险，还要兼顾不同经济体在不同阶段的差异化需求，这就要求各国群策群力、协商合作、共谋发展。发达经济体是当前世界经济秩序的既得利益者，也是全球化金融风险的源头。因此，新秩序的包容性最重要的就是要充分尊重和倾听新兴经济体和更广大发展中经济体的声音，切实维护他们的利益。G20 杭州峰会上，中国作为世界第二大经济体，也是最大的发展中经济体和最有代表性的新兴经济体，提出优化 G20 治理机制，建立联动、包容的世界经济。这是后危机时代要求对 G20 机制建设提出的要求，使其能够成为新兴经济体发出声音、展示智慧、参与塑造世界经济新秩序的有效平台。

G20 杭州峰会上中国的呼吁,给新兴经济体推动 G20 机制建设,打造更具包容性世界经济秩序提供了两方面的启示。一是,新兴经济体应积极参与到全球经济治理机制中。全球经济治理是一种国际公共产品,新兴经济体参与其中,提供国际公共产品,提出自己的方案,这是新兴经济体在经济得到快速发展之后,也必须承担的角色任务。比如,中国通过 G20 杭州峰会,不断发出中国声音,为世界经济恢复增长注入中国信心,发挥了负责任大国的作用。让全球发达经济体和发展中经济体都看到,中国不仅由于经济力量的提升而有必要参与到全球经济治理机制中,而且有能力参与其中。合理、包容的全球经济治理机制离不开中国,而 G20 机制就提供了这样原生的舞台。二是,新兴经济体应增强与世界经济的联动,在联动过程中推动国内经济转型,增强经济可持续发展的能力。以创新为驱动,增强经济结构的合理性和协调性。次贷危机后的中国通过创新发展,把握住了机遇,迅速发展成为世界第二大经济体,通过与世界经济的联动也成为全球经济恢复增长的最大贡献者。

三、G20 机制化建设的发展方向

当前及未来一段时间内,全球经济都将处于曲折而缓慢的恢复增长中。在这种新的经济形势下,G20 机制化在后危机时代将走向何方?这是一个有争议、特别棘手但确实需要考虑的现实问题。从制度经济学的观点和前文的现状分析来看,G20 机制建设的需求和产生的价值决定了其必要性,而未来的走向则应由 G20 的角色定位和功能作用来决定。

(一)维持"非正式"的基本定位

2008 年 G20 领导人峰会的第一份公报就明确了 G20 机制的"非正式"性质。一直以来的实践证明了这种"非正式"的定位是 G20 机制发挥其效用的重要原因。因为非正式的国际机制对各国没有法律约束力,不需要经过各成员国国内的立法机构批准,能够避免一些成员国国内各种反对力量的阻碍,从而快速达成政治共识。一旦全球局势发生重大变化,非正式的机制也更容易修正或重新达成协议,这种灵活性和快速反应的特点,正是 G20 机制能够在全球危机应对中受到各国推崇的原因。2011 年法国戛纳峰会的领导人宣言也明确突出了这一点:"G20 的独特功效在于将发达经济体与新兴经济体在平等的基础上组织起来,协调他们的政策,G20 是一个由领导人所引领的非正式国际机制,它也应该是一个非正式的国际机制"。从目前的各方需求和观点来看,在较长时间内维持这种"非正式"的定位是 G20 未来机制化所需要坚持的。

除此之外，在 G20 机制的运作过程中，也有一些明确的定位被各国所认同。比如 2009 年匹兹堡峰会的"二十国集团匹兹堡峰会领导人声明"中指出："各国领导人共同认定 G20 作为'国际经济合作的首要平台'"；2010 年的首尔峰会首次将危机应对以外的议题纳入 G20 的主要议程中，标志着 G20 开始从危机应对机制向全球经济综合治理长效机制的转型。

（二）以"软法治理"作为提升机制有效性的主要策略

有效性问题是困扰全球诸多"非正式"机制的主要问题。例如，APEC 从 1989 年成立至今的机制化困境就是一个实例，由于缺乏配套执行机制，APEC 成员之间所取得的协商成果往往停留在口头承诺、自觉履行层面，最终大部分不了了之，难以贯彻，其经济治理的效果也就难以发挥。目前 G20 所达成的宣言和承诺，也面临相似的问题。从法律角度来说，G20 的治理机制属于"软法治理"。"软法"是指不具有严格意义的法律约束力，但又能够通过政治、经济等其他方式的影响，而具备了一定约束效果的文件①。一些非正式的国际机构所产生的决议、宣言、承诺、共识和标准等都可以归属于"软法"范畴。

软法治理的特点是，达成协议或宣言的各方参与的是一种可以说"不"的非强制性条款，这使它们可以根据环境的变化和实践的效果，来持续评估一定时期内可能产生的效益和影响。当突发情况和新的争议出现时，软法治理依靠的是重新对话和协商的方式，为各方提供共同能够接受的新的解决办法，而不是依靠法律强行要求。这就避免了由于信息的不对称或环境的变化导致规则不合理，而引发的不愉快甚至是冲突。从治理的规则角度看，金融危机以来的全球经济治理就是呈现这样一种软法治理的形势和趋势。因此，G20 机制从一个危机应对型的松散机制向经济综合治理的长效机制转变，借鉴软法治理的经验，逐步开展，从软到硬，最后软硬兼施的机制化路径是符合全球局势和发展趋势的选择。要增强 G20 机制的有效性可以借鉴一些国际"软法治理"的成功经验。

一是搭建各类软法的整体框架，通过提升交叉影响，增强约束力。历届的 G20 主要是论坛式的对话与协商，软法治理的依据主要体现在峰会上达成的宣言、公报、协议、蓝图等各类型的非法律文件成果上。这些成果在法律角度上看不包括具体的权利和义务，也没有履行规则，所以不具有真正的法律约束力。但事实上，历届 G20 所形成的这些"软法"却围绕着 G20 机制已经涉及的危机应对、经济发展、全球气候、金融改革等具体治理领域和治理目标形成了一个治理

---

① 赵骏、谷向阳：《论全球治理中的 G20 软法治理》，载于《浙江学刊》2018 年第 5 期，第 54~60 页。

框架，推动着 G20 治理机制的运作和不断向前发展。比如华盛顿峰会通过的《47 条金融领域改革行动计划》；圣彼得堡峰会通过的《G20 投融资工作计划》《G20 反腐败行动计划》；杭州峰会通过的《二十国集团创新增长蓝图》《二十国集团全球贸易增长战略》《二十国集团反腐败追逃追赃高级原则》《二十国集团全球投资指导原则》等。这些成果虽无强制性的法律效力，但却构成了 G20 软法体系和治理依据，并且确实呈现出不断发展演进的趋势和效果。

二是建立执行监督机制。由于各成员国在政治、经济、文化等诸多领域的差异，而各国国内立法规则对于 G20 宣言的履行程度有很大差别，仅仅强调成员自觉践行就会导致会议宣言形同空文，甚至激化矛盾。从长远发展的角度看，一个国际经济综合治理机制不应该是一个"清谈馆"，尤其是 G20 机制已经在应对危机中取得全球性的信任和认同的情况下，需要进一步向务实的机制化前进，那么对宣言、承诺的权威性保障将是不可或缺的。在"软法治理"条件下通过与外部正式机制建立合作，以及用"软法硬化"的方式建立并完善执行监督机制，可以在不改变其根本的开放性和灵活性基本原则下，依托现存的经常性协商机制或新设的工作机构，推进长期连续的合作计划，监督合作项目实施来实现长效治理的目标。

三是建立争端解决机制。虽然各国领导人直接对话是 G20 高效决策的优势，但难免也会出现难以协调的矛盾，从而导致议题陷入僵局。这也是 G20 被诟病为"清谈馆"的原因之一。有关气候问题的协商在两届 G20 峰会上都成为"清谈"主题。因此，建立 G20 峰会的争端解决机制有利于及时化解出现的僵局。但也必须清楚认识到，G20 峰会只有短短两天，应建立的是具有层级化和体系性的争端解决机制。在议程设置、部长级会议、协调人会议和峰会会前准备上就开启争端解决机制，充分对可能出现的争端进行协商，前瞻峰会最可能发生的各种争端，在首脑峰会之前就启动体系化、分层次的争端解决机制。

（三）以全球经济综合治理的长效机制为机制化目标

长久以来，美国作为世界经济的霸权国家，把控着世界经济的多个治理机制，这种全球经济治理格局本质上是维护发达国家利益，是导致全球经济发展不平衡，破坏经济政治稳定的根源，是极度畸形的。面对制度层面的矛盾，仅通过个别规则的修正和内部结构的调整，都是无济于事的，需要有外部力量推动其根本性的变革①。G20 在后危机时代开始展现出全球最具有潜力的经济综合治理机

---

① 李由：《关于后危机时代的 G20 转型问题》，载于《理论探索》2017 年第 1 期，第 86～91 页。

制，在未来的机制化建设过程中需要勇敢地触及上述本质问题，打造出能够平衡新旧世界的力量，契合世界经济发展趋势，使之成为能从根本上解决世界经济深层矛盾的长效治理机制。具体来说包括两个方面：

一是为后危机时代的全球经济找到新的增长引擎。以往依靠新自由主义全球化政策促进经济增长的道路已经难以为继。不解决世界经济深层矛盾的情况下，生产、贸易、金融越是自由，世界经济就越容易失衡，经济危机也越难管控。杭州峰会上，以"构建创新、活力、联动、包容的世界经济"为框架，达成了提高世界中长期增长潜力、推动世界经济增长的"杭州共识"。创新才是后危机时代世界经济增长的首要动力。只有真正致力于技术和制度创新，各国经济才能重新焕发活力。

二是推动经济全球化走上新的轨道。新自由主义所指导的全球化，总会在两个极端间摇摆。要么完全相信市场，不加约束，而一旦出现泡沫破裂，又慌忙掉头走向保护主义的极端，不承担责任，只顾自身止损，导致长时间的全球性衰退。要建立长效的经济治理机制，就是要在这两个极端间找到平衡点。一方面，要联合G20各国，推动其国内和现有国际金融治理机制改革，加强风险和资本的精准管控，给国际游资套上"枷锁"，在控制其风险的同时，使之成为各国推动国内经济改革，驱动经济转型发展的动力。另一方面，肯定并维持以往经济全球化所取得的成就，坚决反对各种形式的保护主义，防止个别国家因为短期利益对全球经济恢复增长造成负面影响。同时推动全球更多国家共同建立公平、开放、透明的投资环境和贸易市场。

第四节 二十国集团机制化建设的外部关系协调

如果确定了后危机时代，G20机制化的总体方向是维持非正式性定位，依靠软法治理，巩固G20作为国际经济首要合作平台的地位，从短期的危机应对机制向全球经济综合治理机制转变。要推动G20机制向更加合法和有效的方向发展，还需要从内外部两个方面努力，具体的策略包括：

一、协调外部多元治理机制

G20机制非正式定位建立的基础是参与者具有共同的追求目标和能够分享共同努力的利益。相比于现存的多种全球协调机制，G20机制在南北权力之间架起了沟通与对话的桥梁，这使 G20 能够被更多经济体所认可。通过加强与现存正式国际治理机制的协调与合作，建立起"非正式"与"正式"复合型的治理机制，才能够提高 G20 机制的执行力和约束力。比如，早在 2009 年的匹兹堡峰会，二十国领导人就达成了关于国际金融机构结构性改革的承诺，之后的首尔峰会又对推进改革开展了进一步的探讨，但实际的推动却迟迟难以实施。因此，G20 迫切需要推进与国际货币基金组织、世界银行等现存全球经济治理机制的合作，增强与多种治理机制之间的联动，形成新的治理体系和模式。

2016 年杭州峰会通过了《二十国集团迈向更稳定、更有韧性的国际金融架构的议程》（以下简称《议程》），承诺落实首尔峰会所达成的全球金融份额改革，提升发展中经济体在全球经济治理机制中的代表性和话语权。《议程》突出强调了 G20 欢迎并期待与区域金融协调安排（比如《清迈倡议》）和其他全球性经济治理机制间开展更有效的合作，并呼吁区域融资安排方式和国际金融机构进一步分享改革的信息和渠道。通过增强与现有国际机构的合作，建立稳定、有韧性的国际金融架构，以维持世界金融稳定，促进强劲、可持续、平衡的增长。转型成功的 G20 机制可以有效整合各个传统机制在全球经济综合治理领域的不足，将金融、贸易、创新、发展等领域的问题联动兼顾，更好地助推后危机时代的世界经济恢复增长。

当然，目前的 G20 机制与其他全球经济治理机制间的关系是既若即若离，又部分重合，这就需要建立一定的平衡。我们认为，当前全球经济治理体系迫切需要清晰的领导力，G20 机制可以扮演这样的角色。对此，推进 G20 的机制改革还必须做出切实努力。首先，在金融治理领域，IMF 和 WB 是该领域全球治理机制的核心，其所制定的政策和措施已经得到全球大部分经济体的认可，并对全球经济的发展有显著影响。G20 机制需要努力促成与这两个关键组织进行直接的协调和联动。其次，在全球贸易领域，WTO 所发挥的作用举足轻重，即使其近年来在反对贸易保护和实施全球贸易自由化方面的效率受到诟病，对于推动全球贸易发展仍然具有重要作用。G20 应该与 WTO 互补长短，发挥领导人直接对话的效率优势和应对多边形势变化的灵活性，利用 WTO 在执行和评估自由贸易承诺方面的制度优势，推进在领导人峰会上所达成贸易协定的落实和执行。

以上这些与外部治理机制对接的努力能够在较大程度上推动 G20 机制整合全球复杂、碎片的经济治理机制，进一步强化 G20 机制综合治理全球经济方面的作用。在未成立常设机构的情况下，G20 每年的承办国应在峰会目标、议程设置、主题研讨等方面加强与外部治理机制间的对话和联动，以确保主题、议程和可能的承诺与其他机制所聚焦热点的一致性和互补性，从而避免其他机制参会者被冷落的尴尬局面发生。

二、平衡 G20 与其他非正式对话机制的关系

当前全球性最有影响力的非正式对话机制，除了 G20 外，还有 G7 和金砖机制，三者之间的协调和共存问题也需要认真考虑。首先，G20 机制是相比 G7 和金砖更加全面和平衡，更有代表性的非正式机制。从发展的历程来看，G7 代表了传统发达经济体的利益，而金砖国家代表了最强大的新兴经济体的声音，两方阵营近年来在国际关系的多个场合表现出较为明显的冲突和矛盾。因此，两方阵营的国家通过各自的非正式机制进行内部的对话与协商，力图在更多国际领域联合行动。G20、G7 与金砖在应对全球经济危机、全球政治、经济治理等方面具有相对的一致性，但在具体运作方式、话语权分配和决策形式上还有不少差异。这种处理相似或重叠领域的问题，拥有多元的或多种的解决机制的现象，被称为"竞争性多边主义"①。这种现象往往出现在既有多边机制无法解决问题的情况下，相关成员寻求再次联合起来建立新的多边机制，从而解决问题和达到目标。

其次，G20、G7 与金砖机制三者既存在立场的差异，也存在根本利益的一致性，三者间的力量平衡受到世界力量格局变化的影响。如前文所述，近 20 年来，发达经济体与新兴经济体的力量对比正朝着有利于后者阵营的方向发展。但 2008 年爆发的次贷危机使得以 G7 为代表的发达经济体和以金砖五国为代表的新兴经济体都意识到，单靠本方阵营的力量无法应对经济危机带来的影响，两方需要联动应对，G20 就是在这种背景下发展壮大的。从这个角度说，G20 反映了 G7 和金砖国家间的根本利益的共同点。

最后，G20、G7 与金砖机制存在互补性竞争关系。具体来说，当 G7 应对金融危机缺乏有效应对手段时，包括部分发达国家在内的全球各国开始对 G7 的作用表现出失望和不满，积极寻求其他的多边机制，来实现应对危机和恢复增长的目的。而 G20 在财长和央行行长会议时期（1999～2008 年），G20 并没有在全球经济治理中充分反映广大发展中国家的利益，其主导权仍然掌握在发起 G20 的 G7 国家手中。然而金融危机使新兴经济体有动力独立建立一个能够独立运作的多边机制，因此金砖机制由此诞生。以此为契机，新兴经济体也开始在 G20 获得更多的话语权。目前，G20 之于 G7 和金砖，以及金砖之于 G7 和 G20，彼此间不完全排斥，也不是绝对的对抗和挑战关系，而是处于一种"互补性竞争关系"，这种"互补性竞争关系"不仅不会给全球经济治理带来混乱，反而会平衡全球经

---

① Morse J. C. & Keohane R. O.: *Contested Multilateralism*. The Review of International Organizations, 2014, 9 (4): 385-412.

济治理体系的力量格局。

第五节　二十国集团机制化建设的内部关系协调

G20的内部治理，实质上是G20的定位和功能需要依靠怎样的组织结构、运行规则和具体程序来实现的问题。目前，世界各国和学术界对于G20内部机制化的设计，主要有两类思路及其衍生出的四种模式。第一种思路是作为非独立的国际经济合作组织存在，具体模式又分为非正式机制和正式机制两类，前者是以西方发达国家为主的观点，认为应该将G20"回归"G7框架，作为其下属的危机应对机制；后者是以G20以外的中小国家为主，主张将G20附属于联合国架构下，作为联合国下属的、常设性的经济治理委员会。第二种机制化的思路是将G20建设成为独立的全球经济综合治理机制，同样也有非正式和正式两种机制化的模式。前者就是继续维持当前G20的机制，不设常设机构，不设严格的议题范围和成员国准入标准，不附带有法律约束力的协议和承诺。后者则是采取正式的建章立制，逐步建立依托于具有法律效应的章程，包括设置秘书处等国际机构的常设部门，明确成员国准入标准和议程设置方式，建立投票机制、评估程序和争端解决机制等具有刚性和硬法性质的机制。

从总体而言，四种G20的机制化模式各具有优缺点，但都较为极端，在未来国际局势的不断变化条件下，四种模式之间可能会出现相互转化与融合。维持G20机制的非正式定位，并不等于运作方式不能够正式化。只要遵循软法治理的模式，避免全面采用正式的法律文书进行约束，从而绕过各国的立法机构，维持G20机制在协商与合作方面的灵活性，在办事机构、议程设置、评估程序等环节进行有步骤的正式化，有利于G20机制合法性和有效性的增强，仍是十分必要的。鉴于传统全球治理机制在危机应对过程中出现的不适和低效，目前大部分的国家和学者支持G20维持独立的建设方式，但不同的国家，尤其是大国的博弈，使G20在机制化的顶层设计上存在明显的分歧，维持现有定位，在逐步扩大功能的基础上分阶段逐步开展机制化建设将是各方能够接受的选择和理性的机制化路径。

一、纯软性治理阶段

世界新旧力量的平衡和经济的恢复增长问题是新的全球经济综合治理机制所

要面临的主要挑战。使发达经济体和新兴经济体携手将全球经济发展纳入可持续的轨道是 G20 机制未来数年内的主要目标。这一阶段，G20 机制化主要目标是建立起"软法治理"的共识以及与之相适应的软性约束体系来提升有效性。在无法依赖明确的制度和程序条件下，G20 机制应通过更多灵活的对话、沟通与协商，提升 G20 机制的代表性与合法性，致力于解决金融动荡之后全球经济的再次携手问题，避免贸易保护主义兴起。

（一）规范议程设置

在这一阶段，G20 机制依然维持非正式的对话机制定位，其功能主要还是通过议程设置来发挥，因此议题的聚焦至关重要。金融危机时期，G20 的主要议题都是围绕危机应对问题。2011 年后，G20 峰会的议题不断扩大，已远超传统经济治理的领域。目前，全球金融危机应对的紧迫性降低，但经济增长仍普遍低于预期，各国迫切需要的是找到经济增长的新方向，这是议题范围扩大的根源。议题的包容性虽然能进一步提高各国政策的协调性，但也会导致 G20 定位的模糊和作为首要经济综合治理机制功能的弱化，不利于 G20 在复杂多变的全球经济领域中有效沟通和协商应对措施的实行。虽然有些学者认为 G20 机制可以发展成为全球治理的核心机制，在经济、政治、安全、外交领域发挥更大作用[1]。在圣彼得堡峰会上，就有学者认为 G20 实际上行使了联合国安理会的职能[2]，但这种议题"泛化"并不利于 G20 的发展，反而会给 G20 增添更多有关合法性的质疑。G20 议题应主要聚焦于需要在国际对话和协商的经济问题，而扩展也应围绕国际经济治理的相关问题，比如贫困与粮食安全问题。此外，议题的限定也有利于明确 G20 机制与包括联合国、IMF、G7 等其他机制等的联动和协调。在纯软性治理阶段，还很难建立明确的议程设置规则，但已经有不少学者呼吁可以通过强化"三驾马车"规则的方式来提升议程设置的软性约束，让前任、现任和后任的轮值主席国共同对议程进行协商，从而保持议题的连续性，也有利于相互之间督促于议题范围的限制。

（二）完善软法治理体系

除了议程设置的问题外，这一阶段 G20 机制化的核心是促进内部对"软法治理"的共识和完善软性治理的系统特征。一方面，提升"软法治理"内外部的合法性。通过与国际社会外部机制的民主协商，基于 G20 共识制定软法，通过

---

[1] 曹玮、王俊峰：《G20 机制化建设与中国的对策》，载于《亚非纵横》2011 年第 4 期，第 28~33 页。
[2] ［加拿大］彼得·哈吉纳尔：《二十国集团演变、互动、记录》，中国发展出版社 2017 年版。

各类型的工作组和研讨会向全球以及区域问题的治理机制征求建议，弥合分歧、形成共识，搭建共同维护国际社会秩序、协调各方利益的合作机制。

另一方面，还应在软性治理的范畴内，运用多种手段完善机制本身的软约束。一是通过不断重申共识和承诺，发挥国际舆论和道德监督的作用，提升机制内达成的软法有效性；二是在提升全球范围代表性的同时，利用其他正式的国际机制和同行监督推动软法的实施；三是要建立规范的信息披露制度，提高"软法"制定和实施的透明度，使"软法"不会再次受控于传统大国；四是在完善评估机制的基础上，建立激励机制，比如对于承诺履行良好的成员，以 G20 宣言、协议为形式进行嘉奖、给予更多话语权等等。

在"软法治理"形成共识和进一步提升 G20 机制化代表性和合法性的这一阶段，应在运作方式、组织架构、决策和执行机制方面维持现状。虽然有不少学者提议尽快设立秘书处等常设机构以提升 G20 机制的有效性[①]，但考虑到各方目前对 G20 机制化方向看法的不一致，现阶段可考虑加强目前"三驾马车"共同领导的"非常设秘书处"的功能和作用。一方面，可以响应对提升 G20 机制在执行承诺、会议筹备、外部协商、主席国衔接等方面效率的呼吁；另一方面，可以避免各界对官僚主义的反感同时，试验性推进 G20 正式组织架构的建设，在不改变现有主要运作方式的基础上为 G20 机制提供更多人力和技术支持。

二、软法硬化阶段

G20 机制的"软法治理"属性是否长期维持，目前仍难以判断，但通过一定程度的"软法硬化"来提升效率和效果，是 G20 机制建设的必由之路。这一阶段机制化的目标，就是要通过部分运作方式、议程设置、组织架构的程序化、规范化和制度化来帮助软法机制逐步完善，使其具备一定的硬性约束力。

（一）加强议题专门化建设

其中，议程设置的机制化仍然是一个重要的方面。在前一阶段强化"三驾马车"在议程设置和议题聚焦方面作用的基础上，许多学者提出用加强议题专门化建设的方式来进一步提升 G20 机制的有效性。确保 G20 议题的主次分明，优先围绕全球经济领域的重点问题，比如就业、国际贸易、跨国投资、国际金融监管、国际货币多元化等等，兼顾其他各国关切的从危机应对、刺激经济到结构转

[①] 甄炳禧：《G20 转型面临的难题及破解之策》，载于《国际问题研究》2016 年第 4 期，第 115～130 页。

型等短期性问题,逐步扩大到对经济可持续发展具有间接影响的基础设施建设、能源安全、反腐败等长期性问题,最后才是更加多元化的考虑全球新变化和新趋势的发展议题,比如恐怖主义、环境保护、气候变化、妇女权益等议题。与此同时,G20 的议程设置应考虑不同阵营的平衡,避免议题偏向发达国家特别关切的问题,需要更多照顾新兴国家的诉求。而在议程设置的规则方面,应在上一阶段的基础上,进一步提升透明度和延续性方面的机制建设。比如在议程设置过程中,通过工作组、专家组会议或公开研讨的方式,将更多 G20 以外的区域代表、国际机构的建议纳入进来,这一方面能够进一步提升 G20 议题在全球范围的代表性,同时也能够更有利于提升议程设置的透明度和延续性。

此外,在 2012 年的洛斯卡沃斯峰会上,主席国墨西哥首次公开宣布了 G20 机制存在内部分工,即分为经济与金融治理工作(通过部长级会议聚焦经济与金融领域的问题)和协调人工作(直接为领导人峰会服务,重点是政治及其他非经济领域的问题),之后的几届峰会实际上都沿用了这种分工方法。实际上,随着峰会议题的不断扩大,协调人工作中的不少内容已经剥离出来成立专门的工作组负责,但由于缺乏明确的分工,产生了一些额外的麻烦和沟通成本。因为许多协调人的工作都会涉及经济、金融以及发展的内容,这意味着协调人工作与专门领域的工作组和部长工作出现一些冲突。因此需要在议题建设的基础上明确协调人工作与各部长会议以及工作组会议的关系。

(二)探索常设机构设立模式

"三驾马车"制度无论是在议程设置、保障机制、组织协调等方面都很容易造成工作衔接不畅、资源浪费、信息不对称、实际执行虚化等问题。近几届的 G20 峰会在议题不连贯、会议重要信息疏漏等方面问题频发,这对于 G20 建设成为长效的全球经济治理机制十分不利。在上一阶段建设"非常设秘书处"的基础上,可以进一步推动建设积极高效的常设秘书处,对于规范会议工作程序,保持前后工作一致性,提升议程设置的合理性都具有现实意义。更关键的是,只有设立了常设秘书处,从软到硬,直至软硬兼施的治理方针才有可能真正得到贯彻和落实。在部分的程序、规则建立硬法约束,必须由专门的常设秘书处才能够推动创建。不进一步推动正式化的秘书处建设,G20 机制长期以来有效性的桎梏就不可能突破,建设成为全球经济综合长效治理机制的目标也不可能真正实现。

但在"常设秘书处"的具体建设办法上,仍然有多种路径可以选择。比如有学者提出可以先设立一个"中立的秘书处",由中立(非成员国)且经验丰富的国际政治家来担任秘书长①。还有学者提出在 G20 内设立"新 G7 +"小组作为常设机构,由美国、中国、英国、欧盟、巴西、印度、俄罗斯和日本等主要经济体组成,类似于联合国的安理会功能。由"新 G7 +"小组对 G20 机制进行顶层领导与设计,对重大问题做出快速而有效的决策,然后再基于更广泛的 G20 平台来对话和获得支持②。这种方案一方面能够解决越来越多元的议题在两天的峰会上难以有效协商的问题;另一方面也在维持代表性与合法性的同时,进一步强化 G20 机制在目前全球治理机制中的存在感,完善当前其在全球治理框架中的功能。

(三) 明确邀请标准与程序

尽管 G20 实现了发达经济体与新兴经济体间的平等对话与协商,相比其他治理机制的代表性和合法性都有了质的提升。但质疑的声音仍然存在。一方面是成员的数量相比全球国家数量的比例非常有限,另一方面是内部新兴经济体相比 G7 的影响力和协调能力较弱,在机制化、议题选择等方面能够发出有力声音的还是太少。有鉴于此,G20 机制的未来发展不能抱着封闭的态度。目前采用的永久邀请对象和主席国邀请机制是短期内的合理解决办法,包括了东盟、非盟、南美等地区的代表参加讨论。因为短期内扩大规模就意味着对话和协商的成本快速提升,不利于达成一致和形成有效承诺。尤其是目前 G20 在许多非经济问题上已经出现了明显的分化与冲突,短期内正式扩容的边际效益较低,并不现实。

G20"软法硬化"阶段的机制建设中,应进一步以法规的形式对永久受邀请对象和邀请参与制度进行明确规定,弥补 G20 机制代表性缺失和内部形式不平等的问题。也已经有不少新兴国家和发展中国家表示希望能够受邀参与 G20 峰会,但目前永久和临时邀请对象的选择也没有明确的规则和程序。以往几届的邀请对象,大多数以地域和议题为标准,采取的是"一届一议"和"一国一议"的方式进行。这样的准入方式提高了协商的成本,不利于 G20 与外部成员和其他机制建立长期稳定的合作关系,长远来看也不利于 G20 在未来吸纳正式成员。当然,即便是邀请参与,数量对效率也会产生影响,因此,应严格按照所形成的邀请制度实施准入,在力求真实反映国际经济新问题和新格局的同时,推动 G20 机制内发达经济体和新兴经济体在协调国际经济政策上的平等与平衡。

此外,在正式开放成员国资格以及被列为邀请对象的国家之外,G20 机制可

---

① Payne A. Steering into the Great Uncertainty: The G20 as Global Governance. *Caribbean Journal of International Relations and Diplomacy*, 2014, 2 (3): 73~85.

② O'Neill, Alessio, Terzi, 等:《更完善的 G20 和全新的 G7 +:新世纪的需要》,载于《世界经济研究》2015 年第 4 期,第 121~126 页。

以先在峰会以下的几个层级逐步开放,从民间组织、Y20、I20 研讨会开始,到专家组和工作组会议,再到部长级会议,逐步把 G20 非成员国(尤其是更广大发展中国家)的代表和其他国际、区域、专门领域组织的代表吸纳进来,积极听取这些不同利益代表们的声音,协调与整合峰会议题,在一定程度上反映出全球更广大发展中国家对 G20 机制的诉求,弥补 G20 领导人峰会层面为追求效率而缺失的更广泛代表性。在"软法硬化"阶段实施这样的机制改革,并不会改变 G20 的定位和性质,也不会因此导致峰会的效率降低,以"系统重要性"为标准的邀请制度也没有发生改变,因此,可以在不降低 G20 机制有效性的前提下提升其合法性与代表性。

上述的邀请行动虽然能够给予非成员国在 G20 机制下的发言权,但 G20 内外部成员的相互联系还缺乏制度化。G20 可以借鉴 G8 发起的海利根达姆进程,建立成员国与非成员国之间正式且稳定的对话机制①,从而在根本上提升代表性。

(四) 强化并扩展部长级会议的评估功能

2009 年匹兹堡峰会后,为督促各国遵守承诺,G20 建立了相互评估机制,让各成员国相互评估各自出台的政策对峰会预期目标的实现程度,但由于受议题扩大化和峰会时间紧迫以及领导人知识局限的影响,相互评估程序目前还难以有效实施,也就无法形成足够的约束力。表 5-1 中列出了目前 G20 相互评估程序所开展的评估内容与进展。目前为止,G20 机制下的相互评估已经就经济增长均衡性和综合增长战略进行了评估,并在 2016 年杭州峰会上出台了关于结构性改革的评估指标,而 2017 年德国汉堡峰会以来抗风险原则的评估指标也正在制定过程中。

表 5-1　　　　　　　　G20 相互评估程序的内容与进展

峰会(时间)	主要举措	具体内容
匹兹堡 2009 年 9 月	构建政策和宏观经济框架	构建"强劲、可持续和均衡增长框架"。通过 G20 相互评估进程
多伦多 2010 年 6 月	成员国政策评估	IMF 评估了 G20 成员国的政策与增长目标的一致性,模拟一个"上行情景",即集体行动将促进所有国家产生更好的结果

---

① 2005 年,时任英国首相布莱尔邀请中国、印度、巴西、墨西哥和南非参加 G8 峰会的某些活动,成为发达经济体与新兴经济体对话的开端。2007 年 G8 峰会,这种对话机制被确认为"海利根达姆进程"。该进程由来自 G8 的特别代表和副部长组成指导委员会开展协调,委员会下设发展、能源、投资、创新与知识产权四个工作组,并设立了海利根达姆秘书处为进程提供组织和学术支持。

续表

峰会（时间）	主要举措	具体内容
首尔 2010年11月	通过指示性指南增强相互评估进程	通过指示性指南确定和评估失衡状况，以此评估在实现"框架"目标方面取得的进展。IMF负责对存在严重失衡的成员国进行评估
戛纳 2011年11月	戛纳增长和就业行动计划	IMF对七个存在重大经济增长失衡的国家，就失衡的特性、其根源和阻碍调整的因素提供了分析
洛斯卡沃斯 2012年6月	洛斯卡沃斯增长和就业行动计划	G20领导人同意加强问责制评估框架，评估在实现强劲、可持续和平衡增长这一共同目标方面取得的进展，并在此框架下进行了第一次评估
圣彼得堡 2013年9月	圣彼得堡行动计划	G20领导人就一项以合作方式促进全球增长、就业和金融稳定的行动计划达成一致，并认识到财政整顿需要反映经济状况
布里斯班 2014年11月	布里斯班行动计划	G20领导人承诺实施综合的增长战略，目标是到2018年使总体GDP比2013年10月《世界经济展望》基线预测高出2%以上
安塔利亚 2015年11月	安塔利亚行动计划	G20领导人评估了实现增长战略的进展，并重申了他们对充分而及时地实施增长战略的承诺
杭州 2016年9月	杭州行动计划	G20领导人以新的结构性改革框架为基础加强了增长战略，其中包括九个重点领域、指导原则和问责指标体系

资料来源：IMF官方网站。

2016年杭州峰会，在中国引领和各国积极推动下，新增了定期的贸易部长会议，迈出了G20功能性机制化的新一步。在功能化和专门化建设基础上，未来可以进一步建立并强化G20部长级会议的相互评估功能。相比领导人峰会，部长级会议由于集中了特定领域的专业人才能够提高评估的准确性，而且时间更为充分和灵活，能够加强政策落实的效力，避免"雷声大雨点小"的问题发生，也增加了各国履行承诺的压力。

具体来说，可以从组建专项工作组开始，逐步推进G20在评估程序、评估机制的建设。首先是G20峰会确定共同认可的预期目标；然后各成员国的工作组根据自身情况制定本国所承诺达到的目标和相应的政策；接着在相关成员国国内部门与国际组织的指导和配合下开展政策出台和实施工作；再接着由每年2~3次的部长级会议对各国政策的出台和实施情况进行相互评估，及时检验政策体系是否符合预期目标,并相互提出改进建议;最后在次年的领导人峰会上对履约情况进行最终评估,公开评估报告,对履约良好的成员进行表彰,对违反承诺的成员进行批评和督促。相互评估可以看作各国相互监督的过程,各方对彼此的政策相互识别、评估。如果不符合集体的利益,就需要进行修改,以实现预期目标。因此,完善相互评估机制,增强相互评估力度,除了对履约情况进行公开之外,还需要加强与相关国际组织和外部机制的联系,将相关评估信息共享,提升不履约行为在多个外部机制和国际组织中产生的连锁负面效应,增加违约的成本,建立G20与外部治理机制间实质性的联动,提升机制本身的合法性和有效性。

三、软硬兼施阶段

软硬兼施阶段应在前两阶段探索与磨合的基础上,对有利于提升机制本身合法性与有效性的环节建立清晰而规范的规则、程序与制度。这一阶段机制化的目标是将G20机制从"非正式"转向"正式",从"对话论坛"转变为"国际组织",真正成为具有代表性和有效性的全球经济综合治理核心机制。具体策略包括以下四个方面:

(一) 明确议程设置规则

伴随G20代表性和有效性的提升,进一步扩大议题的范围几乎是不可避免的,近几届的峰会议题就已经开始呈现多元化的趋势。由于不同国家偏好的差异,又缺乏明确的议程设置规则,必然会导致议题逐步多元化,使得短短两天的领导人峰会协调和达成共识的难度不断加大。其中的关键是确定新增议题的条件以及明确的议程设置方式。根据现有各个学者的观点,提出新增议题的条件应该包括:(1)国际层面集体行动的必要性;(2)全球性危机的紧迫性;(3)领导者的缺位;(4)其他国际机制无法解决的问题;(5)达成一致或积极成果的可能性。

在议题的综合性方面,同时要兼顾发展、安全和政治议题。没有安全的经济增长和社会发展,就不是可持续的发展,没有增长的安全,也只是局部和不稳定的安全。发展议题,既要着眼于世界力量格局的平衡和新秩序的构建,又要能促进各经济体内部的矛盾协调和结构改革。安全议题,要兼顾传统安全与网络安全。通过议题的多元化和综合性提升,能够进一步拓展G20功能,并提升G20机制与其他全球治理机制的联动,有利于整合新旧治理机制,形成合力,减少"碎片化"和"中心多元化"带来的矛盾和冲突,提高G20机制的代表性与合法性。

（二）建设常设机构

以秘书处为代表的常设机构建立，不仅是一个经济治理机制走向成熟的标志，也是机制功能完善和发展的保证。纵观目前成熟的正式或非正式治理机制或合作组织（比如北美自由贸易区、欧盟、APEC 等），都设有常设机构，致力于会议的后勤保障、提供各项具体活动的协商、推进核心议程的设置、落实与外部机制的交流合作，从而进一步提升机制与组织本身的效能。所以，G20 机制化过程中常设机构的建立不是需不需要的问题，如果 G20 机制要成为国际经济综合治理的核心机制，常设机构的建立只是时机和模式的问题。

常设机构的设立和运作肯定会增加对话和协商的成本，并会在一定程度上改变 G20 的非正式定位，可能会产生一些新的矛盾和冲突，因此常设机构的建设要综合参考借鉴已有成熟的几个正式和非正式国际合作机制的方案。

其中，运作时间较长、机制更为成熟的 APEC 是 G20 机构设置的较好的参考对象。APEC 同样是以成员国领导人峰会为核心的非正式对话与协商机制，在机制建设的第四年就在新加坡设立了常驻的秘书处，负责日常事务的管理。秘书处主任由每年 APEC 峰会的主办方指派，任期一年，副主任由下届峰会主办方指派，一年之后继任为执行主任。此后每届 APEC 峰会的议题由秘书处协调各方建议确定，主办国则在议程设置方面起协助作用。该机制赋予了 APEC 更强大的生命力和活力。

目前 APEC 机制的成员数量与 G20 相近，但也已经出现了比如议题过于冗杂、机制建设迟缓、阵营冲突难以调和、经济治理效果不明显、区域经济一体化难以推动等问题。因此 G20 的机制建设要吸取其中的教训，简化常设机构的建设程序，进一步提升其延续性。以"新 G7+"小组成员国各指派一名代表+各区域小组一名代表常驻 G20 秘书处[①]。秘书处主任和副主任的选拔可参照 APEC 的机制，分别由轮值主席国和下届主席国的代表来担任，秘书处成员每三年轮换一次，从而保障秘书处工作的效率和延续性。

（三）严格准入机制

美国纳税联盟（National Taxpayers Union，NTU）在 2012 年对 G20 成员的准入标准和潜在加入成员进行了研究，他们认为 G20 进一步开放成员的标准应该有三个方面，一是本国经济规模及其对全球经济的影响力；二是遵守市场经济的法

---

① 2010 年起，G20 除欧盟外，其余 19 个国家被分为 5 个小组。其中中国、印度尼西亚、日本、韩国为亚洲组，每年峰会的主办国在各个小组之间轮流，并由各个小组选举产生。

律和规则;三是与其他国家金融联系的紧密程度。根据这三个标准,他们认为瑞士、挪威、新加坡和马来西亚最具有资格作为潜在的加入成员①。目前的 G20 成员中,南非、印度尼西亚和阿根廷的经济总量最小,但在区域经济的影响力和代表性方面又明显具有独特优势。

本书认为,虽然上述三个标准符合当前 G20 的定位与规模要求。但在未来制定的准入标准还需要考虑以下三个方面的问题:首先是内部机制化水平和有效性提升的程度。在第二阶段制定明确的邀请机制基础上,通过 15~20 年内部机制的建设,如果能够提高现有协商与合作的有效性,才具有进一步开放成员资格的条件。在这一方面,WTO 和 APEC 等正式和非正式组织的机制化经验提供了前车之鉴,过早地开放成员资格只会导致效率低下。其次是强化 G20 对于新兴经济体与发达经济体平等对话的功能。在目前的 G20 机制下,发达经济体仍然占有更大的话语权,如果在开放成员国资格的时候仅仅考虑经济规模、市场经济和金融体系的建设水平,只会进一步导致发达经济体与新兴经济体力量对比的失衡。因此,在成员的准入机制方面,应更多倾向于经济增长速度、区域代表性和影响力。比如在 NTU 列出的候选名单中,应该优先考虑马来西亚的加入。最后,需要根据全球经济力量格局的变化趋势来考虑准入标准。当前全球经济发展正快速从工业经济进入数字经济时代,全新的技术和经济模式将对传统经济的规则和发展方式提出重大挑战,全球经济和金融也将面临全新风险②。作为从全球风险应对机制发展而来的 G20,在成员准入方面也应该优先考虑在新经济形势下对于全球经济应对风险具有特别意义的经济体。

(四) 构建决策和执行机制

G20 自身决策机制和执行机制的建立将是"软法硬化"阶段的关键突破点,也是 G20 摆脱"清谈馆"属性的关键环节。当然,G20 的决策和执行机制,还应符合 G20 本身灵活性的特点,应该在目前对话和协商机制基础上逐步、有条件地建立表决机制、争端解决机制和联动执行机制,然后再考虑建立直接负责执行的实体司法机构。

首先是表决机制。从长期来看,为推动 G20 领导人峰会在短短时间能够更多地完成预期的使命与目标,内部的表决机制是不可缺少的。但为了体现 G20 非正式性和灵活性,避免陷于官僚主义的低效,应该建立以协商一致为原则,

---

① Alex Brill and James Glassman, *Who Should the Twenty Be*? 2012, available at: http://www.aei.org/files/2012/06/14/ – brill – g20 – ntu – paper_095940274931.pdf.

② 唐杰:《全球数字经济发展现状分析及展望》,载于《经济研究参考》2018 年第 51 期,第 43~52 页。

多数表决为例外的表决机制。在大多数的国际问题上积极促进友好对话与协商，在涉及全球性利害相关问题上（比如重大经济危机和安全问题）难以达成一致时，动用多数表决制。在需要多数表决的问题上，邀请国际组织和受邀国发表专业建议和区域代表性看法，从而发挥外部机制的监督和联动作用，同时提升表决机制的代表性。而表决具体采用"一国一票""加权投票""简单多数"还是"特定多数"的规则一方面取决于具体问题的属性；另一方面要平等地反映新兴经济体与发达经济体的利益，并体现更多发展中国家的诉求。需要特别注意的是要严格规定表决的生效要件和修改程序，以利于表决结果的顺利通过并维护其权威性。

其次是完善政策相互评估机制和奖惩机制，提高 G20 达成宣言和承诺的落实效力。为配合相互评估机制的实施，一方面可以在金融、投资、贸易、创新、粮食、能源、安全、气候变化等具体领域逐步建立评价指标体系、信用评级与风险管理制度。促进国家、政府组织规范遵守与执行的同时，通过第三方评测、国际传媒督促等方式对履约较差和不规范行为予以监督和曝光。另一方面可以开发"共同工具篮子"，建立并执行相应的行为准则——即在何种情形下应采取什么样的措施。比如 2014 年的布里斯班峰会宣布成立的"全球基础设施中心"以及"全球基础设施基金"就为 G20 共同工具的建设提供了范本。G20 还应该建立一系列共同工具，比如设立"全球粮价平准基金"，用以干预粮价极端波动，从而形成"共同工具篮子"。在共同工具篮子基础上，对不达标的经济体予以类似削减授信额度的处罚措施。

最后是建立 G20 的内部争端解决机制。争端解决机制是国际组织机制化中不可缺少的一环，是有效化解成员间争端的制度保障，但即便是争端解决机制已经比较完善的联合国，僵局仍然时有发生。因此，G20 的机制建设要吸取其中的经验，采用外交和司法混合的争端解决机制，针对不同的情况采用不同的方式，形成体系化的解决方案，提升机制的灵活性。比如在议程设置和峰会准备上下功夫，通过部长级会议、协调人会议及工作组和专家组会议就关键问题先期展开对话和协商，预见峰会可能发生的各种矛盾，必要的情况下启动分层次的争端解决机制。具体程序上，可以借鉴同样针对经济领域问题的 WTO 的机制，融合外交和司法两种方法。对成员国间利益冲突较小、不影响多边关系的问题采取以协商和谈判程序为主的外交途径解决；对相互间利益冲突较大、并影响到多边利益的冲突则根据相关的制度强制性启动仲裁程序，以维护多边的合法权益。如在提出或接到磋商请求之日起一定时间内，问题未能得到妥善解决的，提出磋商一方可以申请启动仲裁或审判程序，由 G20 成员国联合组建的仲裁团队在遵循以往达成的基本原则、承诺和制度的基础上，对争端进行仲裁。协商各方若对仲裁或审判结果不服，可以向上诉机构提出上诉，由上诉机构出具更为详细的仲裁报告并做出最终裁决。争端解决机制一方面能提升纠纷的解决效率,避免"久拖不决"的现象;另一方面,还可以敦促冲突各方及时行使权利,防止"怠于行权"。

综上所述,G20在后危机时代虽然已经展示出转型成为全球经济长效治理机制的潜力,但机制化的道路还比较漫长。表5-2归纳了本书提出的三阶段机制化的关键内容,策略的具体实施时间还需要考虑未来国际经济形势的变化、政治力量的博弈以及每一阶段机制建设的实际成效。

表5-2 G20三阶段机制化的关键内容

项目	纯软性治理阶段	软法硬化阶段	软硬兼施阶段
成员资格	维持现状	明确邀请标准与程序	制定准入标准和程序
常设机构	丰富"三驾马车秘书处"职能	探索"新G7+"决策小组和中立秘书处等新模式	正式的常设秘书处、快速决策小组和仲裁机构
议程设置	聚焦经济治理基础上适当扩展	探索议程设置规则并开展议题专门化建设	制定明确议程设置和议题扩大规则
决策与执行机制	加强与外部机制在决策和执行环节的联动	实施部长级会议的相互评估程序,建立与外部治理机制的联动程序	完善相互评估程序、奖惩制度和内外部联动机制,建设表决机制和争端解决机制

第六节 后疫情时代二十国集团合作机制面临的机遇和挑战

一、后疫情时代G20合作面临的机遇

疫情对G20合作机制造成了较大的冲击,但也为G20进一步深化合作、提升国际地位提供了机遇。全球抗疫将更加凸显G20合作机制的重要性,有利于G20在推进科技创新合作、重塑全球治理体系等方面发挥更大的作用。

(一)后疫情时代G20合作的重要性将更加凸显

作为当前"国际经济合作的主要论坛",G20在成立之初是一个应对国际金融危机的临时平台,其确定了"促进全球经济稳定和持续增长"的目标,并逐渐

转变成全球经济治理的长期机制，在推动国际经济合作方面发挥了积极的作用。当前，面对新冠肺炎疫情这一全人类的共同危机，迫切需要世界各国加强团结合作，强化基于协调一致和多边主义的"全球应对"行动，共同抗击疫情，打造人类卫生健康共同体，这也为加强G20合作、更好发挥G20机制的重要作用提供了新的机遇。2020年3月26日，在二十国集团领导人应对新冠肺炎疫情特别峰会上，G20成员国和嘉宾国领导人以及相关国际组织负责人通过视频会议方式深入探讨了采取全球行动以抗击疫情的必要性。习近平提出"坚决打好新冠肺炎疫情防控全球阻击战""有效开展国际联防联控""积极支持国际组织发挥作用""加强国际宏观经济政策协调"四点倡议，为全球协调行动抗击疫情指明方向。后疫情时代，G20应以全球合作抗疫为契机，加强各成员国之间的政策协调与合作，尽可能降低疫情对全球供应链、产业链以及经济增长造成的负面冲击，努力推动世界经济从衰退中逐步复苏，争取让G20机制得到国际社会更加广泛的认可。

（二）疫情为加强G20科技创新合作提供了新的契机

疫情对传统产业和经济发展带来较大冲击，但推动了在线科技、人工智能、5G、大数据、云计算等新技术的加快运用，促进了疫情防控国际科技合作，给科技创新合作与智能经济发展创造了机遇。习近平强调指出，人类同疾病较量最有力的武器就是科学技术，人类战胜大灾大疫离不开科学发展和技术创新。当前新冠肺炎疫情在全球肆虐，迫切需要世界各国加强科技合作，充分利用好科学技术这一战胜疫情最有力的武器。而推动科技创新合作一直是G20合作机制的重要内容之一，在新冠肺炎疫情全球蔓延的形势下，G20科技创新合作面临着更大的机遇。G20应抓住科技创新合作面临的新机遇，引导和组织全球科技力量开展联合攻关，着力推动全球卫生健康领域的科技合作，尤其是在应对气候变化、生命健康、环境保护等全人类共同的挑战方面寻找更多深入合作的机会，切实展现G20推动全球政策协调与合作的地位和作用。同时，以科技创新合作为契机，进一步挖掘G20在云计算、数据中心、人工智能、工业互联网平台等新基建及服务企业数字化转型、推动智慧城市建设等方面的合作潜力，提升G20合作水平。

（三）后疫情时代期盼G20在全球治理体系改革中的作为

此次疫情引发了全球巨大的公共卫生和经济危机，暴露出全球治理体系存在的诸多短板和问题：首先是全球公共卫生体系的不足，联合国在应对全球大流行病方面发挥的作用十分有限，其下属负责公共卫生的专门机构——世界卫生组织缺乏调动全球资源的能力；其次是全球产业链供应链的脆弱性，疫情带来的冲击破坏了全球产业链供应链的稳定性，加速了全球供应链的本地化和多元化进程，从而也冲击着国际自由贸易体系；再次是 WTO 面临的改革困局更加凸显，WTO 机制的有效运行已经受到质疑，推进 WTO 改革迫在眉睫，疫情的暴发暂时延后了 WTO 改革进程，对多边贸易体系带来更多不确定性，加快推进 WTO 改革需要建立各国的合作与信任关系。由此可见，当前全球治理体系存在着明显的短板，新冠肺炎疫情为全球治理体系改革注入了"催化剂"，改革和完善全球治理体系是当务之急。G20 应抓住这一历史机遇，加强交流合作，提出创新全球治理体系的合理方案，促进和引领全球治理体系改革，最大限度地发挥其作为全球经济治理重要平台的关键性作用。

二、后疫情时代 G20 合作面临的挑战

疫情带来了诸如经济下滑风险加剧、逆全球化暗流涌动、社会动荡加剧等问题，使后疫情时代 G20 合作也面临着极大挑战。

（一）经济下行风险加剧

受新冠肺炎疫情的影响，全球经济下行的压力加剧。从表 5-3 中 G20 主要经济体在第一季度和第二季度的 GDP 增长率变化情况来看，多数经济体的 GDP 增长率均出现了不同程度的下降，陷入了技术性衰退。当前疫情仍在蔓延，疫情暴发初期所预计的 V 型的增长模式在很多经济体中已经难以实现，更多的国家所呈现的是 U 型的增长模式。各国为了控制疫情采取了停航停运、居家办公、关闭公共场所等方式，国际游客大幅度减少，全球旅游、交通运输等行业受到严重的影响，几乎处于"寒冬"。受到交通运输业发展中断的影响，全球的产业链供应链几乎处于断裂态势，尤其是传统的制造业受到的影响更为明显，各个国家的出口受阻，全球消费大幅度萎缩。因此，后疫情时代，如何重启产业发展、产业链合作是 G20 国家合作面临的重要挑战。

表 5-3　　　　G20 经济体 2020 年 GDP 增长率变化情况

国家	2020 年 GDP 增长率变化情况
美国	第二季度 GDP 同比实际下降 9.6%
法国	第二季度 GDP 同比实际下降 19%，预计 2020 年 GDP 下降 8%
意大利	预计 2020 年 GDP 下降 9.5%
加拿大	预计 2020 年 GDP 下降 7.1%

续表

国家	2020年GDP增长率变化情况
韩国	第一季度GDP环比下降1.3%，第二季度GDP环比下降3.3%
日本	预计全年GDP将下降4.5%~5%
澳大利亚	第一季度GDP下降0.3%，第二季度GDP或将下降7%
德国	第二季度同比下降11.7%
英国	第一季度GDP下降2.2%，第二季度GDP预计下降21%
俄罗斯	预计第二季度GDP实际下降9.5%~10.0%
巴西	预计全年GDP降幅5.3%~9.1%之间
南非	预计全年GDP下降8.2%
印度	第一季度GDP增速3.1%，第二季度GDP下降4.3%
中国	第一季度GDP同比下降6.8%，第二季度GDP增速3.2%
印度尼西亚	上半年GDP实际下降1.26%
阿根廷	第一季度GDP同比下降5.4%
墨西哥	第二季度GDP同比下降18.9%
欧盟	第二季度GDP环比下降11.9%，同比下降14.4%
沙特阿拉伯	第一季度财政出现90亿美元赤字
土耳其	预计2020年GDP下降5%

资料来源：根据国际货币基金组织、各国官方发布的相关数据整理汇总而得。

（二）逆全球化暗流涌动

金融危机之后，世界经济增长乏力。特朗普执政以后，持续推出了一系列贸易保护主义的逆全球化措施，使中美贸易摩擦逐步升级，导致世界经济不确定性增强，全球贸易在GDP中的占比下降。尤其是这次疫情来势凶猛，持续时间长，其对社会经济的危害程度不亚于2008年的金融危机，很多国家的工厂被迫停工，工人下岗等，阻断了国际贸易的产业链。订单延迟，受到"封国封城"的影响，很多国家的人员流动受到限制，越来越多的国家更加注重供应链的本土化培育以保护本土的产业安全、缓解本土的就业和社会矛盾，逆全球化趋势加速上演。例如很多国家开始考虑将原先投资于国外的生产线撤离回本土生产，一方面是带动本土的就业；另一方面是避免受到产业链中断的影响。以美国为代表的西方政客借疫情之机呼吁保护主义，抵制外国人员和外国商品，加剧了逆全球化趋势。疫情期间很多国家采取了一系列贸易保护和禁航禁运的措施，影响了正常的贸易往来，表现出明显的排外情绪，给全球贸易造成了严重的冲击。根据贸促会发布的数据显示，截至8月5日，共有158个国家（地区）对船舶、航班、列车等采取了相应的限制措施；根据世贸组织发布的数据显示，2020年第二季度的贸易总量同比下降了18.5%。在过去几年中，G20国家越来越广泛地参与到全球价值链的分工中，如果逆全球化盛行的话，那么，一些缺乏全产业链的小型国家将受到严峻的挑战。

（三）社会动荡加剧

由于疫情影响所带来的经济冲击问题很可能在一段时间内被持续积累放大进而引发社会动荡问题。一方面，受到产业发展和消费的影响，工厂倒闭，工人失业率上升，据统计，全球失业率最严重的九大国家包括美国、俄罗斯、英国、巴西、法国、印度、秘鲁、西班牙和意大利。表5-4中给出了G20经济体在疫情期间主要的失业情况，除韩国外，其他国家的失业率均较疫情前有所上升。另一方面，受到失业影响，很多人对社会产生不满，引发社会不稳定。一些民众通过街头抗议的方式对政府腐败、通货膨胀、食物短缺甚至是个人自由等问题表示不满，例如6月德国上万人走上街头抗议表示不接受政府保持距离的说法；美国的特洛伊事件把抗议活动推向了高潮。全球共有五个国家爆发示威游行；针对美国政府的疫情防控不力，美国民众上街游行示威反对学生开学；津巴布韦的游行示威活动表达出了对政府的不满。这些示威活动一旦没有得到很好解决，势必引发更深层次的社会问题，这都将对G20国家的合作产生不利的影响。

表5-4 疫情期间G20经济体失业情况一览表

G20	2020年G20经济体失业情况
美国	4月失业率高达14.7%，7月失业率调整为10.2%
法国	3月和4月的失业率分别增长了7.1%和22.6%
意大利	6月失业率8.8%
加拿大	6月失业率12.3%，7月失业率10.9%
韩国	失业率略有下降，5月为4.5%，6月为4.3%
日本	失业率2.9%
澳大利亚	4月失业率升至6.2%
德国	失业率为6.3%
英国	失业率为12%
俄罗斯	失业率为4.9%
巴西	3月至5月失业率为12.9%

续表

G20	2020年G20经济体失业情况
南非	失业率高达30.1%
印度	2020年1月以来的失业率分别是7.2%、7.8%、8.7%、23.52%和23.48%
中国	2月失业率为6.2%
印度尼西亚	失业人数增加了50%
阿根廷	年底失业率将达13.5%
墨西哥	失业率为5.3%
欧盟	4月失业率为6.6%
沙特阿拉伯	失业率为9.66%
土耳其	2020年伊斯坦布尔失业人数超过200万

资料来源：根据官方网站上发布的相应数据整理汇总而得。

第七节　后疫情时代二十国集团合作机制完善发展的趋势展望

当今世界正面临着百年未有之大变局与百年未遇之大疫情的叠加冲击，国际环境复杂多变，矛盾冲突和风险隐患相互交织，不稳定不确定因素明显增多。G20应顺应国际形势发展变化，抓住机遇，迎接挑战，进一步加强合作，在做好疫情防控、稳定世界经济、促进政策协调等方面更好地发挥引领性作用。

一、积极引导世界各国进一步加强疫情防控合作

G20在应对国际金融危机、稳定世界经济方面已经发挥过领导性的作用，在当前和今后较长一段时间推动国际合作抗疫方面也必将继续发挥其积极的作用。根据美国约翰·霍普金斯大学2020年8月10日发布的疫情统计数据，全球累计新冠肺炎确诊病例已超过2 000万例，且发展态势不容乐观，全球抗疫形势依然较为严峻。面对新冠肺炎疫情的全球蔓延，合作抗疫、团结抗疫是世界各国的唯一选择。全球合作对于遏制新冠肺炎疫情及其对经济的影响至关重要，尤其是在疫情变得更加持久和广泛的情况下。习近平强调指出："团结合作是国际社会战胜疫情最有力武器。"中国基于自身抗疫实践为其他国家提供经验参考，在推动

国际社会合作抗疫方面做出了积极的贡献，起到了良好的表率和示范作用，得到了国际组织和世界各国的广泛认可。中国担当、中国作为、中国贡献也为G20加强国际合作抗疫注入了强劲的动力。2020年3月26日二十国集团领导人应对新冠肺炎疫情特别峰会的召开，反映了G20对加强国际抗疫合作的重视，也提振了世界各国携手应对疫情的信心。G20将进一步引导世界各国团结抗疫，加强政策协调，制定和实施积极有效的合作抗疫举措，充分发挥其在全球抗疫合作及稳定全球经济中的作用。加强对疫情严重国家的援助，根据不同国家疫情发展形势、医疗卫生水平以及物资保障能力的差异，制订有针对性的差异化援助方案，提高疫情防控效率。同时，G20应进一步引导加强抗疫的国际民间合作，增强社会力量在国际抗疫合作中的重要作用，为开展抗疫国际合作创造更加有利的条件。

二、加强合作维护全球产业链供应链稳定

全球产业链供应链的形成和发展是符合历史发展潮流和经济发展规律的，是经济全球化的必然结果。在全球产业链供应链上，各个经济体相互依存、相互影响，形成紧密的合作关系，推动世界经济持续稳定发展。但是疫情造成的封锁和阻隔给供给端和需求端都造成了巨大冲击，从而给全球产业链和供应链的安全稳定带来了极大的挑战。因此，G20应共同落实好特别峰会联合声明，带头解决全球产业链供应链中断问题，全力维护全球产业链供应链稳定，积极采取减免关税、取消壁垒、畅通贸易、促进投资等举措，捍卫全球贸易自由化和投资便利化，保持全球市场开放，营造良好的国际开放合作环境，助力世界经济复苏。尤其是G20要积极引导世界各国应以此次疫情为契机，加快构建平等对话、合作共赢、开放包容的贸易伙伴关系，努力修复甚至重塑全球价值链，助推全球经济治理体系改革。各国政府应加强"保链稳链"政策协调，着力提供更加精准的政策支持体系，优先保障在全球供应链中有重要影响的龙头企业和关键环节恢复生产供应，通过完善"政策链"来保障产业链供应链的链条实现相互贯通。建立全球产业链供应链应急管理机制和信息共享机制，促进产业链供应链的安全领域国际合作，推动形成G20产业链供应链安全联合声明，积极构建全球产业链供应链安全预警指标体系，建立多渠道、多层次产业链供应链安全体系。通过世界各国的务实合作与共同努力，加快推动构建更加开放的产业链供应链和创新链价值链，确保全球产业链供应链开放稳定安全。

三、着力推动全球加强科技创新合作

面对突发疫情的全球蔓延，世界各国积极开展相关科学研究，实施联合科技攻关，推动疫情防控国际科研合作。尤其是中国的科技战疫为开展全球疫情防控科研合作树立了典范，提供了成功经验。后疫情时代，G20 将继续推动疫情防控的国际科技创新合作，着力构建国际科技合作新框架。二十国集团领导人应对新冠肺炎疫情特别峰会声明提出"将共享实时、透明信息，交换流行病学和临床数据，共享研发所需的物资"，预示着 G20 将在推进科研数据信息共享和资源共享方面做出更大的努力，加速取得更为全面的科技战疫成果。G20 将进一步开展全球卫生健康领域的科技创新合作，加强疫情防控的科研联合攻关，整合各方资源，推动建设更加完善的国际科技合作机制。同时，G20 应鼓励发达国家为发展中国家提供紧急技术援助，帮助发展中国家增强抗疫能力，为取得全球抗疫胜利做出共同努力。立足当前，着眼长远，G20 还应以此次全球科技合作战疫为契机，进一步增强科技创新合作共识，谋划更深层次、更为全面的科技创新合作，特别是针对气候变化、生命健康、环境保护等全人类的共同挑战，组织实施国际大科学计划和大科学工程，深入开展国际科技合作。继续推进 G20 创新部长会议机制，扩大政府部门、高校、科研机构等各层次交流，推动 G20 各成员国在科技创新领域进行建设性互动。进一步加强 G20 框架下的科技创新政策协调，建立更为广泛、更加务实的双边及多边创新对话机制。大力推动科技人才交流合作，提升人才资源外溢效应，增强科技创新合作的可持续性。同时，在加强科技创新合作的基础上，进一步推动 G20 数字经济、智慧城市建设等方面的经验分享与交流合作。

四、进一步加强全球风险防范领域的合作

当前，受新冠肺炎疫情全球大流行以及地缘政治和贸易紧张局势等因素影响，世界经济增长将陷入长期停滞状态，全球经济面临着诸多的风险与挑战，如何有效防范和化解这些风险和挑战，成为亟待探讨的重要话题。G20 作为国际经济合作的首要论坛，需要在风险防范方面作出更多更大的贡献，成为全球风险防范的"减震器"和"稳定剂"。因此，G20 应在防范全球公共卫生安全风险、金融风险、债务风险、粮食风险、逆全球化风险等方面开展更加广泛的合作，以更加开放的姿态应对世界各国共同面临的风险与挑战，为全球经济的复苏和增长提供新的发展动力。立足风险防范，G20 首先应该加强对全球风险的监控，并随时

采取积极行动应对风险。充分发挥 G20 机制的沟通协调作用，强化大国责任担当，加大公共卫生产品供给，进一步完善全球疫情监测预警网络和公共卫生应急管理体制，加快推动形成更加公平合理有效的全球公共卫生安全治理体系，更好地应对全球公共卫生安全风险。加快推进全球金融合作与金融风险防控，防范发达经济体实施负利率和无限量、无底线的量化宽松政策带来的外溢风险，警惕新兴市场资本外流与债务偿付叠加放大风险，严加防范金融风险转变为金融危机，警惕金融市场暴跌引发的债务危机。加快促进全球跨境贸易和投资流动，重点加强贸易与投资政策协调合作，提升贸易与投资自由化、便利化水平。推动加强国际粮食安全，妥善应对全球粮食危机，在 G20 框架下强化消除饥饿、保障粮食安全的全球共同责任与使命，引导各国启动全球粮食安全和农业贸易协调合作行动，确保粮食供应链有效运转，进一步完善全球粮食安全治理。

五、进一步加强国际宏观经济政策协调合作

在疫情防控处于常态化的新阶段，要想最终取得全球抗疫的胜利，离不开世界各国科学务实、持续有效的抗疫合作，其中加强国际宏观经济政策协调合作是重要的一个方面。只有加强国际宏观经济政策协调合作，携手加大宏观政策对冲力度，才能将疫情给经济社会带来的负面影响降到最低。应支持 G20 作为国际宏观经济政策协调的主要平台继续发挥其推动国际政策协调合作的枢纽作用。在二十国集团领导人应对新冠肺炎疫情特别峰会声明中，G20 已经承诺将向全球经济注入 5 万亿美元，并动用一切必要的政策工具来降低疫情带来的损失，促进全球市场稳定，恢复世界经济增长。后疫情时代，G20 应切实履行承诺，进一步增强合作共识，加强宏观经济政策协调以稳定世界经济，提振发展信心。G20 各成员国应积极采取所有可用的政策措施支持经济增长，保持市场流动性，有效应对疫情冲击，并加强货币政策、财政政策等宏观经济政策协调合作，维护全球金融稳定。同时尽量减少出口限制，支持多边自由贸易体系，稳定国际贸易，维护全球供应链。进一步加强 G20 各成员国财长、央行行长之间的沟通对话，加大货币政策和财政政策协调力度。同时，加强 G20 财长、央行行长与卫生部长之间的沟通协调，制定 G20 应对新冠肺炎疫情冲击的行动计划，提升政策执行力。此外，除了加强 G20 成员内部的政策协调合作，还要加强 G20 与其他国家及各国际组织之间的政策协调力度，共同抗击并战胜疫情，维护全球经济稳定与发展。

六、加强 G20 与其他多边组织的合作

多边组织作为国际经济合作主要方式和全球重要危机应对机制，在加强国际合作、共同战胜疫情方面具有重要作用。当前，G20 已经展示出多边合作治理在应对疫情蔓延中的重要性，未来，G20 将继续发挥更加积极的作用，并加强与其他多边组织的合作。特别是 G20 成员国中的美、欧、中、日等主要经济体要积极利用多双边渠道，加强 G20 与其他国际组织及主要经济体的合作，大力支持世界卫生组织、世界银行、国际货币基金组织等国际多边平台和机构在疫情应对和危机救助中发挥应有职能，有效应对国际疫情冲击、维护全球经济和金融市场稳定。针对当前全球公共卫生治理体系较为脆弱的问题，G20 应引导国际社会加强全球公共卫生治理能力建设，推动公共卫生治理体系的国际合作，打造人类卫生健康共同体。加强 G20 与世界卫生组织的合作，为医疗水平落后或受疫情影响较重的国家或地区提供更多的支持和援助，共同促进国际医疗资源的合理配置。为世界卫生组织提供更加充分的资金、技术和人员支持，更好地发挥其在国际抗疫协调合作中的核心枢纽作用。以世界卫生组织为平台加强信息沟通、知识共享、技术援助等，构建公共卫生知识国际化网络平台，进一步优化重大传染病的国际协调合作机制。加大 G20 与世界银行、国际货币基金组织等多边组织合作，鼓励其为全球防疫特别是为低收入和中等收入国家抗疫提供资金等方面的支持。支持世界贸易组织在全球抗疫中发挥更大作用，促进应急物资贸易便利化与供应链合作。

第六章

二十国集团推动全球宏观政策协调与活力增长

冷战以后,世界经济一体化进程持续加快,大部分国家逐步融入全球经济体系中来,经济资源在全球范围内的优化配置促进国际经济繁荣发展,整体上促进了各国经济发展,为全球经济的共同发展做出了巨大的贡献。但是,世界经济一体化进程也不是一片坦途,其中也充满了各种波折和冲突,经济全球化发展至今,世界各国经济发展不平衡加剧、各国内部分配不公平加深,从各自利益出发,贸易保护主义和"逆全球化"思潮愈演愈烈,自由贸易呈现出"碎片化"和"区域性"的发展趋势,不同的利益诉求导致全球治理面临价值共识缺失、治理权威分散、治理边界模糊、责任主体缺位等治理难题,各国经济、金融等方面的宏观政策缺乏协调性,加剧了国际经济发展的风险和波动。

为加强世界各国在国际经济金融政策上的协调与合作,共同促进世界经济可持续发展,世界20个主要经济体在布雷顿森林体系框架内建立了发达国家与新兴市场国家的非正式对话的机制,并逐步形成了"领导人峰会—协调人会议—部长级会议—工作组会议"的G20机制架构。二十国集团由七国集团财长会议于1999年倡议成立,由中国、阿根廷、澳大利亚、巴西、加拿大、法国、德国、印度、印度尼西亚、意大利、日本、韩国、墨西哥、俄罗斯、沙特阿拉伯、南非、土耳其、英国、美国以及欧盟等二十个主要经济体组成。G20成员具有较强的代表性,人口占全球的2/3,成员总国土面积占全球的60%,国内生产总值占全球的90%,贸易额占全球的75%,其构成兼顾了发达国家和发展中国家以及不同地域之间的利益平衡,在政治、经济、地域等方面都具有广泛的代表性。近年来,在应对全球金融危机和解决世界经济发展中面临的气候、环境、金融、法律、科技、就业等方面的问题，在维持全球金融和经济稳定、促进主要经济体合作发展方面，G20 发挥了积极的作用，其全球代表性被广泛认可。

随着国际经济形势的发展变化，G20 的角色定位也发生了重大嬗变，由最初的维护国际金融体系稳定和化解金融危机后果，到后来的完善世界治理体系，协调各国宏观政策，应对不断恶化的国际金融经济环境和努力恢复全球经济增长。近年来，中国领导人在多个重要国际场合呼吁国际社会加强宏观经济政策协调，并通过 G20 等平台改善全球经济治理，避免世界主要大国宏观经济政策冲突产生的负面影响，以推动世界经济复苏和实现强劲、可持续、平衡增长，更好地发挥 G20 的作用。但是，作为一种非正式的国际合作机制，仅仅通过对话，缺乏一种强有力的执行机制和约束机制，G20 也面临着巨大的挑战，特别是目前贸易保护主义和霸凌主义涌现，使得各国在经济政策上难以达成高规格的协议。美国的单边主义和强权主义严重损害了多边机制的信任关系，让 G20 的多边政策协调功能受到阻碍，使 G20 如何做推动全球宏观政策协调并激发经济活力引发更多关注。

第一节 二十国集团推动全球宏观政策协调具有重要意义

冷战结束后，世界经济全球化深入发展，国际政治多极化不断加强，新兴市场国家的综合实力不断提升，但世界经济面临的问题却层出不穷，国际贸易摩擦和国际金融风险时刻影响着全球经济的稳定发展。国际经济一体化范围和深度的不断变化，使得国际经济中国家宏观经济政策中的跨国溢出问题和集体行动问题变得日益紧迫和重要。1997 年东南亚金融危机和 2008 年全球金融危机的爆发使国际社会认识到，解决国际金融问题不能仅仅依靠西方发达国家，还需要新兴市场国家和发展中国家的参与。虽然国际金融市场由发达国家控制，但发展中国家和新兴市场国家在国际市场上的参与越来越紧密，影响也是越来越大，众多国际金融和经济问题，需要各国共同努力，通过协调各国的宏观经济政策，避免宏观政策冲突和负面溢出效应，才能实现最好的协调效果。

国际社会很早就提出政策协调的概念，但直到 20 世纪 70 年代至 80 年代才逐渐成为一种明确的指导思想被国际社会所接受。国际宏观经济政策协调是指各国政府或国际经济组织，在承认世界经济相互依存的现实前提下，就汇率政策、贸易政策、货币政策和财政政策等宏观经济政策在有关国家之间展开的磋商和协调，以维持和促进各国经济的稳定发展。这就需要有国际组织或者对话平台，加强各国的交流,帮助各国实现政策协调,从而达到世界经济金融稳定发展的目的。

世界经济一体化向纵深推进,国际经济分工体系日益细化,各国融入国际经济体系的程度越来越强,但世界经济发展存在矛盾和脆弱性,应该得到足够的重视,要采取各种措施避免世界经济的反复和进入周期性衰退,特别是要加强宏观政策协调,避免以邻为壑负面政策的破坏性影响,防止各国过度为短期利益而博弈,共同维护世界经济的复苏势头和健康发展。

为了应对金融危机,G20 加强了各国的对话,推动了世界主要经济体的合作,促进了全球经济复苏,G20 领导人在华盛顿、伦敦、匹兹堡、多伦多等城市召开了世界金融峰会,主要围绕全球经济刺激方案、增资国际货币基金组织、加强金融监管、改革国际金融体系、反对贸易保护主义等议题展开讨论,经过艰苦的磋商和协调,与会各方达成广泛共识。这些会议成果和相关决议的贯彻执行,使世界经济逐步从危机中复苏,主要国家经济增长逐渐回归正常轨道。但是,后危机时代,国际经济形势发生了显著变化,各国经济复苏能力有很大差别,出现了更多更复杂的情况,而且全球金融危机这一共同的应对目标消失后,很难再让各国像以前那样齐心协力,步调一致了,基于各自利益取向和不同经济发展形势,现在各国很难做出完全协调的动作来,导致各国宏观政策出现不协调甚至矛盾冲突,大家期盼的是各国能够尽量保持政策上的稳定。因此,在 G20 框架下,使全球宏观经济政策协调并力求保持制度化稳定,就显得极为重要了。

当前世界经济增长乏力,各国经济走势和政策严重分化,特别是以美国为首的发达国家大搞单边主义,宏观经济政策负面溢出效应增加,导致全球系统性风险上升,迫切需要加强各国宏观经济政策协调。金融危机后,在量化宽松等扩展政策刺激下,美国经济率先回暖,进入加息轨道,以吸引资本回流;欧洲经济复苏乏力,欧央行仍在加大量化宽松;日本"安倍经济学"收效甚微,日本央行不久前也推出了负利率政策。与此同时,全球大宗商品价格持续低迷,短期资本流出加速,外汇市场震荡加剧,新兴经济体面临新的风险。俄罗斯、巴西、阿根廷等国由于资源能源价格下降,出现外汇大幅度下降和经济增长放缓;当前世界主要经济体都面临各自的结构性问题,2015 年,主要经济体货币兑美元汇率大幅贬值,特别是某些重要的经济体采取竞争性贬值政策,增加了全球系统性金融风险。现有全球宏观经济政策协调机制存在不足,难以满足稳定全球金融市场和世界经济健康发展的需要,亟待建立和完善各国宏观经济政策协调机制,以避免金融危机再次发生。关于宏观经济政策协调。我国也在很多场合,多次提出希望世界各国能延续共识,并对外发出清晰、积极信号,各国应坚持多边主义,加强对话沟通,进一步完善宏观经济政策协调,综合使用财政、货币和结构改革等各类政策工具，共同维护全球金融稳定，促进全球经济强劲、可持续、平衡、包容增长。

第二节 二十国集团推动全球宏观政策协调以促进经济增长的演化过程

G20 合作机制为发达国家和新兴市场国家提供了一个沟通对话的平台，改善了全球金融与经济治理结构，G20 为世界上处于不同发展阶段的主要国家提供了一个共同讨论国际事务的平台，推动成员国对重大国际金融、经济问题的深入探讨，也促进了成员国之间的政策协调和有效合作。G20 成立之初，正是 1998 年东南亚金融危机爆发之后，其宗旨是推动发达国家和新兴市场国家之间就实质性问题进行讨论和研究，以寻求合作并促进世界经济的稳定和持续增长。2001 年，美国"9·11"事件发生后，在加拿大渥太华举行的财长和央行行长会议着重讨论了如何在财经领域就打击恐怖主义开展合作等问题；2002 年在印度新德里举行的第四次财长和央行行长会议主要就金融危机防范与化解、经济全球化、打击恐怖融资以及发展援助等议题进行了讨论；2003 年在墨西哥莫雷利亚举行的第五次财长和央行行长年会就全球经济增长面临的挑战、金融危机的防范与处理、打击国际恐怖活动的融资等议题进行了广泛交流。2005 年在中国北京举行的第七次财长和央行行长会议讨论了各种重要的全球经济问题，重申了在实现平衡、可持续发展方面的共同目标和责任。此外，本次会议还发表了《二十国关于改革布雷顿森林机构的声明》和《二十国有关全球发展问题的声明》，为布雷顿森林机构改革提出了新的方向。2007 年在南非开普敦举行的第九次财长和央行行长会议就确保世界金融市场稳定、国际货币基金组织和世界银行的改革等问题进行了讨论。

2008 年由美国次贷危机引发的全球金融风暴，置世界经济、金融发展于重大危险境地，世界各国面临着经济放缓和金融危机的险境，只有继续加强各国的合作，共同应对，才有可能走出困境。因此，二十国集团从 2008 年起召开领导人峰会以商讨对策，协调各国宏观政策，采取了紧急和特别措施以支撑全球经济和稳定金融市场，在共同应对国际经济、金融危机中发挥了积极作用。随着国际形势的发展，二十国集团关注的议题由最初维护金融稳定、避免金融危机再次发生，逐步扩展为促进全球经济持续增长、改革国际金融体系、打击国际恐怖融资乃至援助发展中国家，涉及领域更为广泛。G20 财长和央行行长会议已将"结构性改革"纳入"强劲、可持续和平衡增长"框架。同样,在结构性改革方面 G20 成员国也需要加强政策协调。

2008 年,G20 首次领导人峰会在美国首都华盛顿举行,讨论同意在紧密的宏观经济合作基础上采取广泛而必要的应对政策,以恢复经济增长,避免发生消极后果,支持新兴市场经济体和发展中国家。2009 年 4 月,G20 第二次领导人峰会在英国首都伦敦举行,与会领导人一致承诺,反对保护主义,促进全球贸易和投资,从而提升经济增长动力。同年,在匹兹堡举行的第三届峰会提出,继续加强宏观经济和政策协调,推动世界经济迅速复苏,但金融危机过后复苏的背景下,不同国家针对经济刺激计划的态度出现明显分歧。2010 年第四次 G20 峰会在加拿大多伦多召开,发表了《多伦多峰会宣言》,与会领导人强调采取下一步行动,推动世界经济全面复苏。2013 年 9 月,在俄罗斯圣彼得堡举行 G20 领导人第八次峰会,通过了涉及 12 个领域的《二十国集团领导人圣彼得堡宣言》,明确了世界最为紧迫的任务是增强全球经济复苏动力、促进更高速度的增长和改善就业。峰会重点聚焦经济增长和就业两大主题,强调以创造更多生产力和更好工作作为各国政策的核心,目标在于实现强劲、可持续和平衡增长,减贫和增强社会包容性。2014 年第九次峰会,主题是经济增长、就业与抗风险,具体议题包括世界经济形势、国际贸易、能源、提高经济抗风险能力等。国家主席习近平发表了题为《推动创新发展 实现联动增长》的重要讲话,提出"创新发展方式""建设开放型世界经济""完善全球经济治理"三项行动建议,倡导做共促经济改革的发展伙伴,落实全面增长战略,推动世界经济从周期性复苏向可持续增长转变。2015 年 G20 第十次峰会在土耳其安塔利亚举行,主题为"共同行动以实现包容和稳健增长",与会各方围绕"包容、落实、投资"三大要素,具体讨论了世界经济形势、包容性增长、国际金融货币体系改革等重大议题。此后各界峰会,经济复苏和稳定经济增长仍然是讨论的主要议题,因为只有推动经济增长,才能有效解决其他贸易和金融等问题。

近年来,G20 国家和世界经济增长速度的变化趋势说明,2008 年金融危机导致世界经济出现罕见的下降,大部分发达国家经济出现负增长,只有中国、印度和印度尼西亚少数新兴国家才保住了正的经济增长速度(见表 6-1)。在 G20 合作机制的共同努力下,各国采取各种强有力的积极经济政策,推动经济复苏并实现了经济增长,实现了 G20 合作对话的基本目标。但此后,各国经济增长速度却出现了分化,特别是 2015 年之后,阿根廷、巴西、俄罗斯等国的经济又出现下滑,而美国、日本、英国等发达国家的经济却实现了企稳,这样就是各国在 G20 讨论结构化改革和稳定经济发展的议题上出现争议的原因。

表 6-1　　　　　G20 国家和世界经济增长速度　　　　单位：%

国家	2006年	2007年	2008年	2009年	2010年	2011年	2012年	2013年	2014年	2015年	2016年	2017年	2018年
阿根廷	8.0	9.0	4.1	-5.9	10.1	6.0	-1.0	2.4	-2.5	2.7	-2.1	2.7	-2.5
澳大利亚	2.8	3.8	3.7	1.9	2.1	2.5	3.9	2.6	2.6	2.3	2.8	2.3	2.8
巴西	4.0	6.1	5.1	-0.1	7.5	4.0	1.9	3.0	0.5	-3.5	-3.3	1.1	1.1
加拿大	2.6	2.1	1.0	-2.9	3.1	3.1	1.8	2.3	2.9	0.7	1.1	3.0	1.9
中国	12.7	14.2	9.7	9.4	10.6	9.6	7.9	7.8	7.3	6.9	6.7	6.8	6.6
法国	2.4	2.4	0.3	-2.9	1.9	2.2	0.3	0.6	1.0	1.1	1.1	2.3	1.7
德国	3.7	3.3	1.1	-5.6	4.1	3.7	0.5	0.5	2.2	1.7	2.2	2.2	1.4
印度	8.1	7.7	3.1	7.9	8.5	5.2	5.5	6.4	7.4	8.0	8.2	7.2	7.0
印度尼西亚	5.5	6.3	6.0	4.6	6.2	6.2	6.0	5.6	5.0	4.9	5.0	5.1	5.2
意大利	2.0	1.5	-1.1	-5.5	1.7	0.6	-2.8	-1.7	0.1	0.9	1.1	1.7	0.9
日本	1.4	1.7	-1.1	-5.4	4.2	-0.1	1.5	2.0	0.4	1.2	0.6	1.9	0.8
韩国	5.2	5.5	2.8	0.7	6.5	3.7	2.3	2.9	3.3	2.8	2.9	3.1	2.7
墨西哥	4.5	2.3	1.1	-5.3	5.1	3.7	3.6	1.4	2.8	3.3	2.9	2.1	2.0
俄罗斯	8.2	8.5	5.2	-7.8	4.5	4.3	3.7	1.8	0.7	-2.3	0.3	1.6	2.3
沙特	2.8	1.8	6.2	-2.1	5.0	10.0	5.4	2.7	3.7	4.1	1.7	-0.7	2.2
南非	5.6	5.4	3.2	-1.5	3.0	3.3	2.2	2.5	1.8	1.3	0.6	1.3	0.6
土耳其	7.1	5.0	0.8	-4.7	8.5	11.1	4.8	8.5	5.2	6.1	3.2	7.4	2.6
英国	2.5	2.5	-0.3	-4.2	1.7	1.6	1.4	2.0	2.9	2.3	1.8	1.8	1.4
美国	2.9	1.9	-0.1	-2.5	2.6	1.6	2.2	1.8	2.5	2.9	1.6	2.2	2.9
世界	4.3	4.2	1.9	-1.7	4.3	3.1	2.5	2.7	2.8	2.9	2.6	3.2	3.0

资料来源：世界银行网站。

第三节　二十国集团推动全球宏观政策协调方面面临的主要挑战

金融危机爆发以后，G20 在稳定世界经济、防范国际金融风险方面发挥了至关重要的作用。但是在后金融危机时期，国际经济、金融形势发生了巨大变化，当年面临的主要问题逐渐消退，各国经济发展出现了明显分化，各国的利益诉求和寄希望于 G20 的目的也有很大差异，G20 在凝聚各国动能共同应对国际共同问题的力度逐渐弱化，很多议题上的不同意见甚至是矛盾难以协调，G20 的职能和作用面临着转型，成为成员国面前的重大战略挑战。

在国际贸易方面，各国之间矛盾还是比较大的，单边主义、保护主义逐步涌现，美国近几年实施"美国优先"政策，表现出孤立主义、保守主义，进而影响了美国在多边机制中的决策影响力、行动主导力，也破坏了多边机制在全球治理中的作用。一方面，美国大幅削减对联合国相关机构的经费支持，表示不会支付超过 25% 的联合国维和预算，同时美国相继宣布退出《巴黎气候协定》、联合国人权理事会、联合国教科文组织、万国邮政联盟及《全球移民契约》《伊朗核协议》等多边机构和多边协定。这导致全球治理危机加剧，全球治理机制将不得不加快改革，美国缺席全球治理可能会带来其意想不到的后果，即出现新型的国际秩序和全球治理机制；另一方面，美国的关税政策对全球造成了很大的影响，美国与欧洲、加拿大、日本等都有贸易摩擦，大概现在涉及 30 多个国家，特别是 2018 年以来，美国和中国的贸易摩擦逐渐升级，已经影响到了世界上两个最大经济体之间的贸易。

另外，在汇率问题上，各国一直存在争议，对如何保持汇率稳定，避免货币政策的冲突问题，始终处于反复讨论，却难以达成一致意见的阶段。早在 2010 年 G20 在韩国首尔举行第五次首脑峰会时，已经就全球经济复苏失衡等问题达成了共识，但各国在汇率等关键问题上分歧依然巨大，各方就美国量化宽松措施、克制竞争性货币贬值等已经达成过共识问题，还在进行讨论，但会议最终依然未能就上述问题达成协议。多年来，美国及其他一些国家呼吁中国让人民币升值，指责中国把人民币汇率维持在人为的低水平以获取不正当的贸易优势，这些毫无根据的指责都是出于其自身目的的考量，希望保持本国货币的优势地位而已。

因此，尽管 G20 机制在过去的 20 年间，尤其是 2008 年以后的国际经济金融事务上发挥着重要作用，但随着逆全球化、民粹主义、孤立主义、贸易保护主义等思潮的崛起，以及大国间结构性矛盾的上升，G20 机制面临着一系列新的挑战，在很多重要议题上都难以达成一致意见，使各国通过 G20 交流平台协调宏观政策的意愿减弱，也严重削弱了 G20 峰会的地位和作用，既有其自身的因素，也有国际形势发生变化的原因。

一是 G20 机制缺乏制度化。到目前为止 G20 仍然没有常设机构，没有形成制度化机制，并且议题过于宽泛，缺乏重点，每次都由主办国设定，议题讨论对于成员国的吸引力有限，因而在会议的讨论过程中，议题设置就不可避免地走向宽泛化，也就不利于解决复杂国际经济问题，反而会降低一些问题解决的时效性。

二是 G20 代表性和约束力不足。虽然 G20 国家在人口、经济和贸易等方面在世界上的比重都处于绝对优势地位，但比较国家数量较少，其成员数量仅 19 个国家外加 1 个欧盟国家，与全球近 200 个国家和地区数量相比，仍然属于少数。因此，G20 国家达成的协议不一定完全能代表全世界其他国家，其代表性存疑。另外，G20 成员国之间也存在诸多的差异，在 G20 内部存在 G7、金砖国家组织以及 MITKA 集团（由墨西哥、印度尼西亚、土耳其、韩国和澳大利亚组成），三个集团间权力不均衡、缺乏凝聚力、合力不足，由此导致了 G20 之间的制衡和低效。

三是 G20 主导权不确定。G20 作为世界性的经济协调组织，虽然成员国涵盖欧美发达国家和亚洲、拉美、非洲各地发展中国家，但起主导作用的依然是发达国家，在众多世界性经济问题的讨论中新兴经济体并没有完全平等的话语权。而且随着金融危机对发达国家的影响日益减弱，发达国家 G20 机制的重视度大幅降低，又重新开始重视发达国家占主导的国际货币基金组织和世界银行等传统国际组织。

四是全球治理新形势给 G20 机制带来新挑战。全球经济低速增长成为新常态，但新的危机和风险却在上升，在此背景下，各国都倾向于加紧"多分蛋糕"而非"做大蛋糕"，为了自身利益而不顾国际整体利益，引发了世界秩序的新乱象，在宏观政策协调上难以有很大的作为。国际上的竞争越来越激烈，合作的诚意却在逐步减弱，特别是贸易摩擦发生的频度和广度也在日益增加，对国际贸易市场产生的负面冲击也越来越大，这在 G20 框架内也是难以有效解决的。

第四节　二十国集团推动全球宏观政策协调的政策途径

国际宏观经济政策协调是指以各国（地区）政府或国际经济组织为主体，在承认世界经济相互依赖的前提下，就宏观经济政策展开磋商和协调，或适当调整现行的经济政策，或采取联合干预市场的政策举措，以减缓各种突发事件或经济危机所形成的冲击，维持和促进各国经济稳定增长的过程。在促进各国宏观政策协调的关键事件中，G20 机制下进行的国际宏观经济政策协调，在金融危机背景下阻止世界经济进一步恶化起到了显著的作用，成为国际治理体系中的重要部分。

1999 年七国集团财长会议提议成立 G20，使更多的国家就国际经济货币政策举行经常性对话，以利于稳定全球金融货币体系。同年 12 月 16 日，G20 财长和央行行长在柏林举行创始会议，标志着 G20 正式成立。2008 年国际金融危机爆发后，发达国家成为金融危机的发源地和重灾区，对全球经济、金融的稳定运行也产生了重大影响，发达国家需要借助发展中国家尤其是新兴市场国家的力量共同摆脱金融危机。2008 年 11 月，G20 领导人在华盛顿举行"金融市场和世界经济峰会"，国际货币基金组织、世界银行、联合国等国际组织的领导人也参加了峰会活动。从此，G20 正式成为各国最高领导人的交流平台，其组织运行机制、议题选择和地位作用都发生了显著的变化，在国际治理体系中发挥了越来越重要的作用。

首先，在组织机制方面，G20 是布雷顿森林体系框架内一种非正式对话的新机制，虽然隶属于布雷顿森林体系，但与布雷顿森林体系中原有的国际货币基金组织、世界银行等正式国际机制不同，它是一种非正式国际机制。这就决定了 G20 在秘书处建设、议题建设、机制架构、与非成员国关系等方面必须采取与"非正式性"相配套的措施。在秘书处工作机制方面，现在是每年的轮值主席国都会设立"临时秘书处"，并将前一次主席国和后一次主席国的成员都吸收进来，组成所谓"三驾马车"，但是没有"常设秘书处"。这种安排既有一定的灵活性，也有利于保持延续性。2018 年，阿根廷布宜诺斯艾利斯峰会时逢世界经济再一次面临历史性选择的重大时刻，关于全球经济增长的多个领域达成了多项新的重大共识，提出要积极发挥多边机制的平台作用，促进成员宏观经济政策协调、推动全球经济增长、实现公平与可持续的发展等领域取得广泛共识，收获了丰硕成果。

其次，在机制架构方面，G20 作为一个非正式会议的体系，改变了过去长期单一的部长级会议形式，现今已经形成了"峰会—协调人会议—部长级会议—工作组会议"的机制架构，而且不同层次的会议都发挥着不同的作用。领导人峰会最具有权威性和影响力，也最为世界所关注。峰会事务协调人作为领导人参加 G20 机制的"全权代理人"，在峰会会前筹备和会后成果落实中发挥较大作用。部长级会议主要是财长和央行行长会议以及劳工部长会议，但涉及贸易、环境、能源等议题。同时，G20 峰会也会邀请其他一些非成员国参加，能够加强与非成员国的良好互动，对 G20 机制的合法性与有效性至关重要。

最后，在议题讨论方面，每年峰会的议题是由轮值主席国设置，同时保持议题的开放性和灵活性，时刻关注国际政治经济形势的变动，讨论国际经济社会发展的热点问题，这个议题的范围比较广泛，不仅包括经济金融，也包括环境、能源、就业、性别、科技等各方面议题，但是保持经济增长和金融稳定一直是议题的首选。这有利于及时反馈国际经济发展的问题，及时提出相应的应对措施，各国也可以及时根据 G20 会议讨论结果调整自身的宏观经济政策，使各国的宏观政策能够保持一定的协调性。在近几年，G20 连续召开多次峰会共同探讨应对金融危机、维护国际金融稳定、促进世界经济增长的方法和举措。尤其是 2013 年峰会的《匹兹堡峰会领导人声明》中，明确宣布 G20 成为"国际经济合作的主要论坛"，这一声明表明 G20 机制更为完善，已经成为全球经济治理体系的主要平台，在协调各国宏观政策方面的地位和作用进一步提升。

一国的宏观政策既包括经济政策，也包括就业、能源、科技和环境等多方面的政策，由于具有统一的政治体制，容易确保各种政策的协调实施。但在国际层面，不同国家的经济基础和管理体制各不相同，从自身利益出发，不可能做到宏观政策的完全一致，就算是有国际组织和各种对话平台协调，也只能有少数几种可能的政策，在维护国际市场稳定的基础上尽量做到协调。宏观经济政策主要包括货币政策和财政政策，从维护国际贸易市场和金融市场稳定的角度来看，主要是货币政策、贸易政策和资本开放政策等方面，努力维护国际资本市场、金融市场和贸易市场的稳定。

一是货币政策。通过调整利率和货币发行量来调控金融市场的货币政策是最为灵活，运用也是最为广泛的宏观经济政策，同时对国际金融市场也会产生较大影响，特别是美国的货币政策调整将对全球金融市场和其他国家产生广泛影响。

2008 年由"次贷危机"引发的金融海啸令美国经济进入最危急的时刻，美国 GDP 萎缩幅度为半个多世纪以来之最。对此，美联储采取了紧急宽松措施加以应对，但联邦基金利率降低到了接近零之后，经济状况却仍没有起色。迫使美联储实施了有史以来最为大胆激进的货币政策试验行动，也就是启动所谓的"量化宽松（QE）"——由美联储直接出面在公开市场上收购债券资产来增加货币流动性。在此后 6 年间，美联储共分四轮收购了天文数字的政府债券和抵押贷款担保证券。量化宽松主要是指中央银行在实行零利率或近似零利率政策后，通过购买国债等中长期债券，增加基础货币供给，向市场注入大量流动性资金以鼓励开支和借贷，从而扩大货币供应量的刺激性货币政策。

美国通过扩大基础货币供给持续实施量化宽松政策，实质上是向全球征收铸币税。这一政策在为美国扩大财政支出、维持赤字政策提供支持的同时，也导致美元持续贬值，全球大宗商品的价格大幅度上涨，美国外债的市场价值也因此大幅度缩水，对世界金融市场也产生重大影响。首先，量化宽松为美国筹集大量铸币税。鉴于美元具有国际货币地位，美联储通过发行基础货币实施量化宽松，实质上是向全球征收铸币税。其次，量化宽松为美国扩大财政支出提供了重要支持。除第三轮量化宽松为购买抵押贷款支持证券外，美联储实施的其他三轮量化宽松政策均为购买国债，为美国政府维持财政赤字政策、扩大财政支出提供资金支持，对美国经济复苏起到了重要促进作用。再次，量化宽松政策引致美元大幅度贬值和全球物价上涨，并传导至世界各国，对其他国家经济增长产生间接影响。

为了应对金融危机带来的全球风险，2008年峰会报告提出，各国已经采取了强有力的重要措施，以刺激经济、提供流动性、增强金融机构的资本、保护储蓄存款、弥补监管不力和解冻信贷市场等。正在努力确保国际金融机构能够向全球经济提供重要的支持。2009年峰会的与会领导人发表声明，同意为IMF和世界银行等多边金融机构提供总额1.1万亿美元资金，其中IMF资金规模由2 500亿美元增加到7 500亿美元，以帮助陷入困境的国家。同时，各国承诺必要时将一直维持扩张性的货币政策，以恢复金融系统的正常信贷，确保对整个系统而言都十分重要的金融机构的健康性，并按照G20达成的协议框架来实施贷款复苏及金融行业修复政策。这些共同行动组成了现代历史上最大规模的财政和货币刺激计划以及最为全面的金融业扶持计划。

二是汇率政策。汇率是指两种货币之间兑换的比率，亦可视为一个国家的货币对另一种货币的价值。具体是指一国货币与另一国货币的比率或比价，或者说是用一国货币表示的另一国货币的价格。因为汇率反映了两国之间货币的价格，直接影响到两国之间的商品价格，因此汇率变动对一国进出口贸易有着直接的影响。一般情况下，通过使本国货币对外贬值，即让汇率上升，会起到促进出口、限制进口的作用；反之，如果本国货币对外升值，即汇率下降，则会限制出口、增加进口。因此，为了应对国际贸易市场波动，维持进出口贸易稳定，汇率政策常常起到关键作用。汇率政策是一个国家政府为达到一定的目的，通过法律、政策的实施，把本国货币与外国货币比价确定或控制在适度的水平而采取的政策手段。汇率政策工具主要有汇率制度的选择、汇率水平的确定以及汇率水平的变动和调整，一般包括固定汇率制度和浮动汇率制度两大类。在浮动汇率制取代固定汇率制度后，各国原规定的货币法定含金量或与其他国家订立纸币的黄金平价，就不起任何作用了，因此，国家汇率体系趋向复杂化、市场化。如果本国的通货膨胀率要高于某一固定国家货币的通货膨胀率，那么会引起本国货币贬值，实际汇率升值，本国商品的价格相对某固定国家商品的价格要高，对本国商品的需求就会相应地减少，导致经济活动相应就下降，通过降低本国的通货膨胀率，从而恢复本国货币与固定国家货币的比值。所以，在调节外贸进出口方面，汇率政策工具往往运用得比较频繁。但如果各个国家为了扩大出口，都竞相贬值本国货币，提高汇率水平，则各国商品价格也会跟随同步变化。相对价格不变，并不能促进出口，反而会扰乱国际金融市场，增加国际金融市场的风险。因此，需要各国协调汇率政策，合理采用汇率工具，维持汇率稳定。

国际汇率政策协调可以囊括国际融资合作、外汇市场的联合干预以及宏观经济政策的协调进行，关键是要增加汇率的透明度，使各国都能够明确国际主要货币的汇率变化趋势，及时调整相应的汇率政策，避免部分国家的货币出现大幅度波动，影响国际金融是市场稳定。2010年11月第五次G20峰会在韩国首尔举行，主要议题为汇率、全球金融安全网、国际金融机构改革和发展问题，最引人关注的是G20财长和央行行长在庆州会议上就解决汇率争议和国际货币基金组织份额改革所达成协议的后续进展。因此，G20机制可以通过国际货币基金组织利用其外部资产评估的定期报告为G20成员国在实际汇率政策调整方面提供依据，如外汇干预，资本管制的变化。成员国可以承诺报告并及时干预汇率，阐明其汇率机制的参数。

三是资本流动。经济增长的基本要素是资本，资本在不同国家的流动促进了生产要素的国际化配置，提高了经济效率。当前世界经济的发展离不开资本的流动，资本在国际上流动有力地促进了全球经济增长，为发展中国家的经济增长带来了活力。国际资本流动是资本从一个国家转移到另一个国家或地区，即资本在国际上的转移。按流动方向可分为流入和流出两种，按期限可以分为长期资本流动和短期资本流动。长期的资本流入对一个国家而言异常重要，表明这个国家的经济发展趋势向好，对国际资本具有很高的吸引力。资本的集聚有利于产业壮大和经济增长，进一步推动产业体系的完整和科学技术的创新，从而产生良性循环。因此，任何一个国家都会努力通过各种政策措施，营造良好的营商环境，吸引国际资本的流入。但是，资本作为一种生产要素，也是有限或者稀缺的，一国资本流入也就意味着另一个国家的资本流出，因此，国际上对资本的争夺也就异常激烈。特别是在金融危机或者经济增长放缓的特殊时期，资本流动对一个经济复苏的作用不言自明，因此各国都会通过资本市场或者金融市场吸引国际资本流入。

如何使国际资本有序流动，稳定世界经济增长，需要各国的宏观政策合理协调。发达国家作为资本的拥有方，发展中国家作为资本需求方，需要发达国家和新兴市场国家之间，做好互动和配合才行。2012年6月，为了应对世界经济面临的风险和挑战，包括巴西、俄罗斯、印度、中国和南非在内的新兴经济体集合，即所谓"金砖五国"在发表的声明中称，已经同意向国际货币基金组织提供更多的注资，而作为促进全球金融稳定性努力的一部分。中方支持并决定参与国际货币基金组织增资，数额为430亿美元，印度、俄罗斯、巴西和墨西哥分别将贡献100亿美元左右。另外，土耳其承诺向IMF贡献50亿美元，其他一些国家提供的资金金额约为10亿美元。这体现了各国在关键时刻，共同努力提高国际货币基金组织和其他国际金融组织资本使用效率和合理分配的能力，为处于困境中的国际机构及时提供援助资金，维护整个世界经济的稳定发展，是宏观政策协调的重要体现。

四是国际贸易政策。从经济增长的动力来看，包括消费、投资和出口，在国内消费和投资一定的情况下，扩大出口就成为拉动经济增长的重要途径。因此，面对金融危机和经济增长放缓，各国都想尽办法扩大出口，同时限制或者缩小进口，从而引发各种保护主义。但进出口贸易是产品在各国流通的基本途径，也是生产力在各国竞争的主要结果，如果各国都实施保护主义，将极大地影响国际贸易，对世界经济产生重大影响。所以，为了全球经济整体上的繁荣发展和国际经济繁荣复苏，任何国家的贸易保护政策都是损人而不利己的，也不利于全球经济的稳定和发展，这就需要各国在国际贸易政策方面进行协调。

贸易政策从一个国家的角度出发就是对外贸易政策，是技术贸易和服务贸易使一国政府在一定时期内为实现一定的政策目标对本国商品贸易制定并实施的政策，它从总体上规定了该国对外贸易活动的指导方针和原则。我们把一国的对外贸易政策称为狭义的国际贸易政策。广义的国际贸易政策是指在国际贸易发展过程中所形成的，为各国认同并共同遵守的国际贸易政策。广义的贸易政策是以国际经济贸易条约、公约、协定等形式体现的。各国在发展对外经济贸易中，通过协商达成双边或多边共同认可，更多的时候需要G20等国际组织和对话平台进行协调，很重要的一方面就是反对保护主义。反对保护主义，促进全球贸易及投资的增长促成了世界半个世纪的持续繁荣，重振世界贸易和投资是恢复全球经济增长的核心所在。从华盛顿峰会开始，此后多次G20峰会的会议公报多次承诺：反对各种形式的贸易保护主义，不提高投资和贸易壁垒，不设置新壁垒，不设置新的出口限制，不执行违反世界贸易组织规则的出口刺激措施。与此同时，G20将采取一切力所能及的行动来促进和推动贸易及投资，一旦违反上述措施将予以纠正，努力把各自国内政策举措，包括财政政策、扶持金融部门的行动等，对贸易和投资造成的负面影响降至最低，并要求世贸组织、经合组织、联合国贸发会议继续根据各自职责监督形势发展，并定期报告承诺落实情况。

第五节　二十国集团完善推动全球宏观政策协调的保障机制

世界经济一体化进程必定持续下去，但世界经济体系发展日益复杂，多极化格局必将替代单极格局，这就会导致国际贸易和国际金融市场的发展充满不确定性和风险性，各国为了各自利益，在政策制定和实施上导致各种冲突，不利于世界经济整体向好和稳定发展。G20成立及发展的背景是世界面临巨大的金融风险，迫使各国加强合作与对话，但是一旦全球共同担心的危机和风险消除，单边主义和强权主义就会迅速抬头，打破国际合作交流的基础和平衡性，危及 G20 合作机制的基础，其在国际经济事务特别是各国宏观政策协调方面的作用就会大打折扣。可以说，要维持或者加强 G20 在维护世界经济稳定、防范金融风险中的作用和地位，就必须适应国际经济发展形势，对 G20 进行必要的改革，强化 G20 推动全球宏观政策协调、增强经济活力的综合能力，才能扩大 G20 这个平台的影响力和作用，并提高成员国的积极性，更多地获得世界认可。

第一，健全 G20 长效机制化发展，建设性推动机构组织必要改革。从 G20 机制的组织架构和运作机构来看，G20 只是一个非正式性对话平台，没有长效运作机构，也没有固定的组织架构。要支持对 G20 组织机构进行必要改革，以增强其权威性和有效性，要进一步推进 G20 机制化建设，妥善处理各种矛盾和分歧，确保 G20 峰会机制在健康轨道上向前发展。在 G20 机制长效化过程中，逐渐向国际货币基金组织、世界银行和世界贸易组织等传统国际组织靠拢，处理好 G20 机制同其他国际组织和多边机制的关系，确保 G20 在促进国际经济合作和全球经济治理中发挥核心作用。这种长效机制的构建对于整个世界经济协调都将起到重要作用。

第二次世界大战之后，由国际货币基金组织、世界银行和世界贸易组织等"三驾马车"组成的布雷顿森林体系得以确立，这些国际组织在国际经济发展中发挥了巨大的作用。七十多年来，在经历 20 世纪 70 年代浮动汇率制度诞生、80 年代七国集团（G7）成立、90 年代世界贸易组织取代关贸总协定以及 1999 年 G20 机制建立，布雷顿森林体系不断演变，在全球经济治理领域发挥了重要作用。目前，面对新的世界经济形势和全球面临的新的共同挑战，这一体系的诸多弊端逐渐暴露，各国在汇率、利率、投资融资和贸易等很多方面议题都存在重大分歧，宏观经济政策得不到协调，难以解决很多国际性经济金融问题。例如，在财政金融政策协调方面，G20 存在每两年一次成员之间的相互评估机制，对各国财政状况、公共债务和潜在风险进行评估。这有利于揭示风险，促使被评估国家高度重视，使其调整经济政策，降低潜在风险。但是，评估体系最终依赖于成员国自觉，难免缺乏应有的约束力。

第二，保持政策协调性，维护全球经济金融稳定。G20 要在现有峰会机制中，加强平时的对话和交流，特别是在各国重要宏观政策出台前，尽量与各国进行必要的沟通，提高政策的协调性，避免各国政策的冲突。成员国要继续使用一切政策工具，通过加强对话和行动增强信心，实现世界经济强劲、可持续、平衡、包容增长。G20 提高政策协调性的关键是合理拟定议题，根据国际经济形势发展变化，找出各国最为关心的核心议题，立足各国利益的"最大公约数"，指明政策调整的目标和方向，提出政策实施的可行性步骤。重点是巩固和促进复苏，加强金融体系应对风险的能力，为经济强劲、可持续、平衡增长奠定基础。比如，G20 领导人在《多伦多峰会宣言》中敦促发达国家要完成财政刺激计划，公布并落实"增长友好型"的财政整顿计划。财政整顿计划必须可信、明确，根据不同国情有所区别，且着眼于加强经济增长的举措，在 2013 年前将财政赤字至少减半，2016 年前稳定或降低政府债务占 GDP 的比重；一些新兴市场国家须加强社会保障网，推进公司治理改革，发展金融市场，加大基础设施建设支出，增强汇率灵活性；G20 全体成员须进行结构改革，以改善并维持世界的增长前景，在重新平衡全球需求方面取得更多进展。在推动世界经济平衡增长方面，G20 要敦促各国继续保持适当货币政策，关键是维持汇率稳定，不能把汇率和货币作为调整贸易的主要工具，避免发生贸易摩擦或者货币冲突。政策协调目标要随形势变化而动态调整。因此，在全球面对金融危机之际，宏观政策协调的目的主要在于救助金融市场，化解金融风险，向各国表明应对金融危机的决心和有力举措，重塑信心。但是，当金融危机过后，恢复经济增长和优化经济结构就成为重点，各类政策协调在于为实体经济复苏服务，各成员国要实施持续、足够的财政刺激计划来恢复经济增长等。

第三，协调 G20 与非成员国的关系，扩大政策协调的影响力和有效性。虽然 G20 是一种非正式对话，但由于来自当今世界最先进的发达经济体和新兴经济体构成的团体，在国际经济事务中有举足轻重的地位，但 G20 的一些议题和决议需要得到大部分非成员国的认可，因此保持与非 G20 成员国的良好互动，对 G20 机制的合法性与有效性至关重要。为了使 G20 在世界经济体系中发挥更大作用，需要提高 G20 的合法性和有效性。首先要解决的就是协调好成员国与非成员国之间的关系，使非成员国更好地认识 G20，更好地接受 G20 提出的政策倡议，也更好地分享由 G20 所带来的全球经济的繁荣和国际市场的稳定。通过 G20 历次峰会的议题来看，G20 努力凝聚成员国的共识，形成有力的全面协调性的政策框架，并且设定了能够涵盖当下全球经济所面临问题的议题，力图在根据自身利益之上形成全球性的利益共识，最终实现全球利益最大化。因此，为了满足多元化的利益诉求，G20 的未来发展必须找到能够适应全球治理，适应新的实力分配以及协调集体利益和本国利益的平衡点。

重视与非成员国的政策协调，无论是国内还是国际经济政策协调，可以依靠大量非正式协调和沟通机制。在正式沟通机制方面，可以邀请具有广泛代表性的国际组织领导人参与 G20 的峰会和对话平台，如联合国秘书长、七国集团轮值主席等；也可以增加各地区集团和联盟领导人在 G20 中的影响力，如东盟领导人、非盟领导人等。这样既可以增加 G20 国家的代表性和影响力，也容易得到广大国家的认可。在非正式沟通机制方面,既可以在适当时机邀请非成员国参与部长会议或者峰会,也可以针对具体问题,一事一议,要求非成员国共同应对。这样的国际协调,是以平时广泛参与多边和双边交流活动作为基础的。

第七章

二十国集团强化全球投资治理政策合作与协调

国际投资是推动全球经济增长的重要引擎,有助于一个国家创造就业、增进福利、促进包容性增长。G20是全球投资治理的主要推动力量,G20主要经济体投资表现活跃。本章回顾了全球投资治理的历史演变、发展趋势及主要特征,提出了G20框架下加强全球投资治理政策框架。在此基础上,提出了论述中国积极参与全球投资治理变革的利益与责任,阐明了G20杭州峰会为全球投资治理提供的中国方案,最后提出G20框架下中国更高层次参与全球投资治理的改革方略。

第一节 第二次世界大战以来全球投资治理的历史演变与趋势特征

一、投资与全球投资治理

投资是指当前投入并希望未来能够得到利益或好处的一种行为。在封闭的经济体系中,投资只能在一个国家内部进行,即只能在本国范围内进行投资。在开放经济条件下,国内投资向全世界范围延伸,产生了国外投资。全球投资是"指一国的企业、个人将其拥有的资本投放到全球范围从而达到实现资本增值目的的经济行为"①。全球投资的主体不仅包括跨国公司、跨国银行等机构投资者,而且包括个人投资者。同国内投资相比,全球投资规模大、技术先进、管理现代化。在全球投资过程中,为了保护外国投资的安全,预防投资风险,全球各国就投资规则的目的、结构及内容,给予外来投资者和其投资所享有的待遇的内容,这些待遇标准规定了东道国政府这对缔约方所应采取的行动和行为,如果东道国政府没有能够履行这些待遇标准,就构成了对协定的违反,并因此需要承担国际义务和为其行为对投资的伤害支付赔偿,其主要包括"公平公正的待遇""最惠国待遇""国民待遇"等。②

二、全球投资治理的历史演变

全球投资是生产社会分工国际化的产物。全球投资最初的表现为资本输出。资本主义国家资本输出始于19世纪中后期的英国。第二次工业革命推动生产力迅猛发展,国际分工体系和发达资本主义国家资本相对过剩格局已经初步形成。资本主义国家国内市场出现"资本过剩",市场趋于饱和,而通过资本输出则可以开辟新市场,以获取垄断利润。两次世界大战期间,全球投资处于低迷徘徊阶段。第二次世界大战以后,世界政治格局相对平稳,第三次工业革命的兴起,都极大地促进了全球投资的迅速恢复和增长。第二次世界大战以来,围绕着投资保护与投资自由化的分歧,国际社会在双边、区域及多边领域展开了多轮博弈,对投资规则与制度的顶层设计进行了多次探寻,历经70多年的发展与演变,全球投资治理逐步形成了一个缺乏综合性多边投资协定,以双边投资协定为主的双边、区域、多边协定并存的投资规则体系。在回顾第二次世界大战以来全球投资治理的发展进程的基础上,将全球投资治理的发展历程划分为全球投资治理萌芽、成型、高速发展、调整四个阶段。

(一)全球投资治理的萌芽阶段:第二次世界大战结束后至20世纪60年代中期

第二次世界大战结束后,随着国际经济的恢复与发展,国际社会也开始积极酝酿促进各国直接投资持续发展的路径,为建立一个全面的多边投资规则进行不懈努力。这一时期全球投资治理主要以探索建立多边协定为主,并开始出现双边投资谈判,投资规则制定处于萌芽期,发展进程较为缓慢。

---

① 黄志勇:《国际投资学》,清华大学出版社2014年版,第5页。
② 桑百川、靳朝辉:《国际直接投资规则变迁与对策》,对外经济贸易大学出版社2015年版,第23页。

为解决贸易保护问题，促进国际贸易投资自由化，1947年在《哈瓦那宪章》条款的基础上，美、英、法等23国签订了《关税与贸易总协定》（简称GATT），GATT将宪章投资条款的内容纳入协定范围中，但因各国对外经济政策存在分歧，无法达到GATT规定的生效条件，只能一直通过《临时适用议定书》的形式产生临时适用效力。为进一步解决外国投资者与东道国之间的投资争议问题，1965年，世界银行通过了《解决国家与他国国民间投资争议公约》，为解决投资争端提供了一个全面且便利的框架。

由于发达国家与发展中国家在国际投资方面的分歧过大，阻碍了国际社会在投资规则上形成共识，多边投资协定谈判与发展举步维艰。许多发达国家开始尝试通过双边谈判来解决投资争端，在此期间，区域性和双边投资协定取得了突出进展。1957年，《欧洲经济共同体条约》提出放宽对外投资限制、公平招标、促进资本流动等政策；1959年，德国与巴基斯坦签署了全球第一个双边投资保护协定，该投资规则兼顾发展中国家和发达国家两方利益诉求，采取"准入后国民待遇加正面清单"模式解决外资准入问题，对促进和保护投资进行了实质性的规定，强调资本输入国要加大对外资的保护，允许资本输出国自由转移投资本金和利润，并涉及了解决投资争端等相关规定。此后英国、法国等西欧国家纷纷效仿德国缔结双边投资保护协定。至20世纪60年代中期，双边投资协定已达到37项。这些西欧国家拟定的对外双边投资协定（BIT）慢慢构成了欧式BIT范本。

（二）全球投资治理的成型阶段：20世纪60年代中期至80年代末期

20世纪60年代中期以来，随着经济全球化的快速发展，各类双边与多边投资协定得到稳步发展。截至1989年，新增加的投资协定有367项。与此同时，多边投资的弊端逐步显现，难以形成综合性全球多边投资协定，双边投资协定逐步占据主流地位，区域投资协定作为多边投资协定的补充和过渡形式开始兴起和发展。

1. 多边投资协定与全球投资治理

随着经济全球化的快速发展带来国际投资环境的深层次变化，多边和国际性商业组织持续致力于构建规范跨国投资者的行为准则，但组织一个肩负国际投资治理责任的职能机构存在巨大阻力，国际通用投资行为准则着实难以形成。1965年《华盛顿公约》设立了具有独立法人资格的投资争端国际中心，奠定了国际投资仲裁的基本框架；经济合作与发展组织（OECD）1967年编写的《保护外国人财产公约草案》，1976年公布的《跨国公司准则》；联合国1974年通过的《建立新的国际经济秩序宣言》，与随后发布的《建立新的国际经济秩序的行动纲领》和 1985 年联合国经社理事会发起的《跨国公司行为准则》等共同为建立统一规范的投资治理体系奠定了基础。在此期间，国际社会仅仅形成了一些不具约束力的多边投资指南和宣言。20 世纪 80 年代，国际多边投资谈判的核心从规范投资者行为开始转往提高东道国政府对国际投资方的待遇。期间，世界银行拟定的《多边投资担保机构公约》通过并开始生效，在世贸组织框架内达成《与贸易有关的投资措施协议》等与建立全球投资机制有关的谈判，但这些协定仅仅是针对投资领域某一专门议题，均不是一般性、全方面处理投资问题的多边协定。

2. 双边投资协定与全球投资治理

本阶段双边投资协定得到快速发展。从 20 世纪 60 年代兴起的以德国为代表的欧式 BIT，到 70 年代末期美式双边投资协定（美式 BIT）开始取代欧式 BIT，成为双边投资协定的主流模式。在这一时期，随着美国对外投资逐渐增加，美国迫切希望建立起以自身为主导的投资协定来保护本国资本投资，并借此构建国际投资规则。1977~1981 年，美国国务院和美国贸易代表共同完成"双边投资协定范本"，并将其作为与其他国家进行投资协定谈判的标准范本。1982 年，美国与巴拿马签订了第一个双边投资协定，在欧洲双边投资条约保护财产条款的基础上确立了投资的国民待遇和最惠国待遇的权利。此后美国不断完善双边投资协定范本，并与更多国家进行签署。双边投资协定谈判一般只涉及资本输出国与资本输入国，谈判内容针对性强，并可依据自身具体国情灵活设定和调整谈判内容，较易达成一致意见，而美式 BIT 与欧式 BIT 相比又具有高水平的投资准入自由化和高标准的投资保护程度的特点，因此得到快速发展。

3. 区域投资协定与全球投资治理

区域投资协定作为多边投资协定的补充和过渡形式在这期间开始兴起和发展，力图突破多边投资自由化的困境。区域投资协定指国际经济组织旨在协调成员国之间的投资活动而签订的区域性或者诸边协议。[①] 这个时期的主要代表是欧洲共同体的形成与发展，欧洲共同体是由欧洲煤钢共同体、欧洲原子能共同体和欧洲经济共同体发展而来，在投资领域，《欧洲共同体条约》规定共同体国家之间的外资投资进入是完全自由共同体国家间的相互投资不设置门槛，缔约国在准入权和资本自由移动方面承担的义务的范围是最广的。随着欧共体建立，欧洲经济驶上发展快车道，西欧国家国际地位上升。20 世纪 70 年代资本主义世界出现三足鼎立的局面，世界经济政治格局朝多极化、全球化方向发展。

---

① 黄茂兴等：《TPP 的中国策：全球化新时代中国自贸区突围之路》，北京大学出版社 2016 年版。

（三）全球投资治理的高速发展阶段：20 世纪 90 年代初期至全球金融危机爆发前夕

20 世纪 90 年代，随着世界贸易组织的成立，经济全球化渐入高潮，全球经济贸易一体化进程也进入平稳增长的黄金期。这期间，全球投资治理制度发展速度空前提高，国际投资协定的数量增速减缓，发展重点从双边投资协定转向区域投资协定。

1. 多边投资协定与全球投资治理

20 世纪 90 年代以来，经济合作与发展组织、世界银行、世贸组织继续致力于建设国际投资体制。1992 年发布的《外国直接投资待遇指南》对外资准入、外国投资待遇、征收和投资争议等问题做出了规定。1995 年 9 月，经济合作与发展组织启动多边投资协定（MAI）谈判，试图建立起独立的国际直接投资管理机制，从而促进全球直接投资的自由流动。但由于各国投资存在的利益分割问题始终无法达成一致，多边投资协定共识难以形成，最终以失败告终。1998 年，由西欧国家主导的 50 余国签订的《能源宪章条约》正式生效，该条约对国际能源投资出现的争端解决、仲裁制度、可持续性发展等问题进行了规定。2001 年 11 月，世界贸易组织启动首轮多边贸易谈判，即"多哈发展议程"，但也未能真正开启多边投资规则的谈判进程。在此后，新兴经济体崛起，主要经济体力量对比发生重大变化，发展中国家逐渐成为主要的资本输入国和重要的资本输出国，加之 2008 年金融危机影响，欧美等发达国家全球地位下降，各成员至今未能弥补当年失去的机会。2013 年 12 月巴厘部长级会议虽然在三个领域达成协议（"巴厘一揽子协定"，BaliPackage），但成果内容有限。

2. 区域投资协定与全球投资治理

区域投资协定在多边谈判失利受挫期间，以其特有优势，作为补充和过渡形式蓬勃发展起来。具有代表性的区域投资协定包括美、加、墨在 1992 年签订的《北美自由贸易协定》，其中第 11 章关于投资的规定，涵盖了定义、待遇、业绩要求和争端解决机制在内的各项内容；1993 年《欧洲联盟条约》将资本跨国流动自由化原则扩大到适用于非成员国和欧盟之间的资本流动；1998 年《东盟投资区框架协议》明确了投资区目标，旨在通过建立透明的投资环境推动资本的自由流动等。此外，我国也积极参与到区域投资协定签署中，与双边投资协定相比，区域投资协定涵盖的范围更广。其在谈判过程中可以吸引意愿相同的国家和地区组成谈判团体，区域内各国之间缔结投资协议相对容易，但由于许多国家同时是数个投资协议的谈判者，而不同投资协议中规定了不同标准和规则，导致了

"意大利面条碗"①效应和规则的碎片化,进而导致了区域投资规则之间的冲突,增加了全球投资监管的复杂性和各国规制成本。

3. 双边投资协定与全球投资治理

双边投资协定在区域投资协定激增的同一时间也得到了稳步发展。截止到20世纪90年代末,双边投资协定和条约的总数增长达到了2 076项。美国继续完善BIT范本,1994年形成的BIT范本参与了一系列自由贸易协定和双边投资协定的谈判,在取得一系列谈判成果后,美国又构建了2004年版的BIT范本,并在此基础上制定了美韩自由贸易协定。② 除此之外,其他发达国家和发展中国家也积极地推动投资的自由化,开展双边投资协定和条约谈判,致力于为外国投资者提供更有利的投资环境。

(四)全球投资治理的调整阶段:全球金融危机爆发至今

2008年是世界经济的又一分水岭。金融危机的爆发推动全球投资治理机制也相应进入了调整阶段,欧美发达国家受金融危机冲击,对外直接投资地位有所下降;以中国、印度、巴西等为代表的新兴经济体的对外投资地位有所上升。全球投资治理逐步形成了一个缺乏综合性多边投资协定,以双边投资协定为主的双边、区域、多边协定并存的投资规则体系。

1. 多边投资协定与全球投资治理

从当前来看,全球性的多边投资综合治理规则尚未形成。与投资相关的协议,绝大部分解决的是投资领域内的单一问题。例如,《解决国家与他国国民间投资争议公约》(ICSID公约)侧重于协调被投资国政府与投资方可能出现的投资争议;《多边投资担保机构公约》(MIGA公约)的存在旨在担保国际投资中潜在的政治风险;《与贸易有关的投资措施协议》(TRIMs)主要关注货物贸易投资问题;《服务贸易总协定》(GATS)着眼于服务贸易的投资争议;《与贸易有关的知识产权协定》(TRIPs)则为全球知识产权投资的部分问题提供了解决方案,但他们都不是一般的综合处理投资问题的多边投资协定。目前,在全球对外投资格局变革过程中,中国、美国、欧盟作为其中三大核心力量,其三方主导的BIT谈判结果极大可能形成新时期全球BIT范本。

---

① 指在双边自由贸易协定(FTA)和区域贸易协定(RTA),统称特惠贸易协议下,各个协议的不同的优惠待遇和原产地规则。原产地规则就像碗里的意大利条,一根根地绞在一起,剪不断,理还乱。这种现象贸易专家们称为"意大利面条碗"现象或效应。

② 朱颖、罗英:《美国式国际投资规则的影响及我国的应对》,载于《经济纵横》2015年第9期,第112~116页。

2. 双边投资协定与全球投资治理

金融危机爆发后，发达国家和发展中国家对先前的双边投资协定重新进行了审视和修订，或者订立了自由贸易协定投资条款对以往的协定和条约进行补充取代。短短6年后，全球缔结的双边投资协定高达2 926个，双边投资协定以其近90%的国际投资约定占有率成为当前国际社会投资规则和制度的主流，但是因条款重复、形式复杂，法律效力缺乏，双边投资协定在全球投资治理效果仍有很大的局限性。

3. 区域投资协定与全球投资治理

在新时代、新情况的背景下，国际投资战略格局的变革持续进行，越来越多的国家在区域或次区域层面开展投资谈判，以创新姿态共同构建全球投资规则。在维护美国主导地位这一全球战略目标指引下，奥巴马政府时期紧接着形成了2012年版的BIT范本，以此引导亚太地区、美欧范围及全球区域性服务业领域的谈判。其他新兴经济体也致力于区域间投资谈判，如2009年东盟各国签署的《东盟全面投资协定》、2009年我国与东盟10国签订的中国—东盟自由贸易区《投资协定》以及2012年5月我国与日本、韩国签署的《中日韩投资协定》等。在发达国家抢夺全球投资治理主导权的同时，新兴经济体主动积极参与规则体系的制定，有助于重塑投资全球投资治理体系，推动国际投资战略格局向纵深方向发展。

三、全球投资治理的主要特征

随着国际投资活动的进一步发展，全球投资规则与治理机制也呈现出新的特征。总体来看，全球投资规则自由化倾向明显，主要呈现以下的特征：投资自由化与投资保护主义共存但更偏向于前者；国民待遇和负面清单模式成为投资新模式；投资规则制定的议题中更加关注环境问题和劳工保护；投资争端解决机制和程序规则更加明细。

（一）推行"准入前国民待遇+负面清单"模式的国际投资规则

外资准入国民待遇，是指"东道国在民事权利方面给予在其国境内的外国公民和企业与本国公民和企业同等的待遇"[1]。国民待遇可以分为准入前国民待遇和准入后国民待遇两大类。准入前国民待遇，是指"在企业设立、取得、扩大等

---

[1] 叶兴平：《〈北美自由贸易协定〉投资争端解决机制剖析》，载于《法商研究》2002年第5期，第129~135页。

阶段给予外国投资者及其投资不低于本国投资者及其投资的待遇,其核心是东道国给予外国资本市场准入的国民待遇,针对的是外资'门好不好进'的问题。"①负面清单管理模式是指"政府禁止的市场准入主体、范围、领域等均以清单方式列明,源于法无禁止即自由的法治理念"②。"准入前国民待遇"和"负面清单管理"是在国际投资领域共同使用的一对概念,伴随着经济全球化推进,东道国尽可能地给予外资准入前国民待遇,但任何国家对外资的开放程度都适当限制,这些限制即是"负面清单"。在外资准入制度中,由于投资协定的缔约方通常难以接受准入前国民待遇,因此,负面清单经常与其相提并论,成为国际投资规则中关于外资准入管理的新模式。该模式最初是由美、加、墨在1992年签署的《北美自由贸易协定》所开创的,此后多数发达国家和发展中国家签订的双边投资协定均采用该模式。"准入前国民待遇"与"负面清单管理"二者的辩证关系是:一方面,"准入前国民待遇"是原则性规定,主要表现为对外资准入给予正面的总体性描述,将国民待遇义务的适用范围从准入后扩大到准入前;另一方面,"负面清单管理"是例外性规定,表现为对外资必须予以准入禁止的总括性描述。

(二) 环境与劳工保护的投资规则日益受到重视

21世纪以来,环境问题日益受到国际社会的广泛关注。因此,环境问题也成为全球投资规则谈判的新议题。新的投资规则着重强调了不得以背离环境保护法来鼓励投资,例如2016年TPP中新增的环境议题有:企业的社会责任、环境和生物的多样性、投资和气候变化等。随着劳动者地位的逐步提高,过去的30年间,投资协定中的劳工条款数量不断增长。从《北美自由贸易协定》第一次对劳工标准作出规定,到2016年TPP中规定的各种劳工权利条款,都体现了全球投资治理对于劳动者的重视。这也意味着劳工保护会更多地出现在全球投资规则的议题中。

(三) 国家间投资争端解决机制和程序规则更加明细

常规争端解决机制(国家间争端解决机制)和投资者与国家争端解决机制(ISDS)是全球投资争端中常用的两种解决机制。而2016年TPP对于ISDS的具

---

① 曹平、尹少成:《北美自由贸易区经贸争端解决机制研究——兼论对中国—东盟自贸区经贸争端解决的启示》,载于《广西警官高等专科学校学报》2013年第6期,第64~68页。
② 李先平:《双边投资协定中的争端解决条款研究——我国应在何种程度上接受ICSID的管辖权》,载于《广西政法管理干部学院学报》2011年第1期,第117~120页。

体内容进行了调整,包括:法律依据有所细化、提交仲裁期限延长至 3 年半、合并诉讼中指定仲裁员的国籍不再限制,同时规定协定条款下发生投资争端时可由投资者自主选择争端解决方式。此外,新规则在强调对投资保护的同时,也赋予了东道国对外资的相应管理权,扩大了发展中国家对外资监管的空间,对于保护国家安全具有重大意义。例如,为了保护东道国的国家根本利益,强调"根本安全利益例外条款",避免了东道国在应对突发事件时,因担心违背国际投资协定的相关条款而面对投资争端不敢实施的行为发生。

(四)竞争中立规则获得了国际社会的广泛关注

竞争中立是指"不受外来因素干扰的市场竞争,旨在重新规划现存国际经济规则或制度,从而保证在国有企业和非国有企业之间实现公平竞争"[①]。OECD 是最早推动竞争中立研究的国际性组织。在竞争中立的框架下需要重新审视现有的法律和行政法规,使国有企业的营商环境尽量与民营企业相一致。政府有义务披露其国有企业的运作成本。近年来,美国积极在 OECD、UNCTAD 等国际组织中推进有关"竞争中立"框架的制定和推广,试图在投资协定中加入有关限制国有企业竞争优势的条款,使该规则获得了广泛关注。目前,运用"竞争中立"规则来规范和约束国有企业的竞争行为,已成为诸多国家的投资规则。从长远看,该规则极有可能成为新的投资保护措施。

四、全球投资治理的发展趋势

全球投资活动的快速发展背景下,世界各国重新定位自身在国际投资活动中的利益诉求,既可以寻求本国政府的监管力,又能够给予跨国公司相应待遇。当前,国际投资规则在演变中呈现出新的趋向。

(一)经济发达国家谋求主导全球投资规则:全球投资自由化与逆全球化并存

一方面,全球投资自由化趋势明显。随着经济全球化的深入,国际投资与国际贸易、国际金融活动一起蓬勃发展,国际直接投资以每年 20% 的速度增长,

---

[①] 秦建荣:《北美自由贸易协定下争端解决的报复制度剖析》,载于《广西师范大学学报》2003 年第 3 期,第 19~23 页。

成为全球经济增长"新的发动机"。① 为了在经济全球化进程中掌握主导权,奥巴马政府时期,美国力图通过 TPP 和跨大西洋贸易与投资伙伴协议(TTIP)两个协定推动 WTO 规则体系的升级改造。在美国主导下,通过与欧日等发达经济体签署双边或多边投资协定,力图主导全球投资规则安排。另一方面,逆全球化此起彼伏。2016 年特朗普当选美国总统、英国脱欧等一系列事件,使得逆全球化浪潮再度兴起。在西欧,民粹主义已渗透到法国和希腊等国,极大扰乱了欧洲一体化进程;在美国,特朗普当选美国总统改变着美国政坛生态,这些现象表明了逆全球化氛围正在逐步形成。现今,2008 年金融危机已经过去 10 多年,但全球经济复苏依然乏力,投资、贸易等跨境流动急剧减缓;贸易保护主义和民粹主义上升;上述情况表明,全球化正在退潮,全球投资跌入低谷。

(二) 新兴经济体参与塑造新投资规则:促进包容协调的全球价值链

面对美国全球投资规则的迅速调整,新兴市场国家被边缘化的风险日益突出。因此,中国为首的新兴经济市场国家也积极参与到新规则的塑造当中来,2016 年 9 月 G20 杭州峰会,中国提出了"促进包容协调的全球价值链",从保护发展中国家利益视角出发,积极探索基于全球价值链的新贸易规则走上了国际舞台。不同国家在全球价值链中的地位不同,从而决定了它们在全球价值链贸易中的利益诉求和规则偏向的不同。发达国家的目标在于通过制定高标准与高质量的新规则进一步统筹全球价值链,通过资本扩张实现供应链的无缝对接,降低成本,继续保持领先优势。而发展中国家则在积极融入全球价值链的同时,期待实现产业与技术升级,增强生产能力,有效管控供应链风险。②

"促进包容协调的全球价值链"倡议的提出,引领 G20 成员国不断加强自身能力建设,积极与发展中国家尤其是低收入国家合作,引导其参与到全球价值链最相关的领域当中,并采取相关行动,诸如基础设施、技术支持、贷款、供应链连接等。此外,它还鼓励 G20 成员继续帮助发展中国家和中小企业提高采用并符合国际国内标准、技术规定和合格评定程序的能力;方便它们通过信息技术获取贸易投资相关信息;进一步提供信息帮助它们融入全球价值链并向上游攀升。该倡议旨在使发展中经济体和中小企业能够分享全球化成果,实现全球经济的均衡和普惠发展。

---

① 桑百川、靳朝辉:《国际直接投资规则变迁与对策》,对外经济贸易大学出版社 2015 年版,第 1 页。
② 盛斌:《G20 杭州峰会对国际贸易投资体系发展的影响》,载于《国际贸易》2016 年第 9 期,第 43~50 页。

第二节　二十国集团是推动全球投资治理改革的中坚力量

G20 成立于 1999 年，最初为财长和央行行长会议机制，2008 年全球金融危机爆发之后，升格为 G20 领导人峰会机制，并且从应对金融危机的临时平台转变为经济治理的长期机制，在应对金融危机、推进全球经济治理过程中发挥了重要的作用。作为当前"国际经济合作的首要论坛"，G20 在成立之初就确定了"促进全球经济稳定和持续增长"的目标。G20 成员占全球经济总量的 90%，占贸易总量的 80%，占全球对外投资总量的 80%，吸引外资总量的 70%。G20 包含了全球主要的发达国家和发展中国家两个不同梯队的经济体。因此 G20 关注投资议题是大势所趋，其本身有推动全球投资治理的动力，也理应担负起全球投资治理的重要职责。加强国际投资政策合作与协调、反对保护主义、推进全球投资便利化一直是 G20 关注的重要议题。全球投资与贸易关系密切，投资政策与贸易政策往往要协同考虑。

一、G20 致力于推动全球投资更加自由和开放

自 2008 年首次 G20 峰会在华盛顿召开以来，G20 就致力于抵制各种形式的保护主义，在历次峰会中一直重申这一承诺，并号召世界贸易组织、经合组织和联合国贸发会议监督和公开报告 G20 各成员的贸易和投资政策措施，对推动全球投资更加开放和自由产生了积极的作用。从 2009 年 9 月开始，OECD 与 UNCTAD 就联合发布《G20 投资措施报告》(*Report on G20 Investment Measures*)[①]，截至 2016 年 11 月，该报告已连续发布 16 次。根据 2016 年 6 月发布的《G20 投资措施报告》显示，自投资政策监督实施以来，G20 各成员国采取的投资政策和措施几乎都强调增加投资开放度，针对外国直接投资的具体措施有 80% 以上是促使投资更加自由化和便利化。[②] 2016 年 11 月发布的最近一次的《G20 投资措施报告》指出，G20 成员国的投资政策措施的总体方向仍然是牢牢面向进一步自由化和放松国际资本流动的条件，尤其强调了《G20 全球投资指导原则》要求开放、

[①] 前两次报告由 WTO、OECD 与 UNCTAD 联合发布。
[②] OECD，UNCTAD：*Fifteenth Report on G20 Investment Measures*，21 June 2016，http://www.oecd.org/daf/inv/investment–policy/15th–Investment–Report–on–G20–Investment–Measures.pdf.

透明和有利于全球投资政策环境的重要意义。但是，还应该看到，在 G20 成员国的许多领域，对国际投资的多种限制仍然存在，包括一些明确的规定和不明确的自由裁量政策。为了更好地践行 G20 在构建开放型世界经济、反对保护主义和促进全球投资等方面的承诺，审查是否可以进一步减少对外国投资的限制仍然是 G20 各成员国政府的首要任务。[①] 同年设立的 G20 贸易投资工作组和批准的《二十国集团贸易投资工作组工作职责》，能够及时交流更新各方对投资政策协调工作的关注和态度，也有助于 G20 机制能够持续关注全球投资的发展，解决全球投资面临的瓶颈，引领投资方向。总体来看，G20 各成员国基本践行了反对投资保护主义的承诺，在投资领域采取比较一致的政策立场，促进了全球投资合作与政策协调。

二、《G20 全球投资指导原则》已成为国际投资政策协调的重要指南

第二次世界大战以来，尤其是 20 世纪 90 年代以来，国际社会就已经在积极探索构建一个全球性的多边投资协定，但均宣告失败。目前真正具有约束性的几个与多边投资规则相关的公约或协定，如世界银行框架下的《解决国家与他国国民间投资争议公约》，WTO 框架下的《与贸易有关的投资措施协定》《服务贸易总协定》等，涉及的面较窄，均不是全球性、综合性的多边投资治理框架。尽管 G20 一直以来重视推进全球投资治理，强调要加强国际投资政策合作与协调，但实际效果也不太显著。最初的几次峰会主要是应对全球金融危机带来的挑战，各国较好地协调了宏观经济和财政货币政策，促进了全球投资与开放，为避免世界经济进一步下滑、促进全球经济复苏发挥了举足轻重的作用。但随着全球经济的缓慢复苏和 G20 峰会讨论议题的不断扩大，各国之间的分歧逐渐凸显出来，合作意愿和积极性有所下降，在一些重要议题上难以取得实质性突破，其中包括全球投资治理领域。如 G20 土耳其峰会在投资议题商议碰到的挫折，充分说明这一问题。[②] G20 杭州峰会之前，全球国际投资体制缺乏一个综合性多边框架，国际投资协定制定过程中忽略了投资自由化，片面强调投资保护，全球投资协定出现明

---

① OECD，UNCTAD，*Sixteenth Report on G20 Investment Measures*，10 Nov. 2016，http://unctad.org/en/PublicationsLibrary/unctad_oecd2016d16_en.pdf.

② 土耳其峰会最初的议题设置是"共同行动以实现包容和稳健增长"，其核心是三个"I"，即包容性增长（Inclusive）、落实（Implementation）"全面增长战略"、投资（Investment）。但实际上，重心都放在了第一个"I"即包容性增长上，且峰会最后的议程上又演变成了五个环节："发展与气候变化""包容性增长""反恐与难民危机""增强抗风险能力""中国峰会构想""投资"议题严重"受挫"。

显的"碎片化特征"。在此背景下，2016 年 G20 中国杭州峰会致力于改善全球投资治理体系，加强全球投资治理机制化建设，第一次组建了 G20 贸易投资工作组，发布了第一份《G20 全球投资指导原则》。在杭州峰会闭幕会上，中国国家主席习近平高度评价了《G20 全球投资指导原则》，指出"这是全球首个多边投资规则框架，填补了国际投资领域的空白"，对 G20 从危机应对机制向长效治理机制转型具有重大意义。《G20 全球投资指导原则》可以概括为反对投资保护主义、为投资者和投资提供保护、设置开放和非歧视投资条件、保证投资政策透明度、投资促进及便利化、强调企业社会责任及公司治理、符合可持续发展和包容性增长目标、主张政府对投资的监管权、推动国际投资合作九项原则。这一文件是 G20 成员国经过十多轮艰苦谈判达成的重要成果，涵盖了未来国际投资体制核心要素，将成为全球投资政策协调的重要指南。尽管建立一个开放、透明、有利于全球投资的政策环境是 G20 各成员国的共同希望，但由于各国的战略侧重点和利益关切点不尽相同，对于建立怎样的国际投资体制，各国的立场存在较大的差异。最终，《G20 全球投资指导原则》既满足了发达国家提出的高标准的投资保护、投资自由化及透明度的要求，又兼顾了发展中国家寻求的"发展政策空间"最大化的需要，虽然该文件只是"非约束性"的"原则性宣示"，但确立了全球投资规则的总体框架。从一定意义上讲，该原则代表了全球投资领域的最前沿理念，有助于遏制全球投资规则的碎片化趋势，为全球多边投资确定了发展方向，也为促进全球投资合作提供了长远的制度性引领。同时，这一文件作为 G20 全球投资治理的重要成果，有助于大幅提升投资议题在 G20 中的地位和影响，丰富 G20 作为全球经济治理平台的内容。

三、G20 已成为发展中国家与发达国家平等协商全球投资治理问题的对话平台

在相当长一段时间里，西方发达资本主义国家作为全球主要的资本输出国，在全球投资治理的进程中占有绝对的主导地位，在全球投资规则中占据主动权。近年来，随着发展中国家在全球投资格局中的崛起，发达国家的主导地位受到严峻挑战，能否协调好发达国家和发展中国家的利益关系成为全球投资治理能否达成共识的关键。二十国集团机制的建立使得发展中国家能和发达国家平等协商全球投资治理问题，因此，建立该机制本身就是提升发展中大国在全球投资治理中话语权的重要标志。尽管在 G20 峰会中，以美国为首的发达国家在很多议题上仍然具有主导权，但新兴经济体的话语权也明显提升。在 G20 国家中，发展中国家对全球经济增长的贡献已超过发达国家，迫切需要在全球投资治理改革中发挥更

大作用。随着 G20 机制的不断完善，发展中国家在 G20 中的代表性不断提升。2016 年 G20 杭州峰会与会和列席的发展中国家数量创 G20 峰会纪录，更多的发展中国家参与到全球投资治理的大平台中。《G20 全球投资指导原则》考虑了发展中国家寻求"发展政策空间"最大化的诉求，正是发展中国家在全球投资治理中积极主动"发声"的结果。而中国尤其是发展中国家的重要代表，中国正在借助 G20 平台，发出中国声音、提出中国方案、融入中国价值，积极参与全球投资治理和规则制定，并发挥引领作用。在推进包括制定全球投资指导原则、摒弃投资保护主义、促进投资便利化、完善全球投资争端解决机制，促进绿色投资，加强国际国内投资政策以及多边投资协定的相互协调等方面，中国政府正在积极为全球投资治理提供新动力、作出新贡献。①

第三节 二十国集团框架下全球投资治理面临的机遇和挑战

作为国际经济合作的首要论坛，G20 致力于推进全球投资治理改革，为完善全球投资规则作出了积极的贡献。当前，在新的国际环境下，进一步推进全球投资治理改革，既面临着一些新的机遇，也面临着挑战。

一、G20 框架下全球投资治理面临的机遇

《G20 全球投资指导原则》的制定，确立了全球投资规则的总体框架，为加强全球投资治理和协调各国投资政策提供了重要的指导，也是进一步推进全球投资治理的有利契机。虽然该原则不具有强制约束力，是一项自愿性准则，没有直接设定国际权利和义务，但一旦该原则在国际社会受到广泛认可和共同遵循之后，必将对促进全球投资治理产生重大的积极影响。

（一）全球价值链重构对国际投资规则提出新诉求，"倒逼"全球投资治理改革

当前，全球价值链（GVC）已成为世界经济的一个显著特征，全球价值链的结构性变化与重构是全球经济格局深度调整的突出表现之一，将对全球投资及其

---

① 相均泳、邱永辉:《中国借力 G20 推进全球投资治理》，http://opinion.huanqiu.com/opinion_world/2016-09/9417147.html。

治理产生深远影响。国际投资的发展为全球价值链的延伸提供重要的动力,而全球价值链重构迫切要求打破要素跨境流动的种种障碍,建立更加有利于促进国际投资的政策环境,更好地实现投资自由化和便利性。因此,促进投资自由化和便利化,完善投资环境,对提升全球价值链出口能力具有非常重要的作用。世界各国为了更好地融入全球价值链,将更加积极地调整和完善投资政策,协同推进全球投资治理。有数据显示,"2015年各国新出台的投资政策措施中,投资自由化和促进措施占比达到85%"①。

(二) 迅速成长的区域投资协定引领全球投资新趋势,助推全球投资治理

近年来,随着区域经济一体化的加速推进,各类区域投资协定不断涌现,成为国际投资机制发展的重点。尤其是巨型区域贸易投资协定的经济效应及其对贸易投资规则的影响已经显现,能够为多边贸易投资规则的制度提供参考。此外,"在全球自由贸易协定(FTA)中,有关投资议题的覆盖率也比较高,达到40%,其中美国、日本和韩国等发达国家所参与的FTA中投资议题覆盖率高达100%。"② 中国推动的"一带一路"倡议在促进投资自由化和便利化方面也发挥着巨大的作用。"三年多来,已经有100多个国家和国际组织积极响应,有50多个国家与中国签署了相关合作协议。"③ 由此可见,世界各主要经济体正在通过推进区域合作争取有利于自身发展的投资规则,从而在全球投资治理体系重构中抢占先机,这些都是构建国际投资体制的有益探索,将为全球投资治理和政策协调奠定基础。

二、G20框架下全球投资治理面临的挑战

(一) 全球经济复苏缓慢与投资增长低迷,对全球投资治理提出更高要求和更大挑战

2007年,全球投资规模达到2.27万亿美元左右,受金融危机的影响,直到现在全球投资规模都没有恢复到这一水平。尽管2015年全球外国直接投资(FDI)流量达到1.76万亿美元,实现了同比上升38%的高增幅,但这一趋势并没有得到延续。由于全球经济增长疲软,2016年全球外商直接投资流量下降了

---

①② 文洋:《在全球投资治理中实现中国价值》,载于《学习时报》2016年11月3日,第2版。
③ 《习近平指挥"一带一路"交响乐之合奏曲篇》,http://news.ifeng.com/a/。

超过 10%。全球投资要想步入正轨恢复到 2007 年的水平之上，还需要很长的一段时间。因此，这就要求更加持续高效、更加协调有序的全球投资治理来促进国际投资合作，推动全球投资增长。

（二）"逆全球化"思潮与投资保护主义在西方社会蔓延，阻碍全球投资治理进程

当前，全球范围内的民粹主义、孤立主义和保守主义的势力明显抬头，从英国公投退出欧盟到特朗普意外当选美国总统，再到欧洲右翼政治的发展，都是对以贸易和投资自由化、便利化为代表的经济全球化的挑战，无疑会对全球投资治理和政策协调产生负面影响。从根本上说，逆全球化问题的核心是全球治理机制的失灵，抵制逆全球化的关键在于构建更加合理有效的全球治理机制。从 G20 成员国来看，在反全球化浪潮的影响下，也出现了投资限制措施抬头的迹象。根据 OECD 和 UNCTAD 在 2016 年 6 月发布的报告显示，2015 年 10 月至 2016 年 5 月期间，G20 中有 8 个国家采取了专门针对 FDI 的限制措施，有 4 个国家采取了不单独针对 FDI 的限制措施。① 因此，加快推进全球投资治理，必须有效应对逆全球化和投资保护主义等因素对重塑全球投资秩序的消极影响。

（三）中东拉美地区政治风险此起彼伏以及新冠肺炎疫情全球蔓延，导致全球投资流入量下滑

中东拉美地区各国政治风险此起彼伏。最近一段时间，美伊关系剑拔弩张，美退出"伊核协议"后，加大对伊朗"极限施压"力度。美国政府宣布向中东地区部署航母战斗群，宣布对伊朗钢铁、铝等产业实施制裁，推动组建"阿拉伯战略联盟"打压伊朗。作为反制措施，伊朗宣布中止履行伊核协议部分条款，并采取多种措施来加以反制。在拉美地区，美国不断通过经济制裁向委内瑞拉马杜罗政府施压，委内瑞拉局势陷入动荡，经济民生等领域也遭受重创。虽然无法达到推翻马杜罗政权的目的，但在一定程度上加剧了委内瑞拉国内的紧张情绪，给委内瑞拉的经济和民生造成不可低估的负面影响。美国和俄罗斯在中东拉美地区政治博弈仍在继续，未来全球政治风险继续上升，导致全球投资流入量下滑。新冠肺炎疫情全球蔓延，已经对全球社会和经济造成严重冲击，世界各国纷纷出台应对疫情的各类管控措施，使全球投资活动受到明显抑制。

---

① 盛斌：《G20 杭州峰会：开启全球贸易投资合作新时代》，载于《国际贸易》2016 年第 9 期，第 43~50 页。

（四）现行国际投资规则体系呈碎片化发展，不利于制定统一的多边投资规则

当前，对 FDI 的全球治理还处于碎片化发展阶段，现有国际投资规则体系包括双边投资条约、区域性投资条款、全球性多边投资协定以及各国的外资政策法规四个方面，其中仅双边投资条约就有 3 000 份左右（G20 成员国签订的约有 1 300 份），"意大利面碗效应"突出，对于制定统一的多边投资规则是巨大的挑战。虽然当前 G20 已经通过了全球投资指导原则，为制定多边投资协定提供了方向，但是任何新的机制的产生、发展和逐渐成熟都需要一个过程，其间还可能需要与其他现有机制之间的磨合和调整。在当前缺乏进行多边投资谈判的坚定政治意愿与广泛商业基础的情况下，落实原则的进程将会十分艰难。而且还应看到，发达国家和发展中国家在投资规则制定中的根本立场仍然难以统一，"南北争端"无法根本消除，因此，短期内达成统一的多边投资协定的条件和动力不足。

第四节 二十国集团框架下全球投资治理体系的构建

作为一个在全球经贸合作领域的重要论坛，在建立初期，G20 就将"促进全球经济的持续增长"确立为目标。投资作为推动全球经济增长的重要手段，加强全球投资治理是实现目标的重要手段。2008 年 11 月在美国华盛顿举办的首次峰会就提出："开放的贸易和投资……对经济增长和繁荣是必须的""在金融不稳定时期反对保护主义至关重要……将反对抬高投资或货物及服务贸易新壁垒"。2009 年 4 月英国伦敦的第二次峰会进一步强调要"反对保护主义，促进全球贸易和投资"，承诺将采取一切措施来推动国际投资。这些共识对促进全球投资发展、提高投资框架的透明度和稳定性产生了积极的影响。根据联合国贸发会议的报告，G20 成员国在 2008 年 10 月至 2009 年 6 月共签署了 27 个双边投资协定，36 个避免双重征税协定以及 11 个其他国际投资协定。[①] 此后，历次峰会也都重视对国际投资政策的协调，倡导推动国际投资合作，践行"反对投资保护主义"承诺，降低国际投资障碍。2016 年 G20 杭州峰会通过的《G20 全球投资指导原则》，成为全球投资治理改革的突破性成果，对于加强国际投资政策合作与协调具有重大的意义。"应该指出，G20 关于全球投资治理的倡议往往被贸易、基础

---

① 刘国远：《二十国集团投资政策趋势总体令人满意》，载于《国际商报》2009 年 7 月 11 日。

设施以及增长战略等议题和内容所涵盖。"① 在 G20 机制下，发展中国家和发达国家能够有机会坐下来共同商讨全球投资治理问题，是因为 G20 机制赋予了每个成员国都有平等商讨之权利。

一、G20 框架下全球投资治理体系的构建基础

传统的全球投资协定是以双边投资协定为主。所谓的双边投资协定是指资本输出国和资本输入国双方之间签订的约束双方权利和义务的专业性条款，旨在促进、鼓励和保护国际间私人投资。双边投资协定的优点在于谈判往往只涉及资本输入输出国，因此双边协定通常签订速度快，并且能兼顾双方利益，同时具有很强的针对性。但是也有其局限性，主要体现在高昂的谈判成本、难以协调的国家间投资争议以及话语权的不对等三个方面。

随着经济全球化进程的加快，为了克服双边投资协定的缺点，全球投资治理体系逐渐从以双边投资协定为主逐步转向跨区域诸边投资协定。所谓的诸边投资协定是指在世贸组织框架下，部分成员采取自愿方式参与投资领域的谈判协定，是三个或三个以上国家签订的投资协定，可看作是多边投资协定的补充和过渡形式。相比较于双边投资协定，跨区域的诸边投资协定具有以下两大优点：一是诸边投资协定谈判的具体议题是特定的，能够突破"一揽子"谈判的困难，容易取得成果；二是协定涵盖的内容范围更广，能更明显反映投资贸易间的关系，并吸引意愿相同的国家进行谈判，求同存异，能较容易缔结投资符合双方利益的协议。但也正是这种注重各方意愿相同的利益联合，使得一些政治体制不够完善或者区域资源有限的发展中国家往往无法参与到谈判中来，或者在谈判中处于劣势，导致区域间经济发展差距增大，这完全违背跨区域诸边投资协定的初衷②。所以，当前全球投资协定形成了以跨区域诸边协定为主、双边投资协定为辅的全球投资格局。推动由双边协定向跨区域诸边协定的转变，将是未来建构 G20 全球投资治理的基础。

二、G20 框架下全球投资治理体系的构建理念

传统的全球投资理念是以放任自由主义为主要指导理念。斯密认为，资本

---

① 韩冰：《二十国集团在国际投资领域的合作与前景展望》，载于《国际经济评论》2016 年第 4 期，第 53~66 页。
② 黄茂兴等：《TPP 的中国策：全球化新时代中国自贸区的突围之路》，北京大学出版社 2016 年版，第 64~65 页。

主义的经济秩序能够通过"看不见的手"自发调节,对经济领域管理应当实行自由放任的政策,政府只需做好"守夜人"角色。这种理念指导下的全球投资,优点在于能给投资者带来全球交易自由,每位投资者都有权创办全球企业,有权进入某一行业,在市场机会方面是平等的,这也就能激发投资者的投资欲望。投资者通过投资获得利润,用获得的利润进行再投资以获得更多的利润。但放任自由的投资必然会因投资者的短视导致盲目无限制地扩大投资规模,投资者会因对个人利益的追求而激发盲目竞争,造成全球资源分配不均,效率和产量下降。

随着全球经济的普遍下行,逆全球化思潮的兴起,放任自由主义投资理念的弊端愈加凸显,整个世界不得不开始反思放任自由主义投资理念的缺陷,并将目光聚焦于20世纪70年代的内嵌自由主义投资理念,希望通过重建内嵌自由主义投资理念来克服放任自由主义投资理念的缺陷。所谓的内嵌自由主义,其本质是市场利益和社会价值之间达成的一个妥协,内容是将自由主义机制根植于国内合理的社会价值和社会目标,使市场有效调节与社会均衡发展达成了妥协,通过国家和社会达成一个含蓄的交易(或者说契约)来实现共同承担自由化和全球化带来的负面效应的共识[①]。相比于放任自由主义投资理念而言,内嵌自由主义的投资理念更利于建立以非歧视原则为基础的多边主义国际投资新秩序,同时其又规定了保障和例外条款,有利于促进全球贸易投资的发展,并维持贸易收支平衡。但这种投资理念是建立在"权力—社会目标"模式的基础上,因而在很大程度上会受到权力地位变化的制约[②]。所以在G20框架下的全球投资治理理念,应在把握全球投资格局的前提下对内嵌自由主义投资理念加以借鉴吸收,实现理念转变。

三、G20框架下全球投资治理体系的构建目标

可以发现,从应对金融危机开始,全球各国纷纷采取了投资保护政策,然而走出金融危机,恢复经济增长的关键在于国家的结构性改革。G20杭州峰会通过的《G20全球投资政策指导原则》提出国际投资对经济增长起到非常重要的作用,政府要避免与跨境有关的投资保护。因此,如果过分依赖投资保护而不进行全球投资的系统治理,不触动实体经济改革,那么这种政策终将不可持续。因此

---

① 宋伟:《试论约翰·拉格"内嵌的自由主义"》,载于《世界经济与政治》2010年第5期,第41~47页。
② 舒建中:《战后多边国际经济机制的演进》,载于《世界经济与政治论坛》2008年第1期,第63~66页。

G20框架下建构全球投资治理体系的目标应从投资保护转向系统治理,具体有以下三个主要目标。

一是推动投资自由化和便利化。《G20全球投资政策指导原则》指出,投资促进政策在使经济效益最大化的同时,要与促进透明的便利化举措相配合,以使投资者扩大国际投资业务。目前尽管世界各国都有实施少数促进投资的政策,但在现有国际投资规则下,全球投资者仍面临诸多困难,比如投资壁垒、歧视性待遇以及不确定的政策法规,这些都容易导致全球投资的国际摩擦。此外,国家利己主义和以自我为中心解决问题的区域性投资政策仍十分普遍,各种不同规则之间都会产生国际冲突。从世界经济发展格局看,全球经济一体化是不可阻挡的趋势,全球投资领域的自由化和便利化则与全球经济一体化息息相关,因此世界各国应谋求制定一项高标准的、高度自由化和便利化的全球投资协定。

二是建立解决投资争端的有效机制。在全球投资过程中,国家间的投资贸易摩擦是难以避免的,因而也就容易产生投资争端。《G20全球投资政策指导原则》指出,投资政策应为投资提供有形以及无形的法律确定性,包括有效的争端解决机制。首先,在实体性条款上,各国应当澄清国际投资规则那些诸如公平公正的待遇和间接征收等易于引起国际争端的实体性条款,保证国际投资规则的一致性。要增加国际仲裁信息披露,提高国际投资争端仲裁的透明程度。世界各国应积极寻求投资争端的解决方案来预防和避免国际投资争端,并采取多途径化解投资争端以便降低投资争端的经济和政治成本。只有通过建立有效的国际投资争端的解决机制,国际投资规则才能更有利于朝着统一、透明方向发展[1]。

三是建构全球投资治理的价值共识。当前全球投资治理没有建立起与之相适应的价值共识,如何在全球各民族国家文化基础上达成全球投资治理的价值共识是建构系统的全球投资治理体系的关键。这种共识应当服从于道德要求,要在全球经济范畴内建立公平正义的核心价值共识,这是道德要求的基础。《G20全球投资政策指导原则》指出,投资相关规定的制定应保证各方的利益合理分配,因此系统全面的全球投资治理体系应更具代表性和包容性,要建构多个权力中心相互竞争的模式,要协调发达国家与发展中国家在投资治理当中的利益。系统的全球的投资治理能不能够成功建构主要取决于发达国家和发展中国家是否有价值共识[2]。

---

[1] 桑百川:《新一轮全球投资规则变迁的应对策略——以中美投资协定谈判为视角》,载于《学术前沿》2014年第1期,第85~86页。

[2] 蔡拓等:《全球治理概论》,北京大学出版社2016年版,第164~165页。

四、G20 框架下全球投资治理体系的构建手段

(一) 以负面清单为核心提高外资准入的开放度

随着全球经济格局的不断演化,传统的多边贸易体系的局限性逐渐显现,同时金融危机也在一定程度上加快了全球投资规则的重建,以投资自由化为核心的新国际投资规则将成为趋势。相较于传统的正面清单模式,负面清单模式具有更大的自由化范围、更高的透明度,因而在国际投资规则的重构下,负面清单将成为新的全球投资规范的核心。G20 框架下,各国应加快推进建设以负面清单为核心的全球投资开放制度,对各国外商投资实行负面清单管理模式,以期提高外资准入的开放度和便利度。

《G20 全球投资政策指导原则》就是为投资者和投资提供保护,保证投资政策透明度。"负面清单"模式正符合这一原则,并且现今"负面清单"模式也为全球绝大多数国家所接受,负面清单模式将成为未来国际投资协定的基本模式。以负面清单为核心构建全球开放制度也将成为消除投资自由化进程中投资壁垒和障碍的推动力。在维护好投资东道国利益和监管权的前提下,负面清单管理模式将实质性改善与贸易伙伴间的双向投资准入,促进全球投资合作,推动全球投资自由化。

(二) 实施投资准入前国民待遇提高外资的便利度

现有的国际投资鲜有涉及投资者义务及东道国监管权,导致投资者——国家权利义务失衡,而实行准入前国民待遇能很好解决这一问题。[①] 准入前国民待遇能为投资者提供快捷方便的服务,其针对的是外国投资者能否方便进入东道国市场的问题。因而 G20 各国政府应适度降低外国投资者准入门槛推动准入前国民待遇的实行,让各类市场主体有机会公平参与市场竞争。同时在这个过程中需要东道国政府提高外资管理体制的透明度,这对各国外资监管和风险防控能力具有极大考验。当然实施准入前国民待遇并不意味着全面放开国家投资领域,负面清单管理模式就是为降低准入前国民待遇门槛。因此推动准入前国民待遇的实行,最关键在于设置合理的负面清单,从而达到降低投资自由化带来的风险。这要求全球各国政府齐心合力在宏观层面设计新的创新制度以便在充分利用外资的同时最小化降低风险。

---

① 詹晓宁:《全球投资治理新路径——〈G20 全球投资政策指导原则〉》,载于《世界经济与政治》2016 年第 10 期,第 7~8 页。

(三) 加强国际合作共同营造公平高效的全球投资环境

经济全球化的不断发展要求全球各国抛开偏见推动全球投资自由化,共同营造公平高效的全球投资环境。G20 杭州峰会指出,"国际社会应继续合作,开展对话,以维护开放、有益的投资政策环境,解决共同面临的投资政策挑战"。[①] 遵循这一规则,G20 国家应在以下三方面做出努力:一是建设高标准、高规格和公平高效的营商环境。各东道主政府在吸引和利用外资时,应当适度降低外国投资者的准入门槛,建立和完善投资者权益保护制度,改革和创新投资监管服务模式,实现全球投资贸易"单一窗口"服务,从而合力打造方便快捷的综合管理服务平台,最终实现全球投资自由化、一体化。二是完善和整合多元化纠纷解决机制。全球范围内,投资纠纷是无可避免的,如何有效解决投资纠纷关乎各国合法权益,因此全球各国应当通过不同途径解决投资纠纷,根据纠纷发生的实际情况建立多元的、公开透明的纠纷解决机制,并不断进行机制完善和创新,鼓励涉事双方通过友好协商方式解决纠纷,营造国际化的法律投资环境。三是加强全球间的沟通和协调。由于各国间的历史及现实条件不同,各国间的经济和产业发展水平存在很大差异,因此全球各国应进行多层次、多维度试验,加强各国间的联动,增进了解,互通有无,相互借鉴,共享信息,同时结合自身定位,制定和完善规划,共同建设高效的全球投资环境。

第五节 二十国集团框架下中国积极参与全球投资治理的改革方略

过去全球投资治理主要以欧美为代表的发达国家为主导,中国在一定程度上被排除在外;如今随着美国退出 TPP,中国日益成为国际投资大国,在世界的影响力逐渐增强,中国应更为积极地参与全球投资治理,谋求在全球投资治理中的话语权。从世界范围看,中国在 2012 年已成为世界第三大的对外投资国,在 2014 年首次超过美国成为全球外商最大投资目的地国,国内对外投资总量超过吸引外资总量,成为净资本输出国,并在 2015 年经济总量跃居世界第二,成为世界第二大经济体[②]。因此,中国具备实力参与建构全球投资治理平台。在全球

[①] 《二十国集团全球投资指导原则》,载于《人民日报》2016 年 9 月 7 日,第 21 版。
[②] 王小龙、陈伟光:《全球投资治理:发展演进与中国参与路径》,载于《金融教育研究》2016 年第 1 期,第 8~9 页。

投资治理中实现中国价值体现在两个方面。一方面要积极参与甚至主导全球投资治理，体现中国的引导力；另一方面要体现中国的价值取向，不但要符合中国的利益，而且要有利于国际投资有序发展。

一、中国投资治理体制的历史变革

（一）改革开放以前对外资相对封闭阶段：1949~1978年

1949年新中国成立后，我国迈出自主利用外资的第一步，结束了旧中国不平等的对外贸易历史。1949年11月，中央人民政府政务院设立贸易部，下设国外贸易司。1950年，英国决定单方面放宽对华贸易限制，在此之后，丹麦、荷兰、前联邦德国、法国纷纷开始放宽对华贸易限制，我国出现了利用外资的有利条件。由于国家处于刚刚解放和国际形势的意识形态化阶段，我们对利用外资一直持审慎态度。1958年6月，毛泽东在《第二个五年计划指标》的批示中指出，"自力更生为主，争取外援为辅"。[①] 这个时期利用外资的另外重要特点是，鼓励港澳华侨拿外汇投资。20世纪50年代末60年代初，中苏关系从紧张走向破裂，意识形态上也否定外资、拒绝外债。"文革"期间，在极"左"的思想指引下，党中央提出不引进外国资本、不与外国搞联合经营。

（二）外商投资管理体制初步形成阶段：1978~2001年

1978年，党的十一届三中全会决定推行改革开放。党中央提出要积极发展同世界各国平等互利的经济合作，要利用两种资源，打开两个市场，这一政策使得中国利用外资不论是数量还是质量都有了质的飞跃。我国利用外资工作从一开始就是在法制轨道上进行的。1979年，全国人大审议通过了《中外合资经营企业法》，该法是我国首部关于外商投资的专门法规。在此之后，又相继出台了《外资企业法》和《中外合作经营企业法》，这三部外资管理方面的法规在吸引外资方面起到了重要作用。

廉价的劳动力是中国改革开放初期吸引外资的最大优势。因此，早期的外商投资是基于利用廉价的劳动力、降低劳动力成本的目的进入中国的，这种外商投资理论被称为纵向投资。基于吸引与管理纵向外资的外商投资管理体制的最大两个特点，一是存在大量的鼓励措施，二是存在很多准入限制。中国推出以税收优

[①] 《毛泽东外交文选》，人民出版社1996年版，第161页。

惠为主的鼓励措施，与其他劳动力便宜的发展中国家进行竞争。对于出口导向型或者技术先进型外资企业，出台很多税收优惠政策。在实施鼓励措施的同时，中国也对某些行业实施了外资准入限制，比如说对外资的所有权、业务、营业地域等都有严格的限制。一般来说，涉及国家安全、传统工艺等的部分领域，禁止外资进入，对于内资技术力量薄弱需要扶持的领域也实行对外资准入的限制。

（三）外商投资管理体制逐步完善阶段：2001~2019年

2001年，经过15年的艰苦谈判，中国加入了世界贸易组织（WTO），正式成为WTO成员。加入世贸组织后，我国先后修改了《外资企业法》等一系列法律法规，改善了外商投资的法律环境。在加入WTO后，不管是从履行世贸组织承诺义务出发，还是从我国发展本国经济考虑，我国对很多外商投资项目都降低了准入门槛。但总体而言，在"三资法"体系下我国在外资准入阶段基本上实行的是限制性的国民待遇。在部分领域准入阶段实行国民待遇，而在另一些领域实行非国民待遇。之所以当时还不能在准入阶段使用国民待遇原则，其根本原因还是在于对东道国利益问题的考虑。我国在引入外资的同时，2002年党的十六大提出要实施走出去战略，加强对外投资，"鼓励和支持有比较优势的各种所有制企业对外投资，带动商品和劳务出口，形成一批有实力的跨国企业和著名品牌"[①]。随着中国经济实力的增强和企业国际竞争力的提高，中国企业开始到世界各国进行海外投资，从事开厂办店等业务。"据统计，2010年中国对外直接投资净额为688.1亿美元，连续9年保持增长势头，年均增长49.9%。"[②]

自由贸易试验区的设立是我国投资管理体制改革的一次重大变革。2013年9月，中国（上海）自由贸易试验区挂牌运行，自10月起，我国首个自由贸易试验区外资准入负面清单开始实施，同时同步暂停了相关外资管理法律。3年后《外商投资企业设立及变更备案管理暂行办法》出台，标志着准入前国民待遇加负面清单管理模式在全国范围上线，该暂行办法放宽了对外资准入的审批门槛和条件。2018年6月30日起"一套表格、一口办理"制度开始在全国推广，外资企业在我国的备案与登记与内资几乎没有差别。对外资准入负面清单之外的领域基本实现准入前国民待遇。

（四）《外商投资法》通过：我国外商投资管理体制进入新时代

2019年3月，《外商投资法》在第十三届全国人民代表大会第二次会议通

---

① 江泽民：《全面建设小康社会，开创中国特色社会主义事业新局面》，载于《求是》2002年第11期，第3~19页。
② 卢进勇：《国际投资学》，北京大学出版社2013年版，第291页。

过，并在 2020 年元旦起施行。《外商投资法》主要包括投资促进、保护、管理等在内的 40 多个法律条文，对外商投资规范和中方法律责任做了详细指引，是为了加大外商投资力度、保护合法合理权益、规范投资制度管理，推动中国特色社会主义全面开放新格局而制定的法律。它的颁布适应了我国外资结构的变化，是我国外商投资管理体制改革进程中的里程碑和基础性法律。

《外商投资法》实施后，以该法案为基础的新外商投资管理体制将取代以"外资三法"为基础的旧管理体制，国民待遇原则将适用于外资准入各阶段。准入前国民待遇加负面清单制度的法律地位自此确立。这部法律的出台顺应了历史发展潮流和高水平投资自由化与便利化的要求，体现了对外国投资国际规则的充分接受。中国向世界宣告了加快开放的坚定决心，充分彰显了促进外商投资的坚定信念。该法案的通过为中国参与全球投资治理变革提供了重要的法治保障。

从法律名称和主要内容来看，《外商投资法》的名称沿用了我国外商投资管理领域传统的称呼，不再出现"企业"字样，基本解决了 20 世纪七八十年代制定的"外资三法"与《公司法》等企业组织法的冲突与重复问题。除总则、法律责任和附则外，《外商投资法》将投资促进、投资保护和投资管理分列三章，充分体现了政府"放、管、服"的要求。其中第二条内容给外商投资下了定义，包含了下列三个要点：一是外商定义里外国投资者以合法合规方式在中国境内的投资是否包括一年以上融资还有待考察，这与现行的外债管理制度中内外投资企业有一定差别，但长期来看两者管理应该趋于一致；二是定义中没有体现"实际控制"概念，没有提及"通过合同、信托方式持有或控制境内企业权益字眼"；三是对历史上作为一种法律定义的企业组织形式模糊处理，取消沿用多年的外商企业分类，其相应的公司治理机构也应当按照《公司法》进行调整。

在投资促进方面，《外商投资法》对外资准入前和准入后在中国境内的合理公平待遇做了准确的规定。从政策适用、标准制定、政府采购、融资、投资管理等方方面面明文规定了国民待遇。其中，第 15 条规定外资企业平等参与标准制定工作的权利受国家保障；第 17 条规定外资企业可以依法借鉴内资企业管理模式进行融资；从法律层面鼓励和支持外商来华投资，以内外一致原则依法进行投资治理，在法无禁止的范围内均可准入，可以极大增强中国市场对外资的吸引力，促进外资引进，推动外资企业深度本地化和市场结构性改革的同时为今后我国签订基于此基础的双边投资协定留下灵活空间。

在投资保护方面，《外商投资法》创设了包括约束涉及外商投资的行政法规和部门规章、促使地方政府守约践诺、建立外商投资企业投诉工作机制、明确外资企业商会、协会的法律地位在内的多项具体措施。其中，第 25 条规定各级政府和相关部门需依法兑现其政策承诺，严格履行各类投资合同。在法定权限和程序范围内需要做出承诺变更的,需及时对外资企业和投资方提供适当合理的补偿。除此之外,还包括了双边投资协定中涉及的征收与资金转出、禁止强制转让技术等问题。《外商投资法》关于投资保护的措施彰显了中国坚定不移扩大对外开放的决心,有助于持续优化外商投资环境,提高市场监管的透明度,有助于监督中国政府工作人员更好地履行职能,加大对外资企业合法权益的保护力度,提高其投资便利化程度,减少强制技术转让相关的国际争议,努力协调外国投资者的合理关切,为其营造更具吸引力的营商环境。

在投资管理方面,《外商投资法》从法律上确定了外资准入前国民待遇加负面清单制度的法律地位,规定了国家建立外商投资信息报告制度和外商投资安全审查制度。我国政府长期以来一直致力于实现对内资与外资实行一视同仁的监管,《外商投资法》在各领域规定了要实行公平公开公正的监督管理,充分体现了全面贯彻准入国民待遇的原则。自2013年上海自由贸易试验区开始试点,"外商准入负面清单"制度已逐渐成为中国对外开放的重要手段。在市场准入和商事登记方面,外资原则上得到了不低于内资的待遇,对外开放也就此在法律上明确为"自上而下"的开放模式。外商投资信息报告制度内容繁琐复杂,涉及现有的企业登记、审批、备案等制度,报告的内容和范围原则的确有必要,应严格控制实行。外商投资安全审查制度为了维护安全审查决定的确定性,防止因不确定性损害投资者的利益,对外资在申报与和信息披露等方面有关的责任做出了翔实标准化的规定。以法律形式设置专门的外资企业投诉工作机制,保护外商投资者在我国境内因政府失信或行政管理失当等合法权益可能受到侵害的情况。

《外商投资法》统筹分析国内外投资经济新形势,个性化解决国际投资战略格局变革中存在的新矛盾新情况,为共同搭建全球外资治理范式,构造外资治理法律体系提供了中国智慧和中国方案,展现了我国加大外商投资力度的坚定立场,同时,为外商投资提供安心保障,标志我国进入制度性对外开放新阶段。随着《外商投资法》的深入实施,许多涉外投资法规将相应改变,崭新的外商投资管理体制将逐渐形成并完善,推动我国经济转型和对外开放向更高水平迈进。

二、中国积极参与全球投资治理变革的利益和责任

自中国2001年加入世界贸易组织之后,中国已经开始参与到全球投资治理变革的进程中。当前,中国是全球第二大经济体,也是G20成员中最大的新兴经济体,已超过美国和欧盟,成为拉动世界经济增长的第一大引擎,对世界经济产生积极的影响。近年来,中国在参与全球投资治理的过程中取得了一系列成果。

其中，通过签署一系列双边投资协定（BIT）与自由贸易协定（FTA），中国与相关国家的经贸关系得到进一步加深与升级，并不断向南、向西、向东扩展，先后与五大洲的 28 个国家和地区建立 15 个自由贸易区；通过"一带一路"倡导建立国际合作框架，连接亚洲经济圈和欧洲经济圈。2016 年 9 月，成功举办 G20 杭州峰会，发布了全球首份关于投资规则制定的多边纲领性文件——《G20 全球投资指导原则》，这一文件确立了全球投资指导规则的总体框架。2017 年 9 月，中国在厦门成功举办第九次金砖国家领导人会议，出台了《金砖国家投资便利化合作纲要》，这是一份在全球投资便利化领域达成的第一份专门文件。可见，中国在引领全球投资治理方面的能力在不断增强，这不仅能让中国从中获得利益，也是中国作为一个发展中大国应承担的责任。

（一）中国参与全球投资治理变革的利益获取

1. 提高中国在全球投资治理中的地位与作用

中国积极参与全球投资治理变革是履行国际责任的必然选择，在这一过程中能够促进与其他国家的交流合作，最大限度地保护中国的长远利益；还可以在某种程度上代表新兴经济体，大大提升中国在全球投资治理体系中的地位，展现出中国"负责任大国"的形象。

2. 增强中国在国际投资治理变革中的话语权

"过去 5 年，中国对世界经济增长的贡献率保持在 30% 以上，在全球投资治理体系中的制度性话语权显著提升。"[①] 同时，中国作为世界对外投资大国，国际社会希望中国在全球事务的作用更进一步提升。中国有责任代表发展中国家，改变现有的不公平、不合理的国际投资旧秩序，建立新的、公平的、合理的国际投资新秩序，促进国际投资更好更快地发展。在国际投资规则重塑期，中国要勇于发出自己的声音，谋求更大的发言权，承担与自身发展阶段相适应的责任，参与甚至主导全球投资规则的制定与实施。

3. 促进中国投资治理体系的变革与完善

中国是一个投资大国，拥有一个规模极其庞大的现代投资体系，但投资的数量和质量还不算成熟，要实现从投资大国向投资强国转变，还需要经历一个漫长的过程。参与全球投资体系的变革能够为中国投资治理体系注入新的血液，帮助我国建立合理高效的投资治理体系，与全球投资治理体系保持同样的步调，早日实现国内投资体系与国际规则的接轨。

---

① 汪洋：《推动形成全面开放新格局》，载于《人民日报》2017 年 11 月 10 日，第 4 版。

(二) 中国参与全球投资治理变革的责任担当

近期，世界经济呈现回暖向好态势，全球投资回升，几乎所有的国家或地区都主动或被动地参与国际投资活动，国际投资已经成为世界经济的核心纽带和经济全球化的主要驱动力。"随着世界经济格局深度调整，新兴市场和发展中国家群体性崛起，国际力量'东升西降''南升北降'态势更加明显。"① 然而，当前的国际投资领域体制依旧落后，既没有一个综合性全球多边投资协定，也没有一个统一的国际监管机构，无法满足国际投资发展的需要。

中国作为发展中国家的投资大国，是全球投资治理变革的主要利益相关者，倡导全球投资指导原则的建立，营造透明、开放的全球投资环境，既加强了中国自身利益的保护，也推动了世界经济的高效发展。近年来，"我国实施共建'一带一路'倡议，发起创办亚洲基础设施投资银行，设立丝路基金，举办首届'一带一路'国际高峰论坛、二十国集团领导人杭州峰会、金砖国家领导人厦门会晤"②，为我国积极参与全球投资治理变革营造了良好的外部条件。因此，参与全球投资治理变革是中国应当承担的国际责任，应当依托 G20 各项成果，统筹兼顾各方利益与责任，大胆创新，不断提高本国的影响力、感召力、塑造力，以推动国际投资制度往更合理的方向发展。

三、G20 框架下中国更高层次参与全球投资治理改革方略

中国自 2015 年 12 月 1 日接任 G20 峰会主席国以来，设置了贸易投资工作组，专门对全球投资治理变革的重要议题展开研究。2016 年 9 月，G20 杭州峰会顺利召开，杭州峰会公报明确指出"促进更强劲的全球贸易和投资"③，并承诺推动贸易投资自由化和便利化。2016 年 7 月 8 日 ~ 9 日在上海成功举办二十国集团贸易部长会议，承诺进一步加强 G20 贸易投资合作。G20 杭州峰会核准了《二十国集团全球投资指导原则》等重要文件，系统总结了中国在全球投资治理领域的观点和主张，对全球投资治理变革提出了一系列建议，为 G20 框架下完善全球投资治理变革提供了中国方案。党的十九大报告指出："中国秉持共商共建共享的全球治理观"④，"中国将继续发挥负责任大国作用，积极参与全球治理体系改

---

① 汪洋：《推动形成全面开放新格局》，载于《人民日报》2017 年 11 月 10 日，第 4 版。
② 习近平：《高举中国特色社会主义伟大旗帜 为决胜全面小康社会实现中国梦而奋斗》，载于《人民日报》2017 年 7 月 28 日，第 1 版。
③ 《二十国集团领导人杭州峰会公报》，载于《人民日报》2016 年 9 月 6 日，第 4 版。
④ 习近平：《高举中国特色社会主义伟大旗帜 为决胜全面小康社会实现中国梦而奋斗》，载于《人民日报》2017 年 7 月 28 日，第 1 版。

革和建设，不断贡献中国智慧和力量。"① G20 框架下，我国应更高层次地参与全球投资治理变革，提升统筹国内国际两个大局的能力，继续推进投资自由化与便利化，创新对外投资合作方式。

（一）加大对外开放力度，积极营造良好的营商环境

2020 年两会审议通过了《外商投资法》，表明中国继续坚持对外开放，注重营造国际一流营商环境的决心和意志始终未变。G20 框架下，中国参与全球投资治理变革，营造良好的营商环境：一是进一步压缩负面清单。2013 年上海自贸试验区出台的全国首张外商投资负面清单多达 190 条，目前负面清单的长度已缩短至 45 条。新时代背景下，还要进一步压缩负面清单，提高外资准入开放度，体现了外商投资法草案中的内外资一致原则，为 G20 国家营造开放、公开、透明、可预期的营商环境。二是提高审批效率。要尽量压缩审批环节，降低审批时限，改造阶段审批流程，推动部门间实现互联互通。三是加大财税、金融和外汇等方面的改革创新，加快打造与国际接轨的一流营商环境，为 G20 国家企业来华投资提供自由化与便利化。

（二）实施"引进来"战略，吸引 G20 国家优质企业到中国投资

目前，全球引资竞争日益激烈，如果想要培育引资竞争新优势，必须吸引更多优质企业到中国投资。除了对外资实施"负面清单+准入前国民待遇"管理制度，负面清单之外领域，要营造公平透明，法治化、可预期的营商环境，按照内外资一致的原则，外商投资项目实行备案制，免去审批环节，提升外商投资准入效率；允许外资投资企业在中国境内可以依法通过公开发行股票和债券等方式在中国资本市场进行融资。着重鼓励和引进 G20 国家大企业到中国投资，发挥龙头企业的带头和示范作用。扩大服务业领域开放，吸引外商投资我国金融、交通运输、通信等一系列服务业。

（三）实施"走出去"战略，加快构建境外投资一站式服务平台

近 10 年，我国对外投资年均增长 27.2%，跻身对外投资大国行列。② 落实对外投资实行备案制管理等政策，鼓励和扶持我国具有相对比较优势的电子、机械、轻工、纺织等行业到 G20 国家投资。支持企业在 G20 各国建设产业园区，

---

① 习近平：《高举中国特色社会主义伟大旗帜　为决胜全面小康社会实现中国梦而奋斗》，载于《人民日报》2017 年 7 月 28 日，第 1 版。

② 汪洋：《推动形成全面开放新格局》，载于《人民日报》2017 年 11 月 10 日，第 4 版。

吸引劳动密集型产业向境外转移；鼓励企业到 G20 国家设立营销网络、物流中心、投资办厂，带动商品、成套设备出口；加快境外工程机械、电子设备、船舶等服务基地建设；支持先进技术和装备"走出去"，打造一批有重要影响力的跨国公司和国际知名品牌①。大力开展境外资源开发和境外加工贸易，尤其支持在文化、教育领域的境外投资，鼓励企业在 G20 国家建立研发中心和市场营销网络。

（四）建立投资争端解决机制，引导投资者理性投资

伴随着全球投资规模的持续扩大，对东道国提起的投资者与国家间的诉讼案件也逐年增多。在较强的不确定因素下，投资者容易因为担心各类政策的影响而降低投资意愿。建立公正合理的投资争端解决机制是破解这一难题的关键。一是出台 G20 国家的投资者与东道国争端解决机制方面的政策文件，并且向投资者保证若政府有违法违规的行为将依法追究相关责任主体的法律责任。二是政府相关主管部门应当向投资国提供相应的法律援助和支持，尽量减少投资国寻求国内救助时遇到的制度障碍，鼓励境外投资者通过国内相关司法程序维护自己的合法权益。三是利用相关公共信息服务平台和门户网站发布相关法律法规以及投资者寻求国内救助的途径，及时向投资者发布相关处理信息，向各投资国提供更好的法律和信息服务。四是政府相关主管部门应当积极向投资国解说相关政策和文件，同时允许投资国提出不同的意见，通过相关法律途径对相关文件提出审查和复议，并将相关结果公布在相关网站上，引导投资者理性、谨慎地投资，防止投资纠纷的发生。

（五）大力引进投资专业人才，为参与全球投资治理提供人才保障

人才的数量和质量是中国参与全球投资治理变革的重要保障。提高中国的投资效率，必须把人才作为重点工程来抓。从国际角度出发，培养和引进大量高素质的人才可以为参与全球投资治理变革提供智力支持，着重从 G20 国家引进高素质投资专业人才。一是要形成开放式聚集人才的优良环境，构建完善的人才公共服务平台，提高人才服务效率。二是大力推进高端人才聚集工程，建立多层次、多渠道的人才引进项目，建立健全鼓励创业创新的激励机制，完全打破传统人才观念的束缚，使从 G20 国家引进的人才有充分发挥潜能的空间。积极推进国际型人才培养，积极开展国际交流合作，按照 G20 框架下参与全球投资治理的标准加强国际型人才的引进和培养，重点培养国际复合型投资人

---

① 《国务院关于印发进一步深化中国（福建）自由贸易试验区改革开放方案的通知》，中华人民共和国中央人民政府网，2018 年 5 月 24 日，http：//www.gov.cn/zhengce/content/2018－05/24/content_5293013.htm。

才。全球投资治理变革是个长期而艰辛的过程，智库建设需要借助 G20 各国的智力支持。

除了上述措施以外，G20 框架下中国更高层次参与全球投资治理改革，中国要扮演好发达国家和发展中国家在投资治理方面沟通的桥梁角色。全球投资治理的关键在于发达国家和发展中国家能否达成共识。2016 年的 G20 杭州峰会，中国也很好扮演了发达国家和发展中国家沟通的角色。中国应延续这一思路，做好两者之间沟通的桥梁，让发展中国家在全球投资规则制定方面享有更多的话语权。

第八章

二十国集团促进全球贸易政策沟通与协调

G20 从危机应对的临时机制向经济治理的长效机制转变的过程中,如何促进全球贸易政策沟通与协调成为一个日益重要的议题。作为当前"国际经济合作的主要论坛",G20 在成立之初就确定了"促进全球经济稳定和持续增长"的目标,而加强全球贸易政策沟通与协调是实现这一目标的重要途径。特别是在当前国际经济形势错综复杂、贸易摩擦不断反复的背景下,更好地发挥 G20 促进全球贸易政策沟通与协调的作用就显得尤为迫切。本部分首先对全球贸易政策的演变历程进行了较为全面的梳理,接着分析了当前全球贸易政策的新动态,在此基础上探讨了 G20 在全球贸易政策协调中已经发挥的积极作用,并剖析了当前 G20 在全球贸易政策协调中面临的困境与挑战,最后提出了 G20 框架下促进全球贸易政策协调的相关政策措施。

第一节 全球贸易政策的演变历程

对外贸易政策是世界各国政府对依据国际贸易理论针对国际贸易所制定和实施的各种措施、制度的总称。包括政策理论、政策工具、政策目标和政策收益与福利影响等相互影响、相互作用的四个方面内容。国际贸易政策理论则处于基础地位,是国际贸易政策制定的理论依据,而政策目标则是评估政策效果与收益的标准。地理大发现以及由此引发的欧洲国家殖民扩张催生了现代意义上的国际贸易，继而产生了国际贸易思想、理论与政策。国际贸易政策可追溯至托马斯·孟（1664）的贸易管制与保护思想，此后，随着国际贸易实践的发展，国际贸易政策与理论不断演进更新。全球贸易政策的历史演进过程就是世界各国依据贸易理论与本国对外贸易实践，通过选择贸易目标、贸易工具而获取最大收益，持续提升国家福利水平的动态过程。国际贸易史上，全球贸易政策总体上经历了重商主义政策、自由保护政策并存、超保护贸易政策、新贸易保护政策、协调贸易政策五个阶段。

一、重商主义国际贸易政策阶段（16世纪~18世纪中叶）

重商主义贸易政策伴随现代对外贸易活动产生而产生。1500~1750年科技进步与地理大发现以及由此产生的欧洲国家殖民扩张，极大地促进了欧洲国家海外商业交流发展，从而产生了现代国际贸易活动，加速了欧洲资本的原始积累。这一时期有，对经济政策问题感兴趣的欧洲商人，研究并撰写关于经济问题的文献，坚信国家应当干预国内经济和管制对外贸易以实现贸易顺差，从而增加国家财富。这一时期的经济文献观点与经济实践主张，被称为重商主义。相应地，以重商主义为基础制定与实施的对外贸易政策称为重商主义贸易政策。因此，重商主义贸易政策理论主张国家财富是贵金属拥有量，通过管制贸易、贸易保护，实现贸易顺差，增加国家财富；其工具是关税，甚至是绝对禁止等，鼓励出口，抑制进口，这些措施共计六种，即两类限制与四种奖励；其目标是通过贸易增加贵金属量；国家贵金属拥有量增加即福利改善。

重商主义贸易政策时期分为货币差额与贸易差额政策两个阶段。前者指重商主义初期，追求对每个国家每项贸易业务顺差而禁止金银流出的贸易政策时期；后者指重商主义后期，贸易政策追求总体贸易平衡，金银用于购买供生产出口产品的原材料支出被认为是合意的，转而以奖出限入实现金银净流入。虽然重商主义贸易政策保护了新兴商业资本利益，促进了新生的资本主义发展，但是因各国具体贸易政策工具与保护领域选择的不同，国际上没有共同的贸易规则，一定程度上阻碍了国际贸易发展。重商主义贸易政策阶段的末期，大卫·休谟（1752）的黄金流动价格机制所指出的贸易自动平衡理论标志着自由贸易政策的萌芽。

二、自由与保护贸易政策并存阶段（18世纪中叶~19世纪70年代）

自由资本主义快速发展与各国工业化进程差异是造成自由贸易政策与保护贸

易政策并存的根本原因。1760年英国发生的产业革命向世界传播，大机器工业与资本主义生产方式正式建立，世界市场开始形成。到1820年产业革命发源地英国的工业生产达到全球的50%，成为"世界工厂"。英国急需开拓海外市场的新兴工业资本认为重商主义贸易保护政策阻碍国际贸易发展，强烈要求贸易自由，产生了经济自由主义的古典自由贸易理论，以此为基础，英国实施了自由贸易政策。而产业革命完成相对较晚的美国、法国等，处在工业化发展中，国内产业国际竞争力弱，因此，与英国自由贸易政策相反，美国等对海外贸易实施了保护政策，因而国际贸易政策进入了自由与保护并存时期。

自由贸易政策以绝对优势与相对优势理论为基础，而贸易保护政策的理论依据则是幼稚产业保护理论。亚当·斯密的绝对优势理论界定贵金属不是财富，财富是来源于生产的物质财富本身，主张非规制对外贸易，一国应生产出口拥有绝对生产优势的产品，通过国际分工与国际贸易交换增进福利收益。大卫·李嘉图的相对优势理论指出国际间生产率差异是决定国际贸易的唯一因素，每个国家应专门生产自己有比较优势的产品，即生产在本国生产机会成本相对低的产品，坚持两优取重、两劣取轻的原则开展国际交换，增进双方福利。自由贸易政策工具都是开放自由，是"无工具"的政策工具。在英国产业革命后，大机器工业、资本主义飞速发展的同时，美国、法国以及德国的产业革命相对较晚，处于工业化发展初期的工业经济需要扶持保护，实行贸易保护，限制进口。理论上汉密尔顿与李斯特提出了幼稚产业保护理论。该理论重视财富的生产力而非其本身，根据经济发展阶段制定相应的国际贸易政策，主张对工业化初期的工业采用关税工具进行保护，以促进其生产力发展，增强其国际竞争力。因此，在当时，美国、德国等国实行了贸易保护政策，而英国则相反，实施高关税税率的贸易保护政策，在自由资本主义时期，呈现出国际贸易自由与保护政策并存的现象。

亚当·斯密的绝对优势理论使重商主义贸易保护主张受到损害，大卫·李嘉图的相对优势理论则将其推翻、摧毁，在他们的主张下，自由贸易的发展极大地推动了世界市场与自由竞争的市场体制的发展。汉密尔顿与李斯特提出的贸易保护政策，与重商主义有着本质区别，他们不否认自由贸易的正确性，而是对特定产业的特定发展阶段进行保护，是为了"不保护"而进行的保护。贸易保护政策对促进美国和德国等的产业革命以及资本主义经济发展产生了正面作用，对其后来贸易政策制定与实践产生了深远影响。汉密尔顿与李斯特提出的贸易保护政策理论对半个世纪以来工业化发展过程中的国家外贸政策实践有重要影响。

三、超保护贸易政策阶段（19世纪70年代至第二次世界大战结束）

超保护贸易政策产生于垄断资本对国外市场的垄断需求。自由与保护贸易政策并存时期末，自由竞争资本主义进入垄断资本主义阶段，垄断资本垄断国外市场的需要，促使工业化资本主义国家实施以保护垄断资本利益的贸易政策，从而国际贸易政策进入超保护贸易政策阶段。这一时期，实践上，美国、德国等延续保护贸易政策；英国也在1929年的世界性金融危机后放弃自由贸易政策，转而干预对外贸易。理论上，国际贸易政策理论得以进一步发展，主要有赫克歇尔与俄林要素比例理论和凯恩斯主义的萧条保护贸易理论。大卫·李嘉图的相对优势理论被赫克歇尔与俄林进一步发展，他们认为各国之间的资源禀赋差异，也就是不同生产要素在不同国家的资源中所占的比例以及产品生产中它们的投入比例差异是国际贸易产生的原因，这为一国开展国际贸易提供了更加有说服力的理论阐释，而凯恩斯主义的萧条保护贸易政策部分地否定了自由贸易政策。这时期的贸易政策工具除了关税外，还有出口补贴、进口配额等许多种非关税措施，政策目标是加强对国外市场的垄断而不是保护生产力发展与扶持弱幼产业。

四、差异化自由贸易与新贸易保护政策阶段（第二次世界大战后至20世纪80年代中期）

多极化与世界各国经济相互依存度的增强，促使工业化国家实施了差异化的自由贸易政策。第二次世界大战后，世界经济一体化程度增加，工业化国家超保护贸易政策难以为继，而实行完全自由化的贸易政策也行不通，美国等工业化国家通过实行国际谈判，对协议国实行自由贸易政策，由此，国际贸易政策进入差异自由贸易政策阶段。这一时期，在实践上，北美自由贸易区成功建立，美国等工业化国家经过七次谈判，将关税率降到了极低程度；在理论上，克鲁格曼等的新贸易理论发展完善了赫克歇尔与俄林要素比例理论，该理论认为除资源禀赋差异外，规模经济也是产生国际贸易的原因与对外贸易收益的重要来源。该理论很大程度上否定了自由放任的贸易政策。差异自由贸易政策使战后贸易自由化取得巨大进展，到1980年，美国与相关工业化国家逐步取消了关税及其他一些非关税措施，并且大幅提高了国际经济一体化程度。但进入1970年后，石油危机与经济危机加剧了国际市场竞争，相关国家超保护贸易政策又重新抬头。保护政策工具主要是非关税措施，这正是差异自由贸易政策下贸易谈判的"棘轮"起到了约束关税的作用。同时，双边或多边贸易谈判机制推进贸易自由化缺少稳定平台的弊端也逐渐显现。

五、协调贸易政策阶段（20世纪80年代中期至今）

世界多极化与经济全球化深入发展，国际经济关系日益紧密。2008年金融危机后，中国等发展中经济体成为推动全球经济复苏与稳定发展的重要力量。发达与发展中国家的经济实力对比发生显著变化，中国等发展中国家在国际经济中地位日益上升。美国进入1980年后，其贸易地位迅速衰落促使其重新审视其贸易政策和寻找新的理论依据，新的贸易理论——协调贸易理论应运而生。协调贸易政策是以新贸易理论为基础，是指一国通过法律法规的形式对对外贸易发展实施管理，对外通过贸易谈判和协约、协定、协调与相关贸易国权利与义务的国际贸易政策。因此，协调贸易政策是介于自由贸易和保护贸易之间的一种对外贸易政策。美国、日本等是实施协调贸易政策的先行国。其政策工具是非关税的针对特定进口商实施的临时性与限制性措施，贸易管理法律系统化、整体化，形成较为完善的管理贸易政策体系。在这一阶段，一方面，发达国家为了追求本国利益而采取贸易保护主义，尤其是2008年国际金融危机后贸易保护主义愈演愈烈；另一方面，经济一体化的快速发展也推动了贸易投资更加便利化，以世界贸易组织为核心的多边贸易体制以及区域性贸易协定得到增强，为协调贸易政策提供更为便利的条件。

第二节 当前全球贸易政策的新动态

全球金融危机爆发十余年来，世界经济格局面临深度调整，全球经济治理体系变革不断推进，取得了一定的成效，但仍然存在一些突出的问题。尤其是近两年来，国际形势的不确定性增加，全球经济稳定性面临极大挑战，大国之间竞争博弈日趋激烈，贸易保护主义不断抬头，威胁多边贸易体系，全球贸易呈现持续低迷的态势。因此，全球贸易治理亟待改革，全球贸易规则进入重构的关键期，加强全球贸易政策沟通与协调尤为迫切。

一、全球贸易保护主义不断抬头

（一）当前全球贸易保护主义的表现及特点

回顾全球贸易政策的演变历程，可以看到，自由贸易和经济全球化是不可逆转的大势，但自由贸易政策并非一开始就占据优势，而是在与重商主义、贸易保护主义的斗争中逐渐取得主导地位。重商主义和贸易保护主义还会在不同的历史时期以不同的方式时涨时消，2008 年金融危机后贸易保护主义的不断抬头就是例证。当今世界经济仍处于后危机时代的转型调整期，全球经济复苏步伐有所加快，但是未来一段时间国际经济下行风险仍在增加，主要就是由于"逆全球化"思潮不断升温并逐渐加剧，贸易保护主义持续发酵，尤其是美国引起的全球贸易紧张局势对全球经济造成重大影响，极大地冲击着全球贸易发展，增加了贸易投资壁垒，阻碍了国际经济交流合作。根据英国经济政策研究中心（CEPR）全球贸易预警数据库统计资料，2009~2018 年美国实施的贸易保护主义措施高达 1 693 项，居全球首位，平均每年出台 169.3 项贸易保护主义措施；排在第二位的德国同期累计出台 1 225 项贸易保护主义措施；发展中国家和新兴经济体中，印度同期累计出台的贸易保护主义措施最多，为 919 项。2018 年，美国也是全球新增贸易保护主义措施最多的国家，新增了 197 项贸易保护措施，较 2017 年增长 28.8%。伴随着贸易保护主义风险的上升，全球贸易增长受到严重冲击，全球经济能否继续保持增长势头的不确定性增加。2018 年 4 月，博鳌亚洲论坛主办方发布了《新兴经济体发展 2018 年度报告》，报告显示：2017 年以 E11（包括阿根廷、巴西、中国、印度、印度尼西亚、韩国、墨西哥、俄罗斯、沙特阿拉伯、南非、土耳其 11 个国家，均为 G20 成员国）为代表的新兴经济体的对外贸易顺差大幅收窄，主要是由于受贸易保护主义的影响，这些国家的货物贸易顺差进一步下降，同时服务贸易逆差扩大。而根据《新兴经济体发展 2019 年度报告》，2009~2018 年 G20 中 8 个发达国家成员实施的贸易保护主义措施总计达 5 310 项，远远高于 E11 的 4 766 项，发达经济体平均每个国家比 E11 高 230.5 项。由此可见，发达经济体尤其是美国成为全球贸易保护主义的主要推手，新兴市场国家和发展中国家则是在反对保护主义和推动贸易自由化方面发挥更多的作用。2009~2018 年，E11 推行的贸易自由化措施为 2 223 项，远高于 G20 中发达经济体的 887 项。

当前全球贸易保护主义主要呈现出以下几个方面的特点：首先，从贸易保护的实施主体来看，美国、德国、日本等发达国家是贸易保护的主要发起国，印度、俄罗斯、阿根廷等新兴经济体的贸易保护主义措施也较多。根据全球贸易预警数据库统计资料，2009~2017 年 G20 国家实施贸易保护主义措施排名前 10 位的国家依次为美国、印度、德国、俄罗斯、阿根廷、巴西、日本、英国、意大利、印度尼西亚。到 2018 年德国超过印度成为实施贸易保护主义第二多的国家，仅次于美国。其次，从贸易保护的程度来看，贸易保护措施数量逐渐增加，贸易保护主义不断蔓延，贸易保护程度趋于深化。2018 年 G20 经济体中 19 个国家共采用了 1 095 种新的贸易保护主义措施或反制措施。根据世界贸易组织等机构 2018 年 7 月 4 日发布的报告显示，2017 年 10 月中旬~2018 年 5 月中旬这段时间 G20 经济体采取的贸易限制新措施数量比 2017 年 5 月中旬至 10 月中旬翻了一番。① 而从 2018 年 10 月到 2019 年 5 月，G20 成员国采取的进口限制措施数量是自 2012 年 5 月以来平均水平的 3.5 倍以上。② 再次，从贸易保护措施所涉及的领域来看，贸易保护从以往的传统商品贸易领域不断扩展至中高端产品领域乃至要素流动，特别是投资领域。③ 根据全球贸易预警报告统计，目前最易受到贸易限制措施影响的部门包括金属、机械和化工等产业部门。在投资领域，受贸易保护主义影响，2017 年全球外国直接投资（FDI）下降 23%，仅 1.43 万亿美元，2018 年下降至 1.3 万亿美元，2020 年全球 FDI 总规模仅为 8 460 亿美元，为 2005 年以来最低水平。最后，从贸易保护的措施来看，各国实施贸易保护更加理性，手段也趋于隐蔽与多样化。卫生和植物检疫措施（SPS）、技术性贸易壁垒（TBT）、知识产权保护、劳工标准等成为实施贸易保护的主要手段或理由。

（二）当前全球贸易保护主义的主要影响

贸易保护主义对全球贸易增长产生了极其不利的影响，随着一些国家贸易保护主义倾向不断上升，世界经济和贸易增长面临的不确定性进一步加大。国际货币基金组织研究指出，美国对经贸伙伴发起的贸易战到 2020 年将使世界经济损失 0.5%，相当于 4 300 亿美元。④ 在此背景下，全球贸易稳定增长面临较大挑战，WTO 的数据显示，全球贸易量受金融危机影响于 2009 年出现断崖式暴跌，此后经历短暂的两年反弹之后，2012~2018 年世界贸易平均增长率仅为危机前 20 年平均年增长率的一半。当前受贸易保护主义不断抬头的影响，全球贸易形势更是不容乐观，全球贸易额从 2018 年底开始急速下降。2019 年第一季度全球贸易景气指数已经降至 96.3 的荣枯线趋势水平以下，为自 2010 年以来的最弱水平。⑤ 贸易保护主义还将打乱原有的基于各国资源禀赋和比较优势建立的全球贸易分工格局，造成资源错配和效率低下，影响全球产业链与价值链走向，冲击全球贸易体系以及多边规则体系，最终导致"双输"或"多输"的不良结局。因

---

① WTO：《近半年以来 G20 国家新增贸易限制措施数量翻倍》，载于《21 世纪经济报道》2018 年 7 月 5 日，https://m.21jingji.com/article/20180705/herald/272b8706e539bc3a59fab5d5a299e955.html。
② 《G20 峰会对世界贸易未来的启示》，参考消息网，2019 年 7 月 2 日，http://column.cankaoxiaoxi.com/2019/0702/2384303.shtml。
③ 张二震、戴翔：《全球贸易保护主义新趋势》，载于《人民论坛》2017 年第 5 期，第 130~131 页。
④ 中华人民共和国商务部：《中国对外贸易形势报告（2018 年秋季）》，http://file.mofcom.gov.cn/article/gkml/201811/20181102805514.shtml。
⑤ 张茉楠：《全球贸易稳定仍需巩固根基》，载于《经济参考报》2019 年 7 月 1 日，第 A01 版。

此，在贸易战背景下，如何加强贸易政策协调、恢复全球贸易秩序是各国迫切期待解决的重要议题。尽管 G20 大阪峰会上中美贸易僵局有所化解，释放出积极信号，但多方期待的"反对贸易保护主义"的声音没有在峰会上明确提出，WTO 改革的一些焦点问题依然存在较多争议，这些都为未来全球贸易形势的发展蒙上了阴影。

二、全球化新阶段的全球贸易规则面临重构

尽管全球贸易保护主义不断抬头，但经济全球化的总体趋势不会改变。应该看到，当前全球化进入新阶段，出现了一系列新的特征，对全球贸易政策协调与全球贸易治理提出了新的要求。全球贸易治理是全球经济治理的重要组成部分，其本质上就是要求通过各国贸易政策、贸易规则的协调来更好地处理全球贸易问题。当前全球贸易治理的方式主要包括多边贸易体制、区域贸易体制、双边自由贸易协定以及代表性大国集团形式等。但在全球化新阶段，无论是以 WTO 为代表的多边贸易体制，还是发展迅速的双边或区域的贸易协定，都面临着一些问题，亟待改进和完善。近年来大国集团进行了全球贸易治理改革和贸易政策协调的尝试，如 G20 就在积极探索参与全球贸易治理的另一种路径，逐步从危机应对向长效治理机制转变，对于改善全球贸易治理格局、形成全球贸易治理新框架起到了举足轻重的作用。此外，金砖国家合作机制同样也为全球贸易治理和贸易政策协调提供了新的可能性。总体来看，全球化新阶段的贸易政策协调面临一些新的挑战，全球贸易规则亟待重构。

（一）以 WTO 为代表的多边贸易体制陷入困境，亟待改革

自 WTO 成立以来，以 WTO 为核心的多边贸易体制一直是经济全球化和自由贸易的基石，在制定全球贸易规则、推动贸易自由化便利化、解决国际贸易争端、审议和监督贸易政策等方面发挥了重要的作用，极大地促进了全球贸易发展和经济增长、提高了全世界人民的生活水平。但是，在当前单边主义和保护主义不断抬头的背景下，多边贸易体制的权威性和有效性受到严重挑战，WTO 对全球贸易治理的政策协调和制度安排出现危机。首先，WTO 的决策机制效率不高是广为诟病的一个问题。WTO 既有的决策机制要求要按照"协商一致"的原则达成共识，这在 WTO 成员数目众多、谈判议题复杂的约束下很难形成决策，无法通过协商或谈判解决棘手的多边贸易问题，多哈回合谈判的举步维艰就是一个很好的例子。其次，WTO 争端解决机制的有效运行受到挑战。WTO 的争端解决机制一直是备受推崇的，其有效提升了发展中国家的争端解决能力，维护了公平

公正的全球贸易体系。最后,权力格局变化引发的贸易保护以及贸易救济规则之争也对WTO改革提出新的要求。随着中国的崛起,近年来WTO围绕不同经济发展模式的制度之争愈演愈烈。美欧等发达国家滥用国家安全例外的措施、不符合世贸组织规则的单边措施以及对现有贸易救济措施的误用和滥用,破坏了以规则为基础、自由、开放的国际贸易秩序,影响了世贸组织成员特别是发展中成员的利益。① 此外,贸易政策透明度有待加强、对"发展中国家"的认定存在着争议等,也对WTO改革提出了要求。

(二) 区域和双边贸易协定发展迅速,但也面临挑战

由于多边贸易体系存在缺陷,无法解决全球贸易的所有问题,区域和双边贸易协定作为全球多边贸易体制的补充,在一定程度上弥补了成员国众多的多边贸易体系决策效率较低的不足。随着区域和双边贸易协定的作用不断增强,全球贸易甚至可以说是按照众多的区域和双边贸易协定的安排在进行,WTO的贸易规则及其影响力被弱化。根据数据统计,截至2018年10月,已经有675个区域贸易协定(RTA)是向WTO报备的,其中已经生效并实施的有461个(包括254个自由贸易协定)(Wind、人保资产宏观与战略研究所,2018)。但是数量众多、层级和规模各异的区域和双边贸易协定容易导致"意大利面碗"现象,不利于统一的多边贸易规则的发展。而且在近几年区域贸易协定也遇到了一些挑战,如英国脱欧打击了欧盟这一全球最大的区域贸易组织,对区域经济合作的进程产生了阻力;美国总统特朗普宣布退出TPP谈判以及使TTIP谈判陷入僵局等,也让区域贸易协定的发展出现停滞。

(三) 以全球价值链为代表的新贸易模式要求对全球贸易规则进行调整

传统贸易规则以最终产品为对象,主要为了促进商品跨国自由流动。随着全球价值链的快速发展,国际贸易格局发生重大变化,商品、投资、服务、知识及人员在全球生产网络中的跨境流动成为全球贸易的新特点,生产过程的国际化趋势越来越明显,以中间品贸易为特征的价值链贸易成为国际贸易的主流,以全球价值链为代表的新贸易模式要求有新的、更加复杂的贸易规则与之适应。这就需要国际贸易规则从"边境规则"向"边境内规则"扩展,涉及服务贸易、国有企业政策、知识产权保护、电子商务和数据贸易、文化偏好、劳工甚至伦理问题

---

① 《中国关于世贸组织改革的建议文件》,中华人民共和国商务部网站,http://www.mofcom.gov.cn/article/jiguanzx/201905/20190502862614.shtml。

等各个领域。

（四）数字贸易的兴起要求构建新型的全球数字贸易规则

近年来，随着新一代互联网与数字技术迅速发展，数字贸易在国际贸易中的比重越来越高，对全球经济与贸易格局产生根本性变革，也对全球贸易政策与贸易规则提出新的挑战。当前，美国、欧盟、日本等发达国家和地区主导着全球数字贸易新规则的构建，但发达国家和地区内部在跨境数据流动基本理念和数字贸易规则的具体条文制定方面仍然存在争议。而以中国为代表的发展中国家在数字贸易与跨境电子商务发展方面还处于建设和推进阶段，在全球数字贸易规则制定中也在逐渐发声。总体来看，目前还缺乏全面、统一、规范、透明的数字贸易框架，难以有效指导全球数字贸易发展、化解数字贸易壁垒与障碍，全球数字贸易规则制定还面临较大的不确定性，迫切需要推进全球数字贸易规则谈判，构建全球数字贸易规则体系。

（五）发展中国家和新兴经济体的崛起要求重塑全球贸易治理规则

原有的全球贸易治理规则主要是由发达经济大国主导制定的，对发展中国家和新兴经济体的利益诉求较为欠缺。2008 年金融危机后，发展中国家和新兴经济体不断崛起，引发全球经济格局深度调整，也要求全球贸易治理规则进行调整。发展中国家和新兴经济体在全球贸易中的地位不断提升，使其在全球贸易治理中从规则接受者向规则制定的参与者甚至引领者转变。因此，由发达经济大国主导的全球贸易治理格局将面临极大挑战。

综上所述，在全球单边主义、贸易保护主义不断抬头的背景下，多边贸易体制、区域贸易体制等面临较大冲击，而新的贸易模式和贸易形态等也对现有的贸易规则提出挑战。因此，既有全球贸易政策和规则体系已无法适应全球经济发展的需要，加强全球贸易政策协调、重构全球贸易规则被提上议事日程。G20 作为全球经济治理的重要平台，需要在全球贸易政策协调与规则重构中发挥更大的作用。

三、新冠肺炎疫情对全球贸易发展的影响

近两年来，在美国利益优先和单边主义、保护主义主导下，美国引发的中美贸易摩擦愈演愈烈，导致全球贸易紧张局势加剧、贸易摩擦升级。同时，在英国脱欧风险、非关税措施激增、地缘政治局势紧张、气候变化危机和世界贸

易组织改革纷争等多种复杂因素作用下，国际贸易负重前行、全球贸易陷入疲软态势。

2019年底暴发的新冠肺炎疫情在全球快速蔓延，给全球带来的影响持续深化，不但世界人民的生命健康受到威胁，各国公共卫生体系和财政体系也面临着严峻的挑战，疫情也极大地改变了国际政治经济格局，加剧了保守主义和反全球化浪潮，全球治理机制面临空前困境。[①] 2020年3月发布的《二十国集团领导人应对新冠肺炎特别峰会声明》指出，"前所未有的新冠肺炎大流行深刻表明全球的紧密联系及脆弱性。"疫情暴发将对国际经济贸易产生复杂深远影响。

（一）对经济增长和收入的消极影响

1. 对经济增长的影响

2020年3月11日，世界卫生组织（WHO）宣布新冠肺炎疫情在全球大流行，随着感染和死亡人数飙升，世界各国政府为了遏制疫情蔓延，大多采取了封锁隔离、停课停工、限制出行等严格的应对措施。这些措施已经对许多经济部门造成严重破坏，商品和服务需求大幅下降，与此同时，由于工作人数减少、营商成本上升，供应也急剧下降，对全球贸易、出行和旅游等造成了前所未有的破坏影响，令全球金融市场承受压力，大宗商品价格急剧下跌，从而导致全球经济急剧衰退。国际劳工组织（ILO）报告显示，疫情将使2020年第二季度全球劳动人口总工时缩减6.7%，相当于1.95亿名全职雇员失业。

影响之一是需求不足。社会各界所采取的减少社交互动的措施，虽然对于延缓病毒传播是必要而且是至关重要的，但对经济活动造成了严重破坏。由于需要社交互动的私人消费需求大幅减少，导致商品和服务消费大幅度下降，从而造成消费需求不足。由于维持生产和建设投资比较困难，加上经济增长前景不明朗、融资成本上升、投资信心低迷，因而投资需求不足在世界各地出现。影响之二是供给不足。为了切断疫情传播渠道，各国的航空旅行、学校、餐馆、剧院、体育场馆等公众服务设施基本上都大范围关闭，造成人员活动和人际交往受到限制，工厂生产难以恢复，限制了新技术和知识的传播，对生产力的提高造成长期影响。

根据2020年上半年公布的数据，用于衡量全球制造业和服务业活动的全球经理人采购指数（PMI）4月份跌至史上最低点26.5，进入荣枯线（50%）下方的收缩区域内，5月和6月虽然有所回升，但仍然不足50，表明全球经济出现较为严重的衰退。2020年上半年世界三大经济体均表现不佳，其中美国经济下降

---

① 习近平：《团结合作是国际社会战胜疫情最有力武器》，载于《求是》2020年第8期。

9.5%，失业率高达 11%，中国经济增长 3.2%，失业率增至 5.7%，欧元区经济下降 15%，失业率达 7.8%，特别是德国、法国、意大利和西班牙等经济大国出现的深度下行，影响广泛，预计短期内难以恢复到疫情大流行之前的水平。这三大经济体的 GDP 加起来约占全球 GDP 的一半，会对新兴市场和发展中经济体产生严重的负面效应。新兴市场和发展中经济体对全球贸易、金融市场和大宗商品市场的开放程度越高，受三大经济体增长放缓的影响就越明显，不但印度、俄罗斯经济增速大幅度下降，巴西经济也在下降，墨西哥甚至下降幅度高达 18.9%。① 受到疫情的影响，产能利用率低和经济增长的悲观预期会抑制投资，长期失业会造成人力资本流失，无论是发达经济体，还是新兴市场和发展中经济体，深度经济衰退会使经济产出长期下降。受疫情影响，2020 年全球经济增长收缩 4.3%，比 2008~2009 年金融危机期间的情况更加严重。虽然中国等国家的疫情已经得到有效控制，但美国、巴西、印度以及非洲国家等的情况依然不容乐观，不利影响将持续下去。

2. 对居民收入的影响

新冠肺炎疫情在全球大流行产生的快速而巨大的冲击以及各国执行防控措施造成的经济停摆使世界经济陷入了严重收缩。据世界银行 2020 年 6 月的《全球经济展望》显示，由于疫情影响导致内需和供应、贸易及金融严重中断，预计人均收入下降 3.6%，将使亿万人陷入极端贫困。国际货币基金组织预计，2020 年将有超过 170 个国家人均收入下降，疫情将造成 2020 年和 2021 年全球 GDP 累计损失约 9 万亿美元。由于经济停顿，失业率上升，对中低收入阶层产生更为直接、更为严重的影响，居民收入大幅度下降，收入差距大幅度增加成为必然事件。

由于全球有 2/3 的人口居住在除中国以外的发展中国家，新冠肺炎疫情对这些国家经济的冲击非常明显，其影响超过 2008 年全球金融危机。欧美等发达国家在应对疫情时尚且出现医疗物资短缺等问题，广大亚非拉发展中国家和最不发达国家更将面临这些难以解决的困难，甚至连食物和水都无法得到保障。联合国世界粮食计划署发出警告，受到新冠肺炎疫情影响，可能会有 30 多个国家出现饥荒，全球饥饿人口将增加 1.3 亿，一场全球性人道主义危机和粮食危机极有可能爆发。

（二）对国际贸易的破坏性影响

疫情的全面扩散，引发了各国竞相出台的贸易限制及禁航禁运，直接破坏了

---

① 资料来源：全球经济指标数据网，https://zh.tradingeconomics.com/。

WTO 框架下国际自由贸易的规则体系,短期内会严重扰乱防疫物资的贸易往来,更不利于抗击疫情,长期则会损害贸易规则,进一步放大单边贸易保护主义行为。这些贸易限制措施将会深刻影响到现有国际贸易分工理念,对国际自由贸易体系规则造成持久的伤害。①

1. 对国际分工和产业链的影响

半个世纪以来,世界经济一体化快速推进,全球价值链分工已经完全改变了世界分工与贸易的方式,国际分工体系覆盖日益广泛,全球各国均已深入参与到全球产业链和供应链之中,任何一个环节的波动都会向全球扩散影响。在全球价值链分工的发展过程中,国家之间的贸易利益分配复杂化,美、欧、日等国在全球价值链的利益分配中一直保持控制地位;而中、俄、印等新兴经济体则想要进一步实现价值链的攀升和经济结构转型,因此,国际分工和产业链布局是动态演化的,不但持续产出贸易摩擦,也容易受到各种突发因素影响。②

此次疫情引发的停运、停工和航空禁运将导致短期内中间品和资本品贸易严重受挫,进而导致一些产品国际生产线停摆,不利于全球产业内贸易和就业的恢复。③ 位于产业链上游的外国供应商将在短中期内因为下游企业开工不足和需求疲乏而遭受到显著冲击,同时,停运和航空禁运也使得中间品和资本品进口无法到位,将给企业复工复产造成障碍。企业复工障碍和部分国际产业链中断,使很多企业很可能将使用备用生产基地来替代供应缺失,全球供应链因此将遭受到严峻冲击。鉴于疫情造成全球供应链中断的负面影响,或将强化各国更多地认识到全球供应链的潜在风险,加紧推动供应链的本土化进程,将越来越青睐外部依赖程度较低的产业政策,尽管不如自由贸易原则和国际分工合作带来的红利大,而且还增加了不必要的经济、社会乃至政治成本,但在疫情防控期间,这一现象有扩大趋势,从而导致相关产业链的供求关系和国际分工格局或将出现较大调整,而更多新兴市场和发展中经济体将面临更多的产业链调整风险。

2. 对商品和服务贸易的影响

新冠肺炎疫情大流行之前,受持续的贸易紧张局势和经济增长疲软拖累,全球贸易在 2019 年已经放缓。据 WTO 贸易统计数据显示,2019 年全球商品贸易额下降了 0.1%,这是自 2009 年全球金融危机以来,全球贸易的首次年度下降,显示全球贸易大幅放缓且增长乏力,各地区及不同发展水平的国家进出口均有所下降,全球贸易总体呈疲弱状态。世贸组织货物贸易晴雨表通过采集货物贸易统计数据,就当前世界货物贸易的发展趋势和拐点提供早期信号,每季度更新一次,

---

① 世行在线:《新冠肺炎疫情使全球经济陷入二战以来最严重衰退》,载于《财经界》2020 年第 9 期。
② 陈甬军、高廷帆:《在对外开放的道路上坚定前行》,载于《光明日报》2019 年 2 月 19 日。
③ 胡敏:《坚持改革开放不动摇》,载于《中国青年报》2018 年 12 月 3 日。

与服务贸易晴雨表相配合。2019年世贸组织最新货物贸易晴雨表读数为95.7，已连续4个季度低于趋势水平（100）。该读数全部6个分项指数即国际航空货运指数、汽车产销指数、农业原材料指数、出口订单指数、电子元件指数和集装箱港口吞吐量指数，均低于趋势水平，部分指数接近或超过2008年金融危机以来最低值。此外，全球出口订单指数亦低于趋势水平，降至2012年10月以来最低水平。

国际经贸领域长期累积的各种风险与问题，在新冠肺炎疫情影响下，呈现合并暴发和恶化趋势，贸易政策的风险显著抬升，国际贸易面临着前所未有的新挑战和新问题。各国为了应对疫情防控需要，一方面，工厂大面积停工停产，企业生产受到显著影响，交通、物流、仓储等配套行业受限，生产供应能力明显减弱。另一方面，生产生活需求也是显著下降，国际市场需求显著萎缩。在供需两方面都明显下降的影响下，世界经贸严重萎缩。2020年第二季度，WTO货物贸易晴雨表指数为87.6，创历史新低，全球货物贸易在2020年上半年因新冠疫情"急剧"下滑。2020年4月，美国货物和服务出口额同比下降20.5%，进口额下降13.7%；日本货物出口同比下降21.9%，进口下降7.2%。3月德国货物出口同比下降7.9%，进口下降4.5%。

随着疫情蔓延，全球范围内的外贸需求订单减少，企业生产能力下降，人员出入境、跨境物流、检验检疫等管控升级，加上国际原油市场大幅波动、金融市场剧烈震荡等因素，全球产业链尤其是制造业产业链受到严峻挑战。从全球商品贸易结构来看，食品、服装、纺织、机械与交通运输设备、办公及通信设备、集成电路、化学制品等制造业产业链，农产品，以及燃料与矿产品等原材料行业均受到较大冲击，而医疗物资和药品行业因为疫情防控需要，贸易量有所上升。由于全球需求急剧下降，大部分大宗商品价格暴跌，特别是交通运输行业运输的大宗商品。新兴市场的发展中经济体的资本外流创历史纪录，国际贸易大幅下滑，石油需求骤降[①]，基准石油价格受到的影响最严重，欧洲布伦特原油现货价格在2020年1月底暴跌了85%，4月底跌至最低点。美国原油WTI期货价格在4月底曾短暂出现负值，5月之后逐渐回升。疫情防控措施已使旅游业、交通业及其他使用能源的行业迅速萎缩，截至2020年第二季度，预计石油需求将下降约20%，预计2020年全年石油需求将历史性地下降9%以上。

欧洲央行研究人员认为，需求受到冲击可能会影响处于价值链高端的经济体，比如英国，其受到的负面影响要高于墨西哥等国家。因为墨西哥的生产主要依赖进口原料，然后再加工成成品出口。而像英国这样处于上游的国家，出口降幅可能大于进口降幅，会对经济活动产生更多负面影响。报告称，传统模型认

---

① 张宇燕：《全球化、区域化和平行体系》，载于《世界经济与政治》2020年第1期。

为,一国进口取决于其国内需求。然而,在以复杂的国际供应链为特征的世界,第三国需求变化也是重要的决定因素。

在价值链更长更复杂的行业,尤其是电子和汽车产品,涉及全球产业链的分工合作,受疫情影响更大,贸易量下降幅度更大。2020年几乎所有区域贸易总额都将遭遇明显下降,下降幅度超过两位数,其中北美和亚洲的出口受打击程度最为严重(见表8-1)。

表8-1　国际贸易增长趋势及预测　　　　　　　　单位:%

项目		历史值		乐观情景		悲观情景	
		2018年	2019年	2020年	2021年	2020年	2021年
	全球贸易总量	2.9	-0.1	-12.9	21.3	-31.9	24
出口	北美地区	3.8	1.0	-17.1	23.7	-40.9	14.3
	南美地区	3.8	-2.2	-12.9	18.6	-31.3	14.3
	欧洲地区	2.0	0.1	-12.2	20.5	-32.8	22.7
	亚洲地区	3.7	0.9	-13.5	24.9	-36.2	36.1
	其他地区	0.7	-2.9	-8.0	8.6	-8.0	9.3
进口	北美	5.2	-0.4	-14.5	27.3	-33.8	29.5
	南美	5.3	-2.1	-22.2	23.2	-43.8	19.5
	欧洲	1.5	0.5	-10.3	19.9	-28.9	24.5
	亚洲	4.9	-0.6	-11.8	23.1	-31.5	25.1
	其他地区	0.3	1.5	-10.0	13.6	-22.6	18

资料来源:WTO. Trade Statistics and Outlook [R]. 2020-4-8.

在服务贸易方面,全球服务贸易大多数分项指数均出现下跌,显示服务贸易面临强劲阻力并暂失增长动力。各国为遏制新冠病毒传播而采取的强制交通和旅行限制以及零售和酒店设施关闭措施,使得服务贸易受到最为直接的影响,特别是航空运输、旅游交通、餐饮住宿、体育娱乐活动等受到的影响尤为突出。但新冠病毒导致的居家办公和远程社交使得对信息技术服务的需求激增,使得信息技术服务业出现快速增长。

第三节　二十国集团在全球贸易政策协调中发挥的积极作用

G20成员占全球经济总量的90%,占全球贸易总量的80%,占全球对外投资总量的 80%，吸引外资总量的 70%，因此 G20 在发展过程中必然要关注全球贸易增长与贸易政策协调问题，其本身有推动全球贸易政策协调的动力，也理应担负起全球贸易政策沟通与协调的重要职责。总体来看，G20 对全球贸易政策协调作出了积极的贡献，取得了值得肯定的成果。未来还应进一步加强 G20 在全球贸易政策沟通与协调中的重要作用。

一、G20 是全球贸易政策沟通与协调的重要推动者

G20 在从应对金融危机的临时平台转变为经济治理的长期机制的过程中，在应对金融危机、推进全球经济治理方面发挥了重要的作用。作为当前"国际经济合作的主要论坛"，G20 在成立之初就确定了"促进全球经济稳定和持续增长"的目标，而促进全球贸易持续稳定增长是实现这一目标的关键。加强全球贸易政策协调是实现贸易持续稳定增长的必要条件。因此，加强全球贸易政策沟通与协调，反对贸易保护主义，推进全球贸易和投资便利化一直是 G20 关注的重要议题。全球投资与贸易关系密切，贸易政策与投资政策往往要协同考虑。2008 年 11 月在美国华盛顿举办的首次峰会就提出："开放的贸易和投资……对经济增长和繁荣是必须的""在金融不稳定时期反对保护主义至关重要……将反对抬高投资或货物及服务贸易新壁垒"。2009 年 4 月英国伦敦的第二次峰会进一步强调要"反对保护主义，促进全球贸易和投资"，承诺"将采取一切力所能及的行动来促进和推动贸易及投资"。这些共识对推动贸易自由化、促进全球贸易增长产生了积极的影响。此后，历次峰会也都十分重视对全球贸易政策的沟通与协调，倡导推动国际贸易自由化，践行"反对贸易保护主义"承诺，降低国际贸易壁垒。2016 年 G20 杭州峰会通过的《G20 全球贸易增长战略》《G20 全球投资指导原则》，成为全球贸易投资治理改革的突破性成果，对于加强全球贸易与投资政策合作与协调具有重大的意义。表 8-2 整理出了历次 G20 峰会的主要议题和相关内容。

表 8-2　　　　　　历次 G20 峰会的主要议题和相关内容

次数	时间	地点	主要议题和相关内容
第一次	2008 年 11 月 15 日	美国华盛顿	交流应对金融危机的进展；讨论金融危机的根源；就应对世界面临的金融和经济问题达成行动计划；强调金融领域监管和金融体系改革；强调贸易与投资开放等
第二次	2009 年 4 月 2 日	英国伦敦	进一步探讨金融监管、金融改革；反对保护主义，促进全球贸易与投资等

续表

次数	时间	地点	主要议题和相关内容
第三次	2009年9月24日	美国匹兹堡	加强宏观经济政策协调，推进国际金融机构结构改革，反对贸易与投资保护主义等
第四次	2010年6月26日	加拿大多伦多	全球经济可持续复苏、全球金融监管改革、国际金融机构改革、反对贸易保护主义等
第五次	2010年11月11日	韩国首尔	汇率、全球金融安全网、国际金融组织改革和发展等；反对保护主义
第六次	2011年11月3日	法国戛纳	讨论世界经济形势、"强劲、可持续和平衡增长框架"、国际货币体系改革、贸易和金融监管等问题
第七次	2012年6月18日	墨西哥洛斯卡沃斯	讨论世界经济形势、加强国际金融体系和就业、发展、贸易等，坚定承诺开放贸易和投资，对贸易和投资措施进行监督，增加基础设施投资
第八次	2013年9月5日	俄罗斯圣彼得堡	聚焦促进经济增长和创造就业岗位两大主题；强调确保对基础设施和中小企业进行长期投资
第九次	2014年11月15日	澳大利亚布里斯班	促进私营企业成长，增加全球经济抗冲击性和巩固全球体系；在金融监管改革、加强能源合作、反对贸易保护主义等方面达成共识
第十次	2015年11月15日	土耳其安塔利亚	围绕"包容、落实、投资"三大要素，具体讨论世界经济形势、包容性增长、推动贸易和投资等议题
第十一次	2016年9月4日	中国杭州	构建创新、活力、联动、包容的世界经济；继续努力建设开放型世界经济，反对保护主义，促进全球贸易和投资；核准《G20全球贸易增长战略》《G20全球投资指导原则》
第十二次	2017年7月7日	德国汉堡	以"塑造联动世界"为主题，促进全球自由贸易及互联互通是峰会的一大议题；促进对非洲的投资也是峰会关注的重点

续表

次数	时间	地点	主要议题和相关内容
第十三次	2018年11月30日	阿根廷布宜诺斯艾利斯	通过了《二十国集团领导人布宜诺斯艾利斯峰会宣言》，就维护多边贸易体制、世贸组织改革、应对气候变化等问题达成共识
第十四次	2019年6月28日	日本大阪	发布《G20大阪领导人宣言》，各方表示要"努力实现自由、公平、非歧视、透明、可预测和稳定的贸易和投资环境，并保持市场开放"

资料来源：根据历次 G20 峰会内容整理。

二、《G20 全球贸易增长战略》为促进全球贸易增长和政策协调指明方向

尽管一直以来 G20 重视推进全球贸易自由化，强调要加强全球贸易政策协调，促进全球贸易增长，但都缺乏纲领性的文件对全球贸易政策的协调进行指引。直到 2016 年 G20 中国杭州峰会制定了《G20 全球贸易增长战略》，为促进全球贸易增长和政策协调指明了方向。《G20 全球贸易增长战略》确立了降低贸易成本、加强贸易投资政策协调、促进服务贸易、增强贸易融资、制订贸易景气指数、促进电子商务发展、推动贸易与发展七大合作支柱，并提出了具体的实施方案和行动措施。这七大合作支柱涵盖了全球贸易增长中的核心问题和未来方向，在这些方面达成共识将有利于加强全球贸易政策协调，更好地发挥 G20 在促进全球贸易增长中的作用，推动全球贸易的发展。因此《G20 全球贸易增长战略》被认为是 G20 杭州峰会通过的两份具有历史意义的文件之一，将成为 G20 全球贸易治理和政策协调的重要战略，是促进世界贸易发展的重要合作框架。同时，这一文件作为 G20 促进全球贸易增长和政策协调的重要成果，还有助于大幅提升贸易议题在 G20 中的地位和影响，丰富 G20 作为全球经济治理平台的内容。此外，G20 杭州峰会还批准了《G20 贸易投资工作组工作职责》，推动了 G20 贸易投资政策合作机制化，为 G20 在促进全球贸易投资增长方面提供更为稳定的机制保障。

三、G20 号召国际组织监测各国贸易措施，推动全球贸易更加开放

自 2008 年首次 G20 峰会在华盛顿召开以来，G20 就致力于抵制各种形式的

保护主义，并号召世界贸易组织、经合组织和联合国贸发会议监督和公开报告 G20 各成员的贸易和投资政策措施，推动全球贸易更加开放、更加自由。应 G20 伦敦峰会要求，2009 年 9 月，WTO、OECD 与 UNCTAD 联合发布了第一份《G20 贸易与投资措施报告》（Report on G20 Trade and Investment Measures），监测并公开报告 G20 遵守其抵制保护主义和促进全球贸易与投资承诺的情况。在第一份《G20 贸易与投资措施报告》中，明确强调 G20 各国政府应致力于保持开放的贸易政策，要求国际贸易规则能够支持经济与贸易增长，并限制采取以邻为壑的贸易政策。尤其是强调要针对金融危机后出现的新的贸易保护措施加以限制。这种连续定期发布的对 G20 贸易限制措施的监测报告，有利于引导 G20 减少贸易保护措施，推动贸易自由化。总体来看，大部分监测报告期内 G20 贸易限制措施的数量是略微减少或保持稳定的。但是近几年来，受贸易保护主义、单边主义的影响，G20 采取的贸易限制措施也开始有所增加，全球贸易紧张局势加剧。如 2017 年 11 月发布的第 18 期监测报告显示，2017 年 5 月中旬～2017 年 10 月中旬，G20 成员国采取了 16 项新的贸易限制措施；2018 年 7 月发布的第 19 期监测报告显示，2017 年 10 月中旬～2018 年 5 月中旬，G20 成员国新出台 39 项贸易限制措施，相比上一监测期翻了一番。2019 年 6 月发布的最新一期的监测报告显示，2018 年 5 月～2019 年 5 月 G20 国家所采取的新贸易限制措施共影响了 8168 亿美元的国际贸易。在此背景下，G20 经济体更加需要彰显领导力，反对贸易保护主义，以缓解贸易紧张局势，维护贸易自由化。从 G20 大阪峰会释放的信号来看，几乎所有国家都反对美国的单边主义，多边主义渐成趋势。

四、G20 机制使发展中国家更多参与全球贸易政策协调与贸易规则制定

一直以来，美国和西方发达国家主导着全球贸易规则的制定。随着发展中国家和新兴经济体在全球贸易格局中的崛起，发达国家的主导地位受到严峻挑战，能否协调好发达国家和发展中国家的利益关系成为全球贸易政策协调的关键。总体上看，G20 机制的建立使发达国家和发展中国家能够平等协商全球经济治理问题，因此，建立该机制本身就是发展中国家和新兴经济体在全球经济治理中话语权提升的标志。而发展中国家是 G20 的重要组成部分，对世界经济增长的贡献已超过发达国家，也切实需要在全球贸易政策沟通与协调中发挥更大的作用。随着 G20 机制的不断完善，新兴市场国家和发展中国家在 G20 中的代表性和发言权不断增加，2016 年杭州 G20 峰会与会和列席的发展中国家数量创 G20 峰会纪录，更多的发展中国家参与到全球经济治理中，且越来越团结，越来越成为国际社会

的重要力量。而中国是发展中国家的重要代表,在全球经济治理中发挥着不可替代的作用。中国提出的一系列主张都是为了世界各国的共同利益、共同发展、共同繁荣,越来越多的国家都更加期待通过中国的主张解决全球性的问题,包括全球贸易政策的沟通与协调。中国也正在借助 G20 平台,发出中国声音、提出中国方案、融入中国价值,积极参与全球贸易政策协调和规则制定,发挥引领作用,为全球贸易政策协调和规则制定提供新思路、作出新贡献。

第四节 二十国集团在全球贸易政策协调中面临的主要困境

G20 作为世界主要经济体平等对话、沟通协调的重要平台,在加强全球贸易政策协调、促进全球经济增长、维持全球经济秩序稳定、推动世界主要经济体互利合作方面发挥了十分重要的作用。但由于 G20 机制自身还存在着固有的缺陷,影响了其在全球经济治理中作用的进一步发挥,特别是 G20 内部仍然存在政策立场和观点主张的差异,这种差异引发的矛盾斗争造成了 G20 内部利益的团组化和碎片化,制约了 G20 平台更好地向长效的治理机制转型,也是 G20 在全球贸易政策协调过程中面临的障碍。此外,外部环境的新变化也给 G20 协调全球贸易政策提出更多的挑战。具体来看,当前 G20 在全球贸易政策协调中面临的主要困境表现为:

一、G20 机制自身存在着固有的缺陷

G20 在 1999 年成立时发表的首份《G20 公报》指出:"G20 是布雷顿森林体系框架内一种非正式对话的新机制",这是对 G20 机制自身性质的定位。目前,G20 仍然还是具有临时性、非正式性的特点,在秘书处建设、议题设置、机制架构、与非成员国关系等方面采取的是与"非正式性"国际机制相配套的措施。而且,G20 内部还存在着一些矛盾斗争,稳定性也不够。首先,从 G20 内部的组织构成来看,G20 内部存在着 G7、金砖国家组织以及 MITKA 集团(由墨西哥、印度尼西亚、土耳其、韩国和澳大利亚组成)等三个不同的组织,它们之间权力不均衡、缺乏凝聚力、合力不足,导致 G20 在协调全球贸易政策时效率较低。其次,G20 内部发达国家和发展中国家之间的矛盾斗争依然突出。长期以来,西方发达国家一直主导着国际规则的制定,广大发展中国家的利益无法得到保障,发达国家和发展中国家之间发展不平衡的矛盾较为突出。21 世纪以来,一大批新

兴经济体和发展中国家的群体性崛起正在改变发达国家主导国际秩序的局面，特别是新兴经济体和发展中国家在 G20 中的代表性和发言权不断增加，积极参与全球经济治理和规则制定，对重塑国际格局产生深远影响。因此，G20 内部发达国家和发展中国家之间对国际规则主导权的争夺将长期存在，这种矛盾斗争使 G20 在贸易政策、移民、气候变迁等主要议题上难以达成共识。再次，G20 内部发达国家的矛盾斗争更趋激烈。从当前世界格局的演变来看，"北分南合"倾向日益明显，新兴经济体和发展中国家的团结合作日益加强，发达国家内部矛盾和分歧重重，国际力量对比正在发生深刻变化。2018 年 G7 峰会未能达成共识，出现了其 45 年历史上前所未有的分歧。G20 大阪峰会上也几乎听不到 G7 集团的一致声音，看不到 G7 集团的共同立场。虽然西方国家阵营还不至于分裂，但其内部分歧将使 G7 成员无法以"共同声音"在 G20 上发声。特别是特朗普奉行的"美国优先"战略加剧了美国与其传统盟友的对立与矛盾，导致 G20 内部发达国家间的共识和互信变得更加令人担忧。G20 内部存在的这些矛盾和问题都不利于其对全球贸易政策的协调。

二、复杂的全球贸易治理新形势给 G20 机制带来更大挑战

当前全球发展深层次矛盾突出，逆全球化、民粹主义、保护主义、单边主义思潮抬头，大国间贸易紧张局势加剧，多边贸易体制受到冲击，世界经济发展环境面临诸多风险和不确定性。而且新型的贸易模式和贸易形态也加大了 G20 协调全球贸易政策的难度。针对贸易保护主义做法，G20 大阪峰会虽然提出了要"实现自由、公平、非歧视性、透明、可预见、稳定的贸易和投资环境"，但未能明确将"反对贸易保护主义"写进首脑宣言，这就意味着贸易摩擦不可能在短时间内真正得到解决，应对贸易摩擦是一个长期、艰难的过程，对 G20 的全球贸易政策协调能力是个巨大的考验。此外，在多边贸易体制面临挑战的背景下，世界贸易组织改革问题正成为 G20 各方争论和矛盾的焦点。《二十国集团领导人布宜诺斯艾利斯峰会宣言》提出要支持世界贸易组织进行必要改革以提升其运行效果，在 G20 大阪峰会上，加快推进 WTO 改革也是一个热点话题，并达成了一些共识，但目前新一轮改革正在酝酿中，各方在 WTO 如何改革及改革举措等重大问题上尚未形成一致意见。可以预计，WTO 改革将是全球经济治理和大国博弈的重要议题，围绕多边贸易体制基本原则、规则制定和发展方向的斗争将持续存在甚至白热化，这也必将是 G20 在加强全球贸易政策沟通与协调过程中面临的巨大挑战之一。

三、西方发达国家对 G20 机制的重视度大幅降低[①]

G20 机制在成立之初主要是为了应对金融危机、促进全球经济增长,这对于深受危机影响的发达国家来说是极其有益的。但随着发达国家特别是美国经济的复苏,G20 机制在美国等发达国家的视野中有所淡化。特朗普政府调整美国对外总体战略,奉行"国家主义",强调"美国也是民族国家",宣扬"美国优先"政策理念,美国国内甚至出现了"抛弃 G20"的声音。2019 年初,特朗普政府在有关美国经济事务的多次表态中,点明了三个国际经贸组织作为其制定经济政策的参考重点,包括世界贸易组织、经济合作与发展组织和亚太经合组织,但没有 G20,进一步说明 G20 机制不受特朗普政府的重视。而欧盟内部的分裂使其仅关注与自身有关的议题,忽视 G20 在全球治理中作用。日本在 2019 年 G20 大阪峰会议题的设定上旨在把峰会的主题引入国内公共事务管理,而非 G20 关注的全球治理领域。这些都说明主要发达国家对 G20 机制的重视度不高,更多的还是着眼于自身发展,而非 G20 关注的全球经济治理。在这种情况下,G20 推动全球贸易政策沟通与协调的难度也会增加。

第五节　后疫情时代二十国集团国际贸易合作的困境与挑战

达成贸易合作共识是 G20 国家的主要宗旨之一,历年峰会的议题基本上都会涉及贸易合作,然而能否实现贸易合作不仅取决于 G20 国家领导人的意愿,还受全球经济政治形势的影响。新冠肺炎疫情在全球范围内的暴发与蔓延是人类历史上有记录以来少见的公共卫生危机事件,破坏了人类正常活动,对全球经济政治的发展产生了极大干扰,使当今世界经济充满不确定性。G20 贸易合作需建立在世界经济稳定发展和国际关系运行顺利的前提下,然而,突如其来的新冠肺炎疫情对此造成了多方面的冲击,在以下几个方面将造成后疫情时期 G20 贸易合作的困境与挑战。

一、疫情暴发加速逆全球化发展态势

逆全球化在新冠肺炎疫情暴发之前便已开始出现并蔓延,其主要原因是发达

[①] 王文、王鹏:《G20 机制 20 年:演进、困境与中国应对》,载于《现代国际关系》2019 年第 5 期,第 1~9 页。

国家认为全球化扩大了收入分配差距①。在传统西方经济学理论中，全球化被认为存在扩大市场规模、优化要素资源配置、加快技术扩散等正向作用，因而有利于提升全球化参与国的整体经济发展水平。第二次世界大战后，全球化浪潮确实推动了多数国家经济的快速增长，但同时也在不断地积累矛盾，其中包括国家之间以及国家内部的收入分配不断扩大。对发达国家而言，全球化带来的贸易开放和制造业转移减少了对低技能劳动的需求，同时增加了对高技能劳动的需求，因而较多研究认为正是贸易合作导致发达国家收入不平等现象恶化②，从而也逐步形成反全球化思潮。2008 年全球金融危机引发的一系列问题触发了全球化所积累的矛盾，全球贸易出现大幅度下降，信用体系受到较大影响。尤其是 2009 年世界进出口贸易减少了 21%，导致大部分国家的经济衰退和失业增加，也使各国开始出现贸易收益的争端。总体上，经济发展缓慢所积累的以收入差距扩大为主的国内矛盾导致各国不断出台"以邻为壑"的贸易保护政策，逆全球化因此而产生。

  无疑，新冠肺炎疫情在全球的暴发使逆全球化态势雪上加霜。受疫情影响，全球经济大幅收缩，失业率增加，而受此最大影响的是低技能劳动者。低技能劳动者失业增加将会进一步扩大收入差距，进而导致国内矛盾持续恶化，可以预测为缓解国内矛盾的贸易保护政策将层出不穷。同时，疫情产生的供应链中断产生了各国对供应链完整的需求，有可能出于安全因素考虑制定产业政策激励制造业回归，从而加剧逆全球化发展态势。事实上，疫情暴发后，为避免本国产业和劳动进一步遭受外国产品的冲击，以发达国家为主的较多国家已经开始限制物品和人员流入，逆全球化将进一步加速。在该过程中，尽管 G20 成员国通过特别峰会强调共同合作防控疫情和保障贸易，但随着疫情的快速扩散及对各国经济不利影响的加大，保障本国利益已成为部分国家的优先选择，确保本国就业成为贸易政策的首要考虑，因而部分国家也实施了逆全球化的贸易保护政策。全球化是 G20 国家开展贸易合作的宏观背景，G20 国家既是全球化的主要推动者也是受益者。快速发展的全球化为 G20 国家之间的贸易合作提供了便利，反之逆全球化态势则为此设置了诸多障碍。与 2008 年全球金融危机类似，此次新冠肺炎疫情在全球的暴发蔓延也必将给全球经济带来长期的不利影响；不同的是，在疫情前逆全球化态势已经出现，疫情暴发将进一步加速逆全球化。后疫情时期，全球化回归的难度较大，短期内逆全球化仍将是国际经济关系的常态，为 G20 国家之间的贸易合作增加了挑战。

---

  ① 盛斌、黎峰：《逆全球化：思潮、原因与反思》，载于《中国经济问题》2020 年第 2 期。
  ② Hummels D., Jorgensen R., Munch J., Chong X.: *The Wage and Employment Effects of Outsourcing: Evidence from Danish Matched Worker-firm Data*, NBER Working Paper, No. 17496, 2011.

二、疫情暴发加快 G20 内部的组织分化

作为大国之间的合作组织，G20 已经成为世界经济治理的重要平台，在维护世界经济政治平稳、推动投资贸易合作等方面取得了重要成效。然而，G20 由不同类别的国家组成，对全球经济治理规则也存在不同的诉求，其中组织内部的发达国家和发展中大国之间存在不同的利益诉求。G20 内部的国家组成可分为三类：一是 G7 国家，代表主要发达国家的利益诉求；二是"金砖国家"，代表新兴市场国家的利益；三是中等收入发展中国家，代表其他发展中国家的利益，这种分化造成了合作困境①。在全球经济快速增长的背景下，由于能共享贸易增长红利，G20 不同国家组别之间更易达成共识以实现贸易合作，国家组别差异产生的矛盾也易于消除。当今世界经济格局已发生根本性变化，一是全球经济长期处于低速增长状态，二是发达国家的领先优势不断缩小，均给 G20 组织治理及合作带来了困境。全球低速增长使各国经济陷入此消彼长的博弈之中，发达国家和发展中国家都在追求建立对各自有利的国际经济规则，这也体现在 G20 内部的矛盾之中，G7 国家倾向于维持有利于发达国家的现有规则，"金砖国家"和其他中等收入发展中国家则期望建立增加话语权的新国际规则。这种差异无疑增加了 G20 国家达成共识的难度，而发达国家领先优势的弱化进一步加大了组织治理的松散性，从而更不利于合作的实现。2008 年全球金融危机后，全球经济一直处于低速增长中，经济复苏不尽如人意，不仅催生了逆全球化，还增加了国际组织的治理难度。尽管 G20 峰会设立以来一直旨在达成组织合作，然而话语权之争和大国博弈一直是其阻碍因素之一②。

从经济发展趋势看，疫情对发达国家的影响更为严重，后疫情时期发达国家不可避免地将处在长期的经济低谷中，从而进一步降低在国际社会的影响力；相对而言，发展中国家从疫情中快速恢复的可能性较高，国际影响力将逐步提升。反映在 G20 治理体系中，后疫情时期将进一步凸显不同组别国家的合作诉求，发达国家在贸易上将追求更多的"公平"规则，旨在防止过度的贸易开放导致发展中国家制造能力提升"夺走"本国就业；发展中国家则将追求持续的贸易自由化，以充分发挥综合实力提升带来的比较优势。后疫情时期，这种差异将更为明显地体现在 G20 内部的 G7 国家和金砖国家之间，组别之间达成共识将比以往更

---

① 王文、王鹏：《G20 机制 20 年：演进、困境与中国应对》，载于《现代国际关系》2019 年第 5 期。
② 陈伟光、王燕：《全球经济治理制度博弈——基于制度性话语权的分析》，载于《经济学家》2019 年第 9 期。

为困难，为 G20 贸易合作带来更为严峻的挑战。

三、疫情暴发滞缓 G20 国家之间的贸易合作谈判

国家之间的谈判沟通是贸易合作的基础，G20 峰会的目的正是提供沟通平台以达成共识。通过历年峰会的广泛谈判沟通，G20 国家在应对金融危机、实现可持续发展、复苏全球经济等方面取得一定的成效。在贸易上，G20 国家之间存在的利益差别使谈判成为实现合作的必备过程，对贸易问题的共识需建立在充分的沟通基础上。贸易谈判在当今世界经济格局下也发生了较大的形态变化，多边主义逐步让位于双边谈判，合作难度进一步增加。与金融危机爆发前相比，当今贸易合作谈判的难度更大，主要原因包括贸易战频发和全球经济长期低迷等。贸易摩擦频发导致国与国之间的贸易限制与制裁成为常态，不仅发生在发达国家和发展中国家之间，而且还发生在发达国家或发展中国家内部，双边之间的贸易纠纷阻碍了多边贸易合作谈判的顺利开展。全球经济长期低迷则催生了各国多样化的利益诉求，本国利益优先和统一贸易合作规则之间的冲突使得谈判达成共识的难度不断加大，也降低了贸易共识对各国政策的约束力。全球经济的这种现状也体现在 G20 国家之间，贸易议题争端加大、沟通谈判时间延长、共识约束力下降等均构成贸易合作之间的阻碍。疫情暴发前，由于美国政府实施的贸易限制以及英国脱欧等事件的出现，贸易沟通谈判的难度已经大幅增长，WTO 等国际经贸合作组织的约束力也不断降低，从而导致低效的贸易纠纷层出不穷，为贸易合作的前景铺上阴影。

贸易谈判是复杂的过程，涉及具体的产品行业、政策手段和合作方式等，往往需要较长的时间才能达成共识，新冠肺炎疫情的暴发将进一步延长谈判时长，产生滞缓影响。G20 国家之间的贸易合作也需要双边和多边之间的不断沟通谈判才能达成，疫情的暴发扩散无疑对此产生了负面影响，比如英欧之间的贸易谈判因此而延迟。首先，疫情蔓延在物理空间上阻隔了贸易沟通谈判的进行，疫情防控的压力暂时中断了各国之间的领导会晤和国际会议，迫使包括贸易不平衡、限制政策等贸易问题的沟通谈判只能延缓，矛盾进一步加深将不利于合作达成。其次，疫情蔓延中的责任推脱加大了贸易沟通谈判难度，疫情的防控不利在国家之间出现了互相推诿责任的态势，尤其是大国之间，降低了国家之间的信任度，同时也降低了贸易合作领域沟通谈判的意愿。再次，疫情带来的经济不确定性不利于贸易谈判预期形成，疫情降低了全球经济增长率，使各国在保障就业、维持宏观经济稳定等方面面临较大的不确定性，G20 大国尤其如此，这使得难以形成有效的贸易预期，合作谈判难度进一步增加。最后，后疫情时期对制造业回归的需

求构成了贸易合作谈判的障碍，专业化分工是开展贸易合作的基础，也带动了世界经济和贸易的繁荣，然而疫情暴发使美国等发达国家开始关注产业链完整性，在思想界和实务界出现了制造业回归的设想，从而降低了对贸易合作谈判的意愿。总体上，无论是客观因素还是主观因素，疫情的暴发都加大了 G20 国家之间的双边和多边贸易沟通谈判难度，滞缓了诸多贸易合作问题的共识形成，同时也进一步积累了贸易矛盾纠纷，增加了后续合作难度。

四、疫情暴发加深 G20 国家重塑国际贸易规则的矛盾

国际规则是不同国家开展贸易合作的基础，限定了合作以及争端解决的基本框架，因而，对规则的不同需求也是国际贸易中的矛盾来源之一。当前国际规则是在发达国家倡导下建立的，代表了发达国家对全球经济的主导，随着世界经济格局的变化，现行规则越来越无法反映国际经济新趋势，矛盾开始不断突出，重塑国际规则存在一定的必然性①。一方面，现行国际规则无法满足新兴经济体快速崛起后对全球治理的参与权，与发达国家的绝对控制权存在一定的冲突。另一方面，现行国际规则建立在自由主义基础上，难以应对不断扩散的逆全球化趋势，无法达成高效的全面贸易合作。国际规则的矛盾也体现在 G20 国家中，G7 国家和"金砖国家"经济实力差距的不断缩小也对重塑规则提出了新的需求，而有效的新国际规则是在现实经济形势下实现贸易合作的根本保障。在国际规则势在重塑的背景下，各国也加紧了对规则主导权的争夺，其中美国倾向于以双边主义和区域贸易自由为主的新规则，欧盟强调有利于欧洲经济增长和创造就业的新规则，新兴经济体则致力于新规则中的话语权。同时，信息技术的快速发展和数字经济的兴起创造了新贸易形式，服务贸易在国际贸易体系中的重要性不断提升，各国的竞争优势不断更迭，从而也产生了重塑新国际规则中的矛盾。在现有规则无法满足全球经济发展新趋势以及重塑新国际规则存在多重矛盾的情况下，G20 之间的贸易合作和达成共识必然存在较大困难。

新冠肺炎疫情的暴发将对世界经济格局发生重大影响，全球经济衰退的发生也将改变不同国家的相对经济实力，同时不同防控效果也体现出了 G20 国家政府治理能力的差异。这些因素都将在后疫情时期产生更为多元化的世界经济政治格局，对重塑国际新规则的需求将更为迫切。首先，由于受疫情影响最为严重，一些发达国家防控中体现出的国家治理能力落后和责任担当不足等问题不仅进一步

---

① 张健：《逆全球化背景下国际贸易投资规则重构及中国的选择》，载于《战略决策研究》2020 年第 4 期。

滞缓本国经济增长,而且持续降低在国际社会的公信力,将影响其在新国际规则形成中的相对地位。其次,中国经济最快从疫情影响中恢复,将成为全球经济复苏的引领者,同时在疫情防控中所做的贡献和援助也得到除少数国家外的广泛国际认可,在后疫情时期的国际影响力将进一步提升,在国际新规则中也将发挥更大的作用。再次,随着疫情对其他发达国家经济的持续不利影响以及美国号召力的不断下降,后疫情时期发达国家对国际新规则的诉求主要在于恢复本国经济。这些因素不仅加速了现行国际规则与后疫情时期世界经济形势变化的脱离,更进一步加剧了不同国家对新规则诉求中的矛盾。G20国家之间的大国博弈将更体现出这种矛盾,在疫情的影响下对有利于本国规则形成的意愿大于合作的快速实现,使G20国家在后疫情时期呈现出提升新规则话语权的争夺。在这种背景下,G20国家间的贸易合作受制于规则矛盾,现有规则的落后和新规则的达成难度使得贸易协调缺乏统一的制度框架,增加了合作达成的难度。

五、疫情暴发加大全球产业链不稳定风险

全球贸易合作的顺利开展需要有产业链分工稳定性的保障,产业链不稳定则会通过供应中断影响分工,从而迫使生产中断。第二次世界大战以后,在国际贸易繁荣的推动下,各国按照比较优势参与国际分工,全球产业链趋于形成;20世纪80年代后,随着改革开放的深入,中国不断融入世界经济,全球产业链渐于完善。当前,全球产业链不断深化,已从产业间分工和产业内分工逐步演变成产品内分工,各国产业联系更为紧密,形成了从生产、流通到服务的整个链条。在比较优势收益的不断强化下,全球产业链具有稳定性的特征,短期内较难被替代,从而成为全球分工生产和贸易合作的根本保障。产业链稳定性为各国的生产提供有效的预期,形成全球生产的稳定循环,成为当今世界经济的基本元素。因此,产业链任何一环的中断均会对全球生产带来负面影响,新的生产环节难以在短期内重新形成,导致全球生产受阻并限制贸易合作。G20国家之间也存在紧密的产业链合作,不同类别国家的比较优势形成有效的产业互补,构成了全球产业合作的重要组成部分。在逆全球化背景下,以美国为首的发达国家认为产业链分工减少了本国低技能工人的就业机会,开始逐步实施低端产业链回归的战略,对全球稳定有序的产业分工进行人为干预,对合理的全球分工格局产生负面影响。在这种背景下,全球产业链的稳定性有所降低,各国企业在产业链条中生产的长期理性预期受到破坏,构建完整产业链的意愿开始加强,从而成为贸易合作的困境之一。

新冠肺炎疫情在全球范围内暴发和蔓延对全球产业链分工将造成多个维度的

冲击，不利于链条的完整性和稳定性。首先，在疫情蔓延的背景下，部分国家的生产要素和商品流动均受到较大限制，正常生产经营活动无法顺利开展，生产环节存在中断的风险，对产业链条的完整性造成破坏并影响整体生产预期。其次，疫情造成的经济衰退和失业增加加快了部分国家实施产业链回归战略的速度，已有发达国家跨国企业从发展中国家撤资的现象出现，在短时间内会对全球产业链造成中断，并在长期内影响产业链的稳定性。再次，疫情冲击造成国际贸易和投资保护主义再次抬头，贸易投资限制增加，提升要素和产品的流动成本，干扰了按比较优势进行生产分工的全球产业链整体规律，使全球产业链极易受政策波动的影响。最后，疫情扩散造成 G20 国家内部对产业链分工产生分歧，发达国家倾向于国家内部的产业链完整性，发展中国家则倾向于继续按比较优势进行产业链分工，从而增加了达成共识的难度。毫无疑问，在短期内疫情暴发对全球产业链稳定性的不利影响已经显现，电子信息产业和汽车制造业等由于下游产业停工已造成零部件供应不足的现象。在长期内，尽管生产将随着疫情的消散恢复正常，但保护主义的形成也将存在中断全球产业链的风险，产业链稳定性在遭受一定的挑战。G20 国家之间的产业分工也受全球产业链稳定性的影响，能否达成贸易合作共识取决于各方对产业格局的预期，而疫情对全球产业链的冲击及其长期影响将成为阻碍 G20 贸易合作的重要挑战。

第六节 二十国集团框架下促进全球贸易政策协调的政策措施

当前，G20 作为全球经济治理的重要平台，在促进全球贸易政策沟通与协调方面已经取得了积极的进展，但由于全球贸易保护主义不断抬头，全球化新阶段面临的新形势、新变化对全球贸易政策协调提出更多挑战，且 G20 机制自身存在的缺陷也制约了其作用的发挥。因此，G20 促进全球贸易政策协调依然任重道远，未来应进一步采取有效的政策措施，更好地发挥 G20 在促进全球贸易政策协调中的重要作用。

一、加强 G20 作为全球贸易政策协调的重要平台作用

G20 最初是为了应对金融危机产生的，尽管其在全球经济治理中发挥的作用越来越大，并努力向全球经济治理的长效机制转型，但由于"临时性""非正式"的特点，G20 还无法真正成为全球贸易政策协调和贸易投资治理的长期有效

平台。因此，加强 G20 机制建设是完善全球经济治理体系变革的一项重要工作。要通过多元化的机制创新来实现 G20 从临时性的危机应对平台向长期性的全球治理平台转变，以 G20 作为全球贸易政策的统筹和平衡核心，进一步强化 G20 促进全球贸易政策协调的作用。首先，要持续推进贸易部长会议机制化，定期召开 G20 贸易部长会议，加强对全球贸易问题及政策的沟通与协调，更好地讨论和设置各项贸易议题，为改善全球贸易治理提供政策指导。其次，进一步明确 G20 议题设置的基本原则，使议题更加切实可行，提升 G20 机制的有效性。在全球经济治理面临的问题越来越复杂的背景下，G20 讨论的议题也越来越多元化，过多的议题设置往往难以达成一致意见，尤其是一些难以落实的倡议，这将不利于 G20 机制的决策效率。因此，G20 在设置议题时应考虑临时性议题和长期性议题的统筹兼顾，通过设置临时性议题来拓展 G20 治理领域，长期性议题则更加强调对某些特定领域的长期治理，如贸易政策协调问题。在全球贸易治理领域，G20 要加快推进《G20 全球贸易增长战略》，并通过评估和监督来确保能够落到实处。最后，全球贸易政策协调还应该更多考虑发展中国家的利益诉求和现实需要。一直以来，全球贸易政策和贸易治理体系主要是由发达国家主导的，更多体现的是发达国家的利益诉求。随着发展中国家和新兴经济体的逐渐复苏并回归世界舞台中心，其提升全球经济治理话语权的呼声越来越高。在此背景下，G20 框架下的全球贸易规则更应该秉承包容开放的理念，充分考虑发展中国家和新兴经济体的发展阶段与特点，制定符合各国发展环境的贸易政策，更好地发挥 G20 促进全球贸易政策协调的平台作用。

二、着力为推进世界贸易组织改革提供方向指引

当前，由于无法回应现实需要，WTO 机制的有效运行受到质疑，其职能正在逐渐弱化，加快推进 WTO 改革迫在眉睫。G20 要致力于构建一个强有力和高效的多边贸易体制，继续坚定维护 WTO 在全球自由贸易体系中的中心地位，充分利用 G20 平台制定 WTO 改革方案，为 WTO 改革提供方向指引。G20 布宜诺斯艾利斯峰会明确了 WTO 改革的重要性，G20 大阪峰会进一步就推进 WTO 改革达成了大体一致的意见。但应该看到，推进 WTO 改革是一项长期、复杂、极具挑战性的工作，需要各方深入交换意见，缩小分歧、扩大共识。G20 应发挥其全球经济治理重要平台的作用，指引以 WTO 为核心的全球多边贸易体制改革与完善，推动实现人类社会互利共赢。首先，G20 应加强成员国之间的贸易政策协调，共同寻求合适的解决方案，推进 WTO 规则制定。加快 WTO 改革的根本目的是推动 WTO 规则与时俱进，让其能够更好发挥全球经济治理的作用，提升其运行的效

率。要加快推进 WTO 规则制定，加强成员国之间的政策沟通与协调，在谈判方式、决策机制、具体议题谈判等方面寻求创新性的解决方案。如在谈判方式上，要对由所有成员参与的"回合"型的大范围谈判方式进行改革，探索由部分成员在某些议题上率先谈判，形成普适性的谈判成果或初步的谈判协议，这样才有可能切实推进多哈回合谈判。其次，G20 要致力于解决 WTO 上诉机构的危机，强化 WTO 贸易争端解决的职能。WTO 的争端解决机制是 WTO 极具特色的一种机制，其裁决结果具有强制执行力。上诉机构是 WTO 争端解决机制的"最高法院"，但目前上诉机构面临严重挑战，甚至可能瘫痪。因此，应将解决上诉机构的危机作为 WTO 改革的重点内容，尽早启动上诉机构遴选程序，保障 WTO 争端解决机制能够有效运行。再次，要处理好 WTO 与区域贸易协定或其他协议的关系问题，更好构建以 WTO 为核心、区域贸易协定等为补充的全球贸易治理体系。G20 应引领 WTO 在此方面的改革，确保新的区域贸易协定与多边贸易体系相兼容，使区域贸易协定最终回到 WTO 框架下，降低区域贸易协定的负面影响。最后，G20 还应该加强与 WTO 合作，共同为完善全球贸易治理体系提供更多公共产品，在加强全球贸易监管、提高政策透明度、降低贸易成本、促进贸易便利化、加强贸易融资等方面取得更多突破。

三、构建以全球价值链为导向的包容协调的贸易政策体系

全球价值链贸易的快速发展，正在改变原有的全球货物和服务生产的组织形式，也改变了国家间的贸易、投资和生产联系，以产品内分工为基础的中间品贸易成为全球贸易的重要组成部分。中间品贸易占全球服务贸易的 70% 以上，占货物贸易的 60% 以上。当前的贸易规则以最终产品为对象，与全球价值链贸易发展不兼容，且愈演愈烈的贸易保护主义也对全球价值链贸易造成很大的伤害。因此，应该在 G20 贸易增长战略的框架下，加快推动全球价值链伙伴计划，积极构建以全球价值链为导向的包容协调的贸易政策体系。首先，要按照 G20 杭州峰会提出的"促进包容协调的全球价值链"的倡议，通过能力建设、促贸援助、推广信息技术等多种途径，推动全球价值链包容协调发展。特别是要促进最不发达国家和地区融入全球价值链，提升发展中国家在全球价值链上的地位，让这些国家更好地分享全球化成果，促进全球经济均衡和可持续发展，打造全球增长共赢链。其次，G20 要统筹考虑各国产业政策、创新政策、劳工政策、环保政策等的综合协调，促进全球贸易规则的重点从以边界措施和市场准入为核心的传统贸易制度，转向边境内措施和规制融合的新贸易规则。要以降低成本为切入点，提升全球价值链分工与合作水平。全方位夯实研发与创新基础，促进 G20 成员国在

产、学、研三者的紧密融合，推动全球价值链和创新链的融合。再次，G20 要加快构建监测贸易保护措施的指标体系，对全球贸易保护程度进行量化和预警，积极消除影响全球价值链发展的制度壁垒。最后，G20 成员国还要通过降低投资壁垒来促进跨国公司进行全球布局，更好地参与全球价值链分工。要提高对企业参与全球价值链的支持力度，从投资政策、税收政策等方面为企业提供良好的制度环境，推动企业更好地融入全球价值链。

四、采取切实有效的措施加强抵制全球贸易保护主义

2019 年 6 月世界贸易组织的 G20 贸易措施监测报告显示，2018 年 5 月到 2019 年 5 月贸易限制措施急剧增加，是国际投资减少和贸易增长缓慢的重要原因，相关国家贸易保护做法向下行风险加大的世界经济传递了负面信息。这说明 G20 成员国贸易保护仍是世界经济稳定增长的潜在威胁，在落实 G20 杭州峰会通过的《G20 全球贸易增长战略》、全面实施世界贸易组织的《贸易便利化协定》、通过消减关税特别是非关税保护措施以及简化贸易程序等途径降低贸易成本的障碍和阻力在增加。因此，首先 G20 经济体要切实执行减少或消除现有贸易限制措施、不增加新的贸易壁垒的承诺，彰显相关经济体消除贸易保护措施、促进贸易便利化的更大决心与行动力。G20 成员国要加强团结，通过推进多哈回合谈判向前发展等达成多边或区域贸易协定，增强全球对自由贸易的信心，阻止贸易保护主义、单边主义在全球蔓延与逆全球化扩散。其次，建立贸易限制措施监督管理机制。G20 集团要维护世贸组织的主体地位，贸易投资工作组通过建立贸易部长会议与世贸组织的沟通联系工作机制，加强贸易部长会议与世贸组织在自由贸易、减少和消除贸易限制措施领域的沟通与联系。完善贸易限制措施监督管理机制，强化世贸组织对贸易便利化领域的监督管理职能，保障各经济体全面履行《贸易便利化协定》承诺。再次，加强 G20 成员国国际宏观经济政策合作与协调。坚持 G20 峰会确认的自由、公平和非歧视的自由贸易原则，相关国家在制定货币政策、贸易政策、财政政策、投资政策等宏观经济政策和稳定国内经济的同时，要考虑溢出效应，尽量减少对其他国家的负面溢出效应，实施负责任的宏观政策。成员国应制订促进经济发展的贸易政策，反对以绿色、技术与贸易管理为壁垒的各种形式的贸易保护主义，在国内经济取得发展的同时，促进全球经济增长。在 G20 框架下，确定国际货币、贸易等政策为贸易投资工作组的工作责任之一，建立完善国际宏观经济政策协调工作机制，促进成员国在货币、贸易等政策的目标取向、调整方向、幅度与时间、协调利益等方面，加强相互沟通和协调，向领导人峰会、贸易部长会议定期报告国际宏观政策协调工作进度与成果。最

后，G20 要支持 WTO 体制下的贸易政策协调，提升 WTO 体制下贸易协调体制的效率以及制度化、法制化水平。

五、努力营造公平高效、开放便利的全球贸易投资环境

当前，贸易保护主义蔓延、逆全球化扩散，多边贸易体制受到严重冲击，G20 成员国应坚定全球化信念，营造开放便利良好的贸易与投资环境，推进全球化、贸易投资自由化和便利化向深层次发展。首先，加强贸易投资政策的融合与协调。经济全球化，特别是全球价值链分工，紧密了国际贸易与国际投资的相互替代和相互补充的关系。贸易投资政策协调成为国际贸易与投资政策制定与实施的重要内容。《G20 全球贸易增长战略》明确指出要加强贸易投资政策协调与融合。G20 成员国的投资贸易政策以及相关政策应该是以促进投资、支持包容性增长为目标，而不能设置贸易壁垒，排斥外国竞争者。成员国要推进贸易、投资以及财政等其他公共政策相互促进与融合，发挥基础设施互联互通的辐射效应和带动作用，创造开放便利的贸易投产环境，支持 WTO 成员国特别是发展中国家供应商参与全球价值链，增进全球价值链中货物和服务的流动性，促进贸易和投资在开放包容的全球价值链上发展。其次，坚持《G20 全球投资指导原则》，完善投资政策以创造稳定、有益的政策环境。G20 成员国投资政策应促进投资收益改善，同时配合以透明的便利化举措，增强国外投资者的吸引力，促进外国投资者增加投资。投资政策应设定非歧视和可预见的投资条件，提高投资相关政策在国内和国际层面，即国内投资者与国外投资者以及不同国家与区域的投资者的协调一致性水平，同时，保持投资政策的稳定性与连续性，为投资者提供确定性和强大保护。再次，政策、法律的执行、实施过程要透明。G20 成员国政府与司法部门在政策、法律实施与处理外国投资者争端的过程要公平、透明，不得"暗箱操作"。最后，加强国际宣传。G20 成员国要利用各种国际平台对已生效自贸协定展开广泛宣传，形成国际社会对反对贸易保护主义的心理自觉。

第七节 后疫情时代二十国集团国际贸易发展的政策协调与合作举措

当前，受周期性、结构性和制度性等多重因素的交叉影响，全球贸易和外国直接投资增长持续低迷。单边主义、民族主义、贸易保护主义等不断抬头，逆全

球化浪潮涌动。而新冠肺炎疫情导致全球供应链中断,进一步加剧了形势的恶化。部分国家走向区域一体化,以应对逆全球化的挑战。全球化发展面临重大历史转折。后疫情时期,世界各国继续深入推动全球化,面临巨大挑战及困境。因此,从全球贸易的视角看,作为全球经济治理的重要平台,G20集团必须加强政策协调与合作,坚定维护以世贸组织为核心、以规则为基础,透明、非歧视、开放和包容的多边贸易体制。具体如下:

一、降低贸易成本

贸易成本是除生产产品的边际成本之外一切商品送达最终用户发生的成本,包括运费及时间在内的运输成本、关税及非关税壁垒的成本、信息成本、合同实施成本、不同货币间汇率变化的成本、法律法规成本、分销成本等[①]。它是阻碍全球贸易扩张、增长的重要因素。贸易成本既会受到主观因素的影响,又会受到客观因素的影响。其中,在主观因素中,经济政策又是影响贸易成本的关键因素,比如关税及非关税壁垒、法律法规等[②]。当国内经济发展受到进口产品的冲击时,进口国政府往往会采取经济政策来干预双边贸易发展,保护国内产业发展。同时,从全球范围来看,这些政策又会形成贸易壁垒,推高贸易成本,抑制全球贸易发展。除此之外,客观因素对贸易成本的影响也是不容忽视的,比如全球突发公共卫生事件。当前的新冠肺炎疫情正处于全球大流行时期,直接导致交通运输成本升高,推高了贸易成本[③]。为应对新冠肺炎疫情,世界各国加强边界管制、旅行限制、道路管制等限制措施。在疫情严重地区,部分国家和地区甚至实施"封城"措施。这些限制措施对海上、陆地和航空运输造成巨大冲击。尤其是航空运输,不仅货运运力大幅下降,而且出现了中断的严峻局面。无疑,交通运输遭受打击,贸易成本必定上升。总的来说,在全球化背景下,为降低贸易成本,推动国际贸易发展,世界各国应该加强政策协调与合作,尤其是G20集团。

G20集团要严格贯彻实施《贸易便利化协定》(以下简称《协定》)。2013年,世界贸易组织第九届部长级会议打破全球贸易谈判12年的僵局,达成"巴厘一揽子协定"。在该一揽子协议中,最关键的部分就是《贸易便利化协定》。《贸易便利化协定》总共分为三个部分,24个条款。第一部分(第1~12条)规定了各成员在贸易便利化方面的实质性义务,包括:信息的公布与可获性;评论

---

① 夏先良:《论国际贸易成本》,载于《财贸经济》2011年第9期。
② Anderson J. E., Wincoop E. V. Trade Costs [J]. *Journal of Economic Literature*, 2004 (4): 691 – 751.
③ 交通运输成本占贸易成本很大一部分。

机会、生效前信息及磋商；预裁定；上诉或审查程序；增强公正性、非歧视性及透明度的其他措施；关于对进出口征收或与进出口和处罚相关的规费和费用的纪律；货物放行与结关；边境机构合作；受海关监管的进口货物的移动；与进口、出口和过境相关的手续；过境自由；海关合作。第二部分（第 13~22 条）规定了发展中成员在实施《协定》第一部分条款方面可享受的特殊和差别待遇，主要体现在实施期和能力建设两个方面。第三部分（第 23~24 条）涉及机构安排和最后条款，规定成立 WTO 贸易便利化委员会，各成员应成立国家贸易便利化委员会或指定一现有机制以促进《协定》的国内协调和实施，以及《协定》适用争端解决机制。该《协定》是一项全新的贸易协议，对贸易成本的削减、出口和经济增长的推动十分显著。根据国际机构测算，有效实施《协定》将使发达国家贸易成本降低 10%，发展中国家贸易成本降低 13%~15.5%；最高可使发展中国家出口每年增长 9.9%（约 5 690 亿美元），发达国家出口增长 4.5%（4 750 亿美元），带动全球 GDP 增长 9 600 亿美元，增加 2 100 万个就业岗位[①]。进一步，G20 集团有效实施《协定》有利于成员国实现出口多元化，从而可以更好地融入全球价值链体系中。

总的来说，《贸易便利化协定》有利于简化进出口流程，减少贸易壁垒，降低贸易成本。G20 集团要尽快全面实施 WTO《贸易便利化协定》。这也有利于实现在 2025 年前降低全球贸易成本 15% 的目标。当然，《贸易便利化协定》仍然存在很多不足，尤其是对发展中成员的相关能力建设援助和技术支持的规定。比如，基于"谈判思维"，很多发展中成员并未对外公布本国执行《协定》的能力与当前贸易便利化水平之间的差距[②]；《协定》并未严格界定什么类型或条件的发展中成员有资格接受援助或支持[③]；《协定》并未以法律法规等形式对发达成员的援助或支持形成强制约束[④]；等等。这需要 G20 集团进一步推动完善。

二、促进服务贸易发展

相对于货物贸易而言，服务贸易会产生更高的资源配置效率和更大的规模经

---

① 中国新闻网：《商务部解读贸易便利化协定：将减少产品进出口障碍》，http://www.chinanews.com/gn/2015/01-13/6963551.shtml，2015 年 1 月 13 日。

② 这会导致发展中成员的实际需求与评估需求存在差异，进而可能导致发达成员不愿为额外的需求"买单"。

③ 最不发达成员会优先被给予援助或支持。但一些需要援助或支持的发展中国家可能会因为界定模糊而无法获得。

④ 《贸易便利化协定》中涉及的援助资金数额巨大。发达成员的积极性必定不高。如果缺乏强制约束，就有可能会导致援助资金落实不到位，或不及时。

济,为消费者和生产者带来更多的服务,促进服务企业的扩张和增长。而且,服务贸易具有较低的资源消耗、较小的环境污染、较大的就业容量、较高的附加价值,贸易摩擦的可能性较低。服务贸易正在成为全球贸易的重要增长点和全球经济发展的新动力。在全球价值链、人口趋势、新兴市场人均收入增加和环境问题的推动下,全球对服务的需求正在不断增加。反之,服务贸易的发展又会对这些领域产生深刻影响。因此,在服务行业,政府监管较多。实际上,这也构成了主要的贸易政策工具。这些监管措施不仅有利于确保充分实现本国服务贸易增长,而且也有利于保证国内就业和经济增长。但同时,这些监管措施又会在一定程度上构成贸易壁垒,阻碍全球贸易发展。因此,为降低服务贸易壁垒,促进服务贸易发展,G20集团应该就监管措施加强合作。

首先,严格践行《服务贸易总协定》(GATS)。《服务贸易总协定》本身条款由序言和六个部分29条组成。前28条为框架协议,规定了服务贸易自由化的原则和规则,第29条为附件(共有8个附件)。主要内容包括:范围和定义、一般义务和纪律、具体承诺、逐步自由化、机构条款、最后条款等,其核心是最惠国待遇、国民待遇、市场准入、透明度及支付的款项和转拨资金的自由流动[1]。《服务贸易总协定》适用于各成员采取的影响服务贸易的各项政策措施,包括中央政府、地区或地方政府和当局及其授权行使权力的非政府机构所采取的政策措施。《服务贸易总协定》的宗旨是在透明度和逐步自由化的条件下,扩大全球服务贸易,并促进各成员的经济增长和发展中国家成员服务业的发展。协定考虑到各成员服务贸易发展的不平衡,允许各成员对服务贸易进行必要的管理,鼓励发展中国家成员通过提高其国内服务能力、效率和竞争力,更多地参与世界服务贸易。因此,G20集团严格践行《服务贸易总协定》,有利于促进服务贸易发展。

其次,进一步开放服务市场。开放服务市场是促进服务贸易发展的必然要求。当前,服务市场开放不足。其阻力主要源于各国监管者。一方面,监管者会担心其执行国内监管标准的能力受到削弱;另一方面,相对于制造业贸易,服务贸易涉及的领域更加广泛,监管众多,难以协调[2]。因此,修改监管制度,开放服务市场,比降低关税更为困难和复杂。当然,当涉及服务时,公共利益备受关注。进一步开放服务市场,消费者也会担心服务价格降低或服务种类增加会导致服务质量下降。虽然《服务贸易总协定》侧重于协调各成员国的监管措施,以期

---

[1] 《服务贸易总协定》关于国民待遇与市场准入的规定是既有联系又有区别。二者都是就承担特定义务而言的。但市场准入是将外国服务的进入问题,而国民待遇则涉及外国服务进入以后所享受的待遇问题。也就是说,当一国允许外国服务或服务提供者进入本国市场之后,其在服务经营方面就应当被给予国民待遇。一般来说,市场准入是适用国民待遇的前提,而国民待遇是市场准入的保证。——陈宪民:《解读〈服务贸易总协定〉的基本原则》,载于《法学》2003年第7期。

[2] 服务贸易会涵盖教育、医疗、金融、劳动力、环境、通信、司法、运输等多个领域。

推动服务贸易发展，提高各成员国的经济福利水平。但这些措施有时被视为干预。因此，《服务贸易总协定》并未完全实现服务市场开放，还需要G20集团的进一步协调、合作。第一，支持各成员国监管部门的发展和监管能力的提升，使其国内监管更加有效。此前，WTO对发展中国家的贸易谈判代表提高技术支持，以提高其谈判能力，但忽视了其监管能力的提升。成员国监管部门的发展和监管能力的提升，有利于逐步放松对服务市场的直接管制。第二，深化成员国在贸易部门官员与服务业部门监管者之间的联系，尤其是与服务业监管制度制定者的联系。一方面，贸易部门官员可以更好地理解服务业监管制度对服务贸易的影响，推动服务业领域"放管服"改革；另一方面，服务业部门监管者也可以更好地设计、调整和优化监管制度，以大幅度放宽市场准入，扩大优质服务进口。第三，成员国加快培育服务贸易市场主体，打造服务品牌。G20成员国之间服务市场开放缓慢的主要原因就是国内服务贸易企业缺乏竞争力。通过限制服务业进口来达到保护国内服务业的目的，显然是不可持续的。要将服务市场开放与培育具有国际竞争力的服务企业相结合。也就是说，在积极扩大开放服务市场的同时，大力支持国内服务企业开展自主创新，才能拓展服务贸易发展空间。

三、增强贸易融资

贸易融资是建立在国际贸易基础上的融资性业务，主要用于弥补进出口商在进出口各环节的资金缺口[1]。其方式主要有保理、信用证、福费廷、打包放款、出口押汇、进口押汇等。贸易融资之于国际贸易的重要性不言而喻。如果说国际贸易是一个国家经济发展的引擎，那么贸易融资就是贸易发展的润滑剂[2]。但受不同风险的影响，贸易融资的发展仍然遭受了很多阻力。2011年，首尔峰会推出的《巴塞尔协议Ⅲ》有很多监管举措对贸易融资构成极大挑战，比如低风险和高风险的表外业务面临相同的监管压力；在自行决定贸易融资审慎原则的前提下，成员国存在对流动性风险监管过于苛刻的可能性；最低资本监管未考虑其低风险性，过于苛刻[3]；等等。因此，《巴塞尔协议Ⅲ》导致贸易融资成本上升，阻碍了贸易融资的发展。另外，当前暴发的新冠肺炎疫情也对贸易融资发展造成

---

[1] 姜学军：《国际贸易融资的发展趋势及启示》，载于《国际金融研究》2009年第11期。

[2] 仲昕：《"贸易融资的未来，你不可错过的好文!"》，搜狐网，https://www.sohu.com/a/259102709_522926，2018年10月12日。

[3] 实际上，《巴塞尔协议Ⅱ》曾因为监管资本要求对贸易融资的负面冲击遭受批评。许多学者认为将贸易融资工具（如信用证、备用信用证等）视作导致杠杆率显著上升的表外资产并加以严苛监管是不公平的。因为贸易融资工具远比其他类的表外资产更安全、风险更可控。贸易融资工具既不会导致过度的加杠杆（因为其有真实的交易背景），也不会对资产价格产生下行压力（因为其为短期自偿性的金融工具）。

了冲击。新冠肺炎疫情给全球经济发展带来了很大的不确定性①。国际金融市场、粮食市场、政治、安全等都面临巨大考验。不确定性即意味着更高的风险,必定会导致贸易融资收缩。同时,不确定性会造成世界各国的贸易政策波动,进而导致与相关贸易成本的增加。

为促进融资发展,填补贸易发展的资金缺口,G20集团需要推动国际协调。具体措施如下:首先,G20集团应推动世界银行、欧洲复兴开发银行、亚洲开发银行、非洲开发银行、美洲开发银行等多边开发银行增强贸易融资,尤其对新兴经济体及发展中国家的支持。G20集团中的发展中成员往往面临贸易融资困难的问题。众所周知,很多中小企业在进出口贸易过程中会陷入资金短缺的窘境,比如有订单但没资金的情况。而考虑到中小企业规模小、抗风险能力差等问题,银行对其提供融资支持的积极性并不高。多边开发银行是支持发展中国家经济和社会发展的国际发展公共机构,有助于解决贸易融资问题。其次,G20集团应积极促进成员国国内贸易融资发展。成员国既要积极参与国际贸易融资,也要努力推动国内贸易融资发展。第一,通过实施一系列措施,增加本国金融市场的整体流动性,改善贸易融资的金融环境。第二,通过增加银行资金来源、提高信贷再融资额度等措施,支持商业银行扩大贸易融资。第三,通过促进金融机构的双边合作、政府注资等措施,支持国内政策性银行扩大贸易融资。第四,增加对贸易相关信用保险和担保的支持,比如向出口信用保险机构提供资金、扩大贸易相关信用保险承担范围、放松承保条件等。

当然,在增强贸易融资的同时,也需要控制风险。银行业的健康发展依赖于稳健的经营和良好的经济前景。一般来说,国际贸易融资具有明显的自偿性特征,即随着商品周转和产销的最终完成,银行贷款会从销售收入中自然得到偿还,通常列为低风险业务②。但贸易融资风险是普遍存在的,尤其是在当前国际贸易环境恶化、国内经济下行的背景下。粗放发展贸易融资会给银行带来致命后果。第一,要充分掌握信息,正确识别和评价贸易背景真实性、贸易融资风险。不同类型的企业,风险的来源也是不一样的。第二,要充分利用信用评估体系。对于信用评级较低的企业,要提高融资门槛,避免出现违约现象,形成银行不良资产。第三,要加快完善贸易融资的风险控制机制。明确规定融资额度、偿还方式等,对企业形成强制约束。第四,针对风险管理体系和信用评价体系,加强贸

---

① 国际货币基金组织日前表示,由新冠肺炎疫情导致的不确定性已经达到了历史高点。相比非典和埃博拉疫情,新冠肺炎疫情导致的不确定性分别高于两者3倍和20倍。——国际货币基金组织:新冠肺炎疫情带来的不确定性达到历史高点, http://m.news.cctv.com/2020/04/06/ARTI0ld5ENAM9lcfDszlCQkG200406.shtml,2020年4月6日。

② 王刚、徐子奇:《加强国际贸易融资风险管控》,载于《金融时报》2017年9月18日。

易融资创新。

四、促进电子商务发展

在经济全球化和全球信息化的背景下，电子商务作为一种新的贸易形式，在全球范围内保持着快速、平稳的发展态势，显示出强大的生命力。按照世界贸易组织电子商务专题报告的定义，电子商务就是通过电信网络进行的生产、营销、销售和流通等活动。它不仅指基于因特网上的交易，而且指所有利用电子信息技术来解决问题、降低成本、增加价值和创造商机的商务活动，包括通过网络实现从原材料查询、采购、产品展示、订购到出品、储运以及电子支付等一系列的贸易活动。简单地讲，电子商务是指利用电信网络进行的商务活动①。电子商务具有开放性、全球性、低成本和高效率、不受地域时间限制的特点，有利于提高贸易便利化水平，形成新型贸易合作关系。电子商务是全球贸易发展的新引擎，为全球贸易注入了强大动能。根据 WTO 最新的研究表明，数字技术的发展将通过降低成本和提高劳动生产率的方式，在 2030 年使得全球贸易额外增长 34%。相对于传统国际贸易，电子商务开辟了一个崭新的虚拟市场，改变了传统贸易的运行环境。从全球范围来看，电子商务发展仍然面临诸多挑战，比如数字安全问题、标准问题，等等。加之，区域电子商务合作将成为未来电子商务发展的趋势。因此，G20 成员国之间应该积极开展合作，共同应对全球挑战，促进电子商务的开展，有效维护成员国在电子商务活动中的正当权益。

首先，找准"共同点"，确定 G20 集团电子商务合作原则。电子商务的国际规则尚不明确。无论是发达国家，还是发展中国家，都希望在该领域发挥关键引领作用。因此，电子商务合作要体现前瞻性、战略性和安全性。前瞻性是指 G20 集团汇聚了世界上主要的发达国家和发展中国家，要确保对电子商务的持续关注、谈判。战略性是指 G20 集团中的发达成员要在加速发展贸易数字化的同时给予发展中成员援助和支持，而发展中成员要在加速构建数字基础设施的同时谋求与发达成员合作。这既有利于发达成员继续在电子商务的技术、政策和产业合作方面发挥引导作用，又有利于发展中成员提升数字能力，缩小与发达成员的数字鸿沟。安全性则是指 G20 集团要遵守成员国法律法规，实现数据有序、自由流动，要在尊重成员国网络监管政策自由的基础上，开展电子商务合作。伴随大数据、云计算、人工智能的快速普及，电子商务会产生数据安全、隐私安全等网络

---

① 王伟泉：《世界电子商务发展现状与我国电子商务发展战略》，载于《清华大学学报（哲学社会科学版）》1999 年第 4 期。

安全问题，信息安全形势愈发严峻。各成员国也会因此遭受一定的网络安全风险和网络监管挑战。因此，安全性是G20集团开展电子商务合作的前提。其次，找准领域、分步骤有序推进合作。在务实合作的基础上，G20集团应该分步制定具体领域的合作方案，尽快形成早期成果。比如，在数字基础设施、无纸贸易、跨境电子商务便利化、电子认证和电子签名互认等电子商务的热门领域，G20国家具有共同利益和诉求，可以谋求合作。当然，发展中成员的电子商务正在逐渐崛起，但仍然与发达成员具有较大差距。于是，在相对落后的领域，如果发达国家成员一味维护自身利益，缺少对发展中国家成员的援助和支持，发展中国家成员的谈判意愿也会较低。比如，鉴于网络安全问题，发展中国家成员很难按照发达成员的标准完全实现数据自由流动。因此，发达国家成员要在充分尊重发展中国家成员国情的前提下，秉承互利共赢的原则，增加谈判和协调，引导市场健康有序发展，不能实施垄断和不正当竞争行为。最后，加快机制化建设，保障谈判成果的落实。第一，要加快相关协议的签署。在政治、经济、文化等多个方面，G20成员国存在较大差异。这就意味着G20成员国之间通过谈判达成一致协议面临诸多困难。而且，近年来，电子商务创新层出不穷，针对新模式、新业态的制度改革和市场监管难度较大。因此，为较好、较快地巩固谈判成果，建立相关机制有利于协议的落实和推广。第二，建立多层次对话机制，深入探讨国际电子商务规则。"多层次"是指在政府、企业、机构等不同主体之间开展合作、交流。当前的国际规则滞后于电子商务的快速发展[①]。因此，国际电子商务规则建设任重道远。多层次对话机制有利于电子商务规则的探讨更具有针对性，更加符合电子商务发展需求。第三，成立电子商务工作小组。电子商务区别于传统贸易，形式更加复杂，内容更加广泛。在贸易部长级会议下成立专门的电子商务工作小组，有利于提高效率，加强合作协议的落实。

---

① 缺乏统一的国际电子商务贸易流程规则、市场监管及税收政策协作机制不完善、信息安全协同困难等。

第九章

二十国集团推动全球金融治理改革与创新

上一轮波及全球的金融危机已经过去十一年了,在这十一年间,世界金融格局和治理规则发生了很大的变化。其中最为突出的是二十国集团(G20)领导人峰会已经成为全球金融协调与合作的主要机制,不仅在提供应对危机的解决方案上发挥了重要作用,而且不断推动了危机之后的全球金融治理改革。G20首脑会议机制化的一个重要意义在于,其成员中除了7个主要发达国家和欧盟集团以外,还有12个发展中经济体。诚然,经过数十年的发展,二十国集团领导人峰会还能完全推动建立起一系列覆盖全面、机制有效的世界金融新秩序,但这一机制在推进传统发达大国与主要新兴国家在全球金融治理中共商共治、协调发展方面无疑是起到了十分重要的作用。实际上,自从布雷顿森林体系解体后,如何构建新的现代国际金融治理框架一直受到国际社会的关注,数次的局部或全球性金融危机不断提醒人们这一问题的重要意义。因此,推动全球金融治理改革与创新始终是历届G20峰会的主要议题。

第一节 当前全球金融治理秩序的基本格局与主要问题

一、当前全球金融治理秩序的基本格局

国际金融秩序是"以等级的形式演进的,有一个主要的,或用政治学的术语

说是一个霸权国家居上或居于中心"。国际金融秩序是一个国际权力和利益的分配体系,其实质是各国在国际金融体系中通过汇率、信贷、参与国际金融组织等手段,对以金融方式表达的世界资源所做的相互协调与妥协。目前全球金融秩序呈现出"三个世界"的格局:第一世界为美国,占据全球金融体系的主导地位;第二世界指欧盟、日本等发达国家,其在全球金融体系中占有重要地位,但与美国相较仍有较大差距;第三世界指以中国为代表的发展中国家所形成的新兴经济体,成为未来强劲的经济增长点,在国际金融经济秩序中呈现出较为迅猛的升势。

(一) 美国——掌控全球金融霸权

从布雷顿森林体系到后布雷顿森林时代,国际金融体系的最大受益者和主导者一直是美国。虽然在此期间美国霸权力量有所波动,但直至如今,美国仍然在多方面表现出国际金融霸权势力。其中最主要就是美元在国际货币体系中持续凸显的霸权。对国际金融体系而言,选择何种货币作为核心货币是首要问题,这是结构性权力最清晰的外部特征和运作手段。自从布雷顿森林体系产生、确立了美元的世界货币地位之后,它就成为了国际清算的主要支付货币和世界各国的主要储备货币。此后,国际货币金融关系有了新的统一标准和基础,各国货币只有通过美元才能同黄金发生关系。毋庸置疑,美元在为各国提供贸易结算便利与储备手段的同时,也给美国带来了持续的、庞大的收益。即便是在布雷顿森林体系解体后,美元的这种强势地位受到了一定程度的弱化,但它仍是国际市场主导货币和主要储备货币,在国际货币体系改革中以牙买加协议推崇的浮动汇率制为开端,整体上形成了多样化的汇率制度,但不管采取哪种汇率制度,美元仍然是全球外汇相对价值变化的主要参照物。

因其储备货币的地位,美元几乎已经成为"世界货币"了,但是,作为一个主权国家的货币,世界其他国家又无法对它的运行加以约束。一方面,国际社会还没有找到可以代替美元的"通货";另一方面,布雷顿森林体系原来提出的对美元发行和汇率变动的限制性要求又已经被解除了。这样,美国就可以恣意使用美元霸权了,即便其身负巨额的经常项目赤字和外债,却丝毫不用担心自己的支付能力,只要超量发行美元就行。因此而产生的通货膨胀成本和潜在危机却随之转移到世界其他国家,成为全球性经济泡沫或是国际金融市场过度创新的主要诱因。伴随2015年底美联储退出量化宽松政策,美国进入加息周期,预期利率和资金收益率上升。全球主要货币以及新兴经济体货币汇率对美元呈现贬值态势,以俄罗斯卢布、阿根廷比索、印度卢比、印尼盾等为代表的国家货币都曾遭遇了严重的贬值,在不均衡的国际货币体系中,风险更多地向新兴经济体和发展中国家转移，这些都是不对称外溢效应的典型体现。

美国维护其金融霸权的主要平台是国际货币基金组织、世界银行集团、世界贸易组织等国际经济金融组织。在这三者之中，前两者是布雷顿森林体系的遗产。迄今为止，它们仍是国际金融治理体系中最具话语权的机构。在其国际金融监督协调机制中，决策的基础是根据国家经济实力计算出份额并据此决定的各国投票权比例。显然，在这种机制中，以"一国一票"为代表的主权平等原则彻底让位于"美元"决定投票权原则。对于一些小国而言，基本投票权可能就是其投票权的大部分甚至全部，因此基本投票权比重下降直接影响其代表性和发言权。IMF 与 WB 对重大问题的决议需获得总投票权的 85%，而美国拥有 16.5% 及 15.8% 的一票否决权，意味着 IMF 与 WB 的任何决策都必须得到美国的同意方可通过。这种以国家经济实力为权重的决策机制使美国实质上掌握了 IMF 与 WB 的控制权，通过控制和利用国际金融组织，不仅对国际金融规则的制定有主导权，甚至掌握着相关的解释权，使得美国的金融霸权在一定程度上具有合法性。

（二）欧元区——挑战美国霸权

第二次世界大战结束以后，为了尽快摆脱"马歇尔计划"带来的美国的干预，欧洲各国加快推进一体化进程。作为欧洲货币一体化的阶段性成果，诞生于二十年前（1999 年）的欧元区正是欧洲联盟不断强化其经济纽带的重要标志。欧洲联盟在不断扩容的同时，还在成员国之间打造了一个"货币稳定区域"，以期防御国际金融市场波动带来的不良影响。欧元区的主要功能除了消除区域金融市场一体化的制度壁垒之外，还能够更有效地控制区域各国的汇率风险，为实现欧洲一体化的大目标解决了一个重要的金融经济问题。区域内的固定汇率和单一货币安排为成员国间的经济交往和合作提供了便利，优化了欧元区内的资源配置，降低了交易费用，促进了生产要素的自由流动，提升了欧盟经济的竞争力。

欧元的诞生改变了美元一家独大的局面，减弱了美元在国际金融领域的强势地位。欧洲经济总量急剧扩大，在全球范围内塑造了一个在经济总量上可与美国匹敌的超级经济体，欧元也借此成为仅次于美元的全球第二大储备货币。依据国际货币基金组织统计的各国官方外汇储备构成（Currency Composition of Official Foreign Exchange Reserves，COFER），截至 2018 年第四季度，各成员国确认的官方储备（Allocated Reserves）中，美元所占的比重达 61.68%，欧元占比达到了 20.69%。①

虽然在紧随美国金融危机之后的欧债危机中欧元的汇率持续走软,某种程度上使其作为国际储备货币的地位受到削弱,在与美元的竞争中仍暂时处于下风,但在全球外汇储备货币中,欧元仍然是美元最主要的竞争者,为其他国际汇率政策中的钉住货币或者参考货币提供了新的选择,同时也影响着其他国家的货币制度选择,使世界各国国际储备货币和结算货币的选择范围增大。这些有力地提升了欧元区国家在全球经济格局与地缘政治中的地位,外部影响力的扩大也保证了其在国际金融组织中的影响力。这突出表现在无论是欧盟还是欧元区层面,对 IMF 总裁职位的控制程度都极高。自 20 世纪 40 年代至今,总裁全部来自欧盟成员国,至今仍未被打破。在近年的改革中,尽管欧盟和欧元区在 IMF 中的份额和投票权占比均微幅下降,但仍大大高于其总量在世界经济总量中的相对地位。欧洲凭借其强大的经济实力和统一货币来参与国际金融体制规则的制定,一定程度上遏制了美国的主导地位。

(三) 新兴经济体——崛起与合作

自 20 世纪 90 年代以来,新兴经济体在国际经济领域的重要性日益凸显。

1. 国民经济快速增长,国际竞争力增强

特别是美国金融危机之后的一段时间内,全球经济增长在相当程度上依靠新兴经济体拉动。从 IMF 世界经济展望数据库 (World Economic Outlook Database) 的最新数据来看 (更新至 2019 年 4 月),自 1999 年以来,新兴市场和发展中经济体 (Emerging Market and Developing Economies) 的 GDP (剔除了物价变动后的不变价格 GDP) 增长率都始终高于世界总体水平,而发达经济体 (Advanced Economies) 则始终低于世界总体水平 (见图 9-1)。特别是在 2007~2009 年这三年间,发达经济体受到金融危机的重大打击,平均增长率为 -0.12%,拖累全球平均增长率至 2.84%,而新兴市场和发展中经济体仍有 5.64% 的平均增长率。另外,IMF 的数据还显示,新兴市场和发展中国家投资占 GDP 的比重也持续高于世界总体水平 (见图 9-2),近十年来都保持在 30% 以上的水平,超过发达经济体 10 个百分点以上,显示其经济增长具有可持续性。此外,新兴经济体所持有的财富和金融资产也大幅度增加,其主权财富基金和其他形式的资产已经成为国际资本市场的重要参与者。

---

① 根据国际货币基金组织 (IMF) 官方网站公布的数据计算得出。资料来源:http://data.imf.org/?sk = E6A5F467 - C148 - 4AA8 - 9F6D - 5A09EC4E62A4,2019 年 5 月 31 日。

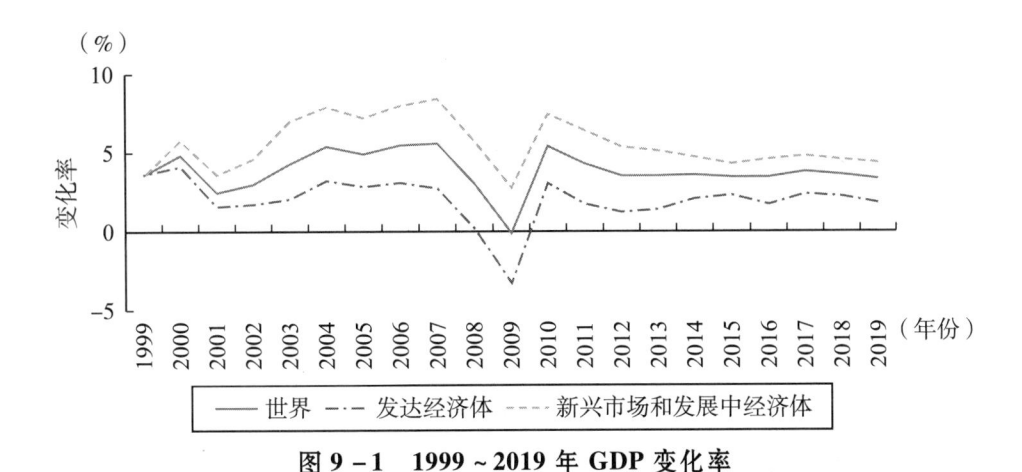

图 9-1 1999~2019 年 GDP 变化率

资料来源：IMF 官方网站，https：//www.imf.org/external/pubs/ft/weo/2019/01/weodata/index.aspx，2019-05-31.

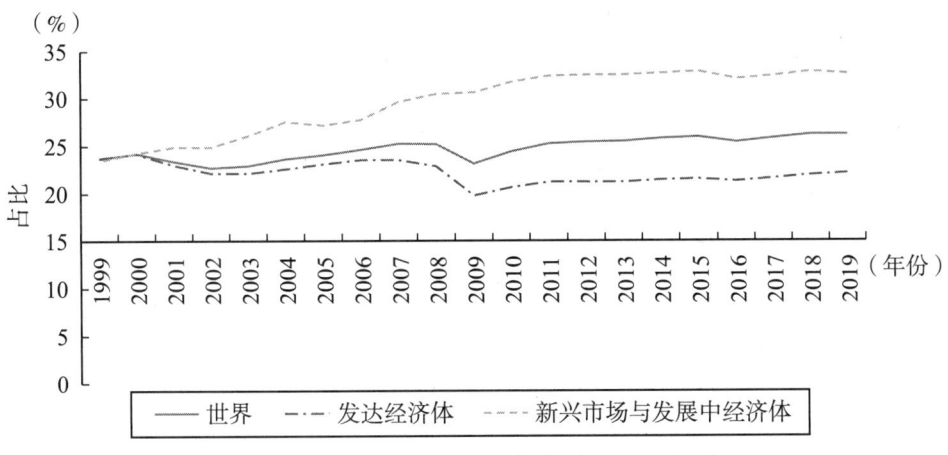

图 9-2 1999~2019 年投资占 GDP 比重

资料来源：IMF 官方网站，https：//www.imf.org/external/pubs/ft/weo/2019/01/weodata/index.aspx，2019-05-31.

2. 在全球金融治理中，话语权不断提升

以金砖国家为首的新兴经济体力求通过金砖峰会、G20 峰会等机制更多地参与国际经济事务，以期加快国际货币基金组织、世界银行等机构改革的进程，尽快地改变美国在国际金融体系中垄断的局面，积极寻求逐步进入国际金融舞台中央，完善国际金融秩序。2010 年 10 月在韩国举行的 G20 峰会正式达成协议，向新兴经济体转让国际货币基金组织股份的 4.6%，同时，经由欧盟转让给新兴市场和发展中经济体两个执行董事的席位，使"金砖四国"进入了国际货币基金组织十大股东之列，其中，中国的份额由 3.65% 升至 6.19%，整个新兴市场和发展中经济体持有的 IMF 份额将升至 42.29%。同时，世界银行的投票权相关改革也在推进。2010 年 4 月，改革方案通过，金砖国家的投票权将升至 13.1%，较改革前提高 1.8%，而七国集团相应减少 3.6%，其中，中国的投票权从 2.77% 提高到 4.42%，位列第三，整个发展中国家投票权重从 44.06% 提高到 47.19%。2015 年 12 月，人民币进入了 IMF 特别提款权（SDR）货币篮子，同时，篮子货币的权重调整为：美元占 41.73%，欧元占 30.93%，人民币占 10.92%，日元占 8.33%，英镑 8.09%，标志着人民币成为美元、欧元、英镑、日元之外，国际货币基金组织的第五种官方储备货币。① 新兴经济体以制度建设参与者的身份参与全球治理，借助多边对话机制，使各方在全球经济治理问题上达成一致意见，为金砖国家乃至发展中国家在国际贸易与投资过程中谋求更加公正、公平的国际环境。虽然从目前来看，上述所及的新兴市场和发展中经济体在世界经济体系中影响力的增强还没能真正转化成新的国际金融秩序，但已经推动形成了发达经济体与发展中经济体协调合作、共同治理的初步架构，这种变化至少标志了国际金融治理改革的总体方向。

3. 新兴经济体加快区域金融合作

近年来，尽管 G20 峰会的议题也主要围绕着全球经济恢复和发展问题，但并没有从根本上解决发达国家和发展中国家的不平衡问题。由于 G20 缺乏常设实体机构，许多职能仍然要通过国际货币基金组织来落实，美国一股独大、在重大问题上独断专行的特权依旧存在。整体而言，新兴经济体仍不足以挑战美国的金融霸权，在这一背景下，特别是在亚洲金融危机后，新兴经济体与发展中国家开始加快区域金融合作的步伐。1999 年 10 月，马来西亚总理马哈蒂尔提出建立"东亚货币基金"的倡议。2000 年，东盟十国和中日韩（10 + 3）共同签署建立区域性货币互换网络协议，简称"清迈协议"，使亚洲双边货币互换得到了实质性推进。2009 年 12 月，阿根廷、巴西、巴拉圭、厄瓜多尔、乌拉圭、玻利维亚、委内瑞拉七个拉丁美洲国家签署协议，成立南方银行，其目的是为南美国家融资提供更多的选择，规避世界银行等机构发放贷款时的苛刻条件，减少其通过贷款对南美各国经济政策的干预。2012 年在东盟 10 + 3 财政部长和央行行长会晤期间，将双边货币互换协定规模由 1 200 亿美元进一步扩展到 2 400 亿美元。2013 年 3 月，第五次金砖国家领导人峰会上决定创设"金砖国家开发银行"，以此作为支持新兴市场和发展中经济体基础设施建设和可持续发展的国际合作平台，并可减少危机时各国对以国际货币基金组织为首的国际金融组织流动性救助的依赖。2015 年 12 月，由中国主导的亚洲基础设施投资银行正式成立，其意向创始成员

---

① IMF 官方网站，https://www.imf.org/external/pubs/ft/weo/2019/01/weodata/index.aspx，2019 – 05 – 31.

国确定为 57 个，遍及全球五大洲。亚洲基础设施投资银行的主要工作是为区域发展提供互联互通和一体化合作的平台和载体，特别是为"一带一路"倡议的基础设施互联互通提供金融保障。

以金砖银行、亚投行的筹建为代表的区域金融合作为改善全球金融治理提出了新思路，开启南南合作新时代，推动南南经济政治合作走向更高层次的融合。此二者所提供的区域性、开发性的金融治理模式，能够为本区域内经济发展相对滞后的经济体提供必要的金融支持，使其能够发展经济、提高国民收入、稳定社会秩序，这些都是发展中经济体面临的紧迫性问题，通过区域金融协作来弥补国际货币基金组织和世界银行对亚洲地区乃至欧洲、美洲地区融资不足的缺口，推动国际发展融资体系的民主化和多元化趋势，提升了新兴经济体、发展中国家以及借款国在发展融资体系中的地位。通过竞争和"用脚投票"的机制督促和推动国际金融组织改革，成为世界银行、亚洲开发银行的有力补充，有利于弥合两个既有治理体系之间的矛盾和冲突，应对后危机时代美国量化宽松政策退出的冲击，顺应全球经济变化的趋势，通过区域和跨区域合作机制来提升在全球经济治理中的地位与作用，以积极姿态参与重塑国际金融新秩序的意愿和行动，构建公平合理的国际金融新秩序。

二、当前全球金融治理面临的主要问题

（一）IMF 的改革遇到瓶颈

从 IMF 成立开始，其章程就明确 IMF 治理与份额改革须获得多数 IMF 成员的同意才能实施。其中，机构改革需要成员国中超过 85% 的投票支持才能通过；份额增加和重新分配须获得 70% 以上的投票权支持。由于美国拥有超过 15% 的投票权，而美国国会迟迟不通过 2010 年 G20 和 IMF 董事会通过的 IMF 改革方案，使得 IMF2010 年的改革议案一直被搁置。尽管 G20 戛纳峰会、洛斯卡沃斯峰会、圣彼得堡峰会、布里斯班峰会均呼吁要尽快落实 IMF2010 年改革方案，但也只能停留在呼吁层面，没有足够有效的解决办法。通过 IMF 改革受阻，我们可以清楚地看到目前国际金融体系的弊端：美元仍然是国际中心货币，美国依然掌握着 IMF 的重大改革事项，发展中国家作为整体在 IMF 中的代表性和话语权仍偏低，很难发挥应有作用，也不能合理反映其在全球的应有地位。虽然 2015 年 12 月，美国国会最终通过了这一方案，但实质上并未根本解决 IMF 投票权分配和内部治理中的所有问题，美国仍然拥有重大事项独家的一票否决权。

首先，在表决权机制上，国际货币基金组织的投票权由两部分组成，每个成员国都有 250 票基本投票权以及根据各国所缴份额所得到的加权投票权。在国际货币

基金组织成立之初，基本投票权占总票数的11.3%，至今该比例已下降到不足2.5%，基本投票权过低导致实际决策权主要取决于加权投票权，而加权投票权又与各国所缴份额成正比。一国在IMF中投票权的提升，需要同时伴随着增加它对IMF的注资金额。随着传统发达国家相对实力下降，以"金砖国家"为代表的新兴经济体相对实力上升，发达国家迫于形势做出了相应妥协，让渡了部分发言权，但在核心利益上并没有做出根本性让步。新兴经济体国家话语权在短期内仍难以出现大的提升。

其次，在组织构架上，国际货币基金组织的治理结构包括理事会、执董会和管理层三层架构。理事会是基金组织的最高决策机构，执行董事会是基金组织负责处理日常业务工作的常设机构，由24名执行董事组成。尽管已有的改革促使欧洲出让两个执行董事席位给发展中国家，但执行董事会成员的分布仍然不平衡。执行董事席位分配的不公平造成了发展中国家的利益诉求在执行董事会上的弱势。此外，国际货币基金组织的决策机构，理事会、执董会及总裁仍是由发达国家所主导，其选拔程序也不透明。新兴经济体和其他发展中国家要在其中获得更大的话语权还为时尚早。例如尽管IMF已将人民币纳入货币篮子，但特别提款权的使用范围、规模结构及分配的公正性和合理性等方面仍受到质疑。

（二）《巴塞尔协议Ⅲ》落实进度和结果不一

当前国际金融监管改革的主要问题是《巴塞尔协议Ⅲ》的落实。在国际范围内制定统一的金融监管规则，有利于维持全球金融秩序，为国际性金融机构提供公平竞争的环境。在G20的协调和推动下，巴塞尔委员会逐渐拥有了一定约束力，要求G20成员国应于2013年开始实施《巴塞尔协议Ⅲ》，并于2019年1月1日前完成。虽然各国领导人承诺，尽可能同步实施《巴塞尔协议Ⅲ》，巴塞尔委员会也通过同行评议等方式试图强化这一同步步伐，但《巴塞尔协议Ⅲ》的落地，需要立足各国的法律体系、具体金融结构、银行业特征等实际情况，使各国之间落实规则的同步性大大降低，影响了巴塞尔协议试图打造的国际范围内的公平竞争环境的进程。

此外，《巴塞尔协议Ⅲ》还面临监管结果的不一致性的挑战。从资本充足率的角度来看，分子资产和风险加权资产都可能存在着不一致性。监管中资本定义的差异、关于准备金提取和资产减值的差异以及实施审慎评估要求等都可能导致分子资产在计算中的不一致。相比分子资产，风险加权资产不一致性的可能性和影响力都更大：一是受监管规则适用范围和银行模型选择的影响，各成员国银行交易账户的风险加权资产具有很大差异；二是由于投资组合风险的差异及各国银行在实践中的差异，银行账户的风险加权资产也存在较大差异。

（三）国际货币体系改革停滞不前

首先，在现行的国际货币体系中，美元依旧处于整个体系的核心，且美元的本位地位在短期内难以动摇。从交易职能看，美元依然是全球外汇市场和外汇衍生品市场交易额最大的货币。根据国际清算银行（BIS）每3年一次的统计，2016年全球外汇市场美元交易占比88%，美元交易额是欧元交易额的2.84倍①。从储备职能看，尽管美元在官方外汇储备中的占比自2005年以来不断下降，但美元依然是官方外汇储备中占比最大的货币。截至2018年，美元资产在全球官方外汇储备资产中的比例仍有61.69%②，因此一步到位的换血式改革在现有政治经济条件下基本没有实现的可能，例如如何限制美元的特权、如何进一步满足边缘国家对国际金融利益的诉求等等。各国之间的分歧在很大程度上约束了国际货币体系改革的行为空间。因此，无论是激进式的改革还是渐进式的改良都停滞不前。

其次，以牙买加协议推崇的浮动汇率制为开端，世界上许多国家纷纷放弃了原来的固定汇率制转而选择浮动汇率制。但在实践中，各国并未实行完全的浮动汇率制，而多是根据国家自身经济发展的阶段性特点，实行弹性的汇率调控政策，尤其是多数发展中国家和新兴经济体一般都采取钉住货币或货币篮子的做法。这就在整体上形成了多样化的汇率制度，但不管采取哪种汇率制度，美元仍然是世界上大多数国家制定汇率制度和确定汇率水平的货币锚，由此决定了美元汇率具有极强的外溢效应。2015年以来，多种货币对美元贬值，其中人民币的波动备受关注。如何引导市场预期并避免市场过度波动是各国货币当局普遍面临的难题，须加强彼此间政策对话并探索新的合作形式。

第二节 二十国集团推动全球金融治理改革与创新的主要进展

一、G20推动全球金融治理改革的概况

迄今为止，G20已经召开了10次峰会，针对不同时期全球金融所面临的不

---

① 《BIS三年一度报告揭示全球外汇市场发生了哪些变化》，http：//forex.cngold.org/fxb/c5018438.htm.
② IMF：人民币在全球外汇储备中占比创新高［EB/OL］，https：//baijiahao.baidu.com/s? id＝1629399828034517633&wfr＝spider&for＝pc.

同问题展开了对话与合作,并采取果断、协调一致的行动,在全球金融治理方面取得了一系列进展(见表9-1)。

表9-1　2008~2015年G20历届峰会关于金融治理的主要内容

时间	关于金融治理的主要内容
华盛顿峰会 2008年11月14日	(1) 加强金融市场透明度及监管机制,确保所有金融市场、产品和参与者都受到相应监管或监督,促进金融市场的诚信 (2) 推动国际金融机构的改革,提高其正确性和有效性,扩大新兴经济体和发展中国家的发言权和代表权 (3) 扩大吸收新兴经济体加入金融稳定论坛(FSF)
伦敦峰会 2009年4月1日	(1) 同意为IMF和世界银行等多边机构提供总额1.1万亿美元的资金,大幅增加IMF特别提款权规模2 500亿美元 (2) 在加强金融监管方面,认为有必要对所有具有系统性影响的金融机构、金融产品和金融市场实施监管和监督,并首次把对冲基金置于金融监管之下 (3) 在改革国际金融机构方面,建立金融稳定理事会(FSB),取代金融稳定论坛 (4) 加强国际金融机构建设,承诺落实2008年4月达成的IMF份额和发言权改革方案及2008年10月达成的世界银行改革方案
匹兹堡峰会 2009年9月24日	(1) 建立高质量资本,减弱经济顺周期性,所有G20的主要金融中心在2011年前实施《巴塞尔协议Ⅱ》,加强对场外衍生品市场的监管 (2) 在国际金融机构改革治理结构方面取得重大突破,承诺向发展中国家转移国际货币基金组织和世行两大机构一定比例的份额,以提高发展中国家的代表性和发言权 (3) 承诺在2010年前制定各国均能接受的金融监管规则,改善银行的数量和质量
多伦多峰会 2010年6月26日	(1) 提出金融部门改革的四根支柱:强有力的监管框架、有效监管、处置系统性机构、透明的国际评估和同行审议 (2) 加强国际金融机构的合法性、可行度和有效性,落实匹兹堡峰会关于建立多边开发银行及相关的承诺 (3) 提出通过公开、透明、择优的进程遴选国际金融机构负责人和高层管理人员,增加来自新兴市场国家的比例
首尔峰会 2010年11月11日	(1) 在IMF改革方面,加大新兴市场和发展中国家的代表份额 (2) 在金融监管方面,强化全球金融安全网和金融监管 (3) 建立一个更加稳定、更具弹性的国际货币体系

续表

时间	关于金融治理的主要内容
戛纳峰会 2011年11月3日	（1）构建更为稳定和有弹性的国际货币体系 （2）强化应对危机的能力，进一步强化全球金融安全网 （3）强化国际货币基金组织的监督 （4）落实和深化金融部门改革
洛斯卡沃斯峰会 2012年6月18日	（1）重申构筑有效的全球性与区域性金融安全网的重要性 （2）再次重申将会在2012年IMF及世界银行年会前全面实施2010年IMF份额改革，将在2013年1月前完成IMF份额计算方式的全面检查，在2014年1月前完成下一轮份额总检查 （3）承诺将进行金融部门改革，加强普惠金融
圣彼得堡峰会 2013年9月5日	（1）重申2010年IMF份额与治理改革方案的重要性和紧迫性 （2）就份额公式达成一致，在2014年1月前完成第15轮份额总检查 （3）重申戛纳峰会通过的关于IMF与区域金融安排合作的一般原则，强调应加强合作，同时维护各机构的职能和独立 （4）呼吁IMF研究如何将全球流动性指标更广泛地纳入监督工作中 （5）承诺按照各国均同意的时间表落实《巴塞尔协议Ⅲ》 （6）对金融稳定理事会监管影子银行的简要路线图达成一致
布里斯班峰会 2014年11月15日	（1）将致力于保持一个强有力、以份额为基础、资金来源充足的IMF （2）公开督促美国尽快批准落实2010年IMF改革方案，如果到2014年年底仍无结果，将要求IMF在现有工作基础上做好下一步采取其他措施的准备 （3）加强对金融领域监管以避免新一轮金融危机出现，呼吁监管机构取得更实质的进步，更迅速落实已商定的G20金融衍生品市场改革 （4）同意更新后的影子银行监管路线图
安塔利亚峰会 2015年11月15日	（1）通过合适的框架促进金融稳定，再次确认以前的汇率承诺并将抵制所有形式的贸易保护主义 （2）强化金融机构的抗风险性，为全球系统性的重要银行的总损失吸收能力制定出一套共同的国际标准 （3）建立更强大和更抗风险的金融体系，进一步加强影子银行的监督和管理，加快场外衍生品改革进程 （4）将继续评估全球监管框架的健康状况，尤其是对新兴市场和发展中经济体

续表

时间	关于金融治理的主要内容
杭州峰会 2016年9月4日	（1）建设更有效的全球经济金融治理架构，核准了《二十国集团迈向更稳定、更有韧性的国际金融架构的议程》，并欢迎人民币于10月1日被纳入特别提款权货币篮子 （2）构建一个开放且具有抗风险能力的金融体系 （3）继续支持国际税收合作以建立一个全球公平和现代化的国际税收体系并促进增长
汉堡峰会 2017年7月7日	（1）在建立具有韧性的全球金融体系方面，全面落实已议定的二十国集团金融部门改革议程，推动完成《巴塞尔协议Ⅲ》框架 （2）在国际金融架构方面，续完善支撑国际资本流动的体系，增强国际金融架构和以国际货币基金组织为核心的全球金融安全网 （3）在国际税收合作和金融透明度方面，致力于建设公平和现代化的国际税收体系，期待首次进行金融账户涉税信息自动情报交换
布宜诺斯艾利斯 2018年11月 30日~12月1日	（1）强调可持续融资、加强普惠金融对全球增长非常重要，并就促进数字金融服务提供了自愿性政策建议 （2）继续监测跨境资本流动并加深对可用政策工具的理解，在管理风险和增强韧性的同时利用跨境资本流动带来的益处 （3）通过持续的监管合作，应对市场分割，对加密资产进行反洗钱和反恐怖主义融资方面的监管 （4）基于税收协定和转移定价规则，继续在全球范围内建设公平、可持续和现代化的国际税收体系

资料来源：根据历年G20峰会公告整理。

总体来看，G20峰会适应了全球金融形势和挑战的变化，并在此基础上达成了诸多共识，取得了重大的实质性突破，体现了传统大国与新兴经济体联合重构国际金融新秩序的意愿与努力。具体而言，G20峰会在全球金融治理上目前已取得的成果主要在推动国际货币体系改革、完善主权债务重组机制和加强跨境资本流动监管三个方面。

二、G20推动构建更加均衡稳定的国际货币体系

当前，G20在推进IMF系列改革中发挥着重要作用，IMF改革已经成为G20峰会的核心议题和合作领域之一。IMF借助G20峰会这一平台，就IMF增资、份额调整、治理结构改革、增加贷款的灵活性和种类、对SDR构成进行重新调整

等方面达成了改革共识。G20 各国也借助历届峰会进一步推动完善国际金融构架，引领 IMF 改革的新动向。

（一）持续推进份额与治理改革

伴随 IMF2010 年改革方案正式生效，G20 将继续推进 IMF 份额和治理改革，目前已就根据时间表完成第十五次份额总检查工作做出多次承诺。2019 年 10 月国际货币基金组织年会之前有望完成国际货币基金组织第 15 次份额评估，并于 2020 年左右落地实施。其中涉及新的份额公式的形成，尤其是在份额配置中相应提升新兴市场国家的份额占比，与其在世界经济中的相对地位匹配，同时保证低收入国家不变的份额比重，以维护其话语权与代表性。G20 成员国已就份额总检查和份额公式建立有效共识，承诺采取有力行动，以推进份额改革按时完成。

在份额比例的调整上，应与新兴经济体包括发展中国家对于全球的经济贡献相匹配，更多地反映新兴市场国家的声音。由于 IMF 规定在重大事务上（如吸收新成员、增加份额、SDR 分配、汇兑安排等）需 85% 投票权的支持才能通过，而美国的一票否决权仍对于 IMF 的改革具有主导性作用，因而份额调整的关键还在于取消美国的否决权地位，引入双重多数原则和分类表决制度。在增加新兴经济体与发展中国家份额比重的同时，增加其国家代表在管理层和工作人员中的比重，尤其是高级管理层中的比重。

在份额公式的改革上，新公式的设计必须做到简单透明，与份额的作用相一致，并适当反映成员国在全球经济中的相对地位，体现不同国家的利益诉求。目前，多数专家学者提出的提升购买力平价权重比例来计算 GDP 的观点具有较为积极的意义。在现有公式基础上即使按照 100% 计算 GDP，新兴与发展中国家新增比例也不足 5%。因此适度提升购买力平价在计算 GDP 中的比重，整体调整的影响较为温和，有利于平衡各方利益并形成共识。

（二）完善 IMF 资源充足度及贷款政策

G20 重申支持 IMF 进一步完善贷款工具的工作，该环节也是国际金融架构的重要组成部分。自 G20 杭州峰会以来，特别在以下几个方面重点推进：（1）预防性工具，包括提高覆盖范围的方法，提高对潜在借款人的吸引力，如降低政治污名效应，审议 IMF 评分制度，确保对良好政策和及时退出的激励。（2）为面临严重、持续的大宗商品价格冲击的大宗商品出口国提供支持，帮助他们进行调整。（3）审议目前涉及普通资源账户和"减贫和增长信托（PRGT）"混合贷款的实践。（4）覆盖新兴市场国家和发达国家的政策信号工具。（5）向面临非金融冲击如难民危机的国家提供帮助。G20 欢迎为 PRGT 提供的新的资金贡献和双边贷款资源,呼吁更多的成员国参与出资。本着保持国际货币基金组织现有贷款能力的目标,增强国际货币基金组织贷款工具的有效性,IMF 也提出完善相应贷款工具的改革措施,其未来趋向主要有三:其一,有效拓宽贷款来源渠道,大幅增加贷款资源,满足 IMF 资源的充足性要求,增强其作为全球最后贷款人的作用;其二,进一步软化贷款条件,调低申请门槛,从而使更多的成员国可以切实获得其援助贷款,提高 IMF 决策过程的透明度,以增强 IMF 救援计划的有效性;其三,加大国际货币基金组织成员国的参与度,以多边或者双边借款协议的方式更广泛地合作。

(三) 扩大 SDR 的使用范围

G20 进一步研究支持如何更有效广泛使用 SDR,探索使用 SDR 进行报告的有益性和方式,以鼓励更多的国际金融机构和国家在披露财务和统计数据时使用 SDR 作为报告货币,并要求 IMF 定期评估使用 SDR 的相关进程。自 2016 年人民币正式纳入 SDR 货币篮子之后,中国积极推进 SDR 使用。一是,体现在以 SDR 作为报告货币,2016 年 4 月开始,中国人民银行外汇储备数据、国际收支和国际投资头寸数据均开始采用 SDR 作为报告货币。SDR 作为一篮子货币,相较于个别货币其汇率更为稳定。特别在人民币入篮以后,促进了各个货币比例之间的比例均衡性,可以在一定程度上规避了相关币种汇率贬值引起的价值波动,更为客观地反映国际储备的综合价值,增强其维稳国际储备的作用。二是,在发行 SDR 计价债券方面,2016 年 8 月,世界银行通过"中国银行间市场交易商协会综合业务和信息服务平台"成功发行 SDR 计价债券,规模 5 亿 SDR(约合人民币 46.6 亿元),以人民币为结算货币,期限 3 年,票面利率 0.49%,取名为"木兰"。作为全球发行的首单 SDR 计价债券,是推动 SDR 金融工具市场化的有益尝试,也有助于推动 M - SDR[①] 市场的发展。SDR 债券的优势较为明显:首先,SDR 货币篮子中货币之间的弱相关性或负相关性使得其具有天然的避险属性,可以在一定程度上规避利率和汇率风险;其次,SDR 可以满足投资者多元化资产配置的需求,减少持有多种货币金融资产所需要的对冲安排,降低交易成本;最后,对于资本账户未完全放开的国家而言,SDR 债券可以为国内投资者提供一个配置外汇资产而不涉及跨境资本流动的方式。[②] 当然,要增强 SDR 的吸引力,应

---

① SDR 分为 O - SDR(Official SDR,由 IMF 官方分配的 SDR,仅由指定官方部门持有)和 M - SDR(Market SDR,市场上以 SDR 计价的金融工具)。M - SDR 不牵涉 IMF 分配的官方 SDR,SDR 仅作为计价单位,可随时由任何一方持有和发行,不论是私人还是官方部门,无须 IMF 批准,且发行利率、结算货币也由发行方决定。

② 李为锋:《人民币正式"入篮"SDR 债券迎发展契机》,载于《中国证券报》2016 年 10 月 14 日。

循序渐进地扩大特别提款权的使用，特别是发挥其作为全球流动性调节工具的作用，下一阶段着力发展 SDR 计价的资产市场，推动以 SDR 作为计价货币的大宗商品交易、国际贸易，促进现行国际货币体系改革，以完善国际金融治理架构。

三、G20 推动完善全球金融监管体系

G20 峰会在健全全球金融监管体系方面同样功不可没。2008 年的首次 G20 峰会重构了金融稳定论坛，并于 2009 年的 G20 伦敦峰会上，升级为金融稳定理事会（FSB），其目的在于从国际层面协调各国金融当局和国际标准制定组织的工作，以发展和促进有效管制、监督及其他金融政策的实施，维护全球金融稳定。在 FSB 的组织和协调下，一系列国际金融监管的新规则纷纷出台并完善，其中，《巴塞尔协议Ⅲ》、全球系统重要性银行监管框架以及对影子银行的监管等是相对重要的三个方面。

（一）加快银行资本与流动性国际监管改革

巴塞尔委员会主导了关于银行资本与流动性方面的国际监管改革进程，并于 2010 年 9 月正式推出了《巴塞尔协议Ⅲ》，就监管的目的而言，对于银行资本的定义大为收紧；要求的最低资本充足率有所提高；此前表外的风险和资本也需纳入表内；引入并更新整体杠杆比率；提出降低亲周期效应的影响；提出降低系统性风险和全球流动性标准等。正因为《巴塞尔协议Ⅲ》体现出宏观审慎与微观审慎兼顾、资本监管与流动性监管并重、资本数量和资本质量同步提高的监管改革思路，代表了国际金融监管制度的变革方向，因此，G20 领导人多次在峰会上呼吁各国应当以全面、及时和持续的方式实施该协议。

（二）加强全球系统性金融机构监管

巴塞尔银行监管委员会在 2011 年 11 月发布了有关 G-SIBs 及其附加损失吸收能力的规则文件。G20 领导人在戛纳峰会上签署了这份文件。G20 领导人也要求巴塞尔委员会和 FSB 继续努力迅速扩展全球系统重要性金融机构的制度框架至国内系统重要性银行（D-SIBs）。为避免大银行再仰赖财政资金兜底，G20 要求 FSB 到 2014 年底前提出监督方案确保大银行在运营困难时有充足的附加资本过冬。圣彼得堡峰会报告中，FSB 称已经确认 28 家全球系统性重要银行（G-SIB），截至目前各 G-SIB 已经累计增加了 5 000 亿美元的股权资本，平均资本充足率提高了 3 个百分点，达到 9%。除了印度尼西亚和土耳其，如今所有 G20 成员国都出台

了银行增资时间表,将在 2019 年前满足《巴塞尔协议Ⅲ》约定的资本金标准。为防范倒闭大银行向金融体系和实体经济扩散危机,FSB 还出台了"有效处置机制重要原则"报告,将迫使银行股东和债权人承担损失,高管层承担责任,阻止破产效应向非金融业和社会溢出。此外,FSB 还把视线扩大到非银行系统性重要的金融机构,包括系统性重要保险机构,以及中央清算所等金融市场基础设施等,要求这些机构同样增加资本缓冲和完善退出机制。

(三) 加强影子银行风险监管

对于影子银行系统风险的监督,FSB 每年都会发布报告,覆盖所有主要经济体。2011 年,金融稳定委员会提出了采取"两步走"的基本方法应对影子银行风险。第一步,广泛监测和关注,确保覆盖所有可能引发影子银行风险的领域。第二步,重点监管增加系统性风险和存在监管套利的非银行信用中介。FSB 和巴塞尔银行监管委员会(BCBS)将跟进各国立法的进度和监管的状况,向 G20 会议报告。而 G20 成员国在首尔峰会、戛纳峰会、洛斯卡沃斯峰会、圣彼得堡峰会、布里斯班峰会上均强调要强化对影子银行体系的监管。在 G20 对影子银行监管的高度重视下,到 2015 年安塔利亚 G20 峰会,FSB 表示已经建立追踪影子银行发展、识别系统性风险的监测框架,同时在对非银行年度监测中加入影子银行经济功能的评估,表明针对影子银行的全球监管体系初步建立起来。

此外,为了响应 G20 的倡议,各国际标准制定机构进一步制定和完善了相关领域的国际监管标准。例如,国际证监会组织则在推动监管当局信息交换、制定对冲基金监管原则以加强规范和减少系统性风险方面开展了重要工作;国际会计准则理事会和财务会计准则理事会也努力制定全球统一高质量的会计准则;银行、场外交易市场和薪酬措施责任的贯彻情况也将受到严格监督。

四、G20 推动完善主权债务重组机制

完善主权债务重组机制方面,G20 杭州峰会的公报中指出:"G20 支持继续将加强的集体行动条款和同权条款纳入主权债中,强调债权人和债务人之间进行对话、在与主权债务还款相关的风险累积的情况下及时达成一致的重要性。"同时 G20 重申"巴黎俱乐部作为国际官方双边债务重组的主要国际论坛应适应不断变化的官方融资结构。G20 支持巴黎俱乐部目前开展的更多的纳入新兴市场债权国的努力。"表明 G20 希望在完善主权债务重组机制方面做出如下努力:

（一）推广加强的集体行动条款

首先，从"分项投票规则"到"单一投票规则"的演变。针对主权债务合同中的"集体行动条款"采用的"分项投票规则"存在的不足，IMF 提出了采用"投票规则菜单"的改革建议，其核心是"单一投票规则"。根据该规则，当同意重组的债权人达到一定标准，即债权人持有债务占总债务本金的比重超过 75% 之后，纳入重组的各项债务均达成重组协议。在从"分项投票规则"到"单一投票规则"的转变，可以使单一债权人对债务重组方案的影响力逐次减弱，债权人如想保持对重组方案的"一票否决"权，需要投入更多的资金，这将增加债权人谋求成为"钉子户"的成本，有助于提升债务重组参与率，促进主权债务重组迅速而有序地进行。

其次，对不同类型主权债务的重组进行统一和规范。针对不同债项的"集体行动条款"可能存在差异的不足，一些专家和学者提出建立全球性债务重组法律框架的构想，以便对不同类型主权债务的重组进行统一和规范。2001 年 IMF 副总裁安·克鲁格（Anne Krueger）提出建立"主权债务重组机制（SDRM）"的设想。其核心一是通过国际条约的方式将三大主权债务重组机制中的一些原则以国际法的形式确定下来，形成对所有债务重组具有约束力的法律框架；二是将多数表决条款（类似于债券互换中的集体行动条款）应用于所有类型的债权人，以抑制不同类型债权人之间的协作问题，缩短重组谈判时间，提高重组效率。

（二）将加强的同权条款纳入主权债中

对于主权债务中"同权条款"的广义解释，无论是 IMF、国际清算银行还是投资者与学者，大都认为不符合国际社会的普遍认识，可能会助长"钉子户"债权人现象，降低债权人参与债务重组的动力，增加今后主权债务重组的难度。因此，国际资本市场协会建议扩充当前主权债务合同中的"同权条款"，明确该条款的含义为"债权人享有同等的法定受偿顺序，但并不要求同比例偿还"。IMF 则表示支持并致力于推广 ICMA 的这一做法。IMF 的建议在很大程度上打消了投资者的疑虑，降低了主权债务重组的阻力，进而有助于推动主权债务重组更顺利地达成。

（三）支持巴黎俱乐部更多纳入新兴市场债权国

巴黎俱乐部，是以西方发达国家为主导的官方债权人非正式组织，是解决国际主权债务的重要谈判场所。同时，它致力于减免或重新协商俱乐部各成员国对发展中国家的债务，是处理与发展中国家债务关系的国际利益协调机制。巴黎俱乐部现有 21 个常任理事国，除俄罗斯外，都是 OECD 国家。随着对外投资的日益增长，一些新兴国家已经成为大债权国，因此对主权债务重组机制及集体行动达成将发挥越来越重要的作用。巴黎俱乐部也希望能吸收更多的新兴市场国家加入，一方面是为了让其承担更多的国际义务；另一方面，是为了增强巴黎俱乐部自身的国际影响力；另外，庞大的对外债权规模使得新兴市场债权国对外债权的态度和政策具有较明显的"溢出"效应。如果加入巴黎俱乐部，相关政策在出台前会经过俱乐部内部更加充分的协商沟通，对西方国家来说"溢出"效应的冲击将减小。因此，G20 也大力支持巴黎俱乐部更多地纳入新兴市场债权国。

五、G20 推动完善跨境资本流动监管

跨境资本流动需要"全球化"的金融监管，G20 峰会这一平台显然能够对此发挥巨大的作用。在历次 G20 峰会上，加强国际资本流动的跨国监管一直是一个重要的议题。G20 伦敦峰会的领袖声明指出，各国应当在确保本国推行强有力的监管系统的基础上，建立更加具有一致性和系统性的跨国合作，创立全球金融系统所需的、通过国际社会一致认可的高标准监管框架。在 G20 的要求下，国际货币基金组织、世界银行等国际金融组织的监管改革行动不仅强调了各国监管机构之间的合作，更突出了国际组织间的多边监管合作。西方主要国家组建了由央行牵头负责的金融稳定理事会、系统性风险理事会等来统一协调各监管机构活动。美国、欧盟和英国的金融监管改革方案也纷纷把加强金融监管国际合作当作主要议题予以强调。

（一）改善对跨境资本流动的数据收集与风险监测

随着金融全球化的不断推进，各国应进一步加强对跨境资本流动及其风险的相关数据收集与监测。特别是在当前，国际贸易问题备受关注，全球经济金融形势日趋复杂化的背景下，一些发展中国家面临着资本大量外流、汇率波动幅度不断加大等一系列问题，不断加强对跨境资本流动的监测与管理具有十分重要的意义。为了确保资本在全球范围内有序流动，G20 承诺将采取有效措施持续推进对跨境资本流动风险的监测与防范。提高数据采集与分析的效率、完善信息共享机制，提高各国识别风险和控制风险的能力，有效应对资本大规模流动所带来的风险。2016 年 G20 杭州峰会《公报》强调了 G20 在加强数据收集和处理，帮助各国有效识别货币和期限错配，降低跨境资本流动风险等方面应发挥的作用，并提出要解决包括外汇敞口、证券统计、政府财政统计、部门账户统计、国际银行统

计、证券投资协同调查等在内的各项数据缺口问题；同时，鼓励 G20 成员国提供与此相关的数据。2017 年德国汉堡峰会提出，G20 各国应继续巩固杭州峰会取得的成果，不断改善对跨境资本流动及其风险的监测，确保各金融市场之间监管信息通畅和信息共享，完善风险预警机制，加强对跨境风险的防范。2018 年布宜诺斯艾利斯峰会进一步指出，要不断加强对跨境资本流动的监控，深入了解各种日趋复杂、多样、隐蔽的跨境资本流动方式，提高各国管理和抵御风险的能力，有效应对跨境资本流动带来的挑战。

（二）协调各国宏观经济政策，保障跨境资本有序流动

全球经济一体化趋势下，一国的汇率、税率等宏观经济政策会对他国资本的流入和流出产生较大的影响，加强各国宏观经济政策的协调，是保障资本有序流动的重要条件。2016 年 G20 杭州峰会公报指出："汇率的过度波动和无序调整会影响经济和金融稳定。"G20 成员国不能为了本国的利益，对汇率进行竞争性贬值。但是 2017 年特朗普当选美国总统之后，认为美元走强影响到了美国的出口竞争力，主张美元贬值的货币政策；同时推行"美国优先"的反全球化经济政策，对中国、加拿大、欧盟等国挑起贸易摩擦争端。2017 年 3 月在德国巴登小镇举办的 G20 财长和央行行长会议上，中国方面呼吁，G20 成员国应鼓励自由贸易和投资，避免货币战争，反对贸易保护主义，维护 G20 作为重要多边平台的有效性。在中德等国的努力下，公报最终保留了"避免竞争性贬值"等措辞。2018 年 G20 布宜诺斯艾利斯峰会公报中，多边贸易体系的重要性得到了肯定，但公报也指出，现有规则体系需要进一步的改革。自 2008 年第一届 G20 领导人对话机制成立以来，G20 峰会已成为一个重要的多边平台，在协调各国货币、财政等宏观经济政策，维护多边主义等方面发挥着重要的作用。

（三）总结各国经验，加强对资本流动的国际监管

近年来，发达国家和新兴经济体关于加强资本流动监管的经验正在逐渐增加。IMF 正在对各国应对的经验进行总结，以加强跨境资本流动监管，化解资本大规模、跨区域流动引致的风险。G20 杭州峰会上通过的相关《议程》强调：G20 支持 IMF 开展资本流动监管的相关工作，G20 各国可根据本国国情特点，将宏观审慎政策与加强资本流动管理相结合，以规避金融风险。目前，FSB、IMF 和 BIS 已经对各辖区在政策工具和框架方面的经验进行总结。FSB – IMF – BIS 联合报告中的经验有助于所有 G20 成员知晓有效宏观审慎政策的发展，并为那些寻求改善辖区内宏观审慎管理的监管当局提供有益参考和信息。2016 年 7 月，中国担任 G20 轮值国主席期间，促成了全球首份《G20 全球投资指导原则》的诞生。

这份多边纲领性文件，为协调各成员国的投资利益，制订国内投资政策以及跨境投资提供了重要的指导，形成了全球投资规则的总体框架。未来 G20 各成员国应进一步通过沟通，就各自市场的情况交流信息，总结各国经验，不断加强对跨境资本流动的国际监管，从而帮助成员国更好地应对资本流动的挑战，化解可能面临的金融风险。

（四）完善资本流动监管的跨境协商机制

G20 集团是全球主要经济体的聚合代表，其成员包括发达国家和新兴经济体。要发挥 G20 在跨境资本流动监管中的重要作用，应当在 G20 平台上，通过发达国家和新兴市场国家的平等对话，加强资本流出国与流入国之间的协调合作，形成一个针对国际资本流动的全球行动，实现对跨境资本流动的有效监管。2016 年 G20 杭州峰会《议程》明确提出 G20 各成员国应不断完善跨境资本流动管理的对话协商机制，具体包括：一是 G20 各国财长和央行行长应定期或不定期进行会晤，讨论跨境资本流动中新出现的风险以及有效的防范措施，加强对风险的早期预警。二是在自愿原则的基础上，鼓励 G20 各国与国际机构积极分享其在风险的早期预警及应对方法等方面的经验。三是每年对第四条款开展磋商，每隔五年要对金融部门评估规划（FSAP）作出适当的评估并及时公布相关结论，这些做法在未来应得到延续。四是完善 IMF、OECD、BIS 和 FSB 之间的对话机制，实现信息共享，并在各自的专业领域中协调配合。加强风险的防控。在 2017 年 G20 汉堡峰会与 2018 年布宜诺斯艾利斯峰会上，G20 各国再次确认杭州峰会成果，在巩固 G20 框架下的多边机制，加强 G20 机制化建设等方面达成了共识。

六、G20 推动建设全球金融安全网

全球金融安全网（Global Financial Safety Net，GFSN），是指可以在世界范围内用以应对各种类型金融危机的各层次资源。建立起一个能够在全球或区域性金融危机发生时提供流动性支持和整体应对方案的网络是全球金融治理改革的重要内容之一。全球金融危机期间，G20 主导下国际社会加强了多边合作，成立了金融稳定委员会（FSB），加强了央行互换额度等，取得了一定的积极成效。但是，自 2015 年以来，全球资本波动加剧，特别是在新兴市场和发展中经济体普遍面临资本外流压力的背景下，完善以 IMF 为核心的全球金融安全网具有重要的现实意义。2016 年 G20 杭州峰会《迈向更稳定更有韧性的国际金融架构的 G20 议程》重申支持目前进一步加强以 IMF 为核心的全球金融安全网（GFSN）的工作，包

括通过加强 IMF 和区域金融安排之间的有效合作。

（一）支持 IMF 发挥核心作用

根据 2016 年 G20 杭州峰会各国财政部长和中央银行行长会议达成的《二十国集团迈向更稳定、更有韧性的国际金融架构议程》[1]（以下简称《议程》），进一步发挥 IMF 在完善全球金融安全网中的核心作用，强化规则制定和引导全球共识，提高全球金融安全网的覆盖面和包容性。在《议程》中，G20 再次表达了其一直以来对国际货币基金组织在全球金融安全网中所扮演的重要角色的支持，包括继续推动 IMF 的改革，使其在份额制基础上能够持续获得足够的资源，以便其在当前不稳定的国际经济金融环境下能够更加强有力地履行其职责。同时，《议程》中也明确提出国际货币基金组织需要继续加快推进的主要工作内容，即如何进一步完善 IMF 的贷款工具。一是预防性手段，包括如何扩大 IMF 贷款救助的范围，如何降低 IMF 救助的政治污名效应，如何完善对已实施有效政策并能及时退出救助的成员的激励机制等；二是为那些受到国际市场上大宗商品价格持续、严重冲击的出口国提供资金支持，协助他们进行改革和调整；三是审议目前已经开展的、与普通资源账户和"减贫和增长信托（PRGT）"混合贷款有关的工作进展；四是讨论覆盖新兴市场国家和发达国家的政策信号工具；五是向面临非金融冲击如难民危机的国家提供帮助。此外，《议程》还呼吁各成员国更积极地为国际货币基金组织的"减贫和增长信托"提供资源。

（二）加强 IMF 和现有的区域融资安排的合作

为了建立一个更具系统性和稳定性的危机应对机制，需要进一步加强区域融资协议，并充分发挥 IMF 和区域融资协议各自的优势，完善两者之间的沟通与协作。G20 戛纳峰会已就 IMF 和区域融资协议间的合作达成基本共识，但其主要针对欧洲稳定机制和清迈协议多边机制，还未涵盖其他区域融资协议。《议程》明确表达了希望国际货币基金组织和区域融资安排之间能够开展更多更有效的合作，包括：两者能够进一步拓宽分享信息和经验的渠道；积极支持"清迈倡议"和国际货币基金组织间进行的危机测试联合演练，并呼吁未经测试的区域融资安排也能够开展此类活动；联合演练形成的经验成果能够得以更加广泛地分享。

---

[1] 中国人民银行《G20 杭州峰会财金渠道重要成果文件》，2019 年 5 月 31 日，http://www.pbc.gov.cn/goutongjiaoliu/113456/113469/3142307/index.html。

第三节 二十国集团推动全球金融治理改革与创新仍面临的挑战

一、国际金融系统仍不稳定

(一) 发达国家货币政策走势各异

自美国金融危机爆发以来已经过去了 11 年的时间,初期各国基本上都采取了较为一致的宽松的货币政策以刺激陷入衰退的经济。但从目前的情况来看,发达国家的货币政策出现了方向性的分化。

一方面,美联储放缓加息步伐。在美国经济持续增长,产出缺口不断收窄,失业率已达政策目标的背景下,美联储于 2015 年 12 月宣布将联邦基金目标利率上调 0.25 个百分点,为 10 年来首次加息,标志着其自 2015 年步入新一轮加息周期。2019 年美国经济数据整体表现不佳,依据美国劳工部公布的数据显示,2019 年美国 4 月末季调 CPI 年率仅为 2%,不及预期的 2.1%,第一季度国内生产总值(GDP)环比折年率为 3.1%,也略低于预期。通胀持续受到暂时性因素抑制,持续未达到 2% 的通胀目标,在一段时间回升恐也难以实现。由于美联储加息幅度与其潜在经济增速相一致,经济下行压力不断增加,同时随着中美贸易摩擦全面升级,都成为美国经济发展很大不确定因素,加息需求也随之减弱。当然也应该看到另一项美联储关注的指标——非农就业数据却颇有亮点,2019 年 4 月公布的非农就业报告,4 月就业岗位大增,且失业率刷新近 50 年低位,降至 3.6%,并且工资持续增长,2019 年 5 月 1 日,美联储宣布将联邦基金利率指导区间维持在 2.25% 至 2.5% 不变。① 也意味着美联储有可能在一定周期内维持稳定货币政策。

另一方面,欧洲与日本仍然保持宽松,采取"零利率"或"负利率"政策。2015 年 3 月,欧洲央行正式启动"欧版"QE 政策,12 月份将隔夜存款利率再次下调 10 个基点至 -0.3%,延长量化宽松政策实施期限至 2017 年 3 月,并扩大购债范围,购债规模仍维持不变。2015 年欧元区经济总体延续复苏趋势,前四

---

① 姜贞宁:《美国新增就业岗位 26.3 万个、失业率创近 50 年新低》,中国新闻网,2019 年 5 月 3 日。

季度实际 GDP 分别同比增长 1.3%、1.6%、1.6%、1.5%。除核心国德国、法国保持较稳复苏趋势外，边缘成员国经济增速明显提升，西班牙实际 GDP 增速达 3.2%，葡萄牙实现 1.5% 的增长，持续萎缩的意大利也实现近 1% 的增长[①]。12 月欧元区制造业 PMI 达 53.2 点，创近 20 个月新高，制造业产能利用率保持在 81% 以上，贸易顺差扩大，欧元汇率走低增强欧元区产品在区域外市场的竞争力，欧元区家庭信贷规模显著回升，失业率呈现逐步下降趋势，欧元区劳动力市场也有所改善。2016 年 3 月欧洲央行再次放宽了货币政策，宣布将主导利率首次降至 0%，隔夜存款利率从 -0.3% 下调至 -0.4%，截至 2019 年 5 月，依据其最新决议欧洲央行仍维持 -0.40% 存款机制利率、0% 主要再融资利率和 0.25% 边际借贷利率不变，并在 2020 年前不会有加息计划[②]。

与此同时，日本自 2013 年 1 月启动了无限期、开放式超宽松政策：一是引入新的通胀目标将其设定为 2%；二是引入"开放式资产购买计划"，即从 2014 年 1 月开始，不设置具体终止期限，每个月的资产购买量约在 13 万亿日元，其中约有 2 万亿日元用于购买日本政府债券，约 10 万亿日元用于购买短期国库券。其后，在 2014 年 10 月日本再次对货币政策进行调整，又进一步将年度基础货币规模提升至 80 万亿日元。但是，由于其通胀目标并未能实现，在通缩压力背景下，为了满足刺激经济的迫切要求，日本央行又于 2016 年 2 月 16 日起对金融机构存放于央行的部分超额准备金利率从由的 0.1% 降至 -0.1%，并持续超宽松货币政策，保持短期利率在负 0.1% 的水平，长期利率维持在零左右。通过以降低商业银行的收益，迫使其向资本市场释放流动性，力求在短期内使日元贬值，抬高股价，最终使资金流入实体经济。短期利率继续保持在负 0.1% 的水平，长期利率维持在 0 左右[③]。

从动态的角度看，美联储退出量化宽松政策，而欧洲、日本等国仍在执行量化宽松政策，美联储加息将会提高美国与其他发达国家的利差水平，造成全球流动性收紧，从而吸引国际资本流向美国，推动美元进一步升值。美元升值将对全球汇率产生重大影响，这就促进全球各主要国家对美国的出口，并抑制从美国的进口，降低出口竞争力。基于美元计价资产有着更好的回报前景，从而吸引投资者转向美国，游资大量持续流出，给市场带来流动性压力。同时，对于初级原料和能源出口国会伴随全球大宗商品价格的波动，直接导致相应影响，这些都将加

---

① 马素红等：《盯紧美国加息周期 触发另类博弈》，载于《上海记者报》，2016 年 2 月 2 日。
② 沈忠浩等：《欧洲央行宣布降息并重购债计划》，《新华网》，http://www.xinhuanet.con/photo/2019-09/13/c.1124993030.htm.
③ 刘春燕：《日本央行继续维持现行货币政策宽松力度》，载于《潇湘晨报》，2020 年 7 月 15 日，http://www.xxcb.cn/

剧全球的通缩压力,由于欧元区、日本等发达经济体仍处于经济疲软时期,需要维持极度宽松的货币政策,使欧洲、日本等国的量化宽松政策需要执行更长的时间。这种不同的货币政策的走势,也增大了国际外汇市场的投机性和不确定性,由此诱发新的失衡风险。

(二) 新兴经济体国家金融风险加大

美国金融危机之后相当一段时间内,新兴经济体国家成为稳定世界经济的重要基石,但自2013年以来,经济增速减缓、发展压力加大、金融风险增加等问题也成为制约新兴经济体发展的瓶颈。

第一,债务风险加大。新兴经济体政府负债率近十年整体呈下降趋势,基本在国际警戒线40%左右波动,最高的巴西也不到70%,但由于其政府债务透明度和金融稳定性都相对较差,致使新兴经济体的债务危机发生的门槛值或者阈值要比发达经济体低很多。从其直线上升的未偿还外债余额来看,偿债压力逐年快速增加,在经济增速明显放缓、自身经济的脆弱性、未来经济增长方向的不明确性的背景下,债务的违约风险会加大。对美元负债依存度高的新兴经济体也会由于美国等国家金融政策的正常化而衍生新的风险。

过去十几年,在主要发达经济体实行低利率的大背景下,新兴经济体的企业债务规模增长持续增长,尤其是土耳其、巴西、俄罗斯、印度,债务规模占GDP的比重高达200%左右。美国收紧宽松货币政策,致使资本回流美国,由此引发全球性的溢出效应,新兴经济体普遍面临资本外流、汇率贬值压力,推高了偿债成本,一方面发展过程过度依赖外债;另一方面又面临汇率风险。双重压力下,容易诱发新的债务危机。

第二,货币汇率下滑。美联储于2014年1月宣布开始逐步退出量化宽松、每月资产购买规模逐年下降,整体以美国为代表的发达经济体经济实力开始回升。随着资本外流速度加速,各国通过货币宽松对国内经济增长的刺激效果开始出现衰减,造成货币政策对外部的依赖程度上升,直接体现在货币汇率持续下滑,而美元走强又加剧了其贬值幅度。2015年以来有117种货币对美元贬值,新兴市场国家货币贬值尤为显著,E11所有成员国的货币均出现大幅度贬值现象,新兴市场货币汇率受到严重影响,截至2018年11月,阿根廷比索、土耳其里拉、巴基斯坦卢比、巴西雷亚尔、俄罗斯卢布对美元分别贬值105.08%、38.17%、26.21%、18.4%、16.68%;匈牙利福林、南非兰特、智利比索、印度卢比、哥伦比亚比索贬值超过10%;捷克克朗、人民币、韩元对美元分别贬值8.35%、7.17%、5.35%;其余货币对美元也温和下跌。同期,欧元、英镑、日元和加元对美元分别贬值 6.36%、6.46%、1.18%、6.26%。① 相较而言,新兴经济体货币贬值幅度远大于发达国家的主要货币,使相关国家的货币汇率陷入新的危机。作为主要的大宗商品出口国,或多与美国保持密切的贸易往来。大宗商品价格的持续下跌,又进一步助推了新兴经济体货币贬值。

第三,资本外流加剧。当美联储通过量化宽松实行扩张性货币政策时,美国利率下降导致美国与新兴经济体之间的利差被拉大,投资者增加资产组合中有较高收益的新兴经济体资产比例,使资本大量流入新兴经济体,但伴随着美联储进入加息周期,美元保持强势,自然会提升美元资产吸引力,全球资本又将从新兴经济体抽逃并回流美国。依据国际金融协会(IIF)数据显示,截至 2018 年 5 月,外国投资者 5 月从新兴市场撤资 123 亿美元,为 2016 年 11 月以来最大单月资金外流规模,资金外流直接导致新兴经济体货币贬值,同时也造成新兴经济体资金流紧张,限制了国内债务清偿、资本融资以及相关产业、基础建设和发展,也直接抑制了国内经济发展的速度。

二、新兴经济体话语权仍需提升

迄今为止,在 IMF 多次治理结构调整过程中,围绕着份额与投票权占比、执行董事会的席位分配进行了相应改革,但整体力度有限,没有打破原有实质性的格局。在全球经济持续下行的背景下,尽管新兴经济体国家(E11)② 经济发展速度均有所减缓,但近年来其增速大幅下滑势头已有所控制,依据《博鳌亚洲论坛新兴经济体发展 2019 年度报告》显示,2018 年,包括阿根廷、巴西、中国等国的"新兴 11 国"(E11),其国内生产总值(GDP)增长率约为 5.1%,保持相对其他新兴市场与发展中经济体较高的增速,均高于发达经济体增速水平。总体经济保持良好的态势,新兴经济体已成为全球贸易自由化的主要推动力,并将会在一个长期的趋势中扮演推动全球经济增长的主引擎的角色。经过上一轮份额调整,尽管新兴和发展中经济体的比重增至 42.4%,但其份额比重仍明显低于其在世界经济中的比重。例如中国的份额升至 6.39%,成为第三大份额国,日本的份额位居第二,但中国 GDP 早已是日本的两倍。而美国的投票权有所下降,16.4% 的投票权仍保证其"一票否决"的地位不可动摇,对涉及美国相关切身利益的提议都有可能被行使"一票否决",美国仍掌控 IMF 重大事项的决策。

---

① 王应贵、吕冬娟:《新兴市场爆发货币危机:新兴市场货币的汇率动荡、产生原因及预测模型》,载于《中国货币市场》,2018 年第 12 期。

② 新兴 11 国(E11)包括:阿根廷、巴西、中国、印度、印度尼西亚、韩国、墨西哥、俄罗斯、沙特阿拉伯、南非、土耳其。

这不仅有损广大新兴及发展中国家参与 IMF 决策的积极性，还会进一步妨碍 IMF 决策机制的公平性、合法性和有效性，也成为推进国际金融体系改革的实质性障碍。

三、IMF 资源充足性仍待增强

从其成立之日起，IMF 就一直履行着经济危机救助的职责。其宗旨之一就是"在具有充分保障的前提下，向成员国提供暂时性普通资金，以增强其信心，使其能有机会在无需采取有损本国和国际繁荣的措施的情况下，纠正国际收支失调。"[①] 自全球金融危机、欧债危机爆发以来，IMF 连续向冰岛、乌克兰、希腊、爱尔兰和葡萄牙等国家提供了大笔救助贷款，以积极的角色全程监督落实达成的救助方案，但资源不足的问题更进一步凸显。IMF 的资金来源主要有三：一是来自成员国缴纳的份额（包括普通资金账户和特别提款权账户），占 IMF 全部可用资源的 25%；二是 IMF 与成员国之间建立的多边和双边借款安排，包括 IMF 与成员国之间建立的新借款安排（NAB）和一般借款安排（GAB）以及 IMF 与成员国生效的双边信贷或票据购买协议；三是出售黄金，"减少贫困和促进增长"（PRGT）信托基金的资金就源于 IMF 其持有的黄金出售所得，资金流向覆盖 85% 成员国，并实现以低成本向贫穷国家提供贷款。由于 IMF 自身没有货币发行权，在资源局限的背景下难以对全球货币供求失衡进行有效调控。因此，IMF 不得不通过援助贷款的"条件性"来控制其贷款的数量，如经常要求受援国采取货币贬值政策或紧缩的财政政策。IMF 援助贷款条件的限制不仅包括一国宏观经济政策方面的改革和调整，也逐渐涉及不同领域的局部改革，呈现出限制性条件不断增多、繁杂和提高的趋势。

近年来，IMF 也提出了一系列增资方案。2009 年 G20 伦敦峰会将 IMF 的资金规模由 2 500 亿美元增加到 7 500 亿美元，并增发 2 500 亿美元的特别提款权。2012 年 G20 墨西哥峰会，IMF 针对特定地区成员，以临时双边贷款和票据购买协定的形式增资 4 560 亿美元[②]。尽管其可用资源规模有所扩大，但总体救助能力与成员国的潜在需求之间仍存在较大缺口，与世界经济发展动态变化仍存在严重脱节。为应对全球性的金融风险，IMF 仍需要进一步丰富并拓展各类筹资渠道，保证资金的充足性，以更好地满足成员国需要。

---

① 国际货币基金组织：《国际货币基金组织协定》，2011 年。
② 钟慧：《IMF 将发展融资："金砖四国"成为潜在买家》，载于《上海证券报》，2009 年 4 月 27 日。

四、区域性融资协议应对系统风险的能力有限

目前主要的区域性融资安排应对区域性、系统性金融危机的能力还有待进一步提高。首先,区域性融资安排的组织化、机制化水平还不高。部分区域性融资安排,如清迈协议多边机制、金砖国家应急储备机制等,还不是永久性的国际组织,缺少常设机构和固定机制,这就给区域多边合作机制的运行效果、可持续性和应急反应速度带来了较大的挑战,对协议内各成员国和地区的监督和约束能力也较弱。

其次,区域性融资安排的总体规模还不大,有能力应对区域内个别国家的危机事件,但还不足以应对大规模系统性危机。目前,资金规模最大的是欧洲稳定机制,由欧元区各成员国按比例出资,包括 800 亿欧元的实收资本和 6 200 亿欧元的通知即缴资本,总额达到 7 000 亿欧元,资金规模相当于欧元区 2011 年 GDP 的 6.9%,而清迈倡议多边机制、拉丁美洲储备基金的资源分别只达到各自地区 GDP 的 1.5% 和 0.23%,[1] 尚不足以全面应对区域性金融危机。

再次,各区域性融资协议与 IMF 之间的协作机制还不健全。目前,主要的区域融资协议或多或少都与国际货币基金组织开展了一些合作。其中,欧洲稳定机制(ESM)就与国际货币基金组织联合为欧元区成员国提供支持,例如,为救助希腊危机,ESM、IMF 合作提供贷款,ESM 还在计划转变成为与 IMF 形态和机制相同的欧洲货币基金。此外,2010 年"清迈倡议"多边机制生效以后成立的"东亚外汇储备库",其启动机制是与国际货币基金组织贷款条件挂钩的,初始挂钩比例为 80%,2012 年调整为 70%。与之类似,金砖国家应急储备机制要求成员国最大借款额的 70% 应与国际货币基金组织贷款挂钩。但是除上述以外,其他区域融资协议与国际货币基金组织基本上不存在合作提供救助的机制。并且,IMF 与区域性融资安排提供的资源可能是替代而非互补的,也即多重机构的存在可能留下制度套利的空间,从而滋长机会主义行为。

最后,尽管区域性融资协议各成员国之间具有共同促进外汇储备多元化、应对区域性金融风险的合作目标,但由于各自意识形态、政治制度、文化历史和经济发展程度等方面的差异,仍然存在着较强的竞争和利益冲突。

五、主权债务违约预期仍较高

就目前国际经济形势而言,美国预期加息和中国经济放缓,这些都给全球经

---

[1] 崔熙南:《区域金融:构建危机防护网》,载于《博鳌观察》2013 年第 1 期,第 56~59 页。

济带来了下行压力;原油和其他大宗商品价格萎靡不振,使得依赖于大宗商品出口的大部分新兴国家财政收入降低,货币贬值。另外,由于缺乏货币政策的调控手段,以意大利为首的欧元区国家只能通过财政手段即向银行发行国债来调控经济,而如今欧元区银行业的不良贷款率创出新高,部分银行面临破产风险,这将可能使意大利等国无法发行新债来偿还旧债,进而被迫债务违约。因此,新兴市场以及深受银行业拖累的欧洲国家都有可能将陷入下一轮主权债务违约之中。有经济学家预测,新的一轮主权债务违约或即将到来,债务累积和发生违约的周期可长达 10 年甚至 20 年。

一般而言,主权债信用违约互换 CDS 市场基点或模型利差越大,说明主权债券违约的风险越高。从图 9 - 3 可以看出,希腊、葡萄牙、意大利及爱尔兰这四个欧洲重债国的基点和利差都较大幅度超过美国和英国,委内瑞拉等其他依靠自然资源出口的新兴经济体也超过正常值水平。因此,CDS 市场反映了投资者预期欧洲重债国及部分新兴国家未来违约的风险较高。一旦债务国出现较大可能违约或者已经违约,通常的主要应对方式就是与债权人协商进行债务重组。在主权债务风险增大的背景下,主权债务重组成为应对主权债务危机、保障全球金融稳定的重要手段,因此也成为 G20 峰会、IMF 关注的重要议题。

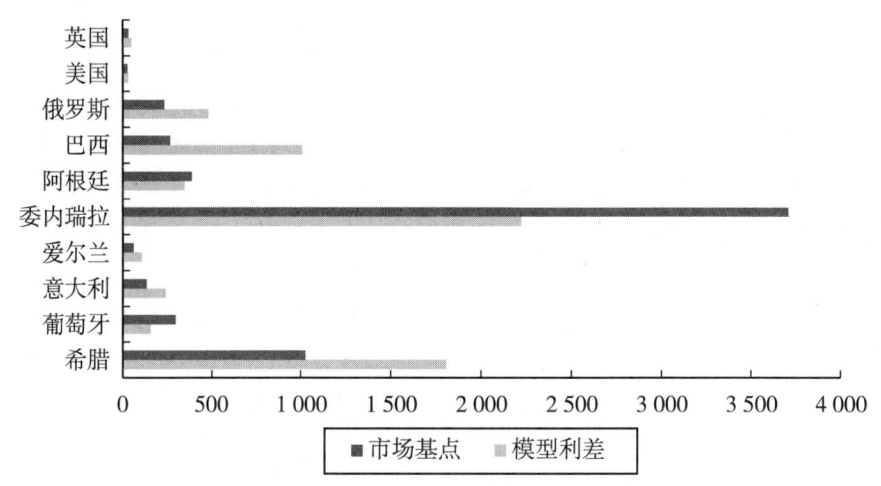

图 9 - 3 五年主权债 CDS 模型利差与市场基点

资料来源:新世纪评级,http://3g.sanwen.net/a/oosntoo.html。

六、跨境资本流动监管协作仍存在障碍

发达国家的货币政策可能对其他国家,特别是新兴市场国家的跨境资本流动

产生了较大的溢出效应。近年来，伴随着美元进入了加息周期，这使中国等新兴市场国家的资本外流现象不断加剧，而资本的大量外流，又引发本国民众对资产价格产生较为悲观的预期，从而进一步推动国内资金大量外流和外资集体撤退等现象的发生，导致跨境资本流动规模进一步增加，陷入"资产价格下跌—资金外流—资产价格继续下跌"的恶性循环之中，对金融市场的稳定产生不利冲击。同时由于跨境资本流动本身具有的顺周期性特征，可能引发系统性金融风险在不同国家间的传导效应。进而引发金融市场的动荡，并会对经济增长带来负面影响。纵观历史上多次大规模的金融危机，跨境资本大量流动引发的系统性风险都是危机产生的重要原因。2008年的金融危机催生了G20领导人峰会，G20成员国倡导伙伴精神，协调合作，同舟共济，走出衰退，推动全球经济实现复苏与增长。但是现在，以美国为首的单边主义抬头，多边体制受到严重冲击。迫于美国的压力，2018年G20布宜诺斯艾利斯峰会公报删除了反对贸易保护主义、国际性组织是必需且有用的等以往各国已达成共识的内容。由于美国的逆全球化行为，G20多边协调机制正面临着巨大的挑战。

同时，一些国家通过双边或多边投资协定对资本流动做出承诺。目前，全球双边和区域性的投资协定已达到3 300多个，多边投资协定的尝试一直较难推进。在这些投资协定中，涉及资本流动的条款主要是关于如何减少可能阻碍资本流动的监管行为。例如，2013年经济合作发展组织颁布的《资本流动自由化准则》就提出：各成员国应当逐步消除对资本跨境流动的限制。《WTO服务贸易总协定》（GATS）规定，成员国不得对基于协定的特定承诺有关的国际支付和经常性转移进行限制。《北美自由贸易协定》（NAFTA）也有类似的规定。这些投资协定一般是出于促进国际贸易与投资的目的，要求减少对资本跨境流动及相关转移的限制，确保跨境资本能够灵活自由地流入和流出。却没有考虑到跨境资本流动可能带来的负面溢出效应，以及风险在国际间传导的问题，没有考虑到如何提供相应监管工具来防范风险。而且这些协定都较为碎片化、分散化，不利于跨境资本流动监管目标的实现，这也进一步影响到了跨境资本流动监管的国际间协调。

第四节 二十国集团推动全球金融治理改革与创新的愿景

一、继续推动国际货币体系改革

首先，加快推进国际储备货币体系改革。短期来看，通过多边或者双边的监督、协商，实现更广度与深度的国际间的合作，以此实现对美国的货币政策进一步限制。中期而言，G20可以进一步推进美元、欧元和人民币等多元国际储备货币体系的建设，多元的国际储备货币体系不再单一依赖美国的国家信用，不再受制于美国一个国家的经济波动影响，从而在一定程度上增进了体系的稳定性。同时，多元的国际储备货币体系相互竞争的格局也有助于增进整个体系的可持续性。当然，多元储备体系仍然无法改变由主权货币充当国际储备货币而形成的"特里芬难题"，而且还可能由于储备货币之间的替换带来汇率的进一步波动。所以，从长远看，G20促成超主权国际储备货币体系是其发展趋势。特别提款权（SDR）满足超主权货币的要求，从实施的条件及可行性上，可以作为一个首选。进一步完善和优化SDR发行规则，在定价上以实际资产支持取代人为计算币值，通过吸收各国现有的储备货币以满足发行的需要。其次，推动国际货币基金组织（IMF）改革。在国际货币金融体系的改革中，IMF作为核心的国际金融机构应该对其职能和作用进行以下三个方面改革：在贷款方面，强化IMF的贷款能力建设。在G20框架下的扩大IMF资金筹资范围，特别是可利用IMF债券方式实现融资建设，优化一般借款安排和新借款安排。此外，针对IMF现有的贷款模式刻板僵化、缺乏灵活性等问题，应该在贷款条件、贷款期限、贷款品种等方面做出完善，以充分发挥IMF贷款对成员国经济发展的支持作用。在监督职能方面，要加强IMF的权威性，提高其对全球金融市场，尤其是美国等发达国家的金融市场监管的有效性，维持全球汇率的稳定。此外，为了更有效地防范与规避全球范围内的金融风险，IMF将由对成员国的双边监测向更大范围的全球宏观经济多边监测拓展。IMF与金融稳定委员会在金融监管、风险监控、宏观监控等方面进一步深入合作。在治理结构方面，IMF要继续注重提高发展中国家的权利和地位，争取在所关注的份额分配、投票权、代表遴选等方面取得新的突破。

二、加快构建有效运作的全球金融安全网

尽管目前尚无大范围金融危机爆发之虞，但为了有效防范短期局部金融风险，还需进一步完善多层次的全球金融安全网，提高全球金融安全网的充足性和有效性，建立国际协调一致的国际金融监管与合作体系。以G20为抓手，加强国际货币基金组织与世界银行、国际清算银行、巴塞尔委员会以及金融稳定理事会等国际机构的政策协调和合作，就全球金融监管合作的理念、原则、监管谁、谁来监管以及如何监管（即监管方式）达成共识和做出承诺，建立一个协调、统一的全球金融监管标准、程序和准则的框架，增强相关国际金融机构间规则的一致

性。形成有力而又具有一致性的全球金融监管合作机制。

但当前金融全球化背景下，溢出效应的传递速度更快、范围更大，全球金融安全网也相应需要增强和改善。强化全球金融安全网将有助于减少外汇储备积累、降低主权风险溢价，有助于重新配置资金，提高全球投资和生产力。特别是，美国金融危机爆发已经十年有余，但全球经济仍未从动荡中完全稳定下来，G20需要因应国际形势的变化，通过更加积极的国际协调来整合资源，进一步完善多层次的预警、应对和救助机制，使全球金融安全网能够真正发挥其效能，特别是在应对系统性风险时能够较之以往更有成效。

首先，进一步落实国际货币基金组织的份额和治理改革。这个方面的重点任务是要持续提高新兴市场和发展中经济体的份额比例，为中小规模的发展中经济体安排更多的金融安全服务，使金融安全网在广覆盖的前提下能够更加均衡覆盖。在对新兴和发展中经济体实施危机救助时，应充分考虑其如何在中长期中走出经济萧条，而不能将受救助方在短期内实现清偿债务的能力作为救助的唯一目标。其次，进一步提高国际货币基金组织救助贷款工具的有效性。这个方面的主要问题集中在审查机制上。一方面，要使各项审查标准能够有助于更加客观和清晰地对救助对象和救助项目进行判断，提高贷款效率，弱化救助贷款的污名效应；另一方面，也要注意防范可能存在的道德风险，使有限的资源能够真正落实到最需要的地方。再次，进一步加强国际货币基金组织对金融危机的识别能力和防御能力。以基金组织各成员方的信息共享为基础，加强对全球经济金融活动的动态监测，对于跨境资本流动的异常情况，可以通过国别经验分享来提高预判能力，并对新出现的问题开展审查讨论。加强和拓展适用于所有国家的全球预防性金融工具。最后，进一步完善IMF的全球协调功能。在全球层面提供更加良好的政策激励来降低系统的道德风险，降低对过度积累储备的激励并改善全球储备池的效率。充分发挥IMF在风险防范和危机救助领域的专长，提供其在协调债权人和债务人利益上的权威性和独立性。

G20应进一步推动IMF与区域融资协议、区域融资协议之间建立定期对话渠道，分享信息、观点，加强合作。首先，以戛纳峰会的基本原则为基础，拟定区域融资协议与IMF的分工合作框架，在保持各自独立的前提下，就双方联合应对国际收支危机、区域性系统性危机等达成一致。简单来说，应对风险强度较弱、资金需求较短期、经济体规模较小的局部危机，主要依靠区域性融资安排；而对覆盖面较广的全球系统性风险则由IMF出面协调应对。其次，国际货币基金组织可以设立一项预防性的救助额度安排，当区域性系统风险将要发生时，IMF可以动用这一预防性额度与区域融资安排合作提供救助资金，直接贷款给一个或多个区域融资安排的成员方，从而降低"污名效应"和先行者问题。① 再次，协助或支持区域融资安排的改革，进一步提升其可持续的资金提供能力、对外支付能力等，使其能够切实发挥应对区域性金融风险的作用。同时，还要注意IMF与区域性融资安排的溢出效应问题，不同层面上的金融安全网应以功能互补为优先，尽量减少或缓解负面的溢出效应。最后，从治理机制层面上看，区域性融资安排的自主独立监督职能要进一步加强，以防止出现道德风险泛滥的情况。

三、进一步加强跨境资本流动监管

首先，加强跨境资本流动风险的监测与预警。对跨境资本流动进行实时监控，并对可能存在的风险加以识别和测量，完善跨境资本流动风险的预警体系，这是加强跨境资本流动监管与风险控制的重要基础。高质量的信息可以使资本在全球范围内得到合理有效的配置，保障资本稳定有序流动。因此，G20应不断完善跨境资金流动的监测与预警体系。一方面，要建立起一套多国联动的跨境资本流动综合监测体系，从不同层面选择确定跨境资本流动的监测与预警指标，实时监控分析跨境资本的国别流向、流动规模、期限结构、币种结构等数据信息。为了稳定汇率、获得更多货币政策独立性，新兴经济体迫切需要加强对跨境资本流动的监测分析和评估，这就需要对其现有的金融统计系统进行改造与提升，有效扩大统计数据的收集范围，把所有金融市场、金融机构、跨国投资、国际贸易、国际收支等与跨境资本流动相关的数据纳入统计系统中，发达国家也应及时披露相关数据，增强数据的透明度。完善信息资源的共享机制。另一方面，要加强对跨境资本流动的监测，提高监测效率和预警水平。密切关注世界各国经济金融运行状况，重点关注存在较高风险的国家，对其相关数据进行动态跟踪处理，预判跨境资本流动的趋势走向，量化评估可能出现的系统性金融风险，对国际收支运行中的脆弱性和可能发生的危机做出预警。并完善相应的应对预案，探索以预防为主的跨境资本流动监管模式，减少跨境资本流动对全球经济可能造成的冲击。

其次，建立跨境资本流动的宏观审慎监管框架。宏观审慎政策比严格资本管制更符合世界经济的发展趋势，可以在获得开放经济带来的利益同时有效防范跨境资本流动所产生的风险。因此，以加强跨境资本流动管理为目标，建立健全全球宏观审慎管理框架，是未来跨境资本流动风险监管的方向所在。一是要加强跨境资本流动的信息共享和综合运用机制，高度关注发达国家宏观经济政策带来

---

① 崔熙南：《区域金融：构建危机防护网》，载于《博鳌观察》2013年第1期，第56~59页。

的外溢效应，重点关注是否存在跨境资本异常流动现象，以及可能的风险与冲击，不断完善防范系统性风险的应对预案。二是要加大力度发展各种宏观审慎管理工具，强化跨境资本流动顺周期管理，加强对跨境资本流动风险的防范与控制，增加资本流动缓冲安排，综合运用利率、汇率、税率以及各种新型的价格类金融工具对资本流动进行审慎管理，达到控制跨境资本流动风险的目的。对于新兴市场国家来说，目前不应过快放开资本管制。应根据国际国内经济金融环境的变化、经济结构及运行状况、金融市场的发展程度等多方面的因素，确定资本项目开放的程度。尤其是在当前美国贸易保护主义抬头的严峻形势下，更应不断提高防范与应对风险的能力，以保障金融环境的安全与稳定。

最后，加强国际间对跨境资本流动监管的协调机制。跨境资本流动的参与者包括资本流入国与流出国。作为一项具有国际性特征的行为，跨境资本宏观审慎管理需要国际间的协调合作，各国要在宏观经济政策的制定上加强沟通协调，相互配合，才能促进跨境资本流动监管达到预期的效果。目前 G20 各国已达成共识，应当加强对跨境资本流动监管的协调机制。一方面，各国要完善国内相关的立法，把跨境资本流动监管作为宏观审慎管理的重点，不断完善资本流动管理工具。另一方面，要加强与其他国家跨境资本流动监管的协调与合作，建立统一口径的危机预警机制，构建一个由多方主体共同参与、协同合作的跨境资本流动监管框架，以减少各国政策上不一致而引起的资本无序流动。发达国家的宏观经济政策有着很强的外溢效应，会对跨境资本流动的方向、规模和结构产生较大的影响，并对新兴经济体的跨境资本流动形成冲击。特别应当加强主要发达国家与新兴市场经济体在货币政策、税收政策等方面的协调与合作，共同商讨制定跨境资本流动管理规则，实现对国际资本流动的双向管理。新兴市场国家也应加快密切关注外部金融政策、金融环境对国内经济形势可能带来的冲击，提高应对能力。通过多种方式加强与外界的沟通，积极发出自己的声音，提高自身在国际金融监管协调中的话语权，不断争取自身权益。

在 G20 机制下探讨和协商跨境资本流动管理议题时，应从全球视角和利益出发，不仅要关注成员国之间的相互利益，更需考虑到作为整体的全球经济和金融体系，尤其应保证发展中国家和非 G20 成员国家的声音能被听到。这样才能进一步提高该机制的有效性。G20 成员国应进一步加强宏观经济政策的协调，减少政策的不确定性，不断完善跨境资本流动风险的监测与预警体系，建立跨境资本流动的宏观审慎监管框架，实现对跨境资本流动的协同监管，以确保在全球统一协调的基础上促进跨境资本的有序稳定流动，维护全球经济金融形势的稳定与安全，并引领整个全球金融治理机制向前发展。

第十章

二十国集团参与全球绿色治理的行动与展望

第一节 全球绿色治理的发展历程

一、全球绿色治理的萌芽阶段（20世纪70年代以前）

工业革命以来，人类开发、改造自然的能力不断加强，大规模的开发利用化石能源和自然资源，给人类带来巨大的物质财富的同时，也对人类和各种动植物赖以生存的自然生态环境造成巨大的破坏；不断恶化的自然生态环境给人类带来的危害也在逐步显现，不断警醒人类生态保护意识。20世纪30年代开始，英国、美国、日本等发达国家相继发生了震惊世界的八大公害事件，引起了一些机构和学者开始对环境污染问题的研究；1962年，美国海洋生物学家蕾切尔·卡逊出版的《寂静的春天》一书敢于向工业文明宣战，唤醒了全世界环境保护意识；1970年4月22日的"地球日"活动，是人类有史以来第一次规模宏大的群众性环境保护运动，作为人类现代环保运动的开端，它推动了西方国家环境法规的建立。

二、全球绿色治理的形成阶段（20世纪70年代）

环境污染的事实和环保思想的传播使人类对环境保护从意识觉醒到自觉行

动，从局部关注到全球共识。整个国际社会对加强环境全球治理的意愿越来越强，不仅发达国家纷纷成立了环境保护机构和加强环境立法，一些环境保护的国际公约也陆续出台。1970 年经济合作与发展组织环境委员会成立；根据 1972 年 12 月 15 日的联合国大会作出的建立环境规划署的决议，1973 年 1 月，作为联合国统筹全世界环保工作的组织，联合国环境规划署（United Nations Environment Programme，UNEP）正式成立；1972 年，国际社会在瑞典斯德哥尔摩召开了第一次人类环境大会，大会通过了《联合国人类环境会议宣言》和《行动计划》，从此，国际环境问题成为国际社会关注的热点议题之一。此后的 1979 年，在瑞士日内瓦召开的第一次世界气候大会上，科学家警告："大气中二氧化碳浓度增加将导致地球升温"，气候变化第一次作为一个受到国际社会关注的问题提上议事日程。

三、全球绿色治理的实质性启动阶段（20 世纪 80 年代~90 年代中期）

在国际环保组织的推动下，国际社会在保护臭氧层、保护生物多样性、适应与治理气候变迁等方面展开广泛讨论与合作，形成了一系列重要的国际绿色公约。一系列重要的国际绿色公约的签订标志着国际社会正式开启全球绿色治理的进程。

为了保护臭氧层，UNEP 采取了一系列国际行动：1976 年 4 月 UNEP 理事会第一次讨论了臭氧层破坏问题；1977 年 3 月召开臭氧层专家会议，通过了第一个《关于臭氧层行动的世界计划》；1980 年 UNEP 理事会决定建立一个特设工作组来筹备制定保护臭氧层的全球性公约；1985 年 3 月在奥地利首都维也纳召开的"保护臭氧层外交大会"上，《保护臭氧层维也纳公约》获得通过，并于 1988 年生效。

1988 年，世界气象组织（World Meteorological Organization，WMO）和联合国环境规划署联合成立了政府间气候变化委员会（Intergovernmental Panel on Climate Change，IPCC），对人类活动引起的气候变迁问题展开研究。IPCC 分别在 1990 年、1995 年、2001 年、2007 年、2013 年和 2018 年发布了六份《气候变迁评估报告》，为世界各国在气候变迁问题上达成共识提供了科学依据。

1992 年 6 月，在巴西里约热内卢召开的，由各国首脑参加的，最大规模的联合国环境与发展大会上，签署一系列有历史意义的协议，包括两项具有约束力的协议：《联合国气候变化框架公约》（United Nations Framework Convention on Climate Change，UNFCCC）和《生物多样性公约》（Convention on Biological Diversity，

CBD）。《联合国气候变化框架公约》将缔约国区分为两大类：附件—缔约国（主要为发达国家）和非附件—缔约国，并且明确了解决气候问题的基本框架：（1）工业化国家，承担温室气体减排义务，以1990年的排放量为基础进行削减；（2）其他发达国家，不承担具体温室气体减排责任，但需要向发展中国家提供资金、技术等援助；（3）发展中国家，享有发展的权利，因而，不承担具体温室气体减排义务，不过，可以在接受发达国家的资金、技术援助下进行温室气体减排。《生物多样性公约》旨在保护濒临灭绝的植物和动物，最大限度地保护地球上多种多样的生物资源，以造福于当代和子孙后代。该公约规定，发达国家将以赠送或转让的方式向发展中国家提供新的补充资金以补偿它们为保护生物资源而日益增加的费用，应以更实惠的方式向发展中国家转让技术，从而为保护世界上的生物资源提供便利；签约国应为本国境内的植物和野生动物编目造册，制定计划保护濒危的动植物；建立金融机构以帮助发展中国家实施清点和保护动植物的计划；使用另一个国家自然资源的国家要与那个国家分享研究成果、盈利和技术。

四、全球绿色治理的快速发展阶段（20世纪90年代中期至今）

21世纪90年代中期开始至今，全球绿色治理进入快速发展阶段。根据UNFCCC的约定，从1995年开始，国际社会每年都召开UNFCCC的缔约国大会，讨论具体的温室气体减排行动与制度安排（见表10-1）。从此，世界各国在UNFCCC的框架上，展开了长期、波折的全球绿色治理博弈。1997年12月，在日本京都召开的UNFCCC第三次缔约方会议通过了《京都议定书》，议定书明确：从2008到2012年期间，主要工业发达国家的温室气体排放量要在1990年的基础上平均减少5.2%，其中欧盟将削减8%，美国削减7%，日本削减6%，同时，《京都议定书》还提出排放权交易（Emission Trading, ET）、联合履约（Joint Implementation, JI）、清洁发展机制（Clean Development Mechanism, CDM）等三大"京都机制"，以帮助发达国家以较低成本实现承诺的减排目标。不过，《京都议定书》只有在"不少于55个参与国签署该条约并且这些签约国温室气体排放量达到附件1中规定国家（即需减排的国家）在1990年总排放量的55%后的第90天"才能生效。此后的几届缔约国大会，与会各国在《京都议定书》生效问题上展开了激烈讨论。然而，由于2001年3月美国政府退出《京都议定书》、2003年俄罗斯拒绝批准《京都议定书》，最终，《京都议定书》只能以强制的形式于2005年2月16日生效。为了将美国拉回全球绿色治理进程，2007年12月在印度尼西亚巴厘岛召开的 UNFCCC 第十三次缔约方会议通过了"巴厘岛路线图",进一步确认了"蒙特利尔路线图"中的双轨路线:157 个缔约方在《京都议定书》框架下启动 2012 年后发达国家温室气体减排责任谈判的进程;189 个缔约方在联合国 UNFCCC 基础上,就控制全球变暖的长期战略展开对话。按照约定,《京都议定书》将于 2012 年失效,为了防止议定书的失效造成国际社会气候政策的真空状态,2011 年 11 月底至 12 月初在南非德班召开的 UNFCCC 第十七次缔约方会议同意延长《京都议定书》5 年的法律效力,2012 年 11 月在卡塔尔多哈召开的 UNFCCC 第十八次缔约方会议通过了《京都议定书》修正案,就从 2013 年至 2020 年执行《京都议定书》第二承诺期达成一致。不过,日本、加拿大、新西兰及俄罗斯明确不参加第二承诺期。

此后的几次缔约国大会,国际社会反思了之前全球绿色治理博弈中的教训,逐渐转变气候谈判模式:由此前的自上而下"摊牌式"的强制减排向自下而上的"国家自主贡献"转变。反思与转变促使全球绿色治理又重回正轨,2015 年 12 月在法国巴黎召开的 UNFCCC 第二十一次缔约方会议通过了《巴黎协定》,为 2020 年后全球应对气候变化行动作出框架性安排。《巴黎协定》的主要共识有四个方面:(1) 维持全球温度"较工业化前水平升温控制在 2℃之内,并努力把升温控制在 1.5℃之内";(2) 坚持"平等、共同但有区别和各自能力原则",由世界各国自主决定其减排目标;(3) UNFCCC 缔约国必须每五年调整其减排目标,并且减排目标必须随时间而增加;(4) 缔约国大会(COP)将每五年盘点各缔约国自主减排目标的实现情况并予以通告。目前,已有 184 个国家提交了应对气候变化"国家自主贡献"文件,涵盖全球碳排放量的 97.9%,《巴黎协定》正式生效。自此,全球绿色治理进入一个全新阶段。

表 10 - 1　　　　　　　　主要国际环境会议的概括

时间	气候峰会地点与名称	气候峰会成果
1972 年	瑞典斯德哥尔摩,第一次人类环境大会	通过《联合国人类环境会议宣言》和《行动计划》
1979 年	瑞士日内瓦,第一次世界气候大会	气候变化第一次作为一个受到国际社会关注的问题提上议事日程
1992 年 6 月	巴西里约热内卢,联合国环境与发展大会(UNFCCC)*	通过了世界上第一个应对全球环境变暖的国际公约——UNFCCC。该国际公约共有 186 个缔约方,并具有法律效应,从而成为国际社会在应对全球环境变化问题上进行国际合作的一个基本框架

续表

时间	气候峰会地点与名称	气候峰会成果
1995年3月底至4月初	德国柏林，UNFCCC第一次缔约方会议（COP1）	（1）通过了《共同履行公约的决定》，要求工业化国家和发展中国家"尽可能开展最广泛的合作"，以减少全球温室气体排放量；（2）通过了《柏林授权书》等文件，就立即启动2000年以后的气候保护措施的磋商谈判达成共识，决定成立一个工作小组，推进全球温室气体排放量削减的谈判，并在两年内草拟一项对缔约方有约束力的保护气候议定书
1996年7月	瑞士日内瓦，UNFCCC第二次缔约方会议（COP2）	展开减排数量的讨论，但未取得一致性意见，最终通过《日内瓦宣言》，会议呼吁各缔约国加速谈判，争取在1997年12月前缔结一项《柏林授权书》所涉及的"有法律约束力"的《议定书》
1997年12月	日本东京，UNFCCC第三次缔约方会议（COP3）*	通过了《京都议定书》，不过该议定书只有在"不少于55个参与国签署该条约并且这些签约国温室气体排放量达到附件1中规定国家（即需减排的国家）在1990年总排放量的55%后的第90天"才能生效；2005年2月16日《京都议定书》强制生效。《京都议定书》明确，从2008到2012年期间，主要工业发达国家的温室气体排放量要在1990年的基础上平均减少5.2%，其中欧盟将削减8%，美国削减7%，日本削减6%，同时，《京都议定书》还提出排放权交易（ET）、联合履约（JI）、清洁发展机制（CDM）等三大"京都机制"，以帮助发达国家以较低成本实现承诺的减排目标
1998年1月	阿根廷布宜诺斯艾利斯，UNFCCC第四次缔约方会议（COP4）	通过了《布宜诺斯艾利斯行动计划》，决定进一步采取措施，促使《京都议定书》早日生效，同时制定了落实议定书的工作计划
1999年10月	德国波恩，UNFCCC第五次缔约方会议（COP5）	会议通过了《伯恩协定》，明确了温室气体清单技术审查等指南，但在三大"京都机制"等方面未取得重大进展

续表

时间	气候峰会地点与名称	气候峰会成果
2000年11月	荷兰海牙，UNFCCC第六次缔约方会议（COP6）	形成欧盟集团—伞型国家集团—发展中国家集团三足鼎立的博弈局面，三大集团存在较大分歧，会议未能达成预期的协议。2001年3月，美国政府退出《京都议定书》
2001年10月	摩洛哥马拉喀什，UNFCCC第七次缔约方会议（COP7）	通过了《马拉喀什协定》，通过了有关《京都议定书》履约问题的一揽子高级别政治决定，为《京都议定书》的生效铺平了道路
2002年10月底至11月初	印度新德里，UNFCCC第八次缔约方会议（COP8）	通过了《德里宣言》，明确了应对气候变化的正确途径，强调必须在可持续发展的框架内应对全球环境变化
2003年12月	意大利米兰，UNFCCC第九次缔约方会议（COP9）	俄罗斯拒绝批准《京都议定书》，会议没有取得实质性成果
2004年12月	阿根廷布宜诺斯艾利斯，UNFCCC第十次缔约方会议（COP10）	会议没取得实质性成果
2005年11月	加拿大蒙特利尔，UNFCCC第十一次缔约方会议（COP11）暨《京都议定书》缔约方第一次会议	会议最终达成40多项重要决定，尤其是明确了双轨路线的"蒙特利尔路线图"：157个缔约方在《京都议定书》框架下启动2012年后发达国家温室气体减排责任谈判的进程；189个缔约方在联合国UNFCCC基础上，就控制全球变暖的长期战略展开对话
2006年11月	肯尼亚内罗毕，UNFCCC第十二次缔约方会议（COP12）暨《京都议定书》缔约方第二次会议	通过了"内罗毕工作计划"在内的几十项决定，同时，在国际碳基金的问题上达成一致，即，明确基金将用于提高发展中国家适应气候变化的能力
2007年12月	印度尼西亚巴厘岛，UNFCCC第十三次缔约方会议（COP13）暨《京都议定书》缔约方第三次会议	通过了"巴厘岛路线图"，进一步确认了"蒙特利尔路线图"中的双轨路线，并决定于2009年在丹麦哥本哈根举行的UNFCCC第十五次缔约方会议上通过一份新的议定书——明确2012年至2020年的全球减排协议，以代替2012年到期的《京都议定书》

续表

时间	气候峰会地点与名称	气候峰会成果
2008年12月	波兰波兹南，UNFCCC第十四次缔约方会议（COP14）暨《京都议定书》缔约方第四次会议	正式启动2009年气候谈判进程，同时决定启动帮助发展中国家应对气候变化的适应基金
2009年12月	丹麦哥本哈根，UNFCCC第十五次缔约方会议（COP15）暨《京都议定书》缔约方第五次会议	发表了不具法律约束力的《哥本哈根协议》，大体确立了未来国际气候协议的轮廓，同时，提出建立绿色气候基金，以帮助发展中国家减缓和适应气候变化
2010年11月底至12月初	墨西哥坎昆，UNFCCC第十六次缔约方会议（COP16）暨《京都议定书》缔约方第六次会议	通过了《坎昆协议》，坚持了UNFCCC、《京都议定书》和"巴厘路线图"，坚持了"共同但有区别的责任"原则；在适应、技术转让、资金和能力建设等问题上的谈判取得了不同程度的进展
2011年11月底至12月初	南非德班，UNFCCC第十七次缔约方会议（COP17）暨《京都议定书》缔约方第七次会议	同意延长原定于2012年失效的《京都议定书》5年的法律效力，决定实施《京都议定书》第二承诺期并启动绿色气候基金，同时决定建立"德班平台"——德班增强行动平台特设工作组。不过，在大会期间，加拿大宣布正式退出《京都议定书》
2012年11月	卡塔尔多哈，UNFCCC第十八次缔约方会议（COP18）暨《京都议定书》缔约方第八次会议	通过《多哈修正》——《京都议定书》修正案：就从2013年至2020年执行《京都议定书》第二承诺期达成一致。同时，大会还通过了有关长期气候资金、德班平台以及损失损害补偿机制等方面的多项决议。不过，日本、加拿大、新西兰及俄罗斯明确不参加第二承诺期
2013年11月	波兰华沙，UNFCCC第十九次缔约方会议（COP19）暨《京都议定书》缔约方第九次会议	进一步明确"德班平台"应体现"共同但有区别的原则"；发达国家承诺出资支持发展中国家应对气候变化；在损失损害补偿机制的问题上达成初步协议，并决定开启有关谈判

续表

时间	气候峰会地点与名称	气候峰会成果
2014年12月	秘鲁利马，UNFCCC第二十次缔约方会议（COP20）暨《京都议定书》缔约方第十次会议	在2015年巴黎气候大会协议草案的要素方面基本达成一致
2015年12月	法国巴黎，UNFCCC第二十一次缔约方会议（COP21）暨《京都议定书》缔约方第十一次会议*	通过《巴黎协定》，为2020年后全球应对气候变化行动作出框架性安排
2016年11月	摩洛哥马拉喀什，UNFCCC第二十二次缔约方会议（COP22）暨《巴黎协定》缔约方第一次会议	通过"关于《巴黎协定》的决定"和"UNFCCC继续实施的决定"两个决定。其中，"关于《巴黎协定》的决定"对未来进一步谈判作出安排
2017年11月	德国波恩，UNFCCC第二十三次缔约方会议（COP23）	通过了名为"斐济实施动力"的一系列成果，就《巴黎协定》实施涉及的各方面问题形成了平衡的谈判案文，进一步明确了2018年促进性对话的组织方式，通过了加速2020年前气候行动的一系列安排
2018年12月	波兰卡托维兹，UNFCCC第二十四次缔约方会议（COP24）	完成了《巴黎协定》实施细则谈判，通过了一揽子全面、平衡、有力度的成果，全面落实了《巴黎协定》各项条款要求，体现了公平、"共同但有区别的责任"、各自能力原则，考虑到不同国情，符合"国家自主决定"安排，体现了行动和支持相匹配，为协定实施奠定了制度和规则基础

资料来源：作者根据相关资料整理。

第二节 二十国集团参与全球绿色治理的行动与成效

作为一个最主要的国际经济合作论坛，G20的宗旨是推动已工业化的发达国家和新兴市场国家之间就实质性问题展开开放、有建设性的讨论和研究，以寻求合作并促进国际金融稳定和世界经济的持续增长。换言之，G20 本身并不是为应对全球环境变化、开展全球绿色治理所建立的专门国际机构，绿色治理原本不是 G20 的核心议题。然而，回顾历届 G20 峰会的议题情况（见表 10-2），可以发现，G20 不断通过各种方式参与全球绿色治理、塑造国际环境政策。

早在 2007 年，南非 G20 部长会议就设置了经济与环境相关联的议题。不过，2008 年爆发了世界金融危机，对全球经济发展造成巨大影响。为了应对金融危机造成的冲击，促进世界各国尽快从经济衰退中复苏。2008 年 11 月 15 日在美国华盛顿召开了第一次 G20 国家领导人峰会，探讨、协调各国经济政策，以应对金融危机对世界经济造成的影响。因此，在这次 G20 国家领导人峰会上，气候议题并没有被过多关注。随着各国刺激政策的推出，世界经济也逐步从衰退中得到复苏，金融危机对世界经济造成的冲击得到有效控制，因此，2009 年 4 月 2 日在英国伦敦召开的第二次 G20 国家领导人峰会上，轮值主席国英国就将信贷恢复、气候适应和国际金融机构改革等发展议题列为会议的核心议题。2009 年 9 月 24 日在美国匹兹堡召开的第三次 G20 国家领导人峰会不仅从法律和机制上奠定了 G20 的重要地位，而且也进一步明确 G20 参与全球绿色治理的重要意义。此次峰会通过的《匹兹堡公报》明确了 G20 国家在以下三个方面达成共识，以推动全球绿色治理进程：（1）G20 国家应采取有力行动应对气候变化威胁；（2）强化 UNFCCC 在国际气候谈判中的主体制度地位，重申 UNFCCC 的目标、条款和原则，包括共同但有区别责任的原则；（3）推动在哥本哈根大会上达成减缓、适应、技术和资金等方面的协议。

此后的各届 G20 国家领导人峰会中，都设置了应对气候变化的议题，极大地推动了全球绿色治理进程。其中，2010 年 6 月 26 日在加拿大多伦多召开的第四届 G20 国家领导人峰会中，气候议题作为一般性议题，其成果体现在该届公报的第 41 条，这一成果促进了《哥本哈根协议》的落实；2010 年 11 月 12 日在韩国首尔召开的第五届 G20 国家领导人峰会中，气候议题作为核心议题，其成果体现在该届公报的第 66 条，这一成果促进了坎昆会议的召开；2011 年 11 月 3 日在法国戛纳召开的第六届 G20 国家领导人峰会中，气候议题作为核心议题，其成果体现在该届公报的第 21 条，从而推动了德班气候变化大会的召开；2012 年 6 月 19 日在墨西哥洛斯卡沃斯召开的第七届 G20 国家领导人峰会中，气候议题作为一般议题，其成果体现在该届公报的第 71 条，该成果包括：设立 G20 气候变化融资研究小组、并促进坎昆协议的落实等；2013 年 9 月 5 日在俄罗斯圣彼得堡召开的第八届 G20 国家领导人峰会中，气候议题作为核心议题，其成果体现在该届公报的第 100、101、102 条，进一步促进了德班和多哈会议成果的落实。

2014~2016年的三次G20国家领导人峰会对《巴黎协定》的达成与生效起到了重要推动作用。其中，2014年11月15日在澳大利亚布里斯班举行的第九次G20国家领导人峰会敦促各国尽快就2020年之后的减排目标做出承诺，并明确进一步落实绿色气候基金的方案。2015年11月15日在土耳其安塔利亚举行的第十次G20国家领导人峰会发布的《安塔利亚峰会公报》进一步明确G20将促进巴黎缔约方大会达成新的全球减排协议，同时再次重申坚持共同但有区别原则下落实好各国的"国家自主贡献"方案。总体而言，这两次的G20国家领导人峰会直接推动了《巴黎协定》的达成。2016年9月5日在中国杭州召开的第十一届G20国家领导人峰会中，与会各方同意在落实气候变化《巴黎协定》方面发挥表率作用，推动《巴黎协定》尽早生效；尤其是，与会期间（9月4日）中国和美国两个全球最大的经济体和温室气体排放国同时批准和接受《巴黎协定》，最终促成《巴黎协定》于2016年11月4日正式生效。

　　不过，2017年6月1日，美国总统特朗普以"《巴黎协定》让美国处于不利位置，而让其他国家受益"为理由，宣布美国退出《巴黎协定》，让国际气候博弈披上一层迷雾，也给G20参与全球绿色治理造成一定阻碍。2017~2019年的三次G20国家领导人峰会都未能就气候变化《巴黎协定》达成一致条款。不过尽管如此，G20中的其他《巴黎协定》的签署国，再次强调确认了其不可撤销性，并决心执行该协定，重申对全面执行该协定的承诺，同时继续强调共同但有区别的原则。

表10-2　　　　　历届G20峰会中全球绿色治理议题的情况

时间	峰会整体情况		峰会中全球绿色治理议题的类型、成果体现、作用		
	峰会	峰会议题	议题类型	成果体现	对全球绿色治理的作用
2008年11月15日	华盛顿峰会（第一次峰会），美国	常规经济和金融问题			
2009年4月2日	伦敦峰会（第二次峰会），英国	常规经济和金融问题、全球绿色治理	新设议题		首次讨论气候变化与全球绿色治理
2009年9月24日	匹兹堡峰会（第三次峰会），美国	常规经济和金融问题、能源安全与全球绿色治理	核心议题	公报第32条	推动哥本哈根大会
2010年6月26日	多伦多峰会（第四次峰会），加拿大	常规经济和金融问题、能源补贴、全球绿色治理、腐败、海洋环境保护	一般性议题	公报第41条	促进《哥本哈根协议》的落实

续表

时间	峰会整体情况		峰会中全球绿色治理议题的类型、成果体现、作用		
	峰会	峰会议题	议题类型	成果体现	对全球绿色治理的作用
2010年11月12日	首尔峰会（第五次峰会），韩国	常规经济和金融问题、全球绿色治理、私营企业的帮助	核心议题	公报第66条	推动坎昆会议
2011年11月3日	戛纳峰会（第六次峰会），法国	常规经济和金融问题、能源与全球绿色治理、增长和就业全球战略、反腐、食品安全	核心议题	公报第21条	推动德班气候变化大会
2012年6月19日	洛斯卡沃斯峰会（第七次峰会），墨西哥	常规经济和金融问题、全球绿色治理、食品安全、反腐	一般性议题	公报第71条	设立气候变化融资研究小组，促进坎昆协议的落实
2013年9月5日	圣彼得堡峰会（第八次峰会），俄罗斯	常规经济和金融问题、全球绿色治理、反腐、叙利亚等政治性和安全性的问题	核心议题	公报第100，101，102条	落实坎昆、德班和多哈会议的成果
2014年11月15日	布里斯班峰会（第九次峰会），澳大利亚	常规经济和金融问题、能源安全、全球绿色治理、经济改革、就业、国际贸易	一般性议题	公报第19条	推动绿色气候资金，通报国家自主决定的贡献
2015年11月15日	安塔利亚峰会（第十次峰会），土耳其	全球经济复苏与提高潜在增长率、能源安全、全球绿色治理	一般性议题	公报第24条	推动巴黎气候大会，强调控制升温低于2摄氏度的目标
2016年9月5日	杭州峰会（第十一次峰会），中国	全球金融治理；全球贸易和投资治理；全球能源治理以及全球发展治理	核心议题	主席国声明及公报第19条	推动《巴黎协定》实施

续表

时间	峰会整体情况		峰会中全球绿色治理议题的类型、成果体现、作用		
	峰会	峰会议题	议题类型	成果体现	对全球绿色治理的作用
2017年7月8日	汉堡峰会（第十二次峰会），德国	构筑经济恢复能力、促进可持续性和承担责任。具体话题包括全球经济形势、贸易金融和税收、气候变化、数字化技术、难民和移民事务以及反恐合作等	核心议题	未能就气候变化《巴黎协定》达成一致	美国宣布将立即终止实现其目前自主确定的贡献，并表示支持在保证经济增长和提高能源安全需求的同时降低排放量。其他G20领导人则指出，《巴黎协定》是不可逆转的，并重申发达国家履行《联合国气候变化框架公约》承诺的重要性
2018年11月30日	阿根廷峰会（第十三次峰会），阿根廷	世界经济和贸易、数字经济、包容和可持续发展、基础设施、气候、能源、环境	核心议题	未能达成一致条款	此前执意退出《巴黎协定》的美国依然坚持原有意见，而其他的19国家则重申会履行协定内容
2019年6月	大阪峰会（第十四次峰会），日本	全球经济、贸易与投资、创新、环境与能源、就业、女性赋权、可持续发展以及全民健康	核心议题	未能达成一致条款	《巴黎协定》的签署国在布宜诺斯艾利斯确认了其不可撤销性，并决心执行该协定，重申其对全面执行该协定的承诺，反映了共同但有区别的责任和各自的能力，并考虑到不同的国家情况。不过，美国重申其决定退出《巴黎协定》，因为这对美国工人和纳税人不利

资料来源：董亮：《G20参与全球绿色治理的动力、议程与影响》，载于《东北亚论坛》2017年第2期，第59~70页。

第三节 二十国集团参与全球绿色治理的动力分析

"绿色经济是未来全球经济的重要发展趋势" "G20成员国具有广泛代表性"

"G20机制的自身优势"等三大因素奠定了G20进一步参与全球绿色治理的必要性、可行性和有效性,从而推动G20在更广更深的维度参与全球绿色治理进程。

一、绿色经济是未来全球经济的重要发展趋势

面对国际经济发展中的环境污染、自然资源耗竭、气候变迁以及经济增长减缓等国际市场失灵问题,2008年金融危机之后,世界许多国家、国际经济组织不约而同提出绿色产品标准、发展绿色经济的解决之道。世界许多国家尤其是美国、欧盟、日本等发达国家也在产品环保标志、国家绿色采购等方面制定了数量庞大影响绿色贸易的法律法规。这些绿色法规以及规范必将对未来世界经济发展格局造成重大影响。2008年金融危机后,主要发达国家都开始实施"绿色新政"(见表10-3),以此来谋划后危机时代的发展。根据《低碳环境产品和服务报告》(*Low Carbon Environmental Goods and Services Report*)显示,2016年,全球环保产业主要领域市场规模8 225.14亿英镑,比2010年增长了20.57%,其中,水供应/废水处理,回收/循环,废弃物管理,空气污染,污染土地复垦和整治,环境咨询及相关服务,噪音和振动防治,环境监测、仪器仪表和分析,海洋污染防治等环保产业主要领域分别比2010年增长了19.78%、21.23%、20.11%、21.63%、21.87%、21.75%、22.34%、24.45%、23.41%(见表10-4)。总体而言,为了应对气候变化而兴起的绿色经济已经成为全球经济的重要发展趋势,而G20作为一个最主要的国际经济合作论坛,将气候议题纳入其核心议题的必然原因则显而易见。

表10-3　　　　　　　　主要发达国家绿色新政

时间	绿色战略	绿色战略要点
2009年4月	《绿色革命与社会变革》	从六个方面推动绿色发展:在学校等公共设施内设置太阳能发电设备;整顿并建设利用自行车的环境基础设施;保护和培植森林防止地球温室效应;利用生态点数积分普及节能家电;通过隔热翻修工程普及节能住宅;通过促进太阳能发电及电动汽车等长期的技术开发
2009年	《绿色增长国家战略》	大力发展绿色技术产业、强化应对气候变化能力、提高能源自给率和能源福利,全面提升绿色竞争力,到2020年韩国跻身全球"绿色七强",2050年韩国进入"绿色五强"

续表

时间	绿色战略	绿色战略要点
2010年1月	《低碳绿色增长基本法》	制定绿色增长国家战略、绿色经济产业、气候变化、能源等项目以及各机构和各单位具体的实行计划，还包括实行气候变化和能源目标管理制、设定温室气体中长期的减排目标、构筑温室气体综合信息管理体制以及建立低碳交通体系等有关内容
2008年	绿色经济复兴计划	美国"绿色新政"可细分为节能增效、开发新能源、应对气候变化等多个方面。其中，新能源的开发是绿色新政的核心
2007年底	战略能源技术计划	详细规划了风能、太阳能、电网、生物能、碳捕获与封存（CCS）、可持续核能等优先领域的技术开发、部署、研究、实施、投资、取得的主要成果
2008年底	《欧盟2020年碳排放协议》	要求欧洲各国温室气体排放量到2020年比1990年减少20%，并通过27国各自不同的排放指标以及欧洲范围内的碳交易系统来实现协议目标
2009年3月9日	绿色经济发展计划	既包括新能源、新材料和新产品等技术的研发、应用和推广，也包括现有产业经济的技术革新和改造，还包括以"减排"为目标的能源替代和工艺创新

资料来源：卢伟：《绿色经济发展的国际经验及启示》，载于《中国经贸导刊》2012年第16期，第40~42页。

表10-4　　　　　全球环保产业主要领域市场规模　　　　单位：亿英镑

环保产业主要领域	2010年	2011年	2012年	2013年	2014年	2015年	2016年
水供应/废水处理	2 447.31	2 517.72	2 600.8	2 689.23	2 763.52	2 841.55	2 931.35
回收/循环	1 947.08	2 016.13	2 082.66	2 153.47	2 225.24	2 294.1	2 360.38
废弃物管理	1 466.33	1 512.75	1 562.67	1 615.8	1 660.41	1 714.1	1 761.25
空气污染	289.01	295.79	305.55	315.94	331.4	346.2	351.53
污染土地复垦和整治	278.45	288.19	297.7	307.82	319.92	328.24	339.35
环境咨询及相关服务	245.18	254.46	262.86	271.79	281.44	293.36	298.5

续表

环保产业主要领域	2010 年	2011 年	2012 年	2013 年	2014 年	2015 年	2016 年
噪音和振动防治	66.19	68.88	71.15	73.57	76.34	79.58	80.98
环境监测、仪器仪表和分析	45.36	47.18	48.74	50.39	53.22	56.71	56.45
海洋污染防治	36.73	38.16	39.42	40.76	42.73	44.59	45.33
总计	6 821.64	7 039.26	7 271.55	7 518.77	7 754.22	7 998.43	8 225.12

资料来源：Low Carbon Environmental Goods and Services Report.

二、G20 成员国具有广泛代表性

G20 成员涵盖面广，其成员国的人口总数占全球的 2/3，国土面积总量占全球的 60%，国内生产总值总额占全球的 75.47%（未包含沙特阿拉伯，见表 10-5）。根据 UNFCCC 秘书处提供的数据，当前，G20 国家的温室气体排放总量占全球排放总量的 77%，其中，排放量排名前十名的分别为：中国（20.09%）、美国（17.89%）、欧盟（12.08%）、俄罗斯（7.53%）、印度（4.10%）、日本（3.79%）、巴西（2.48%）、加拿大（1.95%）、韩国（1.85%）、墨西哥（1.70%），均为 G20 成员国。此外，根据 Wind 咨询的相关数据，当前，G20 国家的化学能源消费占全球总消费量的 77.17%（未包含欧盟）。[①] 由此可见，G20 成员国的经济总量、碳排放总量以及化学能源消费总量在全球中均占有最大份额，因此，缺乏 G20 国家参与的全球绿色治理，根本不具代表性和可行性，事实上，国际气候大会中，博弈各方主要是 G20 成员国，G20 成员国在气候问题上的共识与分歧直接决定了国际气候大会能否取得预期成果。

表 10-5　　　　G20 成员国 GDP 与化学能源消费情况　　　　单位：%

国家/地区	2015 年 G20 成员国 GDP 占全球 GDP 的比重（基于购买力评价：2005 年价格）	2011 年 G20 成员国化学能源消费占全球化学能源总消费的比重
中国	17.13	23.32
阿根廷	0.59	0.70
澳大利亚	0.97	1.13

---

① Wind 数据。

续表

国家/地区	2015年G20成员国GDP占全球GDP的比重（基于购买力评价：2005年价格）	2011年G20成员国化学能源消费占全球化学能源总消费的比重
巴西	2.80	1.43
加拿大	1.43	1.79
法国	2.32	1.19
德国	3.34	2.43
印度	7.00	5.19
印度尼西亚	2.49	1.60
意大利	1.90	1.38
日本	4.24	4.01
韩国	1.62	2.09
墨西哥	1.95	1.61
俄罗斯	3.26	6.44
沙特阿拉伯	—	1.81
南非	0.63	1.19
土耳其	1.39	0.98
英国	2.35	1.56
美国	15.74	17.30
加总	75.47*	77.17**

注：*数据为不包含沙特之外的19个G20国家的加总数据，**数据不包含欧盟之外的19个G20国家的加总数据。

资料来源：根据Wind数据计算。

三、G20机制的自身优势

全球绿色治理领域包含多个直接和间接的国际平台或机制，其中，直接的国际机制有UNFCCC缔约国大会；间接的国际平台或机制包括IPCC、七国集团（G7）和G20、主要经济体能源和气候论坛（Major Economies Forum on Energy and Climate）、经济合作与发展组织（Organization for Economic Co-operation and Development，OECD）、国际能源机构（International Energy Agency，IEA）。与间接的国际平台或机制相比，联合国主导的 UNFCCC 缔约国大会是最主要的全球绿色治理的合法性平台，其他的间接国际平台或机制，只能是 UNFCCC 缔约国大会的补充。尽管如此，与其他直接和间接的全球绿色治理的国际平台或机制相比，G20 具有自身独有的优势。

首先，G20 与主要经济体间的能源和气候论坛，经济合作与发展组织、国际能源机构等其他间接国际平台或机制相比，G20 成果具有更高的达成效率与可执行性。G20 的核心是国家领导人峰会，与其他国际平台或机制相比，其参与者级别最高。正是由于参会领导人的崇高权威和广阔视野，使 G20 成果的达成效率和可执行性得到极大提高。一方面，各国领导人在 G20 会议上所做的承诺，往往能一锤定音；另一方面，G20 国家领导人峰会为各国最高领导人提供了一个最直接的信息交流平台，使得大量准确的信息可以以最快速度传递到各国最高决策者手中，从而最大限度地提升各种议题的决策效率。

其次，与 G7 相比，G20 具有更广泛的代表性。G7 即七国集团，是主要工业国家会晤和讨论政策的论坛，其成员国包括加拿大、法国、德国、英国、意大利、日本、美国"西方七大工业国"，由此可见，G7 只代表了发达工业化国家。而 G20 不仅包括 G7 国家，还包括中国、俄罗斯、印度、巴西、南非等新兴市场国家，其代表性显而易见。事实上，温室气体减排上，G20 具有和 UNFCCC 缔约国大会相同的利益博弈集团。

最后，与 UNFCCC 缔约国大会相比，G20 具有更高的协调效率。众所周知，目前 UNFCCC 缔约国一共有 195 个，一方面，其协调沟通需要花费更大的努力，另一方面，其通过的各种协定需要一定的条件才能生效，例如，《巴黎协定》的生效条件为"至少 55 个缔约方加入协定并且涵盖全球 55% 的温室气体排放量"，在条件满足后的第 30 天正式生效。而 G20 仅有 20 个国家，因此，其协调的效率远高于 UNFCCC 缔约国大会。当前，全球化快速发展，许多全球性问题具有突发性，需要国际社会能够做出迅速有力的回应。相比于联合国等正式国际机制，作为一种非正式的多边峰会机制，G20 的机制能够对新问题做出快速反应，从而在国际事务中逐渐培育起独一无二的话语权和影响力。

第四节　二十国集团参与全球绿色治理的制约因素分析

尽管 G20 有充足的动力参与全球绿色治理，但其自身机制的非正式性制约着其在全球绿色治理中的作用发挥，其内部成员国之间的气候利益差异制约着 G20

在气候议题上的共识达成。

一、G20 没有常设机构、成果不具法律约束

G20 只是一种论坛形式的非正式的多边峰会机制，与联合国等正规的国际机制相比，一方面，其没有常设的秘书处等组织机构，主席采取轮换制，每次 G20 峰会的议题不固定，而是由轮值主席国根据自身关注的重点、并与其他成员国协商后再确定聚焦的方向和重点，每个轮值主席国在气候博弈中具有不同的利益诉求，从而造成气候议题在每次峰会中所处的地位不同——时而被设定为核心议题、时而被设定为一般性议题；另一方面，G20 不是建立在国际条约的基础上，峰会达成的成果文件并没有采取投票表决程序通过，因而，不具有法律效力，在全球绿色治理议题方面，更是如此。根据对参与 2013 年到 2014 年国际气候谈判政府代表的问卷调查，仅有 14% 的政府官员认为 G20 具有全球绿色治理的合法性。大部分政府官员依然认为联合国主导的多边谈判最具全球绿色治理的合法性。

二、G20 成员国在应对气候变化中的利益差异较大

由于各国的经济发展水平、能源消费结构、科技水平、自然生态基础等方面存在较大差异，导致 G20 成员国在应对气候变化中的利益诉求差异巨大，从而加大了 G20 成员国在气候议题上达成共识的难度。当前，在减排态度上，G20 成员国可以区分为三个集团：减排态度最为积极的集团，包括英国、法国、意大利、墨西哥、德国、印度尼西亚等国家；倡导适度减排的集团，包括南非、美国、中国、印度、巴西、土耳其；减排最不积极的集团，包括阿根廷、日本、韩国、俄罗斯、加拿大、澳大利亚、沙特阿拉伯。减排态度最为积极的集团国家，对于化学能源的依赖相对较小，同时还能从绿色发展中获得具体经济利益，以德国、法国、英国、意大利为例，其低碳和环境产品与服务（LCEGS）产业市场规模在全球排放分别为 5、6、7、10 位（见表 10-8）；倡导适度减排的集团国家，往往具有较大减排压力，但其绿色经济发展快速，以中国和美国为代表，其碳和环境产品与服务（LCEGS）产业市场规模在全球排放分别为 1、2 位；减排最不积极的集团国家，以俄罗斯、加拿大、澳大利亚、日本为代表，他们对化学能源的依赖较大，因此具有较大减排压力（见表 10-6，表 10-7）。

表10-6　　　　　　　　G20成员国减排态度分类

国家	减排对其影响	减排态度
英国、法国、意大利、墨西哥、德国、印度尼西亚	减排压力不大、绿色经济发展潜力大	积极
南非、美国、中国、印度、巴西、土耳其	减排压力大、但绿色经济发展潜力也大	倡导适度减排
阿根廷、日本、韩国、俄罗斯、加拿大、澳大利亚、沙特阿拉伯	减排压力大、减排对其经济冲击较大	不积极

资料来源：董亮：《G20参与全球气候治理的动力、议程与影响》，载于《东北亚论坛》2017年第2期。

表10-7　　　　　　2013年G20国家化学能源消费情况

国家或地区	化学能源消费占本国能源消费的比重（％）	人均化学能源消耗量（千克油当量）
中国	88.14	1 962.23
阿根廷	88.91	1 684.51
澳大利亚	93.90	5 245.57
巴西	58.02	834.21
加拿大	72.18	5 198.57
法国	48.35	1 856.57
德国	81.10	3 136.64
印度	72.44	439.02
印度尼西亚	65.93	2 531.62
意大利	79.96	2 062.55
日本	94.57	3 376.57
韩国	84.16	4 421.32
墨西哥	90.38	1 397.08
俄罗斯	90.72	4 620.42
沙特阿拉伯	100.00	6 363.39
南非	86.71	2 302.89
土耳其	87.35	1 334.88
英国	84.04	2 502.43

资料来源：根据Wind数据计算。

表 10-8　　全球低碳和环境产品与服务（LCEGS）产业市场规模排名

单位：百万英镑

国家	全球排名	市场规模	全球占比
美国	1	644 769	19.5
中国	2	435 323	13.1
日本	3	205 372	6.2
印度	4	204 860	6.2
德国	5	140 370	4.2
英国	6	122 222	3.7
法国	7	101 161	3.1
巴西	8	97 829	3
西班牙	9	89 698	2.7
意大利	10	87 339	2.6

资料来源：Low Carbon Environmental Goods and Services Report。

由于 G20 各成员国在温室气体减排中利益诉求差异巨大，从而加大了 G20 成员国在气候议题上达成共识的难度。可以用以下博弈模型来说明该问题。

假设，世界范围内共有 n 个国家或地区，i 和 $\bar{i}$ 为国家或地区的索引，s_i 表示第 i 个国家或地区的温室气体排放量，因此，全世界总的温室气体排放量 $S = \sum_i s_i$，$B_i(s_i)$ 为第 i 个国家或地区在排放 s_i 数量的温室气体下带来的收益（例如，GDP），$D_i(S)$ 为总的温室气体排放量 S 给第 i 个国家或地区带来的损害。同时，假设存在以下两个边际条件：（1）温室气体排放的边际收益为递减，即，有 $B'_i(s_i) > 0$、$B''_i(s_i) < 0$；（2）温室气体的边际损害递增，即，有 $D'_i(S) > 0$、$D''_i(S) > 0$。第 i 个国家或地区的真实福利可以描述为：

$$W_i(s_i, S) = B_i(s_i) - D_i(S) \tag{10-1}$$

（一）全球最优的实现条件

全球最优的目标是要实现所有国家或地区的福利加总最大化，即：

$$\sum_i W_i(s_i, S) = \sum_i B_i(s_i) - \sum_i D_i(S) \tag{10-2}$$

式（10-2）最大化的条件为：

$$\frac{\partial B_i(s_i)}{\partial s_i} = \sum_i \frac{\partial D_i(S)}{\partial S} \tag{10-3}$$

根据式（10-3），全球最优的实现条件：要使得任意一国每单位温室气体排放带来的边际收益都等于该单位温室气体给全球带来的边际损坏总和。

(二) 没认识到温室气体损害的均衡分析

认识温室气体导致的气候变化需要一个过程，假设刚开始世界各国均没有认识到气候变化给各自带来损害，在这种情况下，世界各国追求自身福利最大化的均衡条件为：

$$\frac{\partial B_i(s_i)}{\partial s_i} = 0 \qquad (10-4)$$

而此时，世界各国实际的边际收益为：$\frac{\partial B_i(s_i)}{\partial s_i} - \frac{\partial D_i(S)}{\partial S}$，根据式（10-4）和存在的边际条件可知，世界各国实际的边际收益为负，即$\frac{\partial B_i(s_i)}{\partial s_i} - \frac{\partial D_i(S)}{\partial S} < 0$。随着认识的深入，世界各国逐渐意识到气候变化给各自带来损害时，则为了追求自身福利最大化，世界各国都将采取温室气体削减的行动，这也就是1992年在巴西里约热内卢召开的联合国环境与发展大会，与会各国均签署了第一个应对全球环境变暖的国际公约——UNFCCC 的根本原因。

(三) 自由减排的均衡

在认识到气候给自身带来损害后，世界各国为了追求自身福利最大化，根据式（10-1），其均衡条件为：

$$\frac{\partial B_i(s_i)}{\partial s_i} = \frac{\partial D_i(S)}{\partial S} \qquad (10-5)$$

根据式（10-5），自由减排的均衡条件：世界各国每单位温室气体排放的边际收益等于该单位温室气体排放给自身带来的边际损害。与全球最优的实现条件相比可知：自由减排的均衡并没有实现全球最优的状态。因为，自由减排的均衡状态下，世界各国按照"每单位温室气体排放的边际收益等于该单位温室气体排放给自身带来的边际损害"原则进行排放数量决定，而全球最优的排放状态应该是："每单位温室气体排放带来的边际收益都等于该温室气体给全球带来的边际损坏总和"，根据前文的边际条件可知，自由减排的均衡情景下，世界各国均为过度排放。用 s_i^* 表示全球最优下第 i 个国家或地区的温室气体排放数量，S^* 表示全球最优下全球污染排放总量，用 s_i^{**} 表示自由减排均衡下第 i 个国家或地区的污染排放数量，S^{**} 表示自由减排均衡下全球温室气体排放总量，则有：$s_i^* \leq s_i^{**}$、$S^* \leq S^{**}$，$\sum_i W_i(s_i^*, S^*) \geq \sum_i W_i(s_i^{**}, S^{**})$。

(四) 强制减排下的不均衡

由于自由减排下,无法实现全球福利最大化的最优状况,因此,需要采取额外的政策对世界各国施加约束。《京都议定书》采取的是自上而下的强制约束政策,即,强制世界各国将温室气体排放量由 s_i^{**} 缩减至 s_i^* 从而实现全球的最优。然而,该种策略往往是一种不均衡状态,因为,尽管强制要求世界各国将温室气体排放量由 s_i^{**} 缩减至 s_i^* 从而实现了:

$$\sum_i W_i(s_i^*, S^*) \geqslant \sum_i W_i(s_i^{**}, S^{**}) \qquad (10-6)$$

但式 (10-6) 却无法推导出式 (10-7),

$$W_i(s_i^*, S^*) \geqslant W_i(s_i^{**}, S^{**}) \qquad (10-7)$$

由此可见,虽然,强制要求世界各国将温室气体排放量由 s_i^{**} 缩减至 s_i^* 从而实现了全球福利最大化,但是,却并不必然保证各国福利都增长,完全存在部分国家福利上升、部分国家福利反而降低的情况。作为自身利益最大化的追求者,那些福利反而下降的国家不会同意这样第一种政策的实行。现实经济中,《京都议定书》之所以未能取得预期效果,根本原因就在此。《京都议定书》采取了强制发达国家进行温室气体减排,欧盟等部分国家或地区的福利增长了,而加拿大、俄罗斯、日本等国家的福利反而下降,因此,尽管欧盟极力推动《京都议定书》生效,但加拿大、俄罗斯、日本等国家最终均未签署《京都议定书》第二承诺期。而中国、美国等国家并不明确强制减排给自身带来的福利是增加还是减少,因此,应倡导适度减排。

第五节 全球绿色治理的趋势展望

当前,全球绿色治理的核心是国际气候治理,因此,国际气候治理的趋势代表了全球绿色治理的主要趋势。2015 年达成的《巴黎协定》在确定长期目标、平衡"自上而下"与"自下而上"机制和动态评估方面具有重要的开创意义,是继 1992 年《联合国气候变化框架公约》、1997 年《京都议定书》之后,人类历史上应对气候变化的第三个里程碑式的国际法律文本,形成 2020 年后的全球气候治理格局。总体而言,《巴黎协定》架构起"自主贡献+滚动调整+全球盘点"的减排推进机制。但实施机制的自愿性容易造成"搭便车"现象,很可能会导致《巴黎协定》明确的"全球温升幅度控制在 2℃ 范围内,为 1.5℃ 目标而努力,同时在 21 世纪下半叶实现净零排放。"的目标无法实现,因此,需要坚持"共同但有区别的责任"原则的基础上建立健全全球气候治理利益协调机制。

一、"自主贡献+滚动调整+全球盘点"是未来全球温室气体减排的推进机制

1997 年《京都议定书》以典型"自上而下"的"二分法"为基石,为工业化国家制定了整体的减排目标,并通过分解产生每个国家的具体量化任务。但在没有超主权的国际强制力的情况下,这种模式实质上缺乏有效的监督机制,并长期因"不公平"缘由为发达国家所诟病。2013 年华沙气候大会上,一种新的以"国家自主贡献"为标志的"自下而上"模式应运而生,既缓和了国家内部的政治阻力,又确保了各缔约方参与的"共同但有区别的责任"原则。"国家自主贡献"是基于自主参与原则由各缔约方编制、通报并保持计划实现的法律文件,通过五年的更新周期不断提高力度,确保实现《巴黎协定》的长期目标。这种混合模式给予各缔约方高度的自由度,使其可以在综合考虑经济状况、历史责任、排放趋势等情况下做出对国际社会的承诺。尽管自愿性的本质使得各国提交的文件呈现内容、形式、力度等方面的巨大差异,但却很大程度上促进了整体的行动势头。

不过,各国"国家自主贡献"也存在覆盖温室气体种类、排放目标种类、目标年、基准年、涵盖部门等巨大差异。鉴于上述问题,《巴黎协定》第十四条规定自 2023 年起每五年开展一次旨在评估实现协定宗旨和长期目标集体进展情况的"全球盘点""全面、促进性"地评估进展,包括减缓、适应、资金、技术等议题。进而为指导下一轮"国家自主贡献"文件的制定做准备。

二、国际气候基金机制将逐步建立完善

《巴黎协定》提出了 2℃ 的温升控制目标,为实现这一目标,《巴黎协定》采用"自主贡献+滚动调整+全球盘点"的实施机制,即各缔约国定期更新本国"国家自主贡献",不断提高自我减排目标,缔约方会议则对各自主贡献进行盘点和评估。换言之,《巴黎协定》仅仅为缔约国提供了减排目标基线,并不能为各国优化减排目标、加大减排力度提供支撑,从而有可能导致最终结果与"2℃目标"存在差距,这一减排目标由于实施机制的自愿性而可能无法实现。事实上,2015 年第一次"国家自主贡献目标"文件准备时,各国为了防止"搭便车"行为的发生,都为自己的减排留有一定余地。据联合国环境署(UNEP,2017)

估计，目前各国针对2030年的承诺累计只覆盖了完成《巴黎协定》温升目标所需力度的1/3左右，有条件"国家自主贡献"文件共有11Gt二氧化碳当量的差距，无条件"国家自主贡献"文件的差距拉大到13.5Gt。

理论上已经证明，全球所有国家形成一个最广泛的采取协同的政策的气候联盟是气候博弈的最终均衡结果，并且要想使博弈均衡结果实现最优效率唯一的办法就是通过谈判进行适当的资金利益转移。绿色气候融资正是在此背景下展开。国际社会对绿色气候基金寄予厚望，希望其能在2020年后成为《联合国气候变化框架公约》框架下资金机制的主渠道。按照《哥本哈根协议》和《坎昆协议》的要求，在2010~2012年间，发达国家要出资300亿美元作为绿色气候基金的快速启动资金，至2020年，实现每年提供1 000亿美元的长期资金，用于帮助发展中国家应对气候变化。然而，目前发达国家向绿色气候基金的注资仅有103亿美元，与约定的目标相去甚远。绿色气候基金的不理想的融资现状，说明了这样的目标引领似乎难以被世界各国全面接受，进而难以架构起一个长期稳定的国际气候利益协调机制。因此，后《巴黎协定》时代，在"共同但有区别的责任"原则新内涵的基础下，构建绿色气候基金长期规范的资金筹集与分配使用机制，同时，建立类似国际货币基金组织架构和国际地位的国际机构管理绿色气候基金，将是未来全球气候治理的重要任务。

三、"共同但有区别的责任"原则不断丰富和深化

由于环境问题具有全球性、普遍性和连带性等特征，任何一个国家都不可能独自应对和解决全球环境危机，这要求世界各国必须携手合作，共同参与全球气候治理。在全球气候治理过程中，各国应共同承担环境治理责任。但由于生态环境影响在全球的分布并不均衡，世界各国对全球环境恶化问题负有的历史责任也不一样，即发达国家作为历史污染物的主要排放者、其对当前的全球环境恶化问题负有不可推卸的责任，同时，世界各国经济发展水平、科学技术水平、生态环境状态等方面存在较大差异，导致节能减排能力也存在巨大差异。因此，各国在责任的承担上应当有所区别。由此，共同但有区别责任原则应运而生，并在1992年《联合国气候变化框架公约》通过时，与各自能力原则、预防原则、可持续发展原则、国际合作原则等共同确认为全球气候治理的五大原则，成为维系国际环境合作体系的支柱。

1997《京都议定书》紧紧围绕着"共同但有区别的责任"原则，以典型"自上而下"的"二分法"为基石，为工业化国家制定了整体的减排目标，并通过分解产生每个国家的具体量化任务。但考虑到发展中国家尚未完成的工业化进

程和较低的历史排放责任,对其实行自愿化、非强制性的减排要求。但经历了近20年的演变,随着发达国家和发展中国家的地位与作用随着国家实力和地缘政治格局的变化而变化,"共同但有区别的责任"原则得到不断丰富和深化。在发达国家承担量化减排义务、对发展中国家提供资金、技术和能力建设支持的同时,也要求发展中国家承担国家适宜的减缓行动(NAMAs),即传统的"二分法"一步步淡化,发展中国家和发达国家界线日益模糊,南北阵营分化重组,减排义务分配原则面临重构。

第六节 二十国集团积极参与全球绿色治理的政策建议

一、加强 G20 自身机制建设

首先,应该合理界定 G20 在全球绿色治理中的角色定位。即,明确联合国主导的多边谈判仍然是最具权威性和合法性的主流全球绿色治理机制,G20 机制是其合理有效的补充。其次,加强 G20 全球绿色治理的相关常设机构的机制建设。保持 G20 机制的非正式性特征与其常设机构建设并无矛盾,事实上,合理的常设机构有利于 G20 国家在气候议题上实现快速有效的沟通与协商。例如,可以设置 G20 全球绿色治理的研究、协调委员会,加强对 G20 参与全球绿色治理、各成员国在气候议题上的利益差异等议题研究,从而促进 G20 国家在气候议题上加快达成各种共识。最后,积极拓展 G20 对全球绿色治理的影响途径,一方面,G20 应该充分发挥其具有广泛代表的优势,平衡发达国家与新兴市场国家之间的利益争端,加强对联合国气候大会所形成的决议的再承诺与再补充;另一方面,G20 应该利用其作为全球层面的领导性、决策机制,充分发挥其在全球绿色治理中的引领作用,而具体的问题分析以及决议执行则由 UNFCCC 缔约国大会、国际能源机构(IEA)等国际机构去执行。

二、明确合理的合作减排路径

在吸取《京都议定书》失败教训的基础上,《巴黎协定》转变由此前的自上而下"摊牌式"的强制减排,而采纳自下而上的"国家自主贡献"的减排方式。这种转变的本质是,国际社会放弃了强制要求世界各国将温室气体排放量由 s_i^{**}

缩减至 s_i^*，转而让世界各国追求自身利益最大化，从而明确各自温室气体排放量为 s_i^{**}。然而，正如前文已经分析的在"国家自主贡献"的减排方式下，世界各国追求自身利益最大化，会将温室气体排放选择在 s_i^{**}，这样的均衡状态无法实现全球的福利最大化。

为此，需要将强制减排政策转变为：在有转移支付的政策协调下诱使世界各国温室气体排放量由 s_i^{**} 缩减至 s_i^*。首先，允许世界各国的温室气体排放总量为 s_i^{**}；其次，对于那些有进行温室气体排放削减的国家进行补贴奖励，每单位的温室气体削减奖励 t，反而，对于那些扩大污染排放国家进行征税惩罚，每单位的污染排放惩罚 t；同时对于世界各国承受单位温室气体污染进行 T_i 的补贴。在这样的政策下，世界各国的利益最大化问题可以用式（10-8）进行描述：

$$\max: W_i(s_i, S) = B_i(s_i) - D_i(S) + t^*(s_i^{**} - s_i) + T_i^* S$$
$$\text{s.t.}: s_i \leq s_i^{**} \quad (10-8)$$

求解式（10-8），可以得到在有转移支付的政策协调下世界各国的均衡条件：

$$\frac{\partial B_i(s_i)}{\partial s_i} = \frac{\partial D_i(S)}{\partial S} + t - T_i \quad (10-9)$$

比较式（10-9）和全球最优的实现条件式（10-3），则有为了使在有转移支付的政策协调下世界各国的均衡结果实现全球最优的条件为：

$$t - T_i = \sum_{i \neq i} \frac{\partial D_i(S)}{\partial S} \quad (10-10)$$

根据式（10-10）可知：对世界各国削减一单位的温室气体排放进行额外的转移支付补贴，额外的补贴为该单位的温室气体削减给全球其他国家带来的边际收益的加总，这种政策下可以实现全球福利最大化。在有转移支付的政策协调下，各国在自由减排的均衡排放量 s_i^{**} 基础上，每削减一单位的温室气体排放都可以获得额外的福利增加（该单位的温室气体削减给全球其他国家带来的边际收益的加总），即，在有转移支付的政策协调下，各国福利都扩大了。

综上所述，为了协调世界各成员国的温室气体减排利益差异。在减排合作的路径选择上应该遵循先自主减排、然后在此基础上搭建有转移支付的强制减排政策。这样的路径最终可以实现全球最优和稳定的合作减排均衡。

三、坚持"共同但有区别的责任原则"在全球气候治理中的支柱地位

当前，在理解和落实"共同但有区别的责任原则"时，发达国家和发展中国家在 CDR 原则下的主体划分、在落实共同但有区别责任原则时所强调的侧重点

以及区别责任的量化方法等方面存在一些分歧，使彼此在公平分担环境保护责任等核心议题上难以达成新的共识。为了推动发达国家与发展中国家在共同但有区别责任原则问题上达成一致，使其真正成为维系国际环境合作体系的支柱，今后可在以下几个方面做出相应的努力：首先，科学划分主体。1987年的《关于消耗臭氧层物质的蒙特利尔议定书》明确规定仅有"人均生产和消费消耗臭氧层物质不超过0.3千克"的发展中国家享有过渡期待遇，CDR原则在该议定书中得到了较为成功的运用。因此，未来，全球气候治理谈判可借鉴《蒙特利尔议定书》对主体定量划分的成功经验，制定一个世界各国普遍接受的动态客观的划分标准。其次，在同质责任下讨论区别责任。从《京都议定书》的规定看，《京都议定书》确立了这样一种责任分担模式：对发达国家和发展中国家予以区别对待，明确发达国家减排的定量目标，而发展中国家只承担自愿减排的道义责任。CDR原则中的"责任"实质上为异质责任。异质责任背离了国际环境变化立法的目的，并有违公平原则的要求。同时，在现有的国际经济和政治秩序中，发达国家在环境治理谈判中掌握了更多的话语权。为了促进发达国家与发展中国家在谈判原则上达成一致，可考虑"共同责任"从异质责任原则到同质责任原则（同为"道义责任"或同为"法律责任"）转变，并在同质责任的前提下讨论区别责任。值得强调的是，为了兼顾世界各国的可持续发展，同质责任应与主体划分标准结合使用，对于《京都议定书》的附件1国家及部分发展中国家特别是"基础四国"（由中国、印度、巴西和南非等主要发展中国家组成的气候集团）等采取法律责任，明确其减排的定量目标；而对于其他发展中国家仍然只承担自愿减排的道义责任。最后，应综合各方利益诉求构建公平的综合评价指标，为科学量化各国的区别责任提供理论依据。在构建综合评价指标量化区别责任时，一是要综合考虑各国经济发展与环境治理的依存程度，环境治理不能对各国的经济发展和人民生活产生显著的不利影响；二是要反映各国自然资源禀赋决定的能源结构以及由各国能力（资金、技术等）决定的环境污染治理程度；三是从多角度确定减排义务的承担标准，既要考虑各国污染物排放总量，还要兼顾各国的人均水平；四是要考虑各国工业经济发展的时间跨度，并考虑其对世界环境污染造成的压力；五是应考虑发展中国家面临的转移排放，包括发达国家将高能耗产业转移到发展中国家导致发展中国家排放增加，以及发展中国家出口大量产品至发达国家，而生产产品的排放却计入发展中国家。

四、积极推进绿色气候基金机制和组织架构建设

为了通过跨国间的资金支持与技术援助来协调世界各国的责任担当与减排行

动，最终实现《巴黎协定》提出的"将全球温升幅度控制在 2℃ 范围内，为 1.5℃ 目标而努力；同时在 21 世纪下半叶实现净零排放"的长期目标。各国有必要积极展开国际气候谈判，完善绿色气候基金机制、建立健全绿色气候基金组织架构。一方面，绿色气候基金组织可以参考国际货币基金组织的运行机制，首先从各成员国中获得温室气体减排补偿基金，其次将补偿基金用于在自由减排量基础上进一步减排的国家或地区；绿色气候基金上缴金额由各国根据温室气体减排对自身的福利自主决定，同时，以各国对绿色气候基金的注资比重为基础分配各国在绿色气候基金中的事务决定权，从而实现减排贡献与资金获取、资金贡献与决策权相匹配。另一方面，模仿国际货币基金组织的组织架构，尽快推进绿色气候基金委员会、常设机构和专业研究机构等组织架构建设。其中，绿色气候基金委员会是绿色气候基金的决策监督机构，由世界各国共同组成，各国均拥有绿色气候基金委员会的投票决策权，各国的投票决策权占总投票权的比重等于各国缴费总额占绿色气候基金筹资总额的比重；常设机构是绿色气候基金的执行机构，为绿色气候基金委员会负责，并接受绿色气候基金委员会监督，即，根据绿色气候基金委员会的决议，负责绿色气候基金的日常工作；专业研究机构是绿色气候基金资助、并为绿色气候基金委员会负责和接受绿色气候基金委员会监督的研究机构，负责全球气候变化相关的技术、政策等方面的研究。

五、维护绿色治理治理协商的多边机制

多边机制是《联合国气候变化框架公约》下各方合作的主要渠道，也是 G20 国家寻求合作并推动国际治理体制改革的根本途径。世界各国，尤其是各主要大国，应该摒弃"零和博弈"思维，树立人类命运共同体的发展理念，在 G20 峰会的国际合作平台上，坚持维护多边机制，深化各国的对话交流，创新全球绿色治理的体制与机制，实现互惠共赢。

下 篇

中国在二十国集团中推动全球经济治理的积极作为

第十一章

中国参与全球经济治理的理念与实践

20世纪90年代以来,以互联网为代表的信息技术飞速发展和广泛应用,缩短了人类交往的时空距离,加速了全球范围内的经济活动交流,促使世界经济越来越融为一个整体。然而,经济全球化进程在提高各国生产力、增强国家间经济联系的同时,也加剧了不可预测的全球性经济风险,一个经济体内部发生问题,往往快速蔓延至其他地区。如2007年美国爆发的次贷危机,伴随着贝尔斯登、雷曼兄弟等全球著名金融机构相继破产,快速演变为大规模金融危机,恶化成为全球性经济问题,席卷欧亚各国。在这一历史背景下,习近平在第二届"一带一路"国际合作高峰论坛开幕式上强调,"全球化的经济需要全球化的治理。"

世界各国对全球经济治理的理解和认识都经历了从无到有由浅入深的过程,相应地,全球经济治理的理论与实践也一直在不断地发展中。然而,当前全球经济治理的相关研究仍明显迟滞现实需求。当今世界正处于百年未有之大变局,国际经济格局剧烈变动,民族主义、国家主义、贸易保护主义在全世界范围内不断抬头,全球经济的不确定性风险更加突出,全球经济治理体系进入重构关键期,传统的全球经济治理模式和路径面临挫折与困境,改革和创新全球经济治理理论与机制已经成为世界各国政府、研究机构及研究者们的共识。

党的十九大报告指出:"中国将继续发挥负责任大国作用,积极参与全球治理体系改革和建设,不断贡献中国智慧和力量"。全球经济治理是全球治理体系的一个重要方面,中国积极参与全球经济治理体系建设,引领经济全球化健康发展,是改革与完善传统全球经济治理体系,从而适应世界经济发展新形势的迫切需要。在全球经济治理领域,中国作为世界第二大经济体的发展中大国,是重要的参与者和贡献者。面对全球经济与日俱增的风险和挑战，与时俱进，开拓创新，推动国际经济治理体系进一步改革完善，不仅有利于营造自身发展所需的良好国际环境，更有利于促进国际经济秩序朝着平等公正、合作共赢的方向发展，解决世界性的"和平赤字、发展赤字、治理赤字、信任赤字"等难题，体现大国担当。

由此，在对全球经济治理的概念与内涵进行深入分析后，本书详细梳理了全球经济治理格局的历史演进过程并具体阐述了传统全球经济治理模式面对的挑战和困境。为了科学认识新形势下中国参与并引领全球经济治理格局变革与发展的历史担当，本书进一步厘清了中国参与全球经济治理的政策变迁，并对党的十八以来全球经济合作中的中国策略及其影响进行深入的理论和实践研究，科学认识G20合作平台面临的新挑战，以中国为支点，推动实施更加公平有效的全球经济合作新模式。

第一节　全球经济治理的主要内容

自哥伦布发现新大陆以来，世界经济活动逐渐超越地区和国家的界限，商品、技术、信息等生产要素的跨国家、跨地区流动日益频繁，全球范围的经济活动有机经济整体正在逐步形成。在这一背景下，随着人类经济活动面临的国际公共问题越来越多，各行为主体之间的矛盾和问题已经很难依靠单个国家或地区的行动解决，亟待参与其中的各主体协同一致、共同应对，实现全球范围内经济活动的协商、合作、互动与规范。经济全球化促进了"全球经济治理"理念的产生与发展。近年来，伴随着全球化进程的不断加快，越来越多的学者聚焦于这一领域，全球经济治理的概念内涵日趋深入与清晰。

追本溯源，全球经济治理（global economy governance）是全球治理（global governance）的重要组成部分，是其在经济领域中的延伸，客观反映了治理与经济活动之间的辩证关系。因此，要在全球治理的理论框架内对全球经济治理进行理解和分析。

1990年，国际发展委员会主席勃兰特在德国最早提出了全球经济治理的概念，强调面向世界多级化的趋势，要实现对全球事务的共同管理和应对。1992年，在二十余位国际知名人士的发起下成立了全球治理委员会，并于1995年发布了里程碑式的全球治理研究报告[1]，报告中首次界定了全球治理的概念和内涵。

---

[1] ［瑞典］英·卡尔松，［奎亚那］什·兰法尔：《天涯若比邻——全球治理委员会的报告》，1995.

根据"全球治理委员会"（1995）的定义，全球治理是公共和私营部门管理其共同事务的诸多方式方法的总和，既包括有权迫使冲突或多元利益主体服从的正式制度和规则，也包括能够促进冲突或多元利益主题能够相互调适并能采取合作行动的各种非正式的制度安排。在此基础上，俞可平（2002）①进一步将全球治理解释为"国际社会通过具有约束力的国际规制来解决全球性冲突、生态、人权、移民、毒品、走私、传染病等问题，以维持正常的国际政治经济秩序。"因此，全球治理要充分尊重各个国家和地区间的差异，遵循全球范围的共同价值导向，致力于解决多个国家和地区的共同问题。当前，国际力量对比正在发生革命性变化，各个国家之间利益规则，协调制度的重要性日益凸显，正如习近平所强调的，"现在，世界上的事情越来越需要各国共同商量着办，建立国际机制、遵守国际规则、追求国际正义成为多数国家的共识。这不仅事关应对各种全球性挑战，而且事关给国际秩序和国际体系定规则、定方向；不仅事关对发展制高点的争夺，而且事关各国在国际秩序和国际体系长远制度性安排中的地位和作用"②。

目前，伴随着国内外学术界对全球经济治理的研究逐步深入，全球经济治理的概念内涵也日渐清晰。研究者们一般从以下三个角度解读全球经济治理的内涵：其一，理论来源于实践，全球经济治理最早也来自建立国际经济秩序，解决全球经济问题的集体行动的实践过程，因此很多学者用全球经济治理来描述布雷顿森林体系建立以来的国际经济秩序重构历史；其二，由于世界上并不存在一个超越国家主权、可以管理并干预各个国家（或地区）的"联合政府"，因此面向全球范围内的经济事务，学者们用全球经济治理来表达一个面向未来的、超越国家主权的全球性经济管理体系。其三，大多研究者从全球经济治理的治理目标角度分析，认为全球经济治理的目的在于解决国际无政府状态下的全球经济议题，因此全球经济治理的本质是用于国际合作和协调的制度安排。在这一框架下，伊万诺娃（2012）基于国际关系视角，指出当前的全球经济治理制度是以美国为首西方发达国家依赖其霸权地位寻求利益的重要途径，强调全球经济治理是国际关系的非民主化体制。从行为主体和过程论的视角，陈伟光（2019）指出全球经济治理是指世界无政府状态下国家和非国家行为体通过相应的国际制度规范对全球经济问题进行协调和处理的过程，也是世界经济秩序塑造和维护的过程③。

---

① 俞可平：《全球治理引论》，载于《马克思主义与现实》2002 年第 1 期，第 20~32 页。
② 新华社：《习近平在中共中央政治局第二十七次集体学习时强调推动全球治理体制更加公正更加合理为我国发展和世界和平创造有利条件》，2015-10-13，http://news.xinhuanet.com/politics/2015-10/13/c_1116812159.htm，2015。
③ 陈伟光、王燕：《全球投资治理下的国际投资协定多边谈判与中国对策》，载于《天津社会科学》2017 年第 3 期，第 99~104 页。

综上所述，广义上，全球经济治理是多领域、多层次、多维度的国际经济关系治理载体，涵盖了金融、贸易、投资及政策协调等多领域，关系到多边、双边、区域等多层次，包括了国际机构、国际协定体系及各类决策、磋商、对话等机制。因此，在较为宽泛而综合的意义上，我们可以将全球经济治理理解为经济领域中的国际合作模式，即国际社会上各国家和非国家行为体通过各种方式（协商合作、建立共识等）制定相应的国际经济制度规范，从而对跨国家（或地区）的全球经济事务进行协调和处理，保障正常、合理且有序的国际经济秩序。由此，依据全球经济治理的理论框架和具体实践，全球经济治理的内涵主要包括以下几个主要方面。

一是全球经济治理的行为主体。全球经济治理的行为主体具有典型多元性，国家政府、国家集团和政府间国际组织一直居于全球经济治理的主导地位；跨国公司也在全球经济治理过程中发挥着不可忽视的作用，是全球经济治理的重要支柱；近年来，国际性非政府组织如雨后春笋般涌现出来，数量急剧增加，影响力迅速上升，也在全球经济治理过程中发挥着不可忽视的作用。总体而言，可以将全球经济治理的执行主体归纳为传统的国际经济关系行为主体和新兴的国际关系行为主体两大类，具体详见图11-1。市场不是万能的，市场机制配置资源不可避免地导致垄断、外部经济负效应及区域经济不协调等市场失灵问题。全球经济治理是对世界经济失灵的有效调节，是采用政府规制等手段对全球化市场经济运行的优化与改进。因此，在"无联合政府状态下"，全球经济治理的执行主体更加侧重各国政府及超越主权边界的各种正式的国际经济组织（如IMF，WTO，WB等）和全球性及区域性的国家经济合作平台（如G20，金砖国家等）。长期以来，在全球经济治理过程中，以发达国家为主的大国及大国集团一直是治理的核心主体，在制度塑造上发挥主导作用，发展中国家长期处于边缘地位，话语权得不到应有的重视和体现。伴随着经济全球化的不断深入，大国之间、发达国家和发展中国家之间围绕国际秩序尤其是国际经贸新规则的制订展开的博弈全面展开，这成为全球经济治理主体更加多元化、平等化的重要驱动。"国家不分大小、强弱、贫富，都是国际社会的平等成员，都有平等参与国际事务的权利"①，"全球经济治理体系必须反映世界经济格局的深刻变化，增加新兴市场国家和发展中国家的代表性和发言权。"② 各个经济体在国际经济秩序中应享有平等的权利和机会，全球经济治理的行为主体无论大小都应从正义、理性出发，构建可持续发展的全球经济秩序，维护人类的整体利益。值得注意的是，虽然目前全球经济治

---

① 习近平：《在和平共处五项原则发表60周年纪念大会上的讲话》[EB/OL]. 新华网，http://www.xinhuanet.com//politics/2014-06/28/c_1111364117.htm.

② 习近平：《在接受金砖国家媒体联合采访时的答问》，载于《人民日报》2013年3月20日。

理的现实格局依然以国家行为体为主,然而一些新兴的全球经济治理行为主体,如全球公民网络和公民运动等组成的全球公民社会参与全球经济治理的意愿和能力均逐步增强。可以预见,伴随着经济全球化的纵深发展,当前的非对称的全球治理双重结构模式将受到冲击,新兴主体与传统主体之间的关系会逐步发生改变。

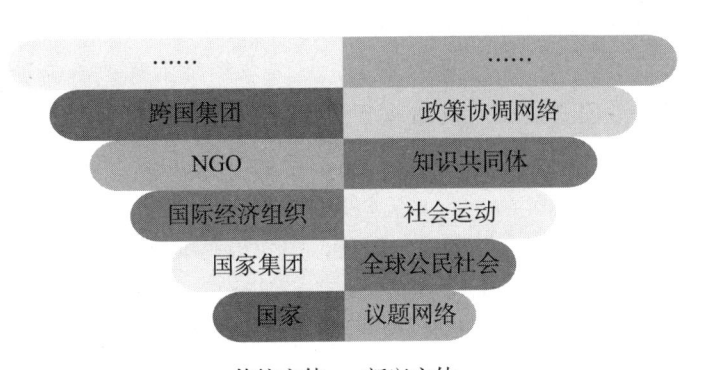

传统主体	新兴主体
……	……
跨国集团	政策协调网络
NGO	知识共同体
国际经济组织	社会运动
国家集团	全球公民社会
国家	议题网络

图 11-1　全球经济治理行为主体

二是全球经济治理的作用客体——治理对象。无论是应对全球经济的失衡和危机,还是处理国际经济纠纷,缩小全球收入差距都是全球经济治理涉及的范围。具体地,全球经济治理的目标主要是在经济全球化的条件下保持全球经济持续健康发展,维护全球经济稳定安全,塑造稳定、均衡和公平的世界经济秩序。经济全球化是一把"双刃剑",在促进世界经济快速发展的同时,也带来了更多的不稳定、不平等,因此全球经济治理的着眼点在于降低全球经济运行风险,促进国际经济秩序趋向均衡稳定方向发展。由此,全球经济治理的对象主要有:(1)全球宏观经济政策协调。市场经济运行超出国界后,必然会导致全球范围内的市场失灵现象,面对全球化下的供求市场与管理缺位之间的矛盾,需要建立能够有效协调各个国家的宏观经济政策的合作机制,从而预防并减少全球经济的波动和危机。(2)国际贸易。贸易全球化是经济全球化的重要推手,全球经济治理在着力推进全球范围内的贸易自由化,共建更高水平的多边贸易体系的同时,还需要对国际贸易纠纷进行调解和处理。(3)货币和金融。货币和金融治理是全球经济治理的重要环节,纵观全球经济治理史,无论是 1998 年东南亚金融危机,还是 2008 年美国次贷危机,历次世界经济发展态势的转折均与金融业不无关联,也均与全球经济治理格局演变息息相关。加强国际金融货币合作,促进世界经济金融体系有效顺畅运转,对促进全球经济稳定发展尤为重要。(4)全球产业治理:20 世纪 90 年代以来,许多跨国企业把生产经营的行为分布到世界范围,生产的国家边界被打破,以价值增值链为纽带的跨国生产体系逐步建立,需要建立由跨国公司、多元利益相关者和国家构成的全球产业价值链治理体系,实现多元治理主体在全球化生产过程中的协调及合作。(5) 发展与减贫：经济全球化在促进世界范围内的整体经济增长的同时，也加剧了全球范围内的经济发展不平衡和贫困问题，因此缩小发达国家和发展中国家之间的收入差距，治理贫困是多边经济合作与治理的主要内容。

三是全球经济治理的治理机制。机制是沟通全球经济治理主体与客体之间的桥梁，直接决定了全球经济治理的效果，是全球经济治理改革与创新的主要方面。自全球经济治理脱胎于全球治理伊始，治理机制就与全球经济问题相伴而生。伴随着发达经济体与发展中国家在全球经济治理体系中的角色转变，全球经济治理的机制也在逐步发展、变迁。全球经济治理机制汇聚了治理主体预期的一系列原则、规范、规则和决策程序。但是，因为机制缺乏对具体行动的指挥与行为能力，需要有相关组织对全球经济事务进行具体反映，因此能够打破国家行政区划、跨越主权的正式国际经济组织应运而生。如世界贸易组织、国际货币基金组织及世界银行等均为全球经济治理机制的重要组成部分，在国际经济事务协调与合作过程中发挥重要作用。此外，八国集团、二十国集团、金砖国家等国际化的国家首脑峰会也成为国际经济治理的重要平台。尤其 G20 峰会机制，是发达国家和新兴市场国家共同参与全球经济治理的标志，也是全球经济治理改革议程酝酿和新制度塑造的核心平台。

第二节　全球经济治理体系的历史演进

国际经济合作机制最早源于 1648 年签订《威斯特伐利亚和约》(the Peace Treaty of Westphalia) 而形成的威斯特伐利亚体系。威斯特伐利亚体系终结了 1618~1648 年在欧洲持续了三十年的战争，确定了国家主权、国家领土与国家独立等国际关系原则，奠定了以民族国家为基石的现代世界治理体系。威斯特伐利亚体系开创了用国际会议解决国际争端的先例，对近现代国际经济关系的发展产生了不可磨灭的影响，到目前为止，民族国家仍然是国际经济治理中的核心行为体。但是，这一体系治理目标是欧洲各国的国际关系协调，还不具备全球性。在威斯特伐利亚时期，各个参与国家发展程度差异性较大，其经济调控水平也较低。此后，在第一次工业革命的推动下，欧洲各国力量对比发生了很大的变化，威斯特伐利亚体系的多极均势特征逐渐消弭。1789 年，法国爆发了资产阶级大革命，打破了威斯特伐利亚体系所构建的非中心化结构，在历经拿破仑帝国（十九世纪初）崩溃后，欧洲各国再次通过召开国际会议的方式，签订了《维也纳会议最后议定书》，初步确立了维也纳体系。维也纳会议开创的是一个保障和平的国际均势体系，通过协议的方式制度化了国际关系的基本准则。伴随着工业资本主义的不断发展，世界资本主义体系逐步形成。19世纪末20世纪初，在资本主义向帝国主义的过渡需求驱动下，资本主义国家间矛盾日益激烈，第一次世界大战爆发，直至20世纪20年代，战后帝国主义国家间签订了《国际联盟盟约》，形成了凡尔赛—华盛顿体系。这一体系是多边主义的有益探索，开始尝试以国际规则和国际制度来维护全球秩序。值得注意的是，从威斯特伐利亚体系到凡尔赛—华盛顿体系，都是国家间战争的产物，以少数国家为中心，着重于划分新旧势力范围，对全球经济的把控水平都比较低，尚未实现真正意义上的全球性经济治理。

新的全球体系通常出现在战争之后，第一次世界大战后签订的《国际联盟盟约》由于缺乏强有力的制度安排，并未切实发挥作用。随后发生的1929~1933年全球经济大萧条和1939~1945年第二次世界大战促使世界各国意识到国际组织及制度安排在国际和平、安全与经济事务协调过程中的重要作用。第二次世界大战后，欧亚各国经济遭受重创，美国经济快速增长，经济总量达到全球经济总量的一半，一跃而成为全球头号强国，在美国的主导下，国际经济秩序开始重建，全球经济治理体系正式形成。根据大国在全球经济治理体系中的协调模式分析，第二次世界大战后，全球经济治理的历史演进过程大致可以分为以下几个阶段：

第一阶段：美国主导的"霸权治理"时期（1944~1975年），形成标志是1944年联合国国际货币金融会议上确立了布雷顿森林体系（Bretton Woods System）。第二次世界大战后期，美国、英国等国家通过签订《罗斯福丘吉尔联合宣言》（又称《大西洋宪章》）强调了"希望促成所有国家在经济领域内最充分的合作，以促进所有国家的劳动水平、经济进步和社会保障"，明确战后全球经济治理的主要任务是恢复自由贸易和资金、人员流动，为重建第二次世界大战后的国际经济秩序奠定了协议基础。第二次世界大战后，由于美国成为全球经济的"领头羊"，因此，这一阶段全球经济治理的执行主体以美国为主，通过"怀特计划"，美国建立了以联合国的大国协调模式为框架、以布雷顿森林体系为基础的全球经济治理体系。布雷顿森林体系主要包括国际货币基金组织、世界银行集团、"关税和贸易总协定"三大支柱，这三者构成了传统的全球经济治理机制。布雷顿森林体系确立了以美元为中心的国际货币体系，在该体系下，美元与黄金挂钩，其他国家货币则与美元挂钩。这一制度终结了国际经济的混乱局面，结束了国际货币的自由放任，弥补了国际经济治理权威性及结构性的缺陷，保持了战后十余年间的国际经济秩序稳定性。需要指出的是，由于冷战格局逐步形成并加剧,这一机制下的经济治理多作用于西方资本主义国家,影响范围尚未覆盖全球。随着19世纪六、七十年代美国经济的逐步衰落,欧洲各国及日本经济日益崛起,固定汇率制度的缺陷逐步暴露,"特里芬难题"日益困扰美国经济,布雷顿森林体系遭遇挑战。1971年,为解决对外贸易的巨额逆差,美国实行"新经济政策"及"华盛顿协议",调整各国货币汇率,美元与黄金脱钩,美元开始第一次贬值,西欧各国相继掀起抛售美元抢购黄金的热潮,1973年美元被迫再次贬值,主要资本主义国家货币对美元开始实行浮动汇率,布雷顿森林货币体系宣告瓦解。

第二阶段:发达国家集体治理下的"俱乐部协调"时期(1975~2008年),形成标志是七国集团(后扩大成八国集团)的成立。冷战时期,美国经济实力相对下降,以美元为中心的布雷顿森林体系随着美国黄金储备的流失和美元贬值而解体,美国全球经济治理的霸主地位被削弱。与此同时,以德国和日本为代表的其他几个西方国家经济实力相对上升,几个主要发达国家之间的国际经济合作逐步成为进行全球经济治理的关键性因素。20世纪70年代,面对伊朗伊斯兰革命、两次石油危机和1973~1974年经济危机对各国经济造成的巨大冲击,在法国倡议下,1975年11月,美、日、英、法、德、意六大西方工业国创立了六国集团,在1976年加拿大加入后七国集团(简称G7)正式建立,其后的若干年间七国集团逐步发展成为当前的八国集团,其发展进程如图11-2所示。

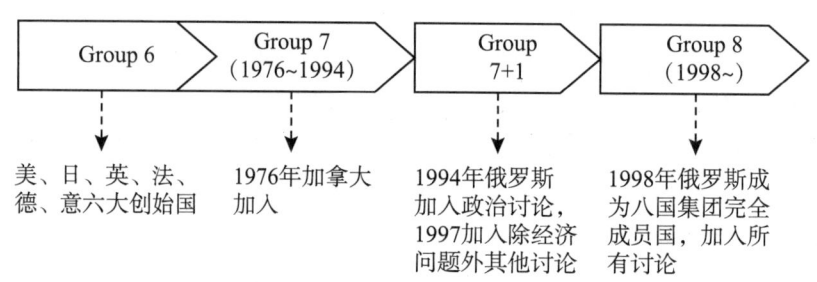

Group 6	Group 7 (1976~1994)	Group 7+1	Group 8 (1998~)
美、日、英、法、德、意六大创始国	1976年加拿大加入	1994年俄罗斯加入政治讨论,1997加入除经济问题外其他讨论	1998年俄罗斯成为八国集团完全成员国,加入所有讨论

图11-2 全球经济治理第二阶段发展示意图

继布雷顿森林体系瓦解后,作为西方工业国家"俱乐部"式集体治理主体的七国集团(八国集团)在应对美元危机及石油危机等世界性经济难题时发挥了重要的作用。1978年伯恩峰会期间,G7成员国就东京回合贸易谈判及油价管制等国际经济政策协调达成了一系列共识。进入20世纪80年代,经济失衡成为威胁世界经济稳定的最大障碍,这一时期G7的主要任务是纠正以美国财政收支赤字和经常收支赤字为主要内容的经济失衡,汇率成为七国集团经济政策协调的主要议题。1985年各国财长签订了"广场协议",建立了公开发布声明的机制,G7也开始与国际货币基金组织等传统的布雷顿森林机构组织合作,推动了布雷迪计划出台。总体而言，20世纪80年代~90年代，G7通过成员国之间的联合干预，扭转了美元持续下跌的局面，在多边宏观经济事务处理问题上发挥了有效的执行力和影响力，通过与IMF等国际组织合作，G7的多边治理框架逐步扩大到全球范围内，一定程度上缓解了全球经济失衡。但是，G7是一种非正式的治理机制，缺乏组织章程和行政机关，并未设置秘书处，而是在每届轮流主办国的主持协调下，通过首脑峰会的形式进行成员国间的沟通、协商与合作，以共同解决区域或全球性的政治及经济问题。20世纪90年代后期，尤其是遭遇亚洲金融危机后，七国集团非正式治理机制的缺陷逐渐暴露，伴随着发展中国家的快速崛起，其全球经济治理的作用也不断下降。为适应新的全球环境，2007年6月，G8德国海利根达姆峰会期间明确提出G8加强与新兴发展中国家合作的倡议，把八国集团和发展中大国的对话以"8+X"的形式固定下来，新兴发展中国家以对话国身份正式走入全球经济治理的舞台。

第三阶段：传统大国与新兴大国的"多元共治"时期（2008年至今）。这一阶段的全球经济治理具有典型的多元化治理特征，治理主体增加扩大，治理方式丰富多样。除传统的三大支柱继续发挥作用外，为了适应后金融危机时代的全球经济治理需要，很多新型多边合作平台不断崭露头角，如二十国集团、金砖国家及"一带一路"倡议参与国等；区域经济合作也在不断拓展，如亚太经济合作组织、上海合作组织等区域性组织在解决本地区的经济事务中发挥了重要作用。然而，21世纪初，新兴经济体尤其是金砖国家迅速崛起，传统以西方发达国家为主的国际经济格局开始发生根本性变化，2008年席卷全球的国际金融危机加速了这一变迁，美国等G8成员国已难以单独应对这一危机，亟待发展中国家与发达国家通力合作，避免全球经济陷入衰退。在这一背景下，2008年，时任美国总统布什倡议提升G20的部长级会议，G20从服务于八国集团（G8）的国际经济合作非正式会议转变为主导全球经济话语权的国际经济合作与协调的首要全球性首脑论坛。G20包括欧盟和世界上其他的19个主要的经济体国家，与其前身八国集团相比，二十国集团更具代表性，其成员国GDP总额占全球经济的90%，贸易额占全球的80%，更能顺应国际经济格局的新变化。2008年的金融危机，不仅驱动了G8向G20的转变，还促使新兴经济体抱团取暖，挑战传统制度霸权。"金砖国家"是新兴经济体国际经济合作机制的典型代表。"金砖国家"合作机制最早来源于高盛公司（美国）经济分析师吉姆·奥尼尔提出的"金砖四国"这一概念，其主要强调中国、俄罗斯、印度、巴西四个新兴市场的快速成长。新兴经济体的快速崛起和金融危机的严峻挑战共同推动"金砖四国"（BRIC）从概念走向了切实的首脑会晤机制。2009年，中国、俄罗斯、印度、巴西四国首脑在叶卡捷琳堡（俄罗斯）首次举行领导人会晤，其后金砖四国峰会每年定期举行。2010年,南非正式加入后,"金砖四国"改称为"金砖国家"(BRICS)。值得注意的是,从2011年G20戛纳峰会期间金砖国家举行首次非正式会晤开始,金砖国家领导人在G20峰会期间进行非正式会晤这一机制逐步稳定,金砖国家在G20峰会期间的协调沟通,对于推动G20转型、巩固G20在全球经济治理中重要地位至关重要。多年来,金砖国家领导人峰会为成员国间的国际经济合作注入了新的动力,积极推动了以金砖国家为代表的新兴市场在G20等全球经济治理平台共同发声,有效促进了全球经济治理改革进程,切实扩大了发展中国家的话语权。

第三节 中国在参与全球经济治理中的角色变迁

从1978年党的十一届三中全会开始,对内改革、对外开放成为中国经济的两大基本发展路径。经过四十余年的改革开放,中国经济取得了前所未见的伟大成就,综合国力突飞猛进,经济实力大大增强。据国家统计局2019年发布的《新中国成立70周年经济社会发展成就系列报告》显示,1979~2018年中国经济年均增长率达到9.4%,这一数据远远高于同期世界经济年均增速(2.9%)。随着改革开放的步伐不断加快,从"引进来"到"走出去",中国和世界实现了双向互动和共赢共生,中国经济实现了大跨越发展,国际影响力日益增强。对全球经济而言,改革开放以来,中国对世界经济增长的年均贡献率为18%左右,仅次于美国;近几年,中国对世界经济增长贡献率更是接近30%,日益成为维护全球经济稳定的重要基石。综合国力及国际地位的历史性变化,推动中国更有效的参与全球治理体系变革,实现了从接受者到参与者再到引领者的角色变迁。

一、接受者

1978~2001年,中国致力于融入全球经济治理体系,加速扩大对传统全球治理规则的接受范围。党的十一届三中全会以后,改革开放成为我国基本国策,中国开始加入既有国际性经济组织,持续性降低关税壁垒,融入传统国际经济治理体系和机制,主动适应全球经济贸易规则,加速发展市场导向的外向型经济,中国与世界的经济联系愈加紧密。1980年,中国恢复了与国际货币基金组织的关系,恢复后中国在IMF的代表权为33.853亿特别提款权,占IMF总份额的

2.34%。同年5月15日，世界银行恢复了中国的合法席位，恢复后我国在世界银行的股份占已认购股本总额的3.77%。为了加快速度适应国际经济运行体制，党中央国务院做出申请恢复中国的关贸总协议缔约国地位的决定，并于1986年7月正式提出了"复关"申请，迈出了全球化进程的第一步。1992年，以邓小平南方谈话和党的十四大为标志，我国社会主义经济的开放步伐进入了新的加速阶段。"有中国特色的社会主义市场经济体制"这一宏伟目标勾画了中国对外贸易、金融、投资等经济活动的明确蓝图。中国与全球经济的融合日益深入，陆续加入了亚太经合组织、二十国集团等重要的国际经济组织（具体详见表11-1）。在加速展开与以美、欧为代表的主要贸易伙伴国的"复关"谈判同时，中国不断开放国内市场，加快推进市场化改革，降低贸易和关税壁垒，最终于2001年12月11日正式加入世界贸易组织，以更加主动的姿态参与到国际市场的竞争与合作中。

表11-1　　　　　　　中国加入的国际经济组织列表

年份	组织名称
1980	国际货币基金组织（恢复）
1980	世界银行（恢复）
1980	国际开发协会（恢复）
1980	国际金融公司（恢复）
1986	关税及贸易总协定（关贸总协定GATT）
1986	亚洲开发银行（ADB）
1991	东亚及太平洋中央银行行长会议
1991	亚洲太平洋经济合作组织（APEC）
1994	国际商会（ICC）
1996	国际清算银行
1997	加勒比开发银行（CDB）
1997	中国—东盟自由贸易区
1998	二十二国集团
1999	二十国集团
2001	上海合作组织（SCO）
2001	世界贸易组织（WTO）

二、参与者

2001~2012年,中国履行"入世"承诺,积极全面参与全球经济治理。进入21世纪后,中国面对的国际经济政治环境更加复杂,面对全球经济发展进程中的诸多问题和挑战,党的十六大报告提出"各国人民携手努力,推动建设持久和平、共同繁荣的和谐世界"的主张,并进一步强调"经济上相互合作,优势互补,共同推动经济全球化朝着均衡、普惠、共赢方向发展"。

2001年12月11日,在卡塔尔举行的WTO第四届部长级会议通过了中国加入WTO的相关法律文件,中国正式成为世界贸易组织第143个成员国。"入世"后,中国继续深化体制改革,规范法律法规,对于与WTO国民待遇原则不一致的规章,坚决予以废止或修订,并于2004年新修订了《中华人民共和国对外贸易法》。除进一步健全对外贸易法律体系外,中国在入世过渡期还致力于降低关税,消减非关税壁垒。2005年,中国大多数"入世"关税相关承诺业已兑现,从2001年到2005年,中国的进口商品关税总水平从15.3%持续下降到9.9%,至2010年,中国的进口商品关税总水平降至9.8%。[①] 2005年,400余个税号产品的非关税壁垒全部取消,仅保留了生命安全及环境类产品的许可证管理制度。经过三次贸易政策审议(2006年、2008年、2010年),截至2010年,中国已经履行了全部"入世"承诺,进一步扩大了服务市场开放,全面放开了外贸经营权,为国内外企业营造了更加开放、公平及稳定的市场竞争环境。在中国正式加入WTO这一事件的推动下,2002年,党中央作出"21世纪头二十年是一个必须紧紧抓住并且可以大有作为的重要战略机遇期"的重要判断,并明确提出要准确把握这一历史机遇期,就要全面提高对外开放水平,坚持"引进来"和"走出去"结合发展。在主动"走出去"、积极"引进来"的同时,中国通过二十国集团(G20)、APEC等多边机制更加广泛地参与了全球经济治理。2001年2月,博鳌亚洲论坛正式成立,海南博鳌为论坛总部的永久所在地。同年10月,中国首次在上海市举行了APEC会议,达成了旨在加速实现茂物目标的上海共识。通过G20峰会、金砖国家(BRICS)峰会、亚太经合组织(APEC)峰会、上海合作组织峰会、世界经济论坛、博鳌亚洲论坛等平台。中国更加广泛深入地参与经济全球化,在维护国家利益的同时,与全球经济良性互动,促进共同发展,在世界范围内的影响力日益显著。

---

① 根据《中国财政年鉴(2006)》相关数据整理。

三、建设者及引领者

2012年至今，中国不断学习和适应如何在全球经济治理中发挥作用，积极推动全球经济治理体系改革和完善，提高新兴经济体和发展中国家的话语权，成为全球经济治理体系变革的重要推动者和引领者。2008年的金融危机进一步削弱了发达经济体的综合实力，暴露了传统全球经济治理方法的供给不足和体系缺陷，对变革全球经济治理体系，接纳并提高发展中国家经济地位提出了新的需求。在这一背景下，中国充分认识到制度性话语权是一个国家经济"软实力"的重要标志，积极参与并引领国际经贸规则制定进程，相继提出了一系列全球经济治理变革的新倡议、新方案，积极推动大国经济合作，实现全球经济协调，推动世界经济秩序朝向更加公正、合理、开放的方向发展，实现了从全球经济治理体系的接受者、参加者到建设者及引领者的重要转变。在国际经济政治格局深度调整的背景下，积极参与并引领全球经济治理，团结世界一切可以团结的力量，调动一切可以调动的积极因素，共同推动全球治理改革，是中国站在自身发展和世界发展交汇点上做出的战略抉择。

党的十八大以来，中国在推动国际经济制度变革中，表现出前所未有的主动性和开创性，多措并举地引领全球经济治理的改革进程，推动构建世界经济新秩序。一是促进国际经济治理体系改革完善，推动国际货币基金组织、世界银行等国际经济、金融组织加速适应国际格局的变化，切实提高新兴经济体和发展中国家的话语权与代表性。2015年，拖延已久的IMF份额改革终获通过，中国话语权上升至全球第三（见图11-3）。2018年，世界银行在美国华盛顿召开的春季年会期间宣布确认中国增资130亿美元，中国在世界银行投票权升至第三位（从4.45%上升至5.7%），仅次于美国和日本（分别降至15.87%和6.83%），同年，中国在国际复兴开发银行的股权由4.68%提高至6.01%，在国际金融公司的股权由2.41%提高至2.95%。二是围绕国际经济、金融、ICT、数字经济及基础设施等领域推动建立周边区域经济合作的新机制和新规则。为了补充和完善既有国际金融体系，中国相继倡导建立亚洲基础设施投资银行，金砖国家开发银行，设立丝绸之路基金，切实关注发展中国家的金融需求，用实际行动增加全球金融供给。三是坚持并维护多边贸易体制，加快实施自贸区战略，推动建设和完善区域经济合作机制，深刻融入并推进经济全球化进程，反对贸易保护主义和单边主义。近年来，中国成功签署中韩、中澳、中新等双边自贸协定，积极推进中日韩自贸协定等区域一体化谈判进程，启动了中美、中欧双边投资协定谈判，2014年11月的APEC峰会上，亚太自由贸易区倡导的"北京路线图"顺利通过,中巴等自由贸易区的可行性研究也已启动;四是积极引导全球经济议程,加速实施共建"一带一路"倡议,举办首届"一带一路"国际合作高峰论坛、亚太经合组织领导人非正式会议、二十国领导人杭州峰会、金砖国家领导人厦门会晤及亚信峰会等等,推动构建创新、活力、联动、包容的世界经济。继2013年习近平先后提出共建"丝绸之路经济带"和"21世纪海上丝绸之路"的重大倡议后,2015年"一带一路"倡议正式进入推进阶段。自"一带一路"倡议提出以来,其在国际经济社会上受欢迎的程度与日俱增,并逐步开始与沿线国家的自身发展战略和区域经济一体化进程深入对接,与联合国、G20等国际经济组织也互动频繁。目前,通过"一带一路"倡议,中国已经与100余个国家(经济体)签署了共建、共商、共享的合作文件。在亚投行、丝路基金不断深入的金融合作支持下,越来越多有影响力的合作项目纷纷落地,2013~2018年,中国与沿线国家货物贸易进出口总额超过6万亿美元,年均增长4%,占中国货物贸易总额的比重达到27.4%。

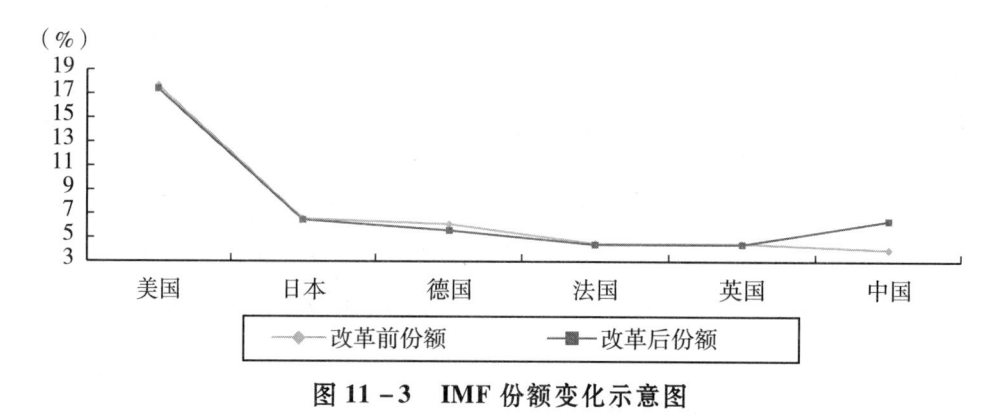

图 11-3 IMF 份额变化示意图

第四节 当前全球经济治理面临的新形势新情况

当今世界正处于新一轮科技革命和产业变革的关键时期,人类发展的不确定性因素显著增加,国际经济秩序面临深度调整,全球经济治理面临"百年未有之大变局"下的新挑战。金融危机后,国际社会围绕应对全球经济挑战达成了一系列共识,并基于G20等经济合作平台用各种经济安排和务实行动持续推动了全球经济治理体系的改革与完善。然而,当前随着金融危机的"后遗症"不断消退,世界经济在持续低迷中缓趋好转,危机应对不再成为世界各国"抱团取暖"的紧迫议题,不断涌现的"黑天鹅"事件对国际经济格局产生了深刻影响,各参与主体的利益分化趋势更加明显,全球经济治理亟待实现新旧动能的关键转换。随着后危机时代世界经济的缓慢复苏,"逆全球化"在美、欧等发达国家暗流涌动,传统发达国家和新兴发展中大国之间的矛盾和经济摩擦也在不断升温,一系列现实压力和挑战加速推进了全球经济治理体系和国际经济秩序的变革进程。

首先,单边保护主义日益盛行,多边和区域经济治理难度显著增加。金融危机爆发后,全世界范围内的"逆全球化"不断抬头。英国经济政策研究中心发布的《全球贸易预警》报告显示,2017年G20的19个成员国(不包括欧盟)总计出台了636项贸易和投资限制措施,比上年增加30项;出台的贸易和投资自由化措施仅为241项,比上年增加17项。其中,美国成为全球保护主义措施的主要推手,2008年至2016年间对其他国家采取了600多项贸易保护措施,仅2015年就采取了90项。逆全球化和贸易保护主义的思潮与行动对国际经济合作产生了较大影响,在很大程度上制约了多边和区域国际经济合作的深入拓展。在多边经济合作领域,世界贸易组织领导下的多边贸易谈判达成实质性的进展与协议越来越困难;在区域经济合作领域,自由贸易协定也面临很多新的不确定性。继美国退出TPP后,RECP及TIIP等平台均未取得实质性进展,全球多边贸易合作的推动力量和合作平台正处在深刻变革中,一些发达经济体比较保守,甚至出现倒退的态势,相对而言,新兴经济体间的贸易合作较为活跃与包容。当前,世界贸易格局更趋多极化,周边性的贸易协定已经成为推动经济体间贸易合作的核心力量。

其次,全球经济发展前景的复杂性和不确定性不断加大。后危机时代,全球经济在经历了"三重速度的复苏"进程后更趋分化,经济活跃度显著降低。2008~2018年的十年期间,中国、印度等亚洲新兴经济体的贸易活力居于世界前列,然而近两年来,全球贸易紧张局势逐步加剧,国家间贸易限制水平达到新高,新兴发展中国家成为发达国家贸易限制的重点对象,全球商品贸易动力减弱,贸易量持续疲软。如图11-4所示,世界贸易组织在其《全球贸易数据与展望》(2019年4月发布)报告中指出,2018年全球商品贸易量仅仅增长3%,显著低于其2017的同期增幅指标(4.6%),在中美贸易紧张局势下,世界贸易组织大幅下调了2019年的全球贸易增长预期,由此前的3.7%下调至2.6%。与此同时,联合国发布的2018年《世界投资报告》显示,全球跨国投资发展趋势也不容乐观,2017年全球外国直接投资(FDI)下降了23%,其中流入发达国家的FDI下降37%,流向转型经济体的FDI下降了27%,地缘政治的不确定性更加突出。在贸易、投资等一系列因素的影响下,全球经济增速也在呈现明显放缓的态势,据2019年4月《全球经济展望报告》显示,2019年1月,世界经济的预期增长率为3.5%,这一增速预期已经达到2008年全球金融危机以来的最低点。国际货币基金组织在这一报告中预测全球增长预期将从2018年的3.6%放缓至

2019 年的 3.3%。

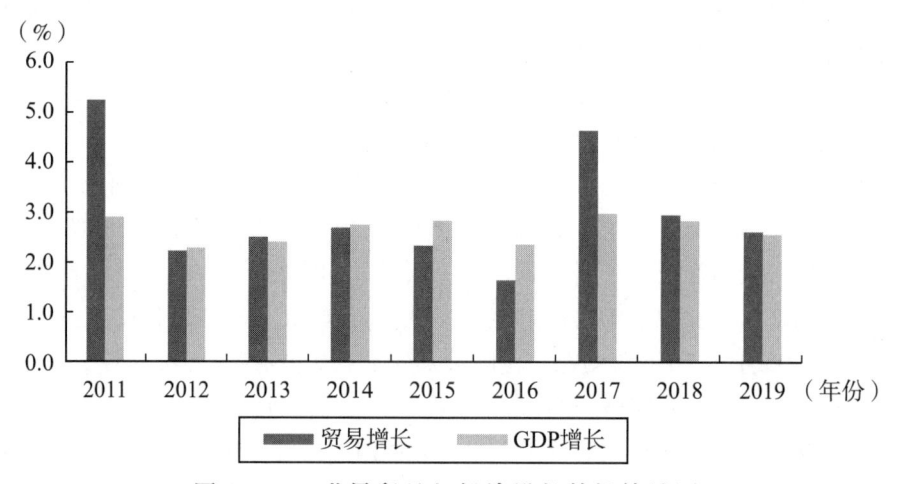

图 11-4　世界贸易与经济增长数据统计图

资料来源：《全球贸易数据与展望》（WTO，2019 年 4 月发布）。

最后，南北经济力量之间的博弈更加激烈，全球层面集体行动协调难度加剧。2008 年金融危机后，尽管全球经济仍在扩张，然而全球经济增长分化格局更加明显，根据国际货币基金组织 2019 年 4 月公布的《全球经济展望》预测数据（见图 11-5），2019 年新兴市场与发展中国家的平均经济增速为 4.4%，而发达经济体的平均经济增速仅为 1.8%。由于经济增速的不断分化，各经济体发展方向和发展战略差异性较大，宏观经济政策联动分歧越来越难以弥合，以世界贸易组织等三大支柱为代表的传统布雷顿森林体系全球经济治理机制的改革举步维艰。为进一步适应后危机时代世界经济格局的新变化，国际货币基金组织、世界银行等国际经济组织于 2010 年前后先后开始进行股权和投票权改革，发展中

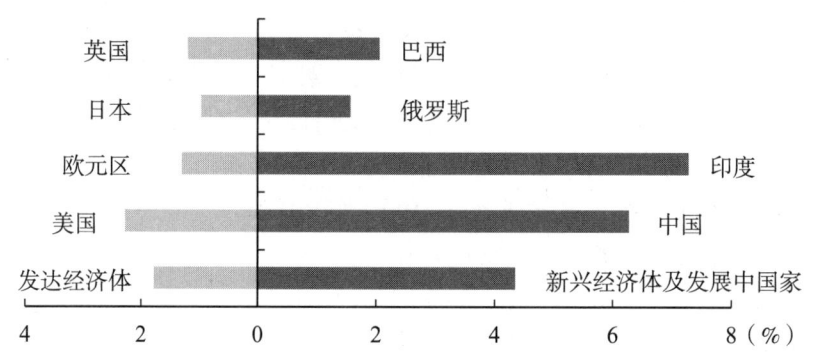

图 11-5　2019 年部分发达经济体、新兴市场与发展中国家预期经济增速

资料来源：《全球经济展望》（IMF，2019 年 4 月发布）。

国家及新兴经济体话语权逐步递增。然而，源于以美、英等为代表的发达经济体的阻碍，当前的几大国际经济组织机制的改革进展缓慢，难以有效满足新兴经济体的利益诉求，南北两大主体经济力量之间的话语权之争持续扩大，深刻影响了全球经济治理机制的改革进程。

第五节　中国在完善全球经济治理进程中的理念倡导

有效的全球经济治理，可以为世界经济良性运行提供稳定支持和安全保障。近年来，世界经济持续疲软、复苏缓慢，逆全球化及民粹思潮在世界范围内此起彼伏，大国博弈与角力在变局中日渐升温，全球经济逐渐陷入治理危机，单边主义，贫富差距及金融风险等冲击与挑战愈加严峻。2016年，中共中央总书记习近平在主持学习时强调，随着国际力量对比消长变化和全球性挑战日益增多，加强全球治理、推动全球治理体系变革是大势所趋。面对当前形势，以习近平同志为核心的党中央立足于国际经济力量对比的深刻变化，全面统筹国际、国内两个大局，基于人类经济命运共同体理念，坚持"共商共建共享"的全球经济治理原则，以平等为基础、以开放为导向、以合作为动力、以共享为目标，致力于将全球经济治理体系变革的主张转化为各方共识，形成一致行动和集体安排，为完善和改革全球经济治理体系贡献了一系列中国智慧。

经济命运共同体是通向人类命运共同体的重要桥梁。党的十八大以来，以习近平同志为核心的党中央对国际大势进行深刻把握，高举和平、发展、合作、共赢旗帜，致力于构建完善互利共赢的开放型经济体系，通过更加积极主动的开放战略，将对外开放与提高全球经济治理能力有效结合，欢迎各方参与，支持各国共同发展，倡导构建以人类命运共同体为纲领的全球经济治理体系。

党的十八大报告指出："中国坚持权利和义务相平衡，积极参与全球经济治理，推动贸易和投资自由化和便利化，反对各种形式的保护主义。"2013年11月，党中央在《中共中央关于全面深化改革若干重大问题的决定》中首次提出："培育参与和引领国际经济合作竞争新优势"，从而形成"国际谈判、规则与标准制定新优势"。2015年5月，《中共中央、国务院关于构建开放型经济新体制的若干意见》又指出："全面参与国际经济体系变革和规则制定，在全球性议题上，主动提出新主张、新倡议和新行动方案，增强我国在国际经贸规则和标准制定中的话语权。"党的十八届五中全会把中国更高层次的开放型经济定位于"构建广泛利益共同体"，在论述中国进一步开放的战略时，提出了"坚持开放发展，必须顺应我国经济深度融入世界经济的趋势，奉行互利共赢的开放战略，发展更高层次的开放型经济，积极参与全球经济治理和公共产品供给，提高我国在全球经济治理中的制度性话语权，构建广泛的利益共同体"。2015年10月12日，习近平在十八届中共中央政治局第二十七次集体学习时指出："推动全球治理理念创新发展，积极发掘中华文化中积极的处世之道和治理理念同当今时代的共鸣点，继续丰富打造人类命运共同体等主张，弘扬共商共建共享的全球治理理念。"这是我国首次公开提出全球治理理念，共商共建共享理念体现了中国智慧和大国担当，赋予全球经济治理新的生命力和闪光点。

基于共商共建共享的新理念，2016年9月3日，习近平在二十国集团工商峰会开幕式上的主旨演讲中首次全面阐述了中方的全球经济治理观。习近平指出，全球经济治理应该以平等为基础，以开放为导向，以合作为动力，以共享为目标。习近平强调，全球经济治理应该以平等为基础，更好反映世界经济格局新现实，增加新兴市场国家和发展中国家代表性和发言权，确保各国在国际经济合作中权利平等、机会平等、规则平等。全球经济治理应该以开放为导向，坚持理念、政策、机制开放，适应形势变化，广纳良言，充分听取社会各界建议和诉求，鼓励各方积极参与和融入，不搞排他性安排，防止治理机制封闭化和规则碎片化。全球经济治理应该以合作为动力，全球性挑战需要全球性应对，合作是必然选择，各国要加强沟通和协调，照顾彼此利益关切，共商规则，共建机制，共迎挑战。全球经济治理应该以共享为目标，提倡所有人参与，所有人受益，不搞一家独大或者赢者通吃，而是寻求利益共享，实现共赢目标。2018年7月25日，习近平在金砖国家工商论坛上发表重要讲话，再次深入阐述了我国关于完善全球经济治理的观点。在世界经济政治进入大变革大调整，面临"百年未有之大变局"之际，2017年，习近平在党的十九大提出"世界多极化、经济全球化、社会信息化、文化多样化深入发展，全球治理体系和国际秩序变革加速推进，各国相互联系和依存日益加深，国际力量对比更趋平衡，和平发展大势不可逆转。"并呼吁"各国人民同心协力，构建人类命运共同体，建设持久和平、普遍安全、共同繁荣、开放包容、清洁美丽的世界。""要同舟共济，促进贸易和投资自由化便利化，推动经济全球化朝着更加开放、包容、普惠、平衡、共赢的方向发展"。

作为全球第二大经济体和负责任的发展中大国，中国始终是世界和平的建设者、全球发展的贡献者、国际秩序的维护者。2018年，习近平在金砖国家工商论坛上提出了"合作共赢、创新引领、包容普惠、多边主义"四个基点，深入阐述了中国对全球经济治理的定位和原则。第一，坚持合作共赢，建设开放经济。中国坚定倡导和维护经济全球化。近年来，中国致力于在更高水平上发展开放型经济，坚持对外开放的基本国策，奉行互利共赢的开放战略，逐年降低关税总水平，大幅放宽市场准入标准，启动金融等多领域对外开放，支持自贸区、自贸港等开放方案……一系列全方位对外开放举措相继出台，外商投资的开放度和透明度越来越高，营商环境原来越好。据海关总署数据显示，2018年中国外贸进出口总值达到30.51万亿元，再创历史新高，这是继这一数据在2005年超过10万亿元、2010年超过20万亿元之后首次超过了30万亿元。此外，中国领导人在多个场合重申进一步扩大对外开放的原则立场和坚定态度，为国际社会带来稳定信心和积极期待，成为坚定建设开放型世界经济，反对单边主义和保护主义，促进贸易和投资自由化便利化的重要力量。第二，坚持创新引领，把握发展机遇。科学技术是第一生产力，是人类经济社会发展和变革的重要驱动力。当前，以人工智能、量子信息、生物技术等为代表的新一轮科技革命和产业变革正在孕育兴起，世界经济进入新旧动能的关键转换期，科技创新正是这一历史机遇期的重要抓手。坚持创新引领，就是要抓住科技创新这一牵动社会经济发展全局的"牛鼻子"，加大创新投入，着力培育发展新兴产业和经济增长点，树立国际视野，鼓励推动国家间的创新战略、政策及实践的交流对话及合作，致力于共同推动解决有关问题，优化全球范围内的创新生态环境。历史经验表明，在人类经济社会的数次飞跃中，社会生产力大发展的同时往往伴生着蜕变阵痛，新兴产业会对传统产业产生巨大冲击，对传统的经济发展模式和管理方式也提出了挑战。因此，世界各国应通力合作，共同化解跨越蜕变阵痛，实现全球经济的高质量增长。第三，坚持包容普惠，造福各国人民。世界经济全球化是一把"双刃剑"，一方面，有利于促进资本、技术、知识等生产要素在全球范围内的优化配置，给各国各地区提供新的发展机遇；另一方面，也进一步扩大了贫富差距、全球变暖等问题，加剧了全球范围内的经济发展不平衡、不充分。发展不平衡、不充分问题已经成为全世界各国均需面临的共同挑战：首先，虽然中、印等国经济发展较快，但是整体上新兴经济体和发展中国家与传统发达国家的南北经济差距仍然十分明显；其次，受到历史及体制机制等因素影响，在各个国家内部，尤其是快速发展的新兴经济体和发展中国家内部，也存在着不同程度的发展不平衡、不充分问题。面对挑战，中国倡导各国应立足自身国情，深入对接2030年可持续发展议程，多措并举推动平衡发展和合理分配。中国已相继为全球经济包容发展贡献了一系列开创性的公共产品，提出了"一带一路"倡议，发起成立了金砖国家新开发银行和丝路基金，创建了亚洲基础设施投资银行等等，为统筹世界经济、社会、环境稳定发展、有效提高全世界人民幸福感和获得感贡献中国力量。第四，坚持多边主义，完善全球治理。多边主义是维护国际经济秩序稳定，促进世界经济增长的基石。第二次世界大战后，联合国、世界货币基金组织等诸多多边主义全球经济治理安排为不同经济体间的合作与发展提供了切实可行的制度设计。经济全球化时代，各个国家及地区间各种经济及社会联系更为密切，客观上世界经济已经形成了难以独立分割的命运共同体。因此，在世界经济面临动荡，少数西方发达国家推崇"保护主义"和"单边主义"，有意提高关税壁垒，恣意破坏WTO等多边贸易体系之际，中国坚定奉行多边主义，进一步完善多边贸易机制，加速推进国际货币基金组织、世界银行、世界贸易组织、二十国集团及金砖国家等传统全球经济治理改革进程，努力提升新兴市场国家和发展中国家在全球经济治理中的代表性和发言权，推动形成以规则为基础，以公平为导向，以共赢为目标的国际经济新秩序，已是大势所趋，势在必行。

第六节 中国为完善全球经济治理积极提供中国方案

金融危机以来，世界经济增长持续乏力，发展中国家和新兴经济体逐渐成为助推全球经济增长的关键引擎，国际经济力量对比格局发生深刻改变，传统的全球经济治理体系未能有效适应时代大变局，日渐暴露各种制度供给不足的弊端，代表性和包容性也逐渐受到质疑。在日益高涨的变革呼声中，中国提出了"构建人类命运共同体"的先进理念，基于"共建共商共享"的出发点，坚持"合作共赢、创新引领、包容普惠、多边主义"的基本原则，倡导建立"以平等为基础、以开放为导向、以合作为动力、以共享为目标"的全球经济治理体系，着力探索改革与完善全球治理体系的中国实践和中国方案，有效引领了国际经济新格局的重塑进程。

一、丰富全球经济治理机制，补充现有国际经济秩序

伴随着国际地位逐步提高，中国积极参与并努力引领国际经贸规则制定，着力推动全球经济治理体系变革朝着合理有序、公平公正方向发展。面对传统全球治理模式在新形势下所面临的困境，在全球经济治理体系变革的关键时期，中国向国际社会先后提出推进"一带一路"倡议，首倡设立亚投行、发起成立金砖国家新开发银行、丝路基金等公共产品，有效丰富了传统的全球经济治理体系，完善了现有的国际经济秩序。在世界面临百年未有之大变局的历史背景下，"一带一路"倡议是中国推动丰富全球经济治理机制的重要抓手和创新性实践。"一带一路"倡议遵循多边主义路径，通过"开放共赢的合作模式、公正平等的治理模式、平衡普惠的发展模式、多轮驱动的增长模式"为沿线各国共同发展，参与全

球经济治理提供了新的平台。六年多来,"一带一路"为沿线成员国带来的积极转变获得了广泛的国际赞誉和认可,2019年3月,G7成员国意大利正式加入一带一路倡议,成为第130个签约国,"一带一路"倡议的影响范围已经扩大至相对发达的欧洲地区。2015年12月,由中国倡议设立的新型多边开发银行——亚洲基础设施投资银行在北京正式成立。自组建以来,亚投行经历了9次扩容,成员数量已经超越亚洲开发银行,为多个亚洲国家基础设施建设项目提供了融资,广泛涉及到交通、能源、电信、城市发展等多个经济领域,有效满足了亚洲发展中国家的资金需求,影响力不断提升。此外,由中国倡导筹建的"金砖国家"新开发银行、丝绸之路基金也有效地增加了国际金融领域的全球公共产品供给,极大地缓解了以"金砖五国"为代表的发展中国家和"一带一路"沿线国家经济建设资金不足的问题,为新兴经济体和发展中国家参与构建国际金融新秩序提供了新渠道,为世界经济平衡可持续发展做出了新贡献。

二、大力开展南南合作,提高发展中国家话语权

发展中国家已经成为世界经济格局中不可忽视的重要力量,以金砖五国为代表的新兴市场及发展中国家群体性崛起这一时代潮流已经不可逆转。长期以来,中国作为世界上最大的发展中国家和新兴市场国家的典型代表,在坚持改革开放促进自身发展的同时,一直坚定不移地重视南南合作。发展中国家及新兴市场国家的团结与合作是发展中国家联合自强、共同应对后危机时代大变局大挑战的伟大事业。2017年,中国在已有的金砖国家合作机制基础上开创性地提出了"金砖+"的概念。"金砖+"指的是金砖国家进一步加强与其他发展中国家和新兴经济体的联络、互动、对话及合作,通过金砖国家合作更好地体现发展中国家的共同立场和集体意愿。"金砖+"的合作思路一经提出,立即引起国际社会的广泛关注,"金砖+"这一理念意味更多国家和国际经济组织可以灵活加入传统金砖机制中,有效发挥金砖国家合作机制的包容性,支持"薄荷四国"(墨西哥、印度尼西亚、尼日利亚、土耳其)、"灵猫六国"(哥伦比亚、印度尼西亚、越南、埃及、土耳其、南非六国)等更多国家和地区的可持续普惠发展。此外,一直以来,无论是多边还是双边,中国致力于在联合国发展峰会、南南合作圆桌会、中阿合作论坛、中非合作论坛、中国—拉丁美洲论坛等多平台与发展中国家尤其是南南合作枢纽国之间的沟通交流、团结合作与共同发展。面对发达国家的保护主义,发展中国家是最大的受害者和天然的同盟者。因此,中国坚定不移地支持建设开放型世界经济,加强发展中国家的立场协调机制,有效利用金砖国家、七十七国集团等发展中国家对话交流平台,广泛推进经济领域中的南南合

作，共同应对各种全球性经济风险。通过构建南南伙伴网络，加强南南协调机制，着力提高发展中国家和新兴市场国家在全球经济治理中的代表性和话语权，促进国际分工体系和全球价值链优化重塑，推动全球经济治理体系变革，确保各国权利共享、责任共担。

三、提升 G20 的全球经济治理能力，推动传统治理体系革故鼎新

经历金融危机的冲击后，G20 由部长级国际会议升级为元首级会议，南北各成员国首脑每年通过这一平台就各种国际经济问题展开对话和沟通。G20 的成员国不仅包括传统 G8 国家，还包括 11 个重要新兴工业国家及欧盟，涵盖了全球 2/3 的人口和 4/5 的国际贸易额，因此在金融危机后，G20 已经成为全球经济治理的主要平台。从 2008 年开始的多次峰会中，发达国家与新兴市场国家在降低贸易壁垒，扩大国际市场，加强金融监管，国际货币体系改革等多领域达成共识，成功抵御金融危机压力，有效推动世界经济复苏。就近年来峰会主题可以看出，随着世界经济逐渐好转，其反危机色彩日渐消逝，涉及不同发展阶段的发达经济体和新兴经济体共同利益的全球经济可持续发展逐渐成为各成员国关注的热点议题，G20 峰会逐步由危机治理平台转化为常态性的全球经济治理机制。然而，近两年全球宏观经济环境显得更加复杂多变，保护主义和单边主义不断加强，贸易摩擦硝烟弥漫，全球贸易和投资重现低迷，国际经济无序运行并矛盾频发，G20 机制也面临大国博弈的严峻挑战。面对贸易摩擦升温对全球经济增长和经济治理的威胁，在 G20 大阪峰会上中国有责任、有担当地秉持多边主义精神，引导对话讨论朝着合作、包容、共赢的方向发展，有效汇聚了多边主义的广泛共识。中国国家主席习近平在 G20 大阪峰会上题为《携手共进，合力打造高质量世界经济》的主题发言为以 G20 平台为重要抓手，进一步完善全球经济治理提供了切实可行的方向和路径。世界经济正面临更多的风险和不确定性，习近平在讲话中呼吁世界各国领导人在保护主义蔓延的背景下管控分歧，寻求共同点，坚定维护多边主义、反对保护主义，这一呼吁不仅得到了诸多与会国家与国际组织首脑的支持，还为解决这一世界难题提供了中国方案，在世界经济前景不明的情况下，这一方案有利于维护和发展开放型世界经济，成为此次峰会的最强音和主旋律。大阪峰会中一系列会晤与共识充分彰显出中国始终发挥负责任大国的建设性作用，中国的倡导与践行，有效地促进了 G20 机制的可持续发展，提升了 G20 的全球经济治理能力。此外，中国与其他发展中国家共同推动的国际货币基金组织、世界银行等传统布雷顿森林体系机制的改革，有效扩大了新兴市场国家和发

展中国家的发言权和话语权,变革了长期以来主要发达国家主导国际金融体系的旧格局。在维护多边贸易体制方面,中国支持对世贸组织进行必要改革,在 APEC 和 G20 等国际平台发出中国声音,并于 2019 年 5 月向世界贸易组织正式提交了《中国关于世贸组织改革的建议文件》,阐述多边进程是世界贸易组织改革的最佳渠道,建议增加多边贸易体制的包容性,为推动世贸组织改革进程做出积极的中国贡献。

四、共同建设开放型世界经济,以人类命运共同体理念引导经济全球化健康发展

经济全球化促进了全世界范围内的商品和生产要素自由流动,推动了各国各地区科技和文明进步,提高了全社会民生福祉,是历史发展的必然趋势,人类社会发展的必然结果。历史上,经济全球化为全球经济增长提供了重要的驱动力,不断深化的经济全球化进程,充分发挥了各国的比较优势和资源禀赋,广泛扩大了国家间的经济交流与合作,在很大程度上提高了全社会生产力水平。不可否认的是,经济全球化是一把"双刃剑",在给全球经济带来积极作用的同时,经济全球化在发展过程中也积累了很多消极因素,扩大了贫富差距,带来了发展失衡。当前,世界经济下行压力较大,为了有效应对逆全球化,既要充分认识到经济全球化的趋势不可阻挡,又要尊重并正视这一进程中存在的客观不足,以先进的理念和务实行动引导经济全球化在全社会范围内的健康发展。着眼人类发展和世界大势,习近平提出了构建人类命运共同体的理念,受到国际社会的高度评价和热烈响应。以这一先进理念引导经济全球化在世界范围内的健康发展,才能切实推动建设更加开放、包容、普惠、平衡、共赢的世界。基于人类命运共同体理念,面对单边主义和保护主义的冲击,习近平在大阪峰会期间着重强调只有充分尊重经济运行的自身规律,才能真正适应生产力的发展要求。经济全球化是生产力和国际分工高度发展的产物,是经济规律在国际分工与协作领域中的具体体现,是生产力社会化大发展的本质要求,只有充分顺应经济全球化这一不可逆转的时代潮流,加速构建开放型的世界经济,而非"闭关锁国"才能真正解决各国内部经济矛盾与问题。为了适应这一新形势,在以中国为代表的新兴市场国家的共同推动下,IMF、WB 等国际经济组织已经在投票权、管理权等方面进行了一系列积极探索。近年来,中国在博鳌亚洲论坛、G20 峰会、金砖国家峰会等多场合呼吁发达国家与发展中国家共同构建开放的世界经济。中国不仅是开放型世界经济的呼吁者,更是开放型世界经济的践行者。例如,近期中国多措并举持续推进自贸区建设,自由贸易区战略是提高开放型经济水平、深层次参与经济全球化

进程的重要举措。2018年，习近平在庆祝海南建省办经济特区30周年大会上郑重宣布，党中央决定支持海南全岛建设自由贸易试验区，支持海南逐步探索、稳步推进中国特色自由贸易港建设，分步骤、分阶段建立自由贸易港政策和制度体系，这意味着中国从重大国家战略的高度决心大规模地建设世界上最高水平的开放型经济。实践证明，中国开放的大门不会关闭，只会越开越大。2019年大阪峰会期间，为了进一步扩大开放，以更高水平开放推动建设开放型世界经济，习近平宣布中国将在近期采取措施的基础上，进一步推出若干重大举措，加快形成对外开放新局面，具体包括：进一步开放市场，主动扩大进口，持续改善营商环境，全面实施平等待遇，大力推动经贸谈判。事实已经并将继续证明，中国将始终是开放型世界经济的建设者，始终是经济全球化的贡献者，始终是全球经济增长的推动者，始终是全球经济治理的引领者。

新中国成立七十多年来，中国经济、社会各领域均实现了跨越式大发展，中国的综合国力和国际影响力进一步加大，成为世界经济可持续增长的重要稳定器。中国参与并引领全球经济治理，一方面顺应了时代潮流，另一方面也满足了国际需求。身处百年未有之大变局，我国作为第二大经济体和最大的发展中国家，有能力为解决世界性经济挑战和问题贡献先进的理念和实践方案，为全球经济治理做出新的重大贡献。展望未来，"中国理念"和"中国实践"将对全球经济治理产生深远而持续的积极影响。

第七节 后疫情时代中国国际贸易发展定位与战略选择

2020年新冠肺炎疫情暴发并在全球大流行，与2008年国际金融危机相比，此次疫情引发的风险更加复杂，造成的危害更加严重，加上以美国为主推行的单边主义、保护主义严重影响国际政治经济环境，各国结构性问题使得政策空间收窄等，国际合作体系与国际贸易经受的挑战越来越严峻。2008年金融危机的全面爆发促成G20对话机制诞生并升级为领导人峰会机制，成为全球经济治理体系的重要平台。面对疫情，G20需要发挥其在自身机制、应对危机经验、议题领域扩展以及与国际组织长期合作等方面的优势，为全球合作抗疫和稳定世界经济贸易做出重要贡献。[①] 作为G20体系的一员，中国应该发挥自身特长，推动G20更好地发挥国际治理作用，加快实现国际政治经济秩序的恢复和稳定。

---

① 孔庆峰：《新冠肺炎疫情下的国际贸易趋势研判》，载于《国家治理周刊》2020年第23期。

一、后疫情时期中国国际贸易发展定位

1. 坚持全面开放不动摇

回顾改革开放40多年,没有对外开放,就不能真正建立和运行社会主义市场经济体制,就不可能成为现代工业门类最为齐全的世界第二大经济体和第一大货物贸易国,保持几十年的快速经济增长,实现从人均GDP从三百美元到超过一万美元的飞跃。进入新时代,中国要实现建设社会主义现代化强国的目标,就必须坚持扩大对外开放战略不动摇。

2018年4月10日,习近平在博鳌亚洲论坛2018年年会开幕式上的主旨演讲中强调:"中国坚持对外开放的基本国策,坚持打开国门搞建设。我要明确告诉大家,中国开放的大门不会关闭,只会越开越大!"这向世界宣示了新时代中国坚定不移深化改革、扩大开放的坚定意志和坚强决心,为推动亚洲和世界的和平发展注入了强大正能量。回顾历史,开放合作是增强国际经贸活力的重要动力。立足当今,开放合作是推动世界经济稳定复苏的现实要求。放眼未来,开放合作是促进人类社会不断进步的时代要求。改革开放40多年来,中国人民始终艰苦奋斗、顽强拼搏,极大解放和发展了中国社会生产力,始终敞开胸襟、拥抱世界,积极作出了中国贡献。40多年改革开放的实践证明:改革开放是决定当代中国命运的关键战略,也是决定实现"两个一百年"奋斗目标、实现中华民族伟大复兴的关键战略。

习近平在中央全面深化改革委员会第五次会议上指出:四十年实践证明,越是环境复杂,越要保持战略定力,把得住大局,看得清方向,站得稳脚跟,担得起风险。要加强战略研判,营造好改革开放社会氛围。面对疫情对国际经贸造成的重大挑战,中国必须保持自己的战略定力,坚持全面开放不动摇。在改革开放新的历史起点上,中国要不断提升改革开放的质量和水平,坚定推进供给侧结构性改革与高质量发展,坚定不移地实行全面开放战略。2020年5月14日,中共中央政治局常委会会议首次提出"构建国内国际双循环相互促进的新发展格局"。2020年两会期间,习近平再次强调要"逐步形成以国内大循环为主体、国内国际双循环相互促进的新发展格局"。构建基于"双循环"的新发展格局是党中央在国内外环境发生显著变化的大背景下,推动我国开放型经济向更高层次发展的重大战略部署。促进国内市场大开放,大力推进建设全面开放新格局,实行对外开放与对内开放的有机统一,充分发挥大国经济优势。始终坚持以人民为中心推进改革开放,激发亿万人民的巨大创造力,努力融入世界共同体,创造出中国发展的新的更大奇迹。

2. 持续塑造国际竞争优势

改革开放 40 多年来，我国通过坚持对外开放，对外贸易快速发展，贸易规模迅速扩大，贸易结构不断优化，资源禀赋优势从早期劳动力廉价充沛，转向了包括劳动力、资本、基础设施建设、制度政策等要素在内的多元化禀赋结构。禀赋要素会随着经济发展程度的提高而发生变化，比较优势也就随之发生变化。一国经济发展必须内外联动，充分利用国际国内两种资源，充分发挥自身的比较优势，提高资源配置效率，不断推动本国经济增长。

我国制定了经济社会发展的宏伟目标，特别是要在 21 世纪中叶全面建成社会主义现代化强国，在建设全面开放型国家的过程中，既要充分利用好本国资源，又要充分利用好国际资源，既要发挥好自身比较优势，又要更好地发挥建设世界科技强国的竞争优势。世界历史发展过程中的理论和实践经验表明，坚持建设世界科技强国的奋斗目标，必须加快健全国家创新战略体系，强化建设世界科技强国，作为对建设社会主义现代化强国的战略支撑。必须掌握全球科技竞争先机，在前沿领域乘势而上、奋勇争先，在更高层次、更大范围发挥科技创新的引领作用。必须明确我国科技创新主攻方向和突破口，努力实现关键技术重大突破，由此形成全面领先的科技竞争优势。必须参与并引领全球价值链重构，重塑国际竞争优势，提升国际产业链和价值链地位。

构建和发挥国家竞争优势，需用非常规政策和途径，尽快打造国家在科技创新领域的竞争优势。习近平在两院院士大会上强调，实践反复告诉我们，关键核心技术是要不来、买不来、讨不来的。只有把关键核心技术掌握在自己手中，才能从根本上保障国家经济安全、国防安全和其他安全。

3. 完善全球治理体系

面对疫情对世界经济格局产生的深刻影响，增强全球治理的责任意识至关重要。为了共同建设一个更加美好的世界，全球各个大国特别是二十国集团成员国都应该拿出更大勇气和智慧，克服各种现实困难，维护和实现全球各国共同发展。作为 G20 成员国的重要一员，是对外开放的受益国和贡献国，在国际贸易体系中举足轻重，更应该做出表率，积极推动开放合作，着力构建和完善现代化全球治理体系。

据美国约翰·霍普金斯大学卫生安全中心发布的《全球卫生安全指数》报告，世界各国在应对重大传染性疾病方面都没有完全充足的资源和能力准备，并且很少有国家在面对公共卫生紧急事件时能够有效运用这些资源或发挥相应能力。国际社会在应对此次新冠疫情中表现出的合作不足凸显了全球治理体系能力建设有待系统性提升。此次新冠肺炎疫情让大家更加深刻地认识到，世界各国休戚与共，相互依存，更应精诚合作，团结互助。习近平在 2020 年 3 月 12 日同联合国秘书长古特雷斯通电话时指出:"在经济全球化时代,这样的重大突发事件不会是最后一次,各种传统安全和非传统安全问题还会不断带来新的考验。在应对这场全球公共卫生危机的过程中,构建人类命运共同体的迫切性和重要性更加凸显。唯有团结协作、携手应对,国际社会才能战胜疫情,维护人类共同家园。"

因此,对于疫情肆虐下世界经济发展和国际贸易合作而言,凸显了全球化需要加强合作的现实需求,亟须构建一个有序发展的权利和制度框架,构建和完善全球治理体系,克服随时可能出现的各种困难和障碍,打造"人类命运共同体"的和谐发展新篇章。

二、后疫情时期中国国际贸易战略选择

1. 完善国际经贸规则,创造良好的外贸发展国际环境

中国改革开放 40 多年,真正让中国外贸腾飞的应该是加入 WTO,WTO 为中国融入国际贸易体系创造了难得的机遇。但 WTO 贸易规则由发达国家主导,中国外贸飞速发展的同时,也经常面临各种阻碍和不平。为了提高贸易质量,提升在国际贸易体系中的地位,中国应该积极推动国际经贸规则变革,为中国外贸的可持续发展创造良好的国际环境。

一是要坚定维护多边贸易体制,积极参与和推动 WTO 改革。针对现有贸易规则中不合理、不公平的地方,主动提出完善国际经贸规则的主张、倡议及方案,积极开展和参与国际规则制定的协调工作,为更好的世界贸易体系贡献中国的智慧和力量。二是增强自身制定和完善国际经贸规则的能力,提升中国在国际贸易规则制订和贸易谈判中的话语权。加强对国际贸易规则及产品、服务标准和行业规范的研究,注重谈判人才、机构、机制等软实力建设,强化内外统筹、机制建设和智力支撑。三是加强贸易对话平台建设,充分发挥 G20 峰会、金砖国家峰会等区域合作机制以及亚洲基础设施投资银行、金砖国家新开发银行等新的国际经济组织的作用,加强与其他新兴市场国家和发展中国家形成变革合力,壮大中国在区域贸易组织中规则、制度、理念等方面的影响力。扎实推进"一带一路"建设,将中国理念、中国思路、中国标准融入"一带一路"沿线经贸合作中。四是加强区域经济合作机制建设,完善区域经济治理。加快实施自由贸易区战略,大力推进国内自由贸易港建设,积极推进同更多国家商签高标准、高水平的自贸协定,主动引导和推动区域经济合作进程。深化大湄公河、泛北部湾、图们江等地区合作,推动形成自我主导的区域经贸新格局。重视国内体制改革与国际经贸规则之间的相互对接、相互强化,积极提出符合我国国内改革步骤和特点

的新议题、新规则,使国际经贸规则的制定与国内改革形成良性互动①。

2. 深化经贸体制改革,激发市场主体活力

全面推进经贸体制改革,释放制度改革创新红利,为我国市场主体营造良好的市场环境,激发相关市场主体的活力。

一是继续深化外贸体制改革,营造公平合理的市场环境。借鉴国际上较为完善的市场经济体制经验,在知识产权保护、诚信守法信用机制、消费品质量追溯体系、消费者权益保护机制、企业竞争自律公约机制等方面,不断构建和完善既符合我国国情又符合国际惯例的国际贸易法律法规。二是继续推动贸易便利化。继续推进全国自由贸易实验区的改革,在全国范围内推广自由贸易实验区探索出的贸易便利化措施成功经验,加快电子口岸建设,加强商务部门、金融机构、地方政府、商会和企业互联网互动,加大各部门间管理协同力度,推动建立跨部门、跨区域的内陆沿海沿边大通关协作机制。三是加大对企业政策扶持和公共服务力度。扩大出口信用保险规模和覆盖面,加大出口信用保险支持,提升出口信用保险服务质量。继续推进和完善出口退税政策,加快出口退税进度,提高出口退税效率。加大各项政策宣传推介力度,指导企业用足用好自贸协定、区域协定等优惠政策。四是提升企业应对国际贸易摩擦能力。完善贸易救济立法,依法开展贸易救济调查。加强企业与行业及相关部门的有效合作,保证贸易摩擦应对工作总体协调,积极支持企业应对反倾销、反补贴调查。

3. 提升对外开放水平,推进外贸发展更加充分平衡

中国已经是世界第一大货物贸易大国,但在国际贸易体系中的影响力与国际地位还不匹配,在全球贸易产业链和价值链的地位有待大幅度提升,贸易结构有待优化,服务贸易水平亟须提升,各大区域参与国际贸易的广度和深度很不平衡。

一是要实施积极进口战略,使进出口贸易更加平衡。适时推进关税改革,进一步减少关税设置范围和关税壁垒水平,对涉及国计民生和医疗、科技等关键产品实施零关税或者补贴,积极优化进口产品结构。扩大自由贸易港试点范围,扩大进口产品免税范围和额度,充分发挥进口贸易集聚区对扩大进口的示范和带动作用。二是加大服务业开放力度,促进贸易产业结构更加协调。鼓励政策性金融机构在业务范围内加大对服务贸易扶持力度,对服务贸易重点项目建设予以重点支持。创新服务贸易发展模式,探索依托互联网、物联网、大数据、云计算等新技术的服务贸易发展新模式。千方百计鼓励和扶持服务出口,培育出口服务贸易

---

① 沈国兵:《"新冠肺炎"疫情对我国外贸和就业的冲击及纾困举措》,载于《上海对外经贸大学学报》2020年第2期。

优势行业和有竞争力的企业，对服务出口贸易实行零税率或者退税补贴。规划建设服务贸易实验区，开展服务贸易创新发展试点。三是加大东北、中部和西部地区的对外开放力度，促进国际贸易区域结构更加平衡。鼓励和扶持东北、中西部地区参与"一带一路"建设，积极与沿线国家开展国际经贸合作，扩大与沿线国家的贸易规模。充分利用西部区位优势，积极搭建跨境经济合作区，大力推进西部地区国家贸易规模，提升西部地区外向型经济发展水平。

4. 加快实施创新驱动战略，加快推进外贸高质量发展

加快实施创新驱动战略，积极推动"中国制造"向"中国智造"转变，努力提升外贸产品科技水平，提升中国贸易在国际分工体系中产业链和价值链的地位，加快推进外贸高质量发展，成为中国经济高质量发展的新动能和持久动能。

一是实施创新驱动战略，加快国内产业转型升级。坚定推行创新驱动战略，全面提升中国制造业科技水平，推动国内先进制造业发展，做强货物贸易的制造业基础，带动进出口商品向高技术含量、高附加值类型转变。提升出口企业在产品研发、品牌影响和营销网络等方面的产业链扩张能力、影响力。加快培育壮大战略性新兴产业、高技术产业和先进制造业，提升战略性新兴产业国际化能力，充分利用"弯道超车"抢占国际竞争制高点。二是加快培育外贸新业态新模式，挖掘外贸发展新动能。挖掘传统国际贸易成功经验和外贸潜力，充分利用新技术、新业态、新模式，开展应用并扩大跨境电子商务、市场采购贸易方式和外贸综合服务企业试点，加大对已形成的贸易新业态新模式的政策扶持力度，使其成为外贸发展新亮点。定期跟踪调查，及时破解贸易新业态新模式发展遇到的新问题，为促进国际贸易新业态新模式的创新发展营造良好环境。

第十二章

中国积极参与二十国集团建设并推动全球经济治理改革的实践变化

G20 自 1999 年 9 月 25 日在德国柏林成立以来,已经走过 20 年,从早期的部长级会议到 2008 年以后的首脑峰会,层级不断提高,影响力不断扩大,已成为不同发展阶段的主要国家共商当前国际经济问题的重要平台。国际金融危机以后,G20 更是上升为宏观经济政策协调和国际经济合作的主要平台。从 2008 到 2019 年,中国积极参与 G20 活动,中国国家主席出席了 G20 历次峰会,充分展现了中方对 G20 合作和全球经济治理的高度重视。作为世界第二大经济体,中国在 G20 平台中发挥着举足轻重的作用,有效影响着全球经济治理的现在和未来。当前全球经济治理进入历史新阶段,最突出的表现在于以中国为代表的新兴经济体崛起,新兴经济体的国际地位和影响力日益提升。本章旨在梳理中国在 G20 建设中的积极表现以及中国对推动全球经济治理改革的主要贡献。

第一节 中国参与二十国集团建设的发展历程

1997 年亚洲金融危机爆发以后,国际社会普遍认识到单纯依靠西方发达国家的力量去应对国际金融问题已不现实。1999 年 9 月 25 日,西方七国集团财政部长和央行行长同意建立由主要发达国家和新兴市场国家组成的 G20 对国际金融问题进行磋商。诞生于 1999 年的 G20,在 2008 年应对国际金融危机中走向世界前台。G20 成立初期的运行机制是财长和央行行长会议机制，2008 年金融危机后升格为领导人峰会。中国是 G20 创始成员，自 G20 成立以来，中国出席了历次 G20 财长和央行行长会议和峰会。以 G20 领导人峰会为时间轴，将中国参与 G20 建设的发展历程划分为三个阶段。

一、第一阶段（2008～2010 年）：积极融入

2008 年在亚欧首脑会议上，时任中国国务院总理温家宝宣布，中国将积极参与 G20 峰会，但没有确定以何种级别的领导人出席。直到 11 月 4 日，中国外交部正式确认，时任中国国家主席胡锦涛将亲自参加峰会。2008 年 11 月 15 日在 G20 领导人首次峰会上，时任中国国家主席胡锦涛作为新兴市场国家的代表发表讲话并指出"中国经济平稳、较快发展，本身就是对维护国际金融稳定、促进世界经济发展的重要贡献。"胡锦涛在峰会上发表题为《通力合作，共度时艰》的讲话，在讲话中，他主张对国际金融体系实施以下改革举措：一是加强国际金融监管合作，完善国际监管体系；二是推动国际金融组织改革，提高发展中国家在国际金融组织中的代表性和发言权；三是鼓励区域金融合作，充分发挥地区资金救助机制作用；四是改善国际货币体系，稳步推进国际货币体系多元化。在峰会上，中国明确提出了金融改革的措施。此次峰会，新兴市场国家首次与发达国家在决定国际经济事务方面取得平等发言权，这也再次印证了一个事实：中国等新兴工业国家正在不断崛起，新兴市场国家在世界经济中的地位正在上升。

2009 年 4 月 G20 领导人第二次峰会在英国伦敦举行，时任中国国家主席胡锦涛出席峰会并发表题为《携手合作，同舟共济》的重要讲话，全面介绍了中国应对国际金融危机采取的有效措施。G20 伦敦峰会上，中国以自己的方式向世界声明，中国将以更主动和有效地利用不断增长的实力和影响，更好地维护国家利益，以及为世界和平与发展贡献力量。此次峰会上，时任中国央行行长周小川在网上发表相关文章提议创建超主权货币储备体系，时任中国财政部部长谢旭人呼吁推进多元化国际货币体系建设，时任中国国务院副总理王岐山公开发表文章表示中国支持国际货币基金组织增资。与以前相比，中国的表态更加主动，这表明中国将以更加积极的态度参与国际经济秩序的重组。在峰会上，中美双方领导人实现了首次会晤，并就一系列国际和地区重大问题以及双边关系未来发展等方面问题达成共识，明确了两国关系的新定位，即"共同建设 21 世纪积极合作全面关系"，确立了深化两国关系的新机制，即"中美战略与经济对话机制"。此后，中国在三个方面积极落实伦敦峰会共识：一是积极参与金融稳定理事会、巴塞尔银行监管委员会等国际机构的活动。二是积极参与国际危机救助。中国宣布购买

不超过 500 亿美元的国际货币基金组织债券，支持基金组织扩大融资。三是积极参与国际机构的贸易融资计划。中国履行了购买世界银行 15 亿美元私募债券的承诺，中国进出口银行向其他新兴经济体提供了 6.2 亿美元的贸易融资。此外，中国还积极参与清迈倡议多元化建设，开展人民币跨境贸易结算试点。2009 年 9 月 G20 领导人第三次峰会在美国匹兹堡举行。时任中国国家主席胡锦涛出席峰会并发表题为《全力促进增长，推动平衡发展》的重要讲话。胡锦涛在讲话中指出，当前世界经济出现积极变化，但形势好转的基础不牢固，不确定因素还有很多，要坚定不移刺激经济增长，坚定不移推进国际金融体系改革，坚定不移推动世界经济平衡发展。为了应对国际金融危机，中国采取的一揽子经济刺激计划取得了显著成效，中国将继续本着负责任的态度，认真落实各项对外援助承诺和举措。在本次峰会上发表的《领导人声明》中，二十国集团领导人同意将新兴市场和发展中国家在国际货币基金组织的份额至少增加 5%，将发展中国家和转轨经济体在世界银行的投票权至少增加 3%。二十国领导人还宣布 G20 将成为"国际经济合作的主要论坛"，G20 峰会将机制化，自 2011 年起每年举行一次。

2010 年 6 月 G20 领导人第四次峰会在加拿大多伦多举行，时任中国国家主席胡锦涛出席峰会并发表题为《同心协力，共创未来》的重要讲话。在讲话中，胡锦涛向世界阐明了中国的立场：第一，推动 20 国集团从应对国际金融危机的有效机制转向促进国际经济合作的主要平台；第二，加快建立公平、公正、包容、有序的国际金融新秩序；第三，促进建设开放自由的全球贸易体制。2010 年 11 月 G20 领导人第五次峰会在韩国首尔举行，时任中国国家主席胡锦涛出席峰会并发表题为《再接再厉，共促发展》的重要讲话。为了实现促进世界经济强劲、可持续、平衡增长目标，胡锦涛提出了四点建议：第一，完善框架机制，推动合作发展；第二，倡导开放贸易，推动协调发展；第三，完善金融体系，推动稳定发展；第四，缩小发展差距，推动平衡发展。中国将尽己所能向其他发展中国家提供帮助，积极促进南南合作，为世界发展做出贡献。

总的来说，在第一阶段，中国在参与 G20 建设的进程中表现得越来越主动和积极，为世界经济复苏发展不断贡献自己的力量和智慧。

二、第二阶段（2011~2015 年）：参与引领

2011 年 11 月 G20 领导人第六次峰会在法国戛纳举行，时任中国国家主席胡锦涛出席峰会并发表题为《合力推动增长，合作谋求共赢》的重要讲话，全面阐述了中国对走出国际金融危机，加强全球经济治理，实现世界经济强劲、可持续、平稳增长的立场和主张。在讲话中，他提出五点建议：第一，坚持在增长中

兼顾平衡;第二,坚持在合作中谋求共赢;第三,坚持在改革中完善治理;第四,坚持在创新中不断前进;第五,坚持在发展中共促繁荣。中国在粮食安全、基础设施以及向最不发达国家提供免关税、免配额待遇等问题上,积极作为。截至 2010 年底,中国通过双边渠道累计提供粮食援助共计约 43 亿元人民币。为帮助非洲国家应对罕见的干旱灾害和粮食危机,中国已宣布向有关国家提供总计 5.332 亿元人民币的紧急粮援。在基础设施领域,截至 2010 年底,中国共帮助发展中国家建设基础设施项目 632 个。2010~2012 年将向非洲提供 100 亿美元的优惠性质贷款,主要用于基础设施建设。2011~2015 年将为发展中国家援建 200 个清洁能源和环保等基础设施项目。中方坚持通过减免关税等多种途径,为发展中国家对华出口各类产品创造条件。为进一步帮助最不发达国家发展,中方愿在南南合作框架内,对同中国建交的最不发达国家 97% 的税目的产品给予零关税待遇。

2012 年 6 月 G20 领导人第七次峰会在墨西哥洛斯卡沃斯举行,时任中国国家主席胡锦涛出席峰会并发表题为《稳中求进,共促发展》的重要讲话。胡锦涛在讲话中指出,世界经济保持复苏态势,同时不稳定不确定因素依然突出,为了推动世界经济强劲、可持续、平衡增长,他提出了五点建议:第一,坚定不移推动世界经济稳定复苏;第二,坚定不移深化国际金融体系改革;第三,坚定不移促进国际贸易健康发展;第四,坚定不移推进发展事业;第五,坚定不移倡导可持续发展。

2013 年 9 月 G20 领导人第八次峰会在俄罗斯圣彼得堡举行,国家主席习近平出席并发表题为《共同维护和发展开放型世界经济》的重要讲话。当时世界经济逐步走出低谷,但国际金融危机负面影响仍然存在。为了塑造发展创新、增长联动、利益融合的世界经济,习近平提到:第一,要采取负责任的宏观经济政策;第二,要共同维护和发展开放型世界经济;第三,要完善全球经济治理。习近平还强调,为推动中国经济社会持续健康发展,中国将坚定不移推动结构改革,就全面深化改革进行总体研究,以统筹推进经济、政治、文化、社会、生态文明领域体制改革,进一步解放和发展社会生产力、解放和增加全社会创造活力。中国将加强市场体系建设,推进宏观调控、财税、金融、投资、行政管理等领域体制改革,更加充分地发挥市场在资源配置中的基础性作用。中国将努力深化利率和汇率市场化改革,增强人民币汇率弹性,逐步实现人民币资本项目可兑换。中国将坚持互利共赢的开放战略,深化涉及投资、贸易体制改革,完善法律法规,为各国在华企业创造公平经营的法治环境,通过协商解决同相关国家的贸易争端。

2014 年 11 月 G20 领导人第九次峰会在澳大利亚布里斯班举行,国家主席习近平出席并发表题为《推动创新发展,实现联动增长》的重要讲话。在讲话中,习近平指出二十国集团制定全面增长战略,具有重要意义。为了落实全面增长战略,他建议二十国集团从三个方面做出努力:第一,创新发展方式;第二,建设开放型世界经济;第三,完善全球经济治理。中国是世界经济增长的重要动力,未来 5 年,中国将进口超过 10 万亿美元商品,对外投资超过 5 000 亿美元,为世界经济提供更多需求,创造更多市场机遇、投资机遇、增长机遇。

2015 年 11 月 G20 领导人第十次峰会在土耳其安塔利亚举行,国家主席习近平出席并发表题为《创新增长路径,共享发展成果》的重要讲话。当时国际金融危机深层次影响还在继续,世界经济仍处于深度调整期。习近平指出,二十国集团要确定目标、指明方向、发挥领导力。为此他提出四点建议:一是加强宏观经济政策沟通和协调,形成政策和行动合力;二是推动改革创新,增强世界经济中长期增长潜力;三是构建开放型世界经济,激发国际贸易和投资活力;四是落实 2030 年可持续发展议程,为公平包容发展注入强劲动力。在讲话中,他还强调中国有信心、有能力保持经济中高速增长,继续为各国发展创造机遇。

总的来说,在第二阶段,"中国元素"在 G20 峰会中的分量越来越重,中国提出的"改革""开放""可持续"等词汇成为历届峰会出现频率最高的词汇,"中国智慧"引领着峰会的发展走向。

三、第三阶段(2016 年至今):展现大国担当

2016 年 9 月 G20 领导人第十一次峰会在中国杭州举行,作为东道主,国家主席习近平主持会议,并致题为《构建创新、活力、联动、包容的世界经济》的开幕辞。科技进步、人口增长、经济全球化等因素对世界经济的拉动作用明显减弱,世界经济走到一个关键当口。面对当前挑战,习近平提出,各国应该加强宏观经济政策协调,合力促进全球经济增长、维护金融稳定;应该创新发展方式,挖掘增长动能;应该完善全球经济治理,夯实机制保障;应该建设开放型世界经济,继续推动贸易和投资自由化便利化;应该落实 2030 年可持续发展议程,促进包容性发展。二十国集团承载着世界各国期待,责任重大,为了更好地建设二十国集团,习近平指出,二十国集团要与时俱进,发挥引领作用;知行合一,采取务实行动;共建共享,打造合作平台;同舟共济,发扬伙伴精神。

2017 年 7 月 G20 领导人第十二次峰会在德国汉堡举行,国家主席习近平出席并发表题为《坚持开放包容,推动联动增长》的重要讲话。在讲话中,习近平指出,汉堡峰会的"塑造联动世界"主题与杭州峰会的"创新、活力、联动、包容"主题一脉相承,各国要共同努力,把这些理念化为行动,为此,他提出了几点意见:第一,坚持建设开放型世界经济大方向,走开放发展、互利共赢之路;第二,共同为世界经济增长发掘新动力,在数字经济和新工业革命领域加强

合作；第三，携手使世界经济增长更加包容，继续把经济政策和社会政策有机结合起来；第四，继续完善全球经济治理，加强宏观政策沟通，推动联动增长，促进共同繁荣，向着构建人类命运共同体的目标迈进。

2018年11月G20领导人第十三次峰会在阿根廷布宜诺斯艾利斯举行，国家主席习近平出席第一阶段会议并发表题为《登高望远，牢牢把握世界经济正确方向》的重要讲话。在讲话中，习近平指出，"2018年是国际金融危机发生10周年，也是二十国集团领导人峰会10周年。"二十国集团要从历史大势中把握规律，引领方向。各国相互协作、优势互补是生产力发展的客观要求，也代表着生产关系演变的前进方向。在这一进程中，各国逐渐形成利益共同体、责任共同体、命运共同体。习近平建议G20成员国从四个方面做出努力：一是坚持开放合作，维护多边贸易体制；二是坚持伙伴精神，加强宏观政策协调；三是坚持创新引领，挖掘经济增长动力；四是坚持普惠共赢，促进全球包容发展。

2019年6月G20领导人第十四次峰会在日本大阪举行，国家主席习近平出席并发表题为《携手共进，合力打造高质量世界经济》的重要讲话。在讲话中，习近平指出G20领导人有责任在关键时刻为世界经济和全球治理把准航向，为市场增强信心，给人民带来希望。为了实现这些目标，习近平建议G20成员国从四个方面做出努力：一是坚持改革创新，挖掘增长动力；二是坚持与时俱进，完善全球治理；三是坚持迎难而上，破解发展瓶颈；四是坚持伙伴精神，妥善处理分歧。此外，习近平还提到中国高质量发展的若干重大举措，包括进一步开放市场、主动扩大进口、持续改善营商环境、全面实施平等待遇、大力推动经贸谈判。

总的来说，在第三阶段，中国话语权和影响力明显提升，特别是在杭州峰会上，习近平对世界经济开出的"中国药方"，展现了大国责任和担当，为G20带来了实现长期可持续发展的信心，受到了国际社会的高度评价。

第二节　中国参与二十国集团建设的突出表现

作为国际社会应对2008年金融危机的制度性产物，G20为全球经济复苏与增长提供了新的动力。然而，G20作为全球治理的重要平台，由于没有常设机构，仍是一个松散的论坛，到目前为止依然是一个临时性的磋商机制，这将导致G20成员国的协调和决策效率降低，对成员国的承诺不具有约束力。当前困扰世界经济的巨大不确定性和不稳定性主要来源于贸易紧张局势，根据世界银行和国际货币基金组织估计，现阶段贸易摩擦可能会在2020年将全球GDP水平拉低

0.5%。尽管 G20 面临各种挑战，但它仍然是中国积极参与并引领全球治理的重要平台，通过积极参与 G20 建设，中国可以增强其在国际社会的话语权和影响力，同时 G20 也为中国与其他经济体的协调与合作提供了平台。因此，中国有必要继续积极维护好、利用好、建设好 G20。近年来中国参与 G20 建设的突出表现主要包含以下几个方面。

一、精心布置，积极主办 G20 峰会

中国是 G20 创始成员，在 2005 年作为主席国成功举办了第七届 G20 财长和央行行长会议，而杭州峰会是中国首次担任 G20 峰会主席国，首次主办 G20 峰会。这是中国主办的规模最大、级别最高、影响最深远的国际会议，也是发展中国家最多、代表性最强的一次峰会。作为最大的发展中国家，中国此次不仅邀请了 G20 中的 10 个发展中国家成员，还邀请了泰国、老挝、乍得、塞内加尔、埃及、哈萨克斯坦作为嘉宾国出席峰会。这 6 个嘉宾国实际上代表了 100 多个发展中国家，体现了峰会对中小发展中国家利益的关心和照顾。峰会还邀请了世界三大经济组织和经合组织负责人，使 G20 的代表性大大提高了。杭州峰会召开之际，全球经济增长持续低迷，贸易保护主义不断蔓延，全球化进程也遭遇到严重挫折，成员国领导人更迭频繁，正是在这样一个复杂背景下，G20 杭州峰会备受世界关注。基于对当前世界经济形势的分析和判断，中国认为，世界经济最大的问题在于增长乏力，动力不足。单纯依靠财政刺激和货币宽松政策难以推动经济持续增长，只有通过技术、发展理念、体制机制等领域的创新，才能提高经济增长的动力和质量，实现标本兼治。更重要的是，各国应携手推动国际经济合作，为世界经济注入强劲动力。为此，中国确定 G20 杭州峰会主题为"构建创新、活力、联动、包容的世界经济"，希望从四个领域推进峰会工作：一是创新增长方式，提升世界经济增长潜力；二是完善全球经济治理，提高世界经济抗风险能力；三是促进国际贸易和投资，构建开放型世界经济；四是推动包容、联动式发展，落实 2030 年可持续发展议程，实现共同发展。中国愿与各方一道寻求共同方案，推动 G20 从危机应对机制向长效治理机制转型，引领世界经济增长和国际经济合作方向。

在中国的精心组织和与会各方的共同努力下，杭州峰会取得了丰硕成果。G20 杭州峰会最后达成 30 项主要成果，包括《G20 创新增长蓝图》《G20 落实 2030 年可持续发展议程行动计划》《G20 支持非洲和最不发达国家工业化倡议》《G20 全球贸易增长战略》《全球投资指导原则》等。

二、突出发展,积极破解南北不平衡问题

G20 是当前世界唯一的发达国家和新兴经济体领导人平等对话的平台。发达国家试图通过 G20 维护既得利益,约束新兴经济体;而新兴经济体希望通过 G20 获得更多话语权,推动国际秩序转型。从历届 G20 峰会主要议题来看(见表 12-1),发达国家仍然主导着 G20 议题设置。比如 2008~2009 年 G20 峰会主要议题更多关注的是国际金融危机的应对,体现了发达国家的利益诉求和全球战略考量。从杭州峰会的议题设置来看,中国兼顾了各方利益,将发展问题作为峰会的核心议题,坚持维护了发展中国家的整体利益,也注重与西方发达国家的沟通和协调。具体表现为,G20 杭州峰会第一次把发展问题置于全球宏观政策的核心位置,第一次围绕落实 2030 年可持续发展议程制定系统性行动计划,第一次制定支持非洲和最不发达国家工业化倡议(见表 12-1)。

表 12-1　　　　　　　　历次 G20 峰会主要议题

年份	次数	主要议题
2008	第一次	评估国际社会在应对当前金融危机方面取得的进展,讨论金融危机产生的原因,共商促进全球经济发展的举措,探讨加强国际金融领域监管规范、推进国际金融体系改革等问题
2009	第二次	复苏全球经济、增资国际货币基金组织、恢复放贷、加强金融监管、反对保护主义和帮助发展中国家等
2009	第三次	推动世界经济复苏、转变经济发展方式、国际金融体系改革和发展问题等
2010	第四次	经济可持续与平衡增长、金融部门改革、改革国际金融机构和促进全球贸易增长等
2010	第五次	汇率、全球金融安全网、国际金融机构改革和发展问题等
2011	第六次	欧债危机、世界经济复苏与增长、国际货币体系改革、国际金融监管、抑制国际市场原材料价格过度波动、发展问题和全球治理等
2012	第七次	世界经济形势、加强国际金融体系、发展问题、贸易问题、就业问题等
2013	第八次	世界经济增长和金融稳定、就业和投资、可持续发展和国际贸易等
2014	第九次	促经济增长与促就业、全球经济恢复力、贸易和能源等
2015	第十次	世界经济形势、包容性增长、国际金融货币体系改革、贸易、能源、反腐败等

续表

年份	次数	主要议题
2016	第十一次	"加强政策协调、创新增长方式""更高效的全球经济金融治理""强劲的国际贸易和投资""包容和联动式发展""影响世界经济的其他突出问题"等
2017	第十二次	世界经济形势、贸易、金融、数字经济、能源、气候变化、发展、非洲、卫生、难民移民、反恐等
2018	第十三次	世界经济、贸易和投资、数字经济、可持续发展、基础设施和气候变化等
2019	第十四次	全球经济、贸易与投资、创新、环境与能源、就业、女性赋权、可持续发展以及全民健康

资料来源：作者根据相关资料整理。

在 G20 布宜诺斯艾利斯峰会上，习近平再次提到发展问题，他指出"当今世界面临的很多问题，归根结底都和发展问题相关。我们要坚持以人民为中心的发展思想，继续把发展问题置于全球宏观政策协调的突出位置，落实好 2030 年可持续发展议程，为联合国框架内有关工作提供有力支持。要继续支持非洲发展，帮助非洲加强基础设施建设和互联互通，推进新工业化进程。"在 G20 大阪峰会上，习近平提出"坚持迎难而上，破解发展瓶颈。""二十国集团应该继续将发展置于宏观经济政策协调的优先位置，增加发展投入，用实实在在的行动引领发展合作。"近两届 G20 峰会继承并延续了杭州峰会的共识和成果，尤其是对发展问题极其重视，习近平在峰会上的讲话也特别强调发展，支持发展，这反映了中方一贯倡导的"共商共建共享""互联互通"等重要理念，展现了中国在推动 G20 建设方面的引领作用。

三、强调创新，积极促进世界经济增长

促进经济增长始终是 G20 关注的核心议题。从 2008 年首届峰会提出支持经济增长，到 2009 年匹兹堡峰会正式启动强劲、可持续和平衡增长框架，历届峰会都紧紧围绕着世界经济增长议题展开讨论。当前世界经济增长动力不足，迫切需要找到新的增长源。中国首次将"创新增长方式"作为 G20 峰会的重要议题，提出 G20 创新增长蓝图及具体行动计划，为全球创新增长开辟了新的路径，注入了新的活力。创新是经济长期增长的重要动力之一，创新增长理念涵盖支持创

新、新工业革命和数字经济的行动，还确认了结构性改革的重要性。杭州峰会首次通过了结构性改革的顶层设计，包括改革的九大优先领域和48条指导原则以及一套衡量改革成效和进展的指标体系。各国根据指标体系每两年评估一次改革进展，并将结果纳入G20问责评估报告中。G20成员国也表示，将以"发挥引领作用、秉持伙伴关系、保持开放精神、体现包容风格、践行创新理念、发挥协同效应、展现灵活态度"为愿景，根据《二十国集团创新增长蓝图》的建议和本国国情采取行动，承诺采取跨领域行动，加强多层面伙伴关系。G20将设立一个专题工作组，进一步推动二十国集团创新、新工业革命和数字经济议程。《创新增长蓝图》代表了二十国集团为促进强劲、可持续、平衡和包容增长做出的重要贡献，是对二十国集团成员在全面增长战略框架下所做努力的补充。

中国举办G20杭州峰会的总体思路与"十三五"规划的指导思想是一脉相承的。"十三五"规划提出创新、协调、绿色、开放、共享的发展理念，认为创新是引领发展的第一动力，把创新摆在国家发展全局的核心位置。G20杭州峰会的主要议题与之高度契合，这既是中国自身发展的需要，也是国际经济合作和G20机制转型的共同需要。向创新要动力，向改革要活力，这是党的十八大后中国经济转型升级的发展思路，也是解决当前世界经济发展困境的"中国方案"之一。习近平在世界经济论坛2017年年会上指出，"只有敢于创新、勇于变革，才能突破世界经济增长和发展的瓶颈。"《2018年国民经济和社会发展统计公报》显示，2018年中国研究与试验发展经费支出为19 657亿元，占国内生产总值的比重为2.18%，其中基础研究经费1 118亿元。随着创新投入力度持续加大，科技作为创新驱动发展第一动力的作用日益凸显，中国将以更大力度激励创新，为中国经济和世界经济发展注入更多动能。在G20布宜诺斯艾利斯峰会上，习近平继续强调创新引领，"世界经济数字化转型是大势所趋，新的工业革命将深刻重塑人类社会。我们既要鼓励创新，促进数字经济和实体经济深度融合，也要关注新技术应用带来的风险挑战，加强制度和法律体系建设，重视教育和就业培训。"在G20大阪峰会上，习近平再次提到改革创新，他指出，"世界经济已经进入新旧动能转换期。我们要抓住新技术、新产业、新业态不断涌现的历史机遇，营造有利市场环境，尊重、保护、鼓励创新。我们要提倡国际创新合作，超越疆域局限和人为藩篱，集全球之智，克共性难题，让创新成果得以广泛应用，惠及更多国家和人民。""发展创新""创新发展方式""推动改革创新""构建创新、活力、联动、包容的世界经济""坚持创新引领""坚持改革创新"，从圣彼得堡到安塔利亚，从杭州到大阪，习近平为促进世界经济增长、完善全球经济治理提出一系列重要理念和主张，"创新"是贯穿始终的关键词之一。

四、坚持伙伴精神，积极应对共同挑战

当前，单边主义和保护主义严重干扰国际秩序和多边贸易体制，成为全球经济稳定的重要风险。在世界面临百年未有之大变局的形势下，中国主张坚持伙伴精神，加强政策协调，应对共同挑战。伙伴精神是G20形成的基础，G20建立之初也是为了解决世界面临的共同问题。在国际金融危机紧要关头，G20临危受命，秉持同舟共济的伙伴精神，把正在滑向悬崖的世界经济拉回稳定和复苏轨道，团结战胜了分歧，共赢取代了私利。如今，面对新的困难和挑战，G20应该"合力促进全球经济增长、维护金融稳定""应该结合制定和落实《杭州行动计划》，继续加强政策协调，减少负面外溢效应，共同维护金融稳定，提振市场信心。"伙伴精神是G20最宝贵的财富。习近平在G20杭州峰会上指出，"虽然国情不同、发展阶段不同、面临的现实挑战不同，但推动经济增长的愿望相同，应对危机挑战的利益相同，实现共同发展的憧憬相同。只要我们坚持同舟共济的伙伴精神，就能够克服世界经济的惊涛骇浪，开辟未来增长的崭新航程。"作为负责任的大国，中国身体力行弘扬伙伴精神，致力于同世界各国合作共赢。

习近平在G20布宜诺斯艾利斯峰会指出，"尽管世界经济整体保持增长，但危机的深层次影响仍未消除，经济增长新旧动能转换尚未完成，各类风险加快积聚。新一轮科技革命和产业革命引发深刻变化，贫富差距和社会矛盾压力不断增加。世界经济再一次面临历史性的选择。"世界经济形势越是困难，越要发扬伙伴精神，越需要各国相互联通，相互包容，形成合力，实现全球包容发展。习近平倡议"各方应该坚持财政、货币、结构性改革'三位一体'的政策工具，努力推动世界经济强劲、平衡、可持续、包容增长。加强政策协调，既是世界经济增长的客观需要，也是主要经济体理应担负的责任。""坚持伙伴精神，妥善处理分歧。"在G20大阪峰会上，习近平明确提出"要弘扬伙伴精神，本着相互尊重、相互信任态度，平等协商、求同存异、管控分歧、扩大共识。"中国与G20绝大多数成员通力合作，坚定了全球化和多边主义的方向，中国也随时欢迎包括美国在内的其他国家转变态度，增强经贸合作。在G20大阪峰会期间，习近平还出席了金砖国家领导人会晤、中俄印领导人会晤，主持中非领导人会晤，就深化新兴市场国家和发展中国家合作、落实联合国2030年可持续发展议程等重大问题加强沟通协调，进一步维护多边主义，推动国际合作。正如习近平在杭州峰会闭幕式上所说，"只要我们彼此包容、守望相助，就能无论晴时好、雨时奇，都坚定前行，共抵彼岸。"

五、扩大开放，积极构建开放型世界经济

G20历次峰会都将反对贸易保护主义、促进贸易增长作为一个重要议题进行讨论。自杭州峰会以来，世界经济形势发生了较大变化，各主要经济体经济复苏势头明显，但同时也面临不少挑战和不确定性，其中，最大的挑战就是美国经济政策取向极端化可能引起的风险。在今后较长时期内，逆全球化和再全球化之间的较量将是全球经济的常态，也是全球冲突和风险的来源。中国一直是全球贸易保护主义的受害者，同时也是维护全球多边贸易体系的坚定支持者和捍卫者，中国在各个场合都展现出推进全球化的积极姿态。中国主张贸易自由，认同世界市场是自由开放的市场，坚决反对各种贸易保护主义。中国坚定维护联合国的核心地位，坚持多边主义，积极推进WTO、IMF、WB等世界主要国际经济治理机构的改革，支持开放、透明、包容、非歧视性的多边贸易体制，促进贸易投资自由化便利化。

在贸易投资不振的背景下，中国提出"构建开放型世界经济"主张，秉承开放共赢理念，不断扩大对外开放，为提振全球经济做出了有益探索。从圣彼得堡到安塔利亚，在G20峰会上，中国一直是自由贸易的坚定倡导者和维护者。在G20杭州峰会上，习近平指出："二十国集团应该坚决避免以邻为壑，做开放型世界经济的倡导者和推动者，恪守不采取新的保护主义措施的承诺，加强投资政策协调合作，采取切实行动促进贸易增长。"中国呼吁G20成员维护多边贸易体制，培育全球大市场。为推动贸易和投资发展，在G20杭州峰会公报中，各方承诺推动贸易投资自由化和便利化。同时，杭州峰会首次制定了《二十国集团全球贸易增长战略》，首次制定《二十国集团全球投资指导原则》，这不仅填补了投资规则空白，还有助于营造开放透明有利的全球投资政策环境。在G20汉堡峰会上，习近平继续提议建设开放型世界经济，二十国集团"要坚持走开放发展、互利共赢之路，共同做大世界经济的蛋糕。"作为世界主要经济体，应该发挥领导作用，支持多边贸易体制。G20汉堡峰会闭幕时，各方达成了贸易投资方面的共识，向外界发出G20支持市场开放、反对保护主义的积极信号，G20领导人一致支持全球化，决定建立稳定的国际贸易体系，促进跨国投资。在G20布宜诺斯艾利斯峰会上，习近平提出了"坚持开放合作、坚持伙伴精神、坚持创新引领、坚持普惠共赢"的合作倡议，这"四个坚持"彰显了中国坚持改革开放的决心，并表明"中方希望各国共同营造自由、开放、包容、有序的国际经济大环境"。近年来中国相继出台的扩大开放的各种举措，比如深化改革、扩大开放，全力支持多边主义和自由贸易体系，积极推进"一带一路"建设等，对维护自由贸易体

制、稳定全球化发展方向发挥了重要作用。在 G20 大阪峰会上，习近平宣布，中国将进一步推出若干重大举措，加快形成对外开放新局面。进一步开放市场、主动扩大进口、持续改善营商环境、全面实施平等待遇、大力推动经贸谈判等五大举措，向世界传递的不仅是中国进一步开放的决心，还有中国融入世界经济、遵循规则的态度。

六、增加绿色金融供给，积极支持全球绿色经济发展

通过梳理近年来主要的国际政治经济关键词不难发现，应对气候变化和低碳经济是现阶段全球最具兼容性的共识。应对气候变化一直都是 G20 关注的重点议题，这不仅仅是因为气候变化与世界经济和能源的可持续发展紧密关联，更是因为分享世界经济发展成果，推动和帮助广大发展中国家实现可持续发展目标，必须正视气候变化给发展中国家未来发展所带来的风险。气候变化已从单纯的环境保护问题上升为人类生存与发展问题。G20 杭州峰会首次把可持续发展和气候变化这两个最大的发展问题同时讨论，首次发布气候变化问题主席声明。党的十八大以来，通过深化与国际能源署、OPEC、国际能源论坛、国际可再生能源机构、能源宪章组织等国际机构合作，中国为推动世界向低碳转型、应对气候变化发挥了积极作用。气候变化中的资金问题一直都是气候变化谈判中最受关注的话题，《巴黎协定》也提出让发达国家继续向发展中国家提供资金援助，帮助发展中国家减少碳排放，应对气候变化，同时鼓励其他国家在自愿基础上提供援助。为了解决气候变化中的资金问题，在中国倡议下，二十国集团首次讨论了绿色金融议题，并成立了绿色金融研究小组。研究小组向杭州峰会提交了《G20 绿色金融综合报告》，提出了绿色金融的标准和范围，总结了相关经验，为各国发展绿色金融提供参考，支持全球经济向绿色低碳转型。绿色金融的目的就是让融资行动更加环境友好，提高资源使用效率。加强环保不仅仅只是成本，也能带来盈利，包括新能源在内的新兴产业，拥有广阔的市场前景，这为绿色金融发展奠定了良好的商业基础。在全球竞相发展绿色经济寻求可持续发展路径的背景下，绿色金融逐渐受到各经济体的重视，绿色金融很可能成为未来经济增长点。

值得注意的是，在绿色金融领域，中国不是仅仅讨论绿色金融概念、原则和意见的"清谈馆"，而是走在世界前列的"行动队"。2016 年 8 月 31 日，中国人民银行等七部委联合发布了《关于构建绿色金融体系的指导意见》，这是全球第一个绿色金融顶层制度。从 2016 年我国绿色债券市场发行量跃居世界首位以来，历年发行量和存量规模都在全球前列。2017 年中国作为发起国之一成立了央行

和监管机构绿色金融网络等绿色金融合作平台，2018年中英共同发布了"一带一路"绿色投资原则。2019年中国出台了《绿色产业指导目录》，欧盟制定了《可持续金融分类方案》，以此为契机，中国可以率先推动中欧绿色金融标准趋同。今后中国将继续扎实做好绿色金融工作，推动绿色发展。

七、坚定反腐立场，积极推动国际反腐败合作

随着全球化的不断发展，腐败已成为困扰国际社会的一大难题。对于跨国性腐败，单个主权国家仅靠自身力量无法解决，必须开展国际合作。G20成员是当今世界的主要经济体，如果这些国家在反腐败国际合作方面形成共识，展开更紧密的合作，将形成国际反腐的有利态势。历届峰会对反腐败议题都有涉及，从最初的加强金融监管，到成立反腐败问题工作组，再到建设反腐败合作网络，反腐败议题在G20峰会中分量越来越重。与以往G20峰会相比，杭州峰会是反腐败国际合作务实性最为突出、成果最为丰硕、中国元素最为明显的一次峰会。在G20杭州峰会上，各国领导人一致批准通过《二十国集团反腐败追逃追赃高级原则》、在华设立G20反腐败追逃追赃研究中心、《二十国集团2017~2018年反腐败行动计划》等事项，积极打造原则、机制、行动"三位一体"的国际反腐败格局，这些成果的取得，体现了G20成员加强反腐败务实合作特别是追逃追赃合作的共同愿望，也标志着国际反腐合作进入新的发展阶段。这些成果的设计，在积极吸收国际社会开展反腐败追逃追赃工作经验的同时，把落实习近平总书记关于加强追逃追赃工作的要求以及党的十八大以来中国反腐倡廉建设的新思想、新要求都汇聚在一起，带有更多的中国色彩。党的十八大以来，以习近平同志为核心的党中央勇于面对党内存在的突出问题，坚持无禁区、全覆盖、零容忍，坚定不移"打虎""拍蝇""猎狐"。习近平在重大外交活动中多次就反腐败和追逃、追赃发表过重要论述，主动设置反腐败国际合作议题，共同商讨反腐败追逃追赃。中国在打击和消除腐败方面采取的重要举措，已形成有效的机制，向世界人民展示了打击腐败的中国方式，获得了国际社会的广泛支持。杭州峰会闭幕后，2017年5月，首届"一带一路"国际合作高峰论坛在北京举行，会议明确提出将"一带一路"建设成为"廉洁之路"。同年9月，金砖国家领导人第九次会晤在厦门举行，加强反腐败合作也写入了《金砖国家领导人厦门宣言》。同年11月，第20次中国—东盟领导人会议发表了《中国—东盟全面加强反腐败有效合作联合声明》。中国反对腐败的决心和毅力，强有力地推进了国际反腐工作。

第三节 中国在积极参与二十国集团建设中对全球经济治理改革的主要贡献

中国过去一直是全球经济治理体系的参与者和融入者,历届峰会中,中国领导人表达了中国对全球经济治理的立场和一系列重要主张。中国的快速发展改变了世界经济政治格局,俨然成为推动全球经济治理变革的重要积极力量。在积极参与 G20 建设的过程中,中国迎来了从参与者到制定者的重要转折。2016 年作为东道国举办杭州峰会,标志着中国在全球治理体系中的地位发生了实质性变化。作为峰会的东道国,中国运用议题和议程设置主动权,引导 G20 杭州峰会形成一系列具有开创性、引领性、机制性的成果,开辟了全球经济治理的新起点。2016 年 G20 杭州峰会上,习近平首次全面阐释中国的全球经济治理观,首次将创新作为核心成果,首次将发展议题置于全球宏观政策协调的突出位置。作为推动 G20 落实"杭州共识"最重要的行为主体,中国通过 G20 平台积极参与全球经济治理,积累经验并取得显著成效,具体表现为以下几个方面。

一、倡导树立命运共同体意识,为全球经济治理提供新的价值理念

发展经济的最终落脚点是为了满足人民需求,改善人民生活。传统的全球经济治理体系以霸权国家权力和利益为基础,大都以单一国家经济为立足点,无助于解决全球经济内在矛盾。全球经济治理需从人类共同体的高度,超越国家中心主义,统筹不同国家的发展需求,形成全球经济的良性互动。习近平在党的十八大报告提出,"人类生活在同一个地球村里,生活在历史和现实交汇的同一个时空里,越来越成为你中有我、我中有你的命运共同体"。人类命运共同体理念提出了全球经济治理的新模式,世界各国应该"共建合作共赢的全球伙伴关系,携手构建人类命运共同体,共同完善全球经济治理"。2013 年 3 月,习近平在莫斯科国际关系学院发表演讲时,第一次使用"命运共同体",向世界传递对人类文明走向的中国判断。在 G20 领导人第八次峰会上,习近平重提"命运共同体"的概念,倡导各国树立命运共同体意识,"真正认清'一荣俱荣、一损俱损'的连带效应,在竞争中合作,在合作中共赢。在追求本国利益时兼顾别国利益,在寻求自身发展时兼顾别国发展"。在 G20 领导人第九次峰会上,习近平再提"命

运共同体",指出"面对世界经济面临的各种风险和挑战,二十国集团成员要树立利益共同体和命运共同体意识,坚持做好朋友、好伙伴,积极协调宏观经济政策,努力形成各国增长相互促进、相得益彰的合作共赢格局"。习近平强调,在经济全球化不断发展的今天,不存在与世隔绝的孤岛。中国愿秉持平等、开放、合作、共享的精神为复苏乏力、增长脆弱的世界经济开出标本兼治、综合施策的"中国药方",以推动世界经济走上强劲、可持续、平衡、包容性增长之路。作为最大的发展中国家和全球第二大经济体,中国精心筹办的G20杭州峰会,在G20和世界经济发展的历史上留下了厚重的一笔。杭州峰会发表了《二十国集团领导人杭州峰会公报》和28份具体成果文件。G20杭州峰会的一大亮点是中国邀请了很多发展中国家参与。作为此次峰会的主席国,中国在G20杭州峰会上为全球经济治理提供了"中国方案",并得到了广泛认可。习近平总结杭州峰会在发展领域的成果讲到了三个"第一次":G20第一次将发展问题置于全球宏观政策框架的突出位置,第一次制定落实联合国2030年可持续发展议程行动计划,第一次采取集体行动支持非洲和最不发达国家工业化。三个"第一次"意味着,二十国集团不仅属于二十国,也属于全世界,特别是广大发展中国家和人民。当前某些发达国家出现的"逆全球化"改变不了全球化的大趋势和大方向,未来中国将继续积极参与全球治理,为构建"人类命运共同体"打好国际组织与多边机制的基础。

习近平在G20杭州峰会上指出,要"充分倾听世界各国特别是发展中国家声音,使二十国集团工作更具包容性,更好回应各国人民诉求。"人类命运共同体理念虽是由中国提出,但与西方国家主导的"中心—边缘"全球治理格局存在很大不同。人类命运共同体倡导世界各国应紧密合作,坚持伙伴精神,共同实现人类社会的永续发展,是一个集依存性、共赢性和包容性为一体的概念。人类命运共同体在价值理念上突破了自我中心意识和单极中心意识,是一种体现相互依赖、共建共享的新型共同体。在积极推进G20峰会建设中,中国始终把维护中国利益与维护广大发展中国家共同利益结合起来,加强同发展中国家的协调与合作,努力使全球治理体系更加平衡地反映大多数国家利益,为发展中国家争取更多权利。

二、深化"一带一路"倡议,为全球经济治理提供新的公共产品

"一带一路"建设是中国携手打造人类命运共同体的价值实践,推进"一带一路"是中国应对全球治理危机的重大战略创新,是对全球可持续发展的重大贡献。中国、美国、欧洲是全球经济治理的三大主要经济体,这三者的一举一动深

刻影响着全球经济治理体系的发展方向,其中中国的重要性在不断上升。一方面,自特朗普总统上台后,美国正逐渐推卸全球经济治理的责任,主要表现为美国先后退出TPP协议、《巴黎协定》、联合国教科文组织;另一方面,欧洲国家由于内部分裂、右翼势力抬头、经济危机等问题,使其在全球经济治理方面显得疲软无力。"一带一路"是中国推进全球经济治理的重要探索。"一带一路"建设根植于丝绸之路的历史土壤,不论来自亚洲、欧洲,还是非洲、美洲,都是"一带一路"建设的合作伙伴。中国以"一带一路"倡议在新时期参与全球治理的方案,与沿线各国积极共同探索全球治理的新模式。以共商、共建、共享为原则,对沿线区域的国家历史、文化习俗、经济发展采取极具针对性的合作模式,截至2019年3月底,中国已与125个国家和29个国际组织签署173份合作文件①。在积极参与G20建设中,"一带一路"与G20将相互补充配合,发挥对世界经济健康发展的引领作用。在G20杭州峰会上,中国提出包容联动式发展,把发展问题置于全球宏观政策框架的核心,呼吁减少全球发展不平等、不平衡现象。"一带一路"建设同样致力于推动各国加强对接合作,主张建设开放型世界经济,落实2030年可持续发展议程,解决全球发展不平衡问题。G20致力于推动全球宏观经济政策协调,"一带一路"同样注重加强各国政策沟通,形成协调发展的合作。"一带一路"提出的加强设施联通、贸易畅通和资金融通,以此挖掘世界经济增长动力,与G20推动世界经济强劲、可持续增长的目标不谋而合。总的来说,G20是全球经济治理最重要的平台,"一带一路"是当今世界规模最大、影响最深远的国际合作倡议,二者在理念和目标上有着许多相近相通之处。中国提出共建"一带一路"倡议,目的就是动员更多资源,拉紧互联互通纽带,释放增长动力,实现市场对接,让更多国家和地区融入经济全球化,共同走出一条互利共赢的康庄大道。

作为全球最大的发展中国家,中国通过发展基础设施促进经济的实践成果令世人刮目。基础设施议题向来是G20峰会关注的重点。在杭州峰会上为了解决"一带一路"沿线国家基础设施建设资金短缺的问题,中国主导并和其他56个国家共同建立了亚洲基础设施投资银行。亚投行的成立是中国参与国际治理、为全球发展提供新思路和新动力的典型案例。自成立以来,亚投行已批准15个国家的39个贷款或投资项目②。此外,中国还成立了总规模400亿美元、专门支持"一带一路"发展的丝路基金。2017年5月习近平在"一带一路"国际合作高峰

---

① 许勤华:《共建"一带一路"为全球治理新模式提供理论支撑》,http://theory.people.com.cn/n1/2019/0426/c40531-31052462.html。

② 《已批准15个国家的39个项目将开展联合融资》,http://news.cctv.com/2019/04/20/ARTINbQWwKd2OHnb0Ww6QpWi190420.shtml。

论坛开幕式上指出向丝路基金增资 1 000 亿人民币。在杭州峰会上,中国倡导 G20 应推动多边开发机构采取联合行动,进一步加大对基础设施投资的支持力度,积极发挥亚投行、金砖国家新开发银行等新机构对现有多边发展体系的有益补充作用。

三、加强南南合作,为全球经济治理提供公正合理新秩序

现行的全球经济治理体系是第二次世界大战后形成的以美国为主导的布雷顿森林体系。世界货币基金组织、世界银行等布雷顿森林机构更多反映发达国家的全球经济治理理念。当前,世界经济格局正在发生深刻变化,由中国引领的新兴经济体迅速成长,在世界经济中的权重不断上升,对世界经济增长的贡献度不断增加,但全球经济治理体系并未反映这一变化。在 G20 财长和央行行长多次会议中,中国和其他新兴市场国家积极推动 IMF 改革,以更多反映新兴市场国家和发展中国家在全球经济中的份额比例。在 G20 杭州峰会上,作为主席国的中国在推动全球经济金融治理改革方面取得了丰硕成果。一是进一步推动国际金融机构改革。杭州峰会公报称,G20 致力于在 2017 年年会前完成第 15 次份额总检查,并形成新的份额公式。份额调整应提高有活力经济体的份额占比,以反映其在世界经济中的相对地位。今后,新兴市场和发展中国家在国际货币基金组织的份额占比将有所提升,这有利于提高发展中国家在国际金融体系中的话语权,让全球金融架构真正代表全球总的共同利益。二是进一步完善全球金融安全网。G20 杭州峰会上,二十国集团领导人核准《二十国集团迈向更稳定、更有韧性的国际金融架构的议程》,强调完善国际货币金融体系,优化国际金融机构治理结构,充分发挥国际货币基金组织特别提款权作用等。三是进一步提高全球税收透明度。

2017 年 9 月,习近平提出"金砖+"合作模式,旨在促进金砖国家进一步加强与其他新兴经济体合作,更好地体现发展中国家的共同立场和利益诉求。"金砖+"代表的是南南合作的新平台,① 通过金砖国家与其他发展中大国或发展中国家组织开展对话,建设更广泛伙伴关系,扩大金砖"朋友圈",把金砖合作打造成当今世界最有影响力的南南合作平台。金砖合作机制建立以来,已成为具有全球影响力的合作平台。随着金砖合作机制积极发挥作用,全球经济治理体系的代表性和公正性也在不断增强。作为全球新兴经济体和发展中国家的领头羊,金砖国家成员都是 G20 重要成员,金砖国家领导人在推动 G20 峰会顺利举行和全球治理体系改革发挥了积极作用。早在 2009 年 G20 匹兹堡峰会筹备期间,

---

① 《王毅谈今年金砖合作四大看点》,https://www.fmprc.gov.cn/web/zyxw/t1443997.shtml。

金砖国家负责 G20 事务的协调人就全球经济形势、应对全球金融危机、协调金砖国家领导人在峰会上的政策立场等内容举行了会谈，这是金砖国家集体首次在 G20 这一平台进行政策沟通和立场协调。在 2011 年 G20 戛纳峰会上，金砖国家举行了 G20 峰会期间的首次领导人非正式会晤，就共同关心的国际和地区问题交换意见。自此之后，历次 G20 峰会召开期间，金砖国家领导人举行非正式会晤成为惯例。2017 年 G20 汉堡峰会上，金砖国家领导人首次发布了新闻公报。2018 年 G20 布宜诺斯艾利斯峰会上，金砖国家领导人将发布新闻公报固定下来，还首次举行了中、俄、印三国领导人非正式会晤。中、俄、印三国作为最具代表性的金砖国家成员，在 G20 平台上开创性地举行领导人会晤，这对于完善金砖国家合作机制，提升金砖国家在全球治理及 G20 等多边机制中的协调配合具有重要作用。在 2019 年 G20 大阪峰会上，金砖国家领导人集体出席，并举行了第九次金砖国家领导人非正式会晤，中国和出席 G20 大阪峰会的非洲国家创新性地举行了中非领导人小型会晤。这表明了金砖国家和非洲国家等新兴市场经济体和发展中国家合作日益加深，中国充分利用 G20 峰会平台，积极开展一系列双边和多边外交活动，为深化新兴经济体和发展中国家合作、推动全球经济治理体系改革作出重要贡献。

四、完善 G20 合作机制，为全球经济治理提供长效平台

G20 峰会机制诞生于 2008 年国际金融危机紧要关头，可谓是临危受命。自华盛顿峰会以来，G20 在应对国际金融危机、抵御世界经济衰退、恢复世界经济增长等方面发挥着史无前例的关键作用。历届峰会主题紧紧围绕国际金融经济热点、难点问题，无论是应对危机和衰退，还是刺激经济复苏和改革国际金融体系，G20 领导人峰会都起到了不可替代的作用，G20 合作机制在全球经济治理中贡献显著。诞生于危机中的 G20 与其他国际经济机构截然不同：无公约、无宪章、无常设秘书处、无国际法人地位。正是由于这些特征，使 G20 在应对全球突发事件时表现出较强的应对能力，充分发挥其独特优势——灵活性、低成本、高效率等。这是现行国际机构很难具备的条件。尽管如此，世界经济增长依然低迷，贸易和投资持续不振。在 G20 安塔利亚峰会上，习近平一针见血地指出，面对世界经济整体动力不足，G20 要找准病灶，对症下药，要确定目标、指明方向、发挥领导力，既要治标以求眼下稳增长，又要治本以谋长远添动力。为此，在 G20 杭州峰会上，习近平提出，G20 要做到"知行合一，采取务实行动"，要"采取更加全面的宏观经济政策，使用多种有效政策工具，统筹兼顾财政、货币、结构性改革政策"。为此，G20 杭州峰会在可持续发展、绿色金融、反腐败等多

个领域制定了行动计划，使 G20 合作机制由虚转实，推动 G20 进一步从危机应对向长效治理机制转型。

通过杭州峰会，中国大幅提高了 G20 在世界经济协调中的地位，将 G20 峰会作为指引世界经济方向的国际协调平台。只要 G20 平台的协调能力继续保持，"中国药方"必然见效。除了 G20 这个平台，中国强调要加强国际平台的协调和合作。作为一个国际经济合作论坛，G20 的非正式性质决定了其更擅长短期的危机应对而非长效治理。如何实现 G20 向长效治理机制转型，成为一个关于 G20 机制未来发展的重要议题。G20 作为当今世界最主要发达国家和新兴市场国家领导人集合的非正式机制，能够就全球经济中最紧迫最新的问题加以讨论，相比正式的国际组织，G20 成员间的对话更自由，能更加平衡地反映发达国家和发展中国家不同的治理理念，促使双方更快找到新的全球经济治理共识。因此，G20 比正式国际组织更能体现全球经济治理的特征。但是 G20 在向长效治理机制转型的过程必须发挥正式国际组织的作用，包括世界货币基金组织、世界银行、世界贸易组织、金融稳定理事会、联合国、国际劳动组织、国际经合组织等。因为这些组织能够在 G20 会议筹备过程中提供技术和智力支持，也是 G20 会议重要成果的执行者和贡献者。在 G20 这一重要全球治理平台上，中国积极与发达国家联手加强宏观政策协调，加强金融风险管控，推动世界货币基金组织、世界银行份额改革，引领 G20 向长效治理机制转型，让 G20 真正成为全球经济治理的"推进器"。在杭州峰会上，中国将 2030 年可持续发展议程成功引入 G20 峰会议程，使峰会第一次围绕落实该发展议程制定行动计划，这是 G20 历史上首次在峰会上同时讨论与可持续发展和气候变化有关的问题，标志着中国成功推动 G20 从危机应对向长效治理机制转型。引入联合国 2030 议程，为 G20 长效治理提供中长期目标、政治合法性和执行机构支撑，使得 G20 不仅仅讨论短期的经济问题，还能关注全球社会的整体发展。但是，西方发达国家在全球治理的经验明显优于中国，导致中国通过 G20 杭州峰会对全球治理贡献的增量改革面临被边缘化的风险。全球经济治理变革可以从存量和增量两个方面分析，存量改革主要表现为对原有机构的改革和原有规则的调整；增量改革则意味着新机构、新规则、新机制的导入。在最近三年的全球经济治理实践中，"杭州共识"在加强各国宏观经济政策协调、创新增长方式、促进贸易和投资便利化、推动包容和联动发展等领域的努力受到了一定的阻力。

纵观全球大势，尽管存在各种不稳定、不确定因素，但和平、发展、合作、共赢的时代潮流不可逆转，中国与世界其他国家携手同行的步伐坚定有力。中方愿继续与各方加强合作，推动经济全球化更加开放、包容，为促进世界经济增长注入动力，为完善全球经济治理贡献力量。

第十三章

中国在二十国集团中的利益攸关领域和责任发力点

G20 作为全球经济治理主平台体系中的重要角色,推动世界各国在投资贸易、文化科技、绿色生态、绿色金融、能源资源、宏观政策等领域的紧密合作,坚定执行全球可持续发展发展目标(SDGs),进一步实现各国在全球治理平台的利益诉求和责任担当。中国是 G20 参与全球治理的受益者,也是国际经济秩序的维护者,更是推动全球经济发展的推动者。可见,中国是当今世界发展极其重要的负责任的利益攸关方。中国积极参与 G20 建设,既是全球经济治理对中国积极参与 G20 建设角色定位的一种重视,也是世界各国对中国在全球经济治理中中国智慧的一种诉求。面对经济全球化的时代大浪潮,中国需明晰在 G20 中的利益攸关领域和责任发力点,推动各国激发经济发展潜力、共享发展成果,以期更好地参与 G20 建设并在推动全球经济治理改革中发挥更大的作用。

第一节 中国在二十国集团中的利益攸关领域

一、投资贸易领域

投资贸易是世界经济增长的重要引擎。当前,G20 作为非正式的全球多边协作机制，持续加强对外开放和互联互通，在投资贸易领域一直坚持多边合作，追求全球投资贸易的协同发展。2019 年《G20 投资措施报告》强调，虽然 G20 国家中已有超过 80% 的成员国实施了投资自由化的具体措施，但当前国际投资贸易紧张局势带来的不确定性，尤其 2018 年 10 月以来，全球投资贸易环境的不稳定性可能会抑制资本支出，G20 国家更加密切关注全球投资贸易政策的协调性[①]。近年来，我国加快调整对外投资贸易的步伐与进程，在国际多边投资贸易体系中的地位日益提升。同时，作为全球对外直接投资流量第三、全球对外直接投资存量第二和世界贸易第一的大国，中国与 G20 其他国家的投资贸易关系更为紧密。随着全球新一轮的经济全球化和全球治理格局的形成，为了积极适应当下国际投资贸易体制的演进趋势，中国在 G20 建设中的投资贸易被赋予更重要的历史使命和担当，呼吁 G20 经济体密切开展投资贸易合作，以缓解当前投资和贸易紧张局势，积极维护 G20 国家甚至全世界所有国家的全球贸易自由化和投资便利化。因此，面对全球经济的持续不稳定性，G20 将共同致力维护包容、透明和以规则为基础的多边投资框架和多边贸易体系，同时，投资贸易领域也将是中国在 G20 中极其重要的利益攸关领域之一。

从投资领域来看（见表 13-1），中国对 G20 各国对外直接投资（OFDI）流量和存量的稳定增长，在一定程度上也充分见证了中国正积极践行对外开放战略。其中，2017 年，中国对 G20 国家的 OFDI 流量前三位的分别是美国（642 549 万美元）、澳大利亚（424 196 万美元）和德国（271 585 万美元），这主要是因为这三个国家具备市场、技术、人才、管理经验等生产要素优势，极大程度吸引了我国企业团体对其投资的积极性。"一带一路"倡议下，印度、印度尼西亚、俄罗斯和土耳其等四个国家与中国投资贸易联系密切，尤其中国对印度与土耳其的 OFDI 存量目前相对较少，在未来一段时期中国与印度、印度尼西亚、俄罗斯和土耳其将具有较大投资增长空间。此外，中国对 G20 国家境外投资企业数量也较为活跃，且存在明显的地区分布差异（见表 13-1）。其中美国是企业境外投资主要目的国，截至 2017 年 12 月，中国共在美国设立 5 298 家境外企业，数量上远远超过其他国家，但是平均每家企业的投资额仅 1 271.8 万美元，处于中下水平。而在数量占劣势的南非、英国、法国及加拿大在每家企业投资均值上略胜一筹，其中中国在阿根廷的境外投资企业最少仅 61 家，土耳其次之仅 85 家，这可能是阿根廷和土耳其营商环境存在较多不确定性因素造成的。

---

① OECD/UNCTAD, *21st Report on G20 Investment Measures*, 24 June 2019.

表13-1 2017年中国对G20国家的OFDI及中国境外投资企业分布情况

国家	OFDI流量（万美元）	OFDI存量（万美元）	中国境外投资企业数量（家）	平均投资额（万美元）
阿根廷	21 479	16 905	61	277.1
澳大利亚	424 196	3 617 531	877	4 124.9
巴西	42 627	320 554	180	1 780.9
加拿大	32 083	1 093 686	535	2 044.3
法国	95 215	570 271	270	2 112.1
德国	271 585	1 216 320	930	1 307.9
印度	28 998	474 733	472	1 005.8
印度尼西亚	168 225	1 053 880	597	1 765.3
意大利	42 454	190 379	225	846.1
日本	44 405	319 734	824	388.0
韩国	66 080	598 347	656	912.1
墨西哥	17 133	89 802	109	823.9
俄罗斯	154 842	1 387 160	844	1 643.6
沙特阿拉伯	-134 518	203 827	100	2 038.3
南非	31 736	747 277	134	5 576.7
土耳其	19 091	130 135	85	1 531.0
英国	206 630	2 031 817	464	4 378.9
美国	642 549	6 738 100	5 298	1 271.8

资料来源：中华人民共和国商务部：《2017年度中国对外直接投资统计公报》。

从贸易领域来看，当前由于全球经济活动减弱、货币政策收紧、金融动荡加剧、主要经济体对大宗商品加征关税等原因，G20国家间及其对外贸易仍然面临紧张局势。随着中国经济体量和国际经济地位的不断上升，中国对G20国家贸易的贡献率和影响力也逐渐提升，"中国方案"在G20建设中备受瞩目。据相关专家研究，除个别发达国家之外，G20成员国对中国的依赖度大于中国对其的依赖度，且差距逐年增强①。同时，中国与G20国家中部分国家如欧盟、日本和加拿大等国家，尤其是美国的贸易谈判（包括降低贸易关税）尚未取得突破性进展。其中，近年中美贸易摩擦持续升级，两国贸易谈判更是以失败告终，一度推动中

---

① 白洁、梁丹旎、周睿：《中国与G20国家贸易关系的调整与优化》，载于《数量经济技术经济研究》2018年第10期，第96~110页。

美贸易战略合作伙伴向中美贸易竞争对手的逆向转变,从而深刻影响全球贸易格局。中国如何在这种不利的对抗关系中联合可以联合的一切力量,积极解决贸易争端,推动贸易关系从竞争走向合作再走向共赢,进而促进贸易自由化和经济增长,是稳定 G20 国际治理平台以及避免正在复苏的脆弱的世界经济再次掉入经济衰退深渊的重要手段。可见,当前在全球治理进入一个关键转型期的情况下,中国有望成为 G20 贸易新的稳定剂或新的突破口,并进一步引领未来全球贸易关系良性发展和有序互惠的格局,从而保障 G20 国家在贸易领域的攸关利益。

二、绿色金融领域

当前,全球气候变暖、环境污染、生物多样性锐减等全球性环境问题日益突出,深刻影响了全世界的经济与人类生活环境。遏制全球性环境问题,不能仅靠一个国家单方面的力量,其亟须世界各国共同致力于全球环境问题,共同探寻全球环境治理新出路和新机遇。G20 国家中,美国、德国、法国等发达国家环境问题相对不严重,却掌握充裕的资金与先进技术;沙特阿拉伯、南非等发展中国家环境问题较为严重,却缺乏充裕的资金与先进技术。可见,发达国家与发展中国家关于缓解全球性环境问题的资金、技术等要素的需求与供给出现了不对称。与此同时,全球经济下行的压力,也在一定程度上影响了 G20 国家缓解环境问题的资金支持。如何推动 G20 国家中发达国家的技术、资金普及发展中国家,共促 G20 国家全球性环境问题得到短期局部缓解与长期持续保障,是当前 G20 国家绿色金融国际合作的核心内容。

一方面,中国绿色金融发展潜力巨大,有能力积极应对全球性环境问题。中国是全球三个建立了"绿色信贷指标体系"的国家之一,绿色信贷已经占国内全部贷款余额的 10%。中国是全球最大的绿色债券市场,也是第一个由政府支持的机构发布本国绿色债券标准的国家[1]。目前,中国已发布了两项绿色债券标准,并致力于推动我国绿色债券标准国际化,促进我国绿色债券在国内外的双向流动和投资。截至 2018 年,中国境内外发行贴标绿色债券发行数量达 144 只,共计 2 675.93 亿元人民币,占全球同期绿色债券发行量的 23.27%,其发行数量及金额且处于波动上升趋势,是全球绿色债券最大的发行市场[2]。近年来,中国积极发展绿色金融投资,特别是新能源领域的投资,积极应对全球性环境问题。2015

---

[1] 暨佩娟、陈丽丹、李应齐、管克江:《引领全球绿色金融发展》,载于《人民日报》2016 年 9 月 5 日第 23 版。

[2] 由气候债券倡议组织和中央国债登记结算有限责任公司联合发布《2018 中国绿色债券市场报告》,2019 年 2 月。

年12月，二十国集团财政和央行副手会议上正式批准了中国提出的成立G20绿色金融研究小组的建议，将绿色金融列入2016年财经渠道议题。2016年，中国首次将绿色金融议题引入G20议程，发布了《G20绿色金融综合报告》，为G20各国发展绿色金融献计献策，助力全球经济向绿色低碳转型。另一方面，G20国家绿色金融国际合作升温，充分发挥绿色投资跨国外部性。绿色金融具有较强的跨国外部性，只有通过合理有效的国际合作，提升G20国家共同推动绿色投资的动力，才能提升全球绿色投资的水平和能力。2017年底，法国、中国、英国等在内的八个国家的央行和金融监管机构共同发起成立了央行与监管机构绿色金融网络（NGFS），截至2019年8月央行与监管机构绿色金融网络（NGFS）已扩展至50个成员或观察员机构。他们均有很强的意愿推动绿色金融发展，通过双边合作和多边合作推动绿色债券跨境投资，并相互交流经验和探索未来的政策选项，为世界各国提供战略性政策信号与框架。此外，在中国的积极推动下，以绿色金融为核心的可持续金融也纳入了2018年G20领导人布宜诺斯艾利斯峰会重要议题。值得强调的是，中国强化在G20中的绿色金融领域的交流与合作，既是分享中国绿色金融的实践经验，也是加快G20国家经济绿色转型的重要战略。

三、科技创新领域

全球科技创新资源在国家、区域间分配不均以及利用效率的差异，导致了G20国家在这一领域相互割裂和竞争的局面，进一步阻碍了全球科技创新的发展。随着经济全球化和世界经济一体化趋势的加强，技术、知识、人才、信息等科技创新要素在全球范围内不断流动与重组，实现多领域多层次的科技创新合作，以期推动全球经济实现新业态、新模式、新产业，不断创新经济增长方式。实践证明，只有推动全球科技创新领域的开放与合作，增强G20国际科技创新的共享与普惠，才能充分发挥科技创新资源的配置效率，合力推动全球科技创新发展，助力世界经济复苏和可持续发展。一方面，在当前全球经济增长动力不足和下行风险突出的大背景下，G20国家经济增长面临瓶颈，经济结构性矛盾仍然较为突出，迫切需要探索转变发展方式和创新驱动发展。另一方面，全球经济的不稳定性仍在增加，地缘政治和贸易争端，也在一定程度上阻碍了G20国家科技创新的国际合作。可见，推动G20科技创新国际化合作，是G20国家推动本国经济高质量发展的重要路径。据世界银行相关数据统计，2018年G20国家拥有全球63.10%的人口，贡献了全球85.71%的GDP，投入了全球70.07%的研发经费（2017年），申请了全球98.43%的专利（2017年），发表了全球91.24%的科技期刊论文（2016年），是全球科技创新合作的重要力量。其中，中国人口数量占G20国家的28.7%，GDP总量占G20国家的18%，申请的专利数量占G20国家的59%（2017年），发表的科技期刊论文占G20国家20%的（2016年），研发投入仅占G20国家的6.18%[①]。总体而言，G20国家拥有雄厚的科技创新实力，其科技创新投入和产出数量不断增加，中国与G20国家科技创新合作与发展有极大的潜在空间。

一是中国在科技创新领域获得举世瞩目的成就。根据巴特尔研究所和R&D杂志联合公布的《2018年全球研发经费预测报告》调查研究发现，有67%的研究人员认为中国从研发获益最多，其次是美国和德国，分别达43%和35%。报告还显示，中国的科技创新正向世界领军大步迈进。其中，在影响未来研发走向的12大关键性领域中，中国全部进入研发领先国家的前六位。值得强调的是，先进材料、农业与食品生产、计算机技术、信息通信技术、军事、航天及国防等五大关键性领域，中国居于全球研发领先第2位，能源、仪器设备等领域居于全球第3位，商业航空等领域居于全球第4位，汽车与机动车、药物和生物技术领域居于全球第5位，环境与可持续发展、生命科学和医疗等领域居于全球第6位（见表13-2）。

表13-2　全球研究人员评出的关键领域全球研发领军国家

行业领域 \ 排名	1	2	3	4	5	6
先进材料	美国	中国	德国	日本	韩国	英国
农业与食品生产	美国	中国	法国	德国*	日本	英国*
汽车与机动车	日本	美国	德国	韩国	中国	法国
商业航空	美国	法国	俄罗斯	中国	德国	日本
计算机技术	美国	中国	日本	俄罗斯	韩国	德国
能源	美国	德国	中国	法国	日本	英国
环境与可持续发展	美国	德国	法国	日本	英国*	中国
信息通信技术	美国	中国	日本	日本	俄罗斯	韩国*
仪器设备	美国	日本	中国	德国	韩国	法国
生命科学和医疗	美国	德国	英国	法国	日本*	中国
军事、航天及国防	美国	中国	俄罗斯	德国	韩国	法国
药物和生物技术	美国	德国	法国	英国	中国	日本*

资料来源：Battelle, "2018 Global R&D Funding Forecast", 其中*表示与前一个国家并列。

---

① 世界银行数据库，https://data.worldbank.org.cn/indicator

二是中国与 G20 其他国家在科技创新领域具备互补性。根据 OECD 数据库测算的专利的显示性技术比较优势（RTCA 指数①）显示，中国与其他 G20 国家在不同技术领域有较强的互补性和竞争性（见表 13-3）。本书选取了生物技术、纳米技术、医疗技术和药物技术等四个技术领域进行考察发现：（1）中国在部分科技创新领域，尤其是颠覆性技术创新领域的优势不明显。2016 年，中国在生物技术、纳米技术、医疗技术、药物技术等四个领域的 RTA 指数均小于 1，分别为 0.45、0.39、0.47 和 0.60，存在明显的技术劣势。（2）中国与 G20 其他国家在不同技术领域的互补性。在中国在不同领域 RTA 指数低于 1 时，其他 G20 国家尤其是 G20 国家中的发达国家的 RTA 指数远远大于 1。如在生物技术领域，G20 国家有 8 个国家的 RTCA 指数高于 1，表明 G20 国家存在明显的技术优势和较强的竞争力。纳米技术、医疗技术和药物技术等领域内部，也充分展现了 G20 国家内部的技术优劣势差异和互补情况。

表 13-3　　2016 年 G20 国家部分技术领域 RTCA 指数比较

项目	生物技术	纳米技术	医疗技术	药物技术
阿根廷	1.13	0.00	1.74	2.04
澳大利亚	1.28	1.34	1.48	1.55
巴西	1.09	2.17	1.15	1.35
加拿大	1.37	2.05	1.39	1.36
中国	0.45	0.39	0.47	0.60
法国	1.17	0.98	0.75	0.98
德国	0.59	0.29	0.74	0.52
印度	0.77	0.29	0.91	2.52
印度尼西亚	0.26	0.00	0.43	0.50
意大利	0.68	0.58	0.93	1.18
日本	0.61	0.62	0.87	0.40
韩国	0.98	0.80	0.92	0.81
墨西哥	1.31	0.00	0.88	1.73
俄罗斯	0.51	3.10	1.11	0.86

---

① RTCA 指数，是计算不同国家不同技术领域发明专利授权比较优势指数，用以分析不同国家不同技术领域发明专利授权比较优势，当 RTCA 指数大于 1 时，表示该国在国际相关技术领域具有比较优势；反之，处于相对劣势。

续表

项目	生物技术	纳米技术	医疗技术	药物技术
沙特阿拉伯	0.03	3.40	0.18	0.50
南非	0.93	0.00	1.11	0.67
土耳其	0.40	0.85	1.05	0.83
英国	1.38	1.33	1.23	1.29
美国	1.80	1.81	1.46	1.80
欧盟	0.93	0.77	0.97	0.86

资料来源：根据 OECD 数据库资料整理，https://stats.oecd.org/index.aspx?lang=en

三是中国与 G20 其他国家正加速重塑全球科技竞争新格局。以人工智能领域为例，当前，G20 国家正积极和重点开展人工智能领域布局，并以递进式、持续性的专项战略或规划引领世界人工智能的发展方向。由于科学技术水平和国情差异，G20 国家人工智能政策初期重点偏向领域略有差异。其中，美国注重人工智能技术研发，英国、德国、法国等欧盟国家注重人工智能伦理道德，日本注重人工智能研发促进机制，中国注重人工智能应用领域。可见，人工智能领域已经进入世界各国科技竞争格局范畴，全球人工智能领域竞争态势较为激烈。《中国人工智能发展报告 2018》指出，中国在人工智能技术发展与应用市场已经步入国际领先集团，尤其是垂直应用发明专利领域优势较为突出。在人工智能企业方面，截至 2018 年，全球人工智能企业共计 15 916 家[1]，其中美国 4 567 家，中国和英国次之，分别为 3 341 家和 868 家，三个国家人工智能企业之和占全球 55%，其中美国和中国优势明显。在专利申请方面，中国已经成为全球人工智能专利布局最多的国家，数量略微领先美国和日本，中、美、日三国占全球专利公开数量的 74%。但在专利授权方面，加拿大、韩国、美国、意大利、英国、澳大利亚和德国的授权率较高，均高于 40%，而中国的授权率为 27.8%，在 G20 国家中排第 10 位。在人工智能科研项目和资助方面，从 2015 年到 2017 年，美国的人工智能项目数量远远领先于其他国家，共有 1 568 项，而紧列其后的中国和欧盟，分别为 601 项和 370 项；在资助经费上，欧盟以 6.78 亿美元领先其他国家，美国为 6.27 亿美元，中国在人工智能领域共计投入 0.42 亿美元，位列欧盟、美国和英国之后。总体而言，中国与 G20 其他国家正加速重塑全球科技竞争新格局，尤其中美"双雄"科技竞争格局凸显。[2]

---

[1] 乌镇智库：《全球人工智能发展报告》，2019 年。
[2] 清华大学中国科技政策研究中心：《中国人工智能发展报告（2018）》，2018 年。

四、生态环境与生物多样性保护领域

全球性生态环境破坏及生物多样性减弱,是当前全球治理面临的共同挑战。当前,气候、生态环境、生物多样性、可持续发展等已逐渐成为 G20 峰会上的重要议题。G20 作为全球治理的新型机制,有必要且分量有举 G20 联合之力共同应对全球性生态环境破坏及生物多样性保护的问题。一方面,G20 国家温室气体排放量占全球总排放的 75%,是全球气候治理的责任攸关方,也是全球环境保护的利益攸关者;另一方面,G20 国家具备组成架构和运作方式上的优势,即能够集合发达国家和发展中国家的整体力量,共同推动全球生态环境与生物多样性保护,实现 G20 包容性绿色发展的目标,并进一步推进全球经济向低碳转型。2019 年二十国集团(G20)能源与环境部长会议上,G20 国家就构筑推动削减海洋塑料垃圾的国际框架达成共识,这是全球有史以来首个减少海洋垃圾污染的框架。这对加强应对逆全球化、国际合作陷入困境的国际挑战发出了积极信号,具有重要的历史意义。作为负责任的大国,中国正主动承担起全球海洋污染治理多边合作发展的重要责任,对 2020 年即将举办的 2020 年《生物多样性公约》第 15 次缔约方大会上,作为主办方推动各国进一步明确控制海洋微塑料污染物的具体指标,并将其纳入公约①。在全球治理中,中国正借助 G20 峰会积极推动世界各国明确各自的责任,形成人类公共利益共同体,不仅能缓解气候变化、海洋污染、环境破坏、生物多样性减弱等问题,持续保护生态环境和生物多样性,为全球提供充足的公共产品,实现国家利益和全球公共利益的协调联动、均衡发展。同时,中国充分发挥民间组织力量(如中国生物多样性保护与绿色发展基金会等民间社会组织)积极参与国际交流合作,在共建生物多样性保护示范基地外,还积极推动公共和各利益相关方参与生态环境、生物多样性相关领域的法律修订研讨,得到了国际组织和各国专家学者的认可。可见,贡献官方组织与民间力量以共同推进 G20 国家在生态环境与生物多样性保护的合作,将有助于提升中国的在全球治理中的国际形象以及国际社会对中国的信任感,最终进一步推动中国与 G20 各国、甚至于世界各国在更多领域的多边合作。

五、能源资源领域

21 世纪以来,G20 国家致力于可持续发展的能源资源合作伙伴关系的建设,

---

① 王辉耀:《国际多边合作从"限塑令"开始》,载于《北京青年报》2019 年 7 月 14 日第 A02 版。

为世界经济发展构筑一个安全、稳定和可持续发展的能源供应体系。当前，在 G20 体系框架下，全球已建立了环境能源部长级会议、能源可持续发展工作组等能源治理机制，通过协调和整合全球能源治理各方力量，积极推动 G20 成为全球性能源治理中心。作为全球能源治理体系的后来者，中国在积极融入全球化进程的同时，依托 G20 体系框架积极组建能源对话通道，深入参与多层次、宽领域的全球能源治理，聚力促进全球经济可持续发展。2012 年 1 月，时任国务院总理温家宝就提出了可在 G20 框架下，本着互利共赢的原则，建立一个包括能源供应国、消费国、中转国在内的全球能源市场治理机制，以及能源市场的预测预警、价格协调、金融监督、安全应急等多边协调机制，使全球能源市场更加安全、稳定、可持续①。2016 年，中国主办 G20 峰会，通过了《2016 年 G20 能源部长会议北京公报》《加强亚太地区能源可及性：关键挑战和 G20 自愿合作行动计划》《G20 可再生能源自愿行动计划》《G20 能效引领计划》等四项文件，推动 G20 国家在能源可及性、可再生能源发展、能源利用效率和能源可持续发展未来达成共识，并呼吁 G20 国家在能源应急措施、能效、能源投资等领域加强对话与合作，以及 G20 和其他国际能源组织的国际合作，引领国际能源变革与转型。

一方面，中国加快能源投资助力全球能源革命。根据国际能源署发布《世界新能源投资报告 2019》显示，2018 年全球能源投资总额结束连续三年的负增长，总额超过 1.8 万亿美元，其中中国的能源投资额居全球首位，达 3 810 亿美元，接近全球总投资的 1/4，美国和印度次之。另一方面，中国能源消费结构持续改善引领全球能源转型。根据《BP 世界能源统计年鉴 2019》显示，在可再生能源和天然气的主要驱动下，2018 年全球能源消费迅猛增长，增速达 2.9%，是 2010 年以来的最高增速。中国、美国和印度贡献了全球能源市场需求增长的 2/3，其中，中国对全球能源消费增长的贡献最高，美国和印度次之，分别达 34%、20% 和 15%（见图 13-1）。尽管当前全球 GDP 增速疲软、能源价格持续走强、生态环境保护日益强化，但仍然没有阻止全球能源需求和碳排放的持续快速增长，这对全球能源治理和经济发展质量敲响了警钟。可见，中国是全球能源治理的重要参与者和构建者，是 G20 能源资源领域的重要利益攸关方，也是全球能源治理的重要战略合作伙伴。当前，中国通过妥善运用全球能源对话渠道，积极参与 G20 的能源治理，以及积极融入现有的全球能源治理，推动 G20 国家开展能源产能合作、能源技术合作、能源金融合作、能源服务合作、能效合作、能源安全保障合作和能源转型合作，将有利于构造中国能源利益的国际环境。面对全球能源不安

---

① 潜旭明：《中国参与 G20 能源治理：机制、进程与展望》，载于《国际石油经济》2016 年第 9 期，第 9~16 页。

全、能效低和治理碎片化格局等现实困境,强化中国与 G20 国家在能源资源领域的国际合作,是符合 G20 各国的共同利益的战略选择。

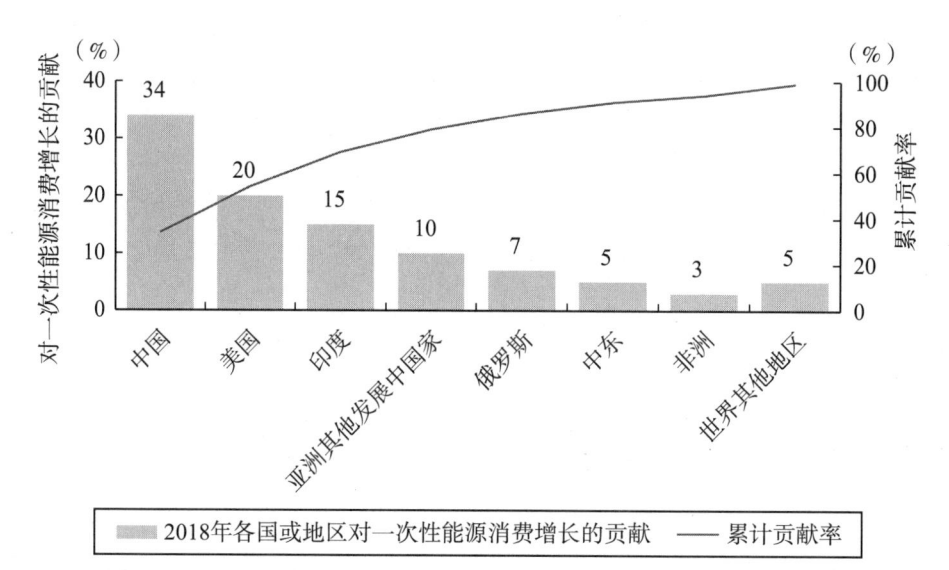

图 13-1　2018 年世界各国/地区对一次性能源消费增长的贡献

资料来源:《BP 世界能源统计年鉴 2019》,http://news.bjx.com.cn/html/20190730/996432.shtml。

第二节　中国在二十国集团中的责任发力点

  中国是 G20 创始成员国之一,更是 G20 名副其实的建设者和贡献者。一方面,中国是全球经济的重要引擎,也是 G20 全面增长战略的主要贡献者。中国"一心一意谋发展",不仅完成了自己的经济增长目标,还为全球经济发展作出了重要贡献。另一方面,中国在区域合作和全球治理中始终扮演着"负责任国家"的角色,不仅在发达国家和新兴经济体之间发挥着重要的桥梁作用,而且积极参与 G20 机制建设,贡献"中国方案"和"中国智慧"。在 G20 建设中,中国不断加快自身改革和发展,以负责任的行动在经济、社会和政治等各项领域中发挥关键作用。近年来,在国际金融危机的催化下,美欧主要国家推进全球化的步伐放缓,国际社会形成了一股"逆全球化"思潮,民粹主义、单边主义和保护主义势力日趋上升且愈演愈烈。在此背景下,对于中国如何在新一轮世界格局大改革大调整大发展的历史机遇中,找准中国在 G20 建设中的责任发力点,进一步完善和优化 G20 架构,如何以开放合作、包容共享和创新发展的理念助力中国和 G20

在全球经济治理中的平等、平衡和可持续发展做出更大贡献，是需要认真思考的问题。

一、优化全球经济治理体系，携手推进全球经济高质量发展

从整体上来看，G20 国家中已工业化发达国家的全球治理参与能力普遍较强，发展中国家全球治理参与能力相对较弱。但中国的全球治理参与能力领先于其他发展中国家[①]，甚至在决策行动力、成果分享力和发展创新力等三个方面领先于美国等发达国家。因此，为缓和全球贸易紧张以及全球经济疲态下行压力，应对新时代全球化挑战，中国在 G20 建设中要坚持共商共建共享的原则，积极推进全球经济治理体系变革，不断优化和完善全球经济治理体系，与 G20 各国尤其是发展中国家携手构建平衡、持续和包容性的国际秩序框架，共同推动全球经济平衡、可持续和包容性的高质量发展。

（一）合作推进金融监管，加强全球金融安全网建设

虽然近年来全球应对金融危机的压力有所减小，但当前全球金融治理体系变革显著滞后于全球经济新变革和新格局。尤其是国际金融监管领域，当前 BIS、IMF、WB、OECD、CGFS、IFRS 基金会等全球金融监管系统仍向北大西洋地区倾斜，但随着中国经济实力和金融实力飞速发展，中国金融体系规模在国际市场上具有深远影响力，使国际金融体系在开始向中国倾斜的同时，不断加深中国金融体系与其他经济体的联系。同时，长期以来，G20 持续关注金融秩序、金融监管、金融稳定、绿色金融、普惠金融等与金融相关的议题，致力于维持国际金融体系的稳定，强力支撑世界经济复苏和全球经济治理。可见，中国与 G20 国家金融监管亟须加快实现金融监管的体系对接和机构合作，筑牢 G20 国家之间的紧密联系，共同应对未来全球系统性金融风险挑战，才能确保 G20 国家金融规则体系的一致性和公平性建设，从而进一步推动 G20 金融监管践行保护发展中国家发展利益的初衷。一方面，中国要通过深化国内金融供给侧结构性改革、积极融入国际金融体系和推动全球金融机构创新等方式，积极主动增强其在全球金融监管领域的话语权，使得国际金融架构体系代表性和包容性更加合理；另一方面，中国要通过协调 G20 国家货币政策，持续推进宏观审慎监管，积极维护全球金融治理

[①] 刘明、张青青：《G20 国家全球治理参与能力测评报告（2019）》，载于《人民智库报告》2019 年第 7 期，第 3~15 页。

秩序，不断加强全球金融安全网建设，使国际金融安全网资源更加丰裕。此外，在合作推进金融监管、有序夯实全球金融机构稳定性的同时，避免过度管制市场主体的金融活动支持实体经济的能力，有序平衡实体经济与虚拟经济，建设可持续发展的国际金融监管体系，并支持多边金融机构在全球金融市场发挥重要的稳定作用。

（二）坚持包容可持续发展导向，合作解决全球贸易分歧

近年来，全球经济格局加速演变，深层次结构性矛盾和问题不断激发和显现。全球经济的不确定性和风险更是充斥着世界各国，国际金融环境收紧、发达国家货币政策正常化和贸易摩擦等因素对全球宏观经济环境的稳定性带来了挑战，导致全球贸易分歧愈演愈烈，甚至在一定程度上弱化了全球经济复苏动势。20 世纪 20 年代末，全球性产能过剩的生产现实和个别国家肆意加征关税的贸易保护主义，引发了全球贸易摩擦和经济萧条，陷入恶性循环。历史实践证明，在全球经济萧条和危机面前，坚持包容性合作和可持续发展才是突破困局的现实路径。作为当今国际经济合作与全球经济治理的首要平台，G20 对应对全球经济风险和推动全球经济治理承担着重大的贡献和责任。作为推动全球经济治理改革的负责任大国，中国要主动承担国际责任，坚持包容和可持续发展导向，加强与 G20 国家宏观经济政策协调，有效管控贸易风险；要主张在相互尊重和相互信任的基础上，凝聚"公平和可持续发展"合作共识，积极参与人类命运共同体的高质量共建工作，合作共担全球系统性风险和合作共求解决问题的策略。

（三）深度融入全球创新链，合力打造高质量世界经济

世界经济已经进入新旧动能转换的关键时期，国际创新合作将是世界各国挖掘增长动力和提升经济效率的共同愿望。新一轮经济全球化的趋势，就是通过高效整合全球创新资源，优化并借助全球创新网络平台，抢占全球创新链制高点。实践证明，在加入全球价值链的基础上，全面嵌入全球创新链，同步开展高水平"引进来"和大规模"走出去"，是中国实现新一轮经济全球化战略的现实路径选择[1]。过去，中国主要借助高强度的投资推动中国融入全球价值链发展外向型经济，并取得了显著成效。但随着中国创新驱动战略的实践与拓展，面对国内外一系列新的矛盾和问题，全球创新链对中国如何吸收全球优质的知识、技术、人才、资本等资源提出了更高的要求，对中国如何在新时代重塑经济增长新动能和

---

[1] 刘志彪：《从全球价值链转向全球创新链：新常态下中国产业发展新动力》，载于《学术月刊》2015 年第 2 期，第 5~14 页。

发展外向的自主经济提出了更大的挑战，以及对中国如何将全球创新成果得以普惠至更多国家和人民提出了更多的希冀。创新是高质量发展的第一动力，深度融入全球创新链是抢抓经济发展质量变革、效率变革和动力变革的关键手段。为了迎接全球新一轮的经济增长，G20亟须建成为创新增长的领军者，打造适应新时代市场需求的新技术、新产品、新产业、新模式。未来，中国要通过发展数字经济、促进互联互通、完善社会保障措施等，建设适应未来发展趋势的产业结构、政策框架、管理体系，大力推进供给侧结构性改革，深度融入全球创新链，实现高质量发展。一方面，通过提升经济运行效率和韧性，提升中国参与全球经济治理的整体效率；另一方面，通过推动中国产业迈向全球产业链和价值链中高端，积极向世界经济高质量发展贡献"中国方案"和"中国经验"，为更多国家，尤其是发展中国家提供样板。

二、加快全球投资便利化，持续推进国际投资体制改革

当前，世界各国推进国际投资体制改革的意愿和共识正在逐渐增强，希望建立一个更加开放的、透明的、平衡的国际投资体制。加快全球投资便利化，有利于国际投资发展，进而推动经济全球化，而加快全球投资便利化的根本举措就是持续推进国际投资体制改革。目前，国际投资体制缺乏一致性和可持续性内容，存在投资协定杂乱、投资者权利和义务失衡等缺陷，亟须对其进行深化改革。作为全球第二大经济体，中国在吸引外资和对外投资两个方面都位居前列，这意味着在国际投资领域，中国具有特殊的战略地位和利益。从长远来看，中国应该努力参与并持续推动国际投资体制改革，让未来的国际投资更加自由化和便利化。

（一）致力于多边机制下的国际投资体制改革和重塑

每个国家都希望朝着有利于本国利益的方向，来推动国际投资体制改革。尤其是欧美发达国家，往往具有更高的国际地位，有更多的话语权，更加倾向于维护自身利益，而罔顾发展中国家的利益。因此，当前的国际投资体制仍然存在着诸多冲突、重叠和缺陷，不平衡问题依然突出，国际投资发展仍然面临很多阻力和障碍。未来国际投资体制改革的首要任务就是要克服单边主义和保护主义，要在综合平衡各国国家利益的基础上，公平对待和反映各方利益。只有在多边机制下，全面协调国家之间的投资政策，让经济实力相对弱势的、被边缘化的发展中国家真正参与到国际投资体制改革的进程中来，才能建立包容的、平衡的、透明的、稳定的国际投资体制，加快全球投资便利化，增强国际投资关系的连续性。总的来说，稳定的多边机制是国际投资体制改革的方向，也是维持全球化进程的

制度保障。由于要协调国家之间的利益关系，构建多边机制下的国际投资体制往往面临很多阻力，需要分板块、分阶段逐步推进。中国致力于多边机制下的国际投资体制改革和重塑，推动G20成为全球经济治理重要平台的角色与担当，一方面要严格落实《G20全球投资政策指导原则》，推动国际投资体制中的主要板块及核心要素达成共识①；另一方面，可以在"一带一路"倡议下加强区域内投资政策协调，降低投资准入壁垒，促进区域性投资便利化。

（二）致力于全球化浪潮下对外投资的政策协调和合作

改革开放40多年来，为谋求经济的快速发展，中国坚持"引进来"战略，大力引进外资。在早期的国际投资协定中，中国主要着眼于为外资创造良好的环境②，致力于吸引外资。但伴随经济持续快速的增长，中国开始实施"走出去"战略和"一带一路"倡议，对外投资也进入了高速增长阶段，尤其是进入21世纪以来，中国的对外投资规模和引进外资规模已经相差无几③，中国经济发展主要依靠吸引外资的局面正在改变。同时，中国对外投资正在成为中国产业结构升级优化的重要手段和经济增长的主要动力。基于此，在推动国际投资体制改革时，中国要更加注重全球化浪潮下对外投资的政策协调和合作，进一步降低对外投资政策冲突的递减效应，以加快促进中国企业的国际化发展。一方面，要加强对外投资宏观调控。中国政府要制定、出台相关规划和法律，比如《对外投资法》《"走出去"中长期发展规划》等，引导和约束企业的对外投资行为。另一方面，要构建投资争端解决机制。针对投资争议、市场准入等问题，中国政府可以通过投资争端解决机制来解决，积极沟通和协调，减少对投资者的不利影响。同时，中国也要站在外资利用国的角度，去平衡双边或多边利益，有效降低国际争端。

（三）致力于在国际投资体制改革中争取更多话语权

随着中国从外资引进大国向对外投资大国的转变，使中国与欧美发达国家在国际投资领域的共同利益大幅增加，这为中国与欧美发达国家迎来更多的合作机会的同时，也带来了更多的冲突。尤其在当前的国际投资体系下，中国在与这些国家进行双边或多边投资协定的谈判中，准入前国民待遇、高水平的投资保护以

---

① 国际投资体制中的主要板块及核心要素涉及投资准入、投资保护及待遇、投资促进与便利化、争端解决机制等。

② 尤其是在改革开放初期，中国更是给予外资超国民待遇。即在同等条件下，外资企业享有税收优惠、投资优惠、外汇管理优惠等许多优惠政策。

③ 2014年，中国对外投资规模已首次超过吸引外资规模，从而跻身资本净输出国之列。

及环境和劳工标准等成为难以避免的话题。其中，欧美发达国家必定会以高标准模式进行投资协定谈判，且在现有的国际投资治理体系中，欧美发达国家往往具有更多的话语权。如以美国为首的西方发达国家在跨太平洋伙伴关系协议、服务贸易协定谈判、国际货币基金组织和世界银行等国际组织和机构中具有特殊的地位和话语权。而中国仍然是发展中国家，很多高标准并不符合本国发展实际，甚至有可能带来一定的风险，则处于相对弱势的地位。因此，中国需要适应国际形势发展，采取高标准模式制定投资协定，这不仅有助于中国在与欧美发达国家的投资协定中取得突破性进展，提高在国际投资体制改革中的话语权。而且，这在一定程度上推动了国内和国际投资环境的改善，既有利于中国吸引外资，也有利于中国的对外投资。实际上，考虑到中国经济整体实力的不断增强，中国企业的竞争力不断提高，高标准投资协定的负面影响也是可控的。此外，中国要全面参与国际投资谈判，积极贡献"中国方案"和"中国智慧"，抢抓"参与红利"和"改革红利"。同时，在国际投资谈判中，中国应该和广大发展中国家一起，集体发声扩大话语权。

三、创新开放型经济体制，合作共赢挖掘全球经济增长潜力

经济全球化是大势所趋，逆全球化只会损害全球利益。正如习近平在G20杭州峰会上提到的："保护主义政策如饮鸩止渴，看似短期内能缓解一国内部压力，但从长期看将给自身和世界经济造成难以弥补的伤害。"贸易保护主义、逆全球化损害各国利益，国家民粹主义、逆全球化思潮抬头，是经济全球化普惠性不够的结果[①]。经过40多年的改革开放，中国经济发展已经深度融入G20全球经济治理中，与G20存在"一荣俱荣，一损俱损"的连带效应。因此，在未来的发展中，中国应该坚定不移地维护开放和自由贸易，坚持走开放发展、互利共赢之路，持续创新开放型经济体制，共同做大世界经济的蛋糕，并为构建人类命运共同体做出新贡献。

（一）勇于承担贸易自由化的引领者，加快推进多边合作

作为G20成员国，中国应该严格实行《贸易便利化协定》。该协定的实施对中国贸易口岸的基础设施、管理模式以及监管部门之间的协同合作提出更高的要求，促使中国从信息可获得性、单证简化与统一、自由化和流程简化以及简政放

---

① 任理轩：《逆全球化违背时代潮流》，载于《人民日报》2018年10月17日第7版。

权等方面进行改革①。这不仅可以有效提升中国的贸易便利化水平和口岸综合治理体系现代化水平,改善贸易伙伴的便利化通关环境,而且也有利于提高中国谈判的话语权,减少出口壁垒。同时,在推动贸易自由化时,中国也应该加强与其他国家的合作,推动多边贸易谈判和讨论,尤其积极开展与周边国家的自贸协定的谈判。目前,中国已经与东盟、新加坡、澳大利亚、秘鲁等国家和地区签署了自由贸易协定,也正在推动中日韩自贸区、《区域全面经济合作伙伴关系》(RCEP)等自由贸易协定的谈判。这是中国进一步扩大开放的重要举措和加强国际合作的重要途径,有利于促进双边或多边的贸易更加自由化,进而推动协定内的国家经济实现快速发展。当然,在自贸协定的谈判中,中国应坚持权利与义务平衡的原则。例如对于知识产权、研发等相关条款,要做出非约束性承诺,并逐步严格实施;而对于全球供应链自由化、电子商务等相关条款,要坚持推广、细化。

(二) 加快实施"一带一路"倡议,打造国际合作新模式

在后金融危机时代,中国提出的"一带一路"倡议,旨在加快改革开放,谋求地区新型合作的新模式,挖掘世界经济增长潜力。同时,"一带一路"倡议还鼓励中国向西开放,带动西部开发以及中亚、蒙古国等内陆国家和地区的开发,既有利于推动全球化发展,也有利于实现全球化的再平衡。因此,加快实施"一带一路"倡议,是中国实现全方位开放的重大创新举措。具体地,可以采取以下几个方面的措施:第一,加快基础设施的互联互通,强化商路联通。"一带一路"沿线国家要实现合作,首先要实现基础设施的互联互通,比如欧亚大陆桥的建设、铁路建设、港口建设等。在协调轨道交通标准的基础上,真正实现联通内外、安全畅通的综合交通运输网络。第二,建设合作平台与经贸新规则,促进货物畅通。"一带一路"沿线国家众多,贸易规则迥异。中国应该推动合作机制、平台建设和经贸新规则的制定,进而促进国家之间要素自由流动、资源有效配置以及市场的深度融合。第三,加强人文交流与人力资源培训合作,促进民心相通。"一带一路"倡议合作需要广泛的社会基础。只有加强人文交流与人力资源培训,实现区域身份认同,才能有效推动区域合作。第四,创新投融资机制,促进金融合作、货币流通。基础设施的互联互通需要巨额资金的保障,单方面地依赖政府财政资金是不现实的。这就需要广泛吸纳社会流动资金。而只有创新投融资机制、利益分配机制,促进金融合作,才能吸引社会资金的参与。

---

① 盛斌:《WTO(贸易便利化协定)评估及对中国的影响研究》,载于《国际贸易》2016 年第 1 期,第 4~13 页。

（三）推动内陆沿边地区全方位开放，开创对外开放新局面

相对于东部沿海地区，中国的内陆沿边地区的自主开放能力较弱、开放进程滞后，在一定程度上限制了经济增长。当前，推动内陆地区进行全方位开放，仍然面临两个问题：一是内陆地区并不具备全方位开放的成熟经验；二是全方位开放必定会给内陆地区带来更趋激烈的竞争和更大的挑战。因此，一方面，内陆地区要积极向东部沿海地区学习开放经验，创新符合本地实际的开放模式和路径，避免出现政策复制导致的"水土不服"问题；另一方面，内陆地区要大力改造和提升开放的基础条件、软环境，以不断提升适应能力。在"一带一路"倡议的带动下，中国应该抓住全球产业重新布局和东部地区产业结构转型升级的机遇，推动内陆沿边地区全方位开放，借助 G20 全球经济治理平台，开创陆海内外联动、东西双向互济的全方位开放新格局，积极践行和推广中国倡议、中国智慧。首先，支持内陆城市开辟航空港或陆港自由港，增开相应的客货运航线，形成横贯东中西、联结南北中的多式联运通道。同时，要推动东部沿海地区与内陆地区的通关协作，推广属地单证、口岸放行的通关模式，并实现口岸管理部门的信息共享、监管互认、执法互助。其次，加强内陆沿边地区口岸和基础设施建设，支持沿边地区的重点口岸、经济合作区在人员流动、货物运输等方面实行便利化的通关、签证政策，加快实现基础设施的互联互通。最后，提升内陆地区开放的适应能力、学习能力和合作能力，尤其是推动内陆沿边地区全方位开放，强化内陆地区与沿海地区与 G20 各个国家和地区的交流与合作。

（四）强化外汇管理制度改革，适应 G20 国际金融治理体系

当前，中国的外汇管理制度是由结售汇制度、外汇账户管理制度和外汇指定银行制度构成，遵循经济发展整体需要。但不可否认，这一制度设计仍然存在一定的缺陷，比如外汇储备流动性过多、安全性有余，而收益性不足。因此，为创新开放型经济体制，必须深化外汇管理制度改革，以进一步适应 G20 国际金融治理体系改革。对于外汇持有主体，要更加多元化。比如说，基础性外汇储备由央行国家外汇管理部门集中管理，而收益性外汇储备可以"藏汇于民"。对于结售汇制度，可以适度降低结售汇比例。一方面，央行可以通过发行基础货币来购买比例内的外汇，并用作基础性外汇储备。同时，要允许中国投资公司、战略性国有企业等在外汇交易市场购买战略性外汇储备。另一方面，外汇指定银行可以代客对比例外的外汇在外汇市场进行交易。另外，考虑到持有大量美国国债存在一定风险，中国应该适当减持美国国债，盘活外汇储备。但是，直接在债券市场抛售，必定会引发市场恐慌和动荡。因此，中国可以利用巨额的外汇储备推动人民

币离岸市场建设，进而推动人民币国际化，以平衡风险。而且，在与其他国家的对外贸易中，中国可以以输出美元的形式进行货币互换，以达到减持美国国债的目的。

第三节　中国在推动二十国集团合作抗疫中的行动及其贡献

一、中国推动 G20 合作抗疫的行动

（一）坚持以人为本的理念

中国在抗击疫情过程中始终坚持"以人为本、生命至上"的理念，为了人民的健康和生命安全，充分发挥社会主义制度的优越性，举全国之力，调动一切可以调动的力量，采取了有史以来最为严格的隔离政策，在这场战疫中突显了国家领导人的决策力、判断力、领导力，广大人民群众的高度配合和互帮互助的精神，人民群众的广泛参与和支持是取得疫情阶段性胜利的最大底气。以疫情期间的社区管理为例，为了严格控制疫情，很多社区采取了网格化管理模式，通过一些先进的信息技术手段和系统化管理方法，避免了人员与人员之间的接触，大大减少了病毒传播的风险和概率，在这个网格化管理中，社区工作者、居委会、志愿者、物业、保安、医生、民警等等高度配合，筑起了一道防控疫情的安全防线，有效保障了人们的生命安全。当下，G20 国家要合作抗疫，同样需要各国人民能够团结一致，能够真正把人民群众的利益放在首要地位，做到人人有责、人人参与的全民行动来应对疫情。

（二）以大数据信息化建设保障疫情防控工作

中国在这次抗疫过程中，充分发挥出了大数据、人工智能、信息技术的作用。火神山医院和雷神山医院的建设开启了 5G 时代全民在家"云监工"的模式，在短短的十几天时间里让世界看到了"中国力量"和"中国速度"。无接触配送机器人开始走进人们的视野，包括低速无人物流车极大缓解了疫情期间用工荒的问题，送餐机器人以及酒店服务机器人等减少了人们的接触。不断地创新服务模式，满足了疫情下人们消费的需求。疫情期间一系列买菜 App 的上线推广以

及配送体系的完善让消费者可以足不出户购买到新鲜的蔬果。可以说,信息技术是中国战胜新冠肺炎疫情和保证复工复产的强有力武器。同时,中国在抗疫过程中,通过运用大数据等技术工具,实时更新疫情数据,做到疫情防控的精准施策;在应急物资的管理方面,通过搭建防疫物资信息公共服务平台及时了解防疫物资的供需情况,有效地实现防疫物资的供需调配。中国还在第一时间交流和分享在抗疫过程中的一些经验做法。人民卫生出版社和中华预防医学会联合出版了《新型冠状病毒肺炎防控和诊疗指南(英文版)》,陕西师范大学出版总社出版的《新型冠状病毒感染的肺炎疫情下心理健康指导手册》正式推出了英文版,《张文宏教授支招防控新型冠状病毒》被译成多国语言,介绍中国的防疫经验,这些都有效地减少了其他国家抗疫的信息搜寻成本,有助于其他国家疫情的联防联控。

(三) 以团结合作的思维推动了全球合作抗疫

新冠肺炎疫情暴发以来,中国始终认为人类是命运共同体,病毒没有国界,疫情面前任何国家都不能独善其身,唯有团结合作才是战胜疫情的最强有力的武器。作为负责任的大国,中国在抗疫过程中始终主张只有团结合作才能取得抗疫的最后胜利,2020年5月18日,习近平在第七十三届世界卫生大会视频会议开幕式上发表题为《团结合作战胜疫情 共同构建人类卫生健康共同体》的致辞,推进国际抗疫合作,有效地提升了全球抗疫信心。在疫情暴发初期,以俄罗斯、日本、澳大利亚、印尼等为代表的国家和国际组织纷纷向中国伸出援助之手,向中国捐赠防疫物资以及派遣医疗专家等等,这些都体现出合作抗疫的精神。中国也积极借助国际力量共同抗疫,邀请了包括临床管理、病毒学、疫苗、药物开发、生态调查、流行病学、公共卫生、风险传播等多个领域的专家,一起研究抗击新冠肺炎疫情的良方、思路和举措。在疫情全球大流行时期,中方也热心地帮助其他国家,包括提供防疫物资、派遣专家队以及提供抗疫远程会议培训指导。中国还持续加大对防疫物资的生产和出口力度,为其他国家防疫物资的采购和运输提供了各种通关便利。截至2020年6月,中国已经向199个国家和地区提供防疫物资出口。同时,中国还积极坚持要推动拓展数字经济、智慧城市、清洁能源、5G等新业态合作,为G20各国经济发展创造更多新增长点,为全球经济增长注入新的动力。

二、中国对加强 G20 合作抗疫的贡献

(一) 理念贡献

理念是一切行动的先导,中国在抗击新型冠状肺炎的过程中始终坚持"一切

以人民为中心""信息共享""人类命运共同体"以及"合作抗疫"的理念。正是这些理念的坚持使中国取得了阶段性的抗疫胜利,这些理念对其他国家的抗疫有着很好的指导意义。早在 2020 年 1 月 20 日国内疫情严峻的时刻,习近平作出重要指示:"要及时发布疫情信息,深化国际合作",为了更好研判疫情变化的情况,中国组织了专家队伍赴武汉进行实地考察,从多个维度对新冠病毒的走向、诊治方案有一个比较准确以及客观的判断。这充分体现出了中国坚持"一切从实际出发""实事求是"的原则。在 G20 国家领导人特别峰会上,中国提出了五条措施来推动合作抗疫,这五条措施不仅包括资金上的支持,还包括设立全球人道主义应急仓库和枢纽、建立非洲疾控中心总部、疫苗研发投入使用以及缓解最贫困国家的债务偿付等。这些措施充分体现出了中国作为一个大国的责任担当以及历史使命。

(二) 经验贡献

新冠肺炎疫情发生以来,中国为了减少人与人直接接触的机会,避免病毒的传播,实施了史上最为严格的封城、隔离、居家办公等措施,集中一切可以集中的力量,在中国共产党的领导下全力投入到抗击疫情的战争中,积累了丰富的抗击疫情的中国经验,随着新冠疫情在全球大流行,越来越多的国家肯定和借鉴了中国在抗疫过程中的经验。中国也本着合作的精神,主动分享信息,为其他国家的疫情防控争取更多的时间,通过捐赠防疫物资、派遣专业医疗队、开展线上培训讲座等方式帮助其他国家抗击疫情。在疫情防控过程中中国充分运用各种信息技术来保障疫情防控和复工复产的统筹协调推动,这也是这半年防控过程中重要的经验贡献。

(三) 技术贡献

习近平指出:"人类同疾病较量最有力的武器就是科学技术,人类战胜大灾大疫离不开科学发展和技术创新。"这场疫情防控能在境内取得阶段性胜利同样离不开科技的支持。一方面,疫情期间,人们的生产生活受到了严重的影响,智能制造、无人配送、在线消费等新兴产业展现出巨大的潜力。以新技术、新产业、新业态、新模式为代表的"四新"经济逐步发展壮大,成为驱动经济发展的新动能。之所以无人配送和在线消费能替代人们传统的消费方式,正是因为其背后有着庞大的技术支撑体系的存在。这种消费方式给人们的生活带来了便利性,减少了病毒在人与人之间传播和感染的机会,这一点对其他国家的抗疫也具有重要的借鉴意义。另一方面,战胜疫情的药物开发以及疫苗的研发是解决新冠肺炎疫情的重要手段。这里的研发也是依托于技术才能实现的。疫情发生以来,我国第一时间分离鉴定出病毒毒株,与美国、德国和英国等合作研发新冠疫苗,及时向全球 180 个国家、10 个国际和地区组织分享中国诊疗和防控等技术方案。

(四) 道义贡献

早在新冠肺炎疫情在中国暴发初期，很多国家纷纷以物资援助、专家医疗队支持等方式帮助中国，现如今，中国大陆的疫情已经基本控制住，而疫情"全球化"进程加速，中国积极向世界上多个国家和地区提供援助，彰显了一个负责任大国的胸怀和气魄。截至 2020 年 6 月，中国已向超过 150 个国家和国际组织提供包括检测试剂、医用 N95 口罩、医用外科口罩等防疫物资的无偿捐助，向包括意大利、巴基斯坦、老挝等 16 个国家派出了 15 批计 149 人医疗防控专家组。以腾讯公益、阿里巴巴/支付宝公益为代表的平台积极募捐抗击疫情基金，助力其他国家抗疫。中国还加大力度保质保量生产防疫物资，为世界上各个国家抗疫做出了积极的贡献。为了严把质量关，我国还分别发布了《关于有序开展医疗物资出口的公告》和《关于进一步加强防疫物资出口质量监管的公告》，进一步指导和规范企业防疫物资的生产（见表 13-4）。

表 13-4　　　　　　　中国对 G20 主要国家的援助情况

国家	中国对 G20 主要国家的援助情况
美国	截至 8 月 2 日中方累计向美方提供 265 亿只口罩、3.3 亿件防护服、3 100 万副护目镜、6.1 亿双外科手套、1.15 万台呼吸机
法国	3 月 18 日提供一批 100 万套医用口罩和医用手套
意大利	3 月 13 日出征医疗队支持意大利疫情防控工作
韩国	分批次向韩国捐赠 10 万只 N95 口罩、一万套防护服、100 万只医用外科口罩
日本	分批次向日本捐赠 5 000 套防护服、10 万只口罩、2 000 盒检测试剂盒
俄罗斯	4 月 1 日中国向俄罗斯援助口罩、防护服、外科手套、体温计、鞋套等物资；4 月 11 日，中国政府派遣 10 人医疗专家组赴俄罗斯协助开展疫情防控工作
巴西	向巴西提供防护服、医用口罩、眼罩、手套、鞋套和体温计等医疗用品
南非	4 月 14 日援助南非 6.1 万只口罩、2 000 件防护服、3 000 副护目镜等防疫物资
印度尼西亚	向印度尼西亚提供包括检测试剂、医用 N95 口罩、医用外科口罩、医用防护服、便携式呼吸机等防疫物资
墨西哥	为墨西哥提供 10 亿美元援助资金
沙特阿拉伯	4 月 16 日向沙特阿拉伯派遣了医疗专家组
土耳其	技术援助土耳其抗击疫情

资料来源：根据网络上发布的相关报道整理汇总而得。

（五）团结贡献

中国在抗疫进程中一直高度重视国际团结合作，爆发新冠肺炎疫情以来，习近平曾经多次与 G20 国家领导人探讨全球合作抗疫的重大意义，也为推动 G20 合作抗疫表达出强烈的意愿。在二十国集团领导人应对新冠肺炎疫情特别峰会上，习近平主席秉持人类命运共同体理念，结合中国抗击疫情实践经验，表明中方愿与各方分享抗疫知识和经验。在《抗击新冠肺炎疫情的中国行动》白皮书中呼吁各国要全面加强合作，联合抗疫。疫情期间，习近平多次与 G20 国家领导人通话（见表 13-5），其中，习近平 2020 年以来 4 个月内就与俄罗斯总统普京有了 4 次的通话，每次的通话都一如既往地强调要"相互支持""国际合作"。通过电话外交的方式高度强调二十国集团要开展抗疫的国际合作，加强在疫苗研发、患者救治等领域的合作，共同应对疫情。

表 13-5　习近平主席同 G20 主要国家"电话外交"合作抗疫一览表

时间	事件	主要观点
1月22日	同法国总统马克龙通电话	同世卫组织和国际社会分享防控、治疗经验，积极开展抗疫国际合作
2月11日	同印度尼西亚总统佐科通电话	加强防控合作
2月18日	同英国首相约翰逊通电话	同包括英国在内的各国开展合作
2月18日	同法国总统马克龙通电话	加强卫生领域务实合作
2月20日	同韩国总统文在寅通电话	加强沟通合作，共同应对疫情
3月14日	就意大利发生新冠肺炎疫情致电意大利总统	唯有团结协作才能应对各种全球性风险挑战
3月19日	同俄罗斯总统普京通电话	加强国际防疫合作
3月21日	就德国发生肺炎疫情致德国总理默克尔的慰问电	加强在疫情防控、患者救治、疫苗研发等领域合作
3月23日	同法国总统马克龙通电话	在联合国和 G20 框架内推进合作
3月23日	同英国首相约翰逊通电话	加强科研攻关合作
3月24日	同巴西总统博索纳罗通电话	加强在 G20、金砖国家等多边框架内的沟通和协作
3月27日	同美国总统特朗普通电话	加强协调和合作，把特别峰会成果落到实处

续表

时间	事件	主要观点
3月27日	同沙特国王萨勒曼通电话	分享防控经验，为沙方采购医疗物资提供协助和便利
4月2日	同印度尼西亚总统佐科通电话	推动G20和国际社会在危机应对和全球经济治理方面发挥作用
4月8日	同南非总统拉马福萨通电话	同南非分享防控经验，加强医疗卫生领域合作
4月8日	同土耳其总统埃尔多安通电话	落实G20领导人应对新冠肺炎特别峰会共识
4月10日	同墨西哥总统洛佩斯通电话	以专家视频会议方式交流防控和诊疗经验
4月10日	同阿根廷总统费尔南德斯互致信函	加强疫情交流合作
4月16日	同俄罗斯总统普京通电话	协助俄方在华采购抗疫医疗物资
5月13日	同韩国总统文在寅通电话	加强联防联控、药物和疫苗研发合作
5月15日	同南非总统拉马福萨通电话	支持联合国和世卫组织在协调国际抗疫合作中发挥积极作用
7月8日	同俄罗斯总统普京通电话	加强高技术、疫苗和药物研发、生物安全等领域合作

第十四章

中国更好参与二十国集团并在全球经济治理中发挥更大作用的政策路径

改革开放40多年以来，中国在国际经济舞台上发挥着越来越重要的作用，逐步融入全球经济治理体系。然而，中国对世界所作出的贡献与其在全球经济事务的话语权仍不匹配。G20机制为中国提供了在全球经济治理中发挥更大作用的平台，同时中国本着建设性态度积极参与G20机制建设。在2016年G20杭州峰会，中国为加强全球经济治理提出了中国方案，贡献了中国智慧，创造性地提出了加强宏观政策协调、创新增长方式、更高效的全球经济金融治理、强劲的国际贸易和投资、包容和联动式发展等议题，向全球展示了作为负责任大国的使命担当。在参与G20机制建设的过程中，中国已从全球经济治理的重要参与者逐步转向贡献者、引领者，努力推进全球经济治理机制的变革和公平的国际经济秩序的构建。

第一节 推进开放、透明和有益的全球投资环境的营造

国际投资已经成为组织全球化生产、进入国际市场的重要方式。G20一直重视加强全球投资政策的合作与协调，但各国在全球投资治理的一些重要议题上存在分歧，导致合作意愿和积极性不高，实际效果不太显著。在此背景下，2016年G20杭州峰会致力于完善全球投资治理机制，首创了G20贸易投资工作组，

并且发布了首份《G20全球投资指导原则》，推进开放、透明和有益的全球投资环境的营造。这是全球首个多边投资规则框架，涵盖了全球投资治理的所有核心要素，为全球投资治理体制改革指明了方向。中国应在《指导原则》的总体框架下，一方面深化国内投资体制改革，推动国内投资规则与国际投资规则深度接轨；另一方面多层次和分阶段参与全球投资规则谈判，推动国际投资体制改革，开创全球投资治理新路径。

一、深化国内投资体制改革

目前全球投资规则广泛关注负面清单、准入前国民待遇、投资争端解决机制、竞争中立和国有企业、环境问题、劳工标准等新议题。这就要求我国应主动调整与变革投资体制，通过深化商事制度改革、创新外商投资管理体制、探索"竞争中立"突破路径、鼓励对外投资企业加大社会责任投资、强化国内投资规则的协调性和法治化等举措，与全球投资规制的新趋势同向而行。

深化商事制度改革。进一步放宽市场准入，改革优化开办企业流程，深化"证照分离"改革；加快行政审批制度改革，促进审批标准化、透明化，实现相同信息"一次采集、一档管理"；加快企业名称登记管理改革，全面推进商事登记全程电子化和电子营业执照应用；进一步完善市场主体退出制度，优化企业简易注销登记流程，维护企业相关利益者的合法权益。进一步完善市场监管机制，健全事中事后监管体系，深入推进"双随机、一公开"监管；完善国家企业公共信用信息平台、企业年度报告公示和经营异常名录制度，强化信息共享和失信联合惩戒。

创新外商投资管理体制。完善外商投资市场准入制度，全面实施准入前国民待遇加负面清单的管理制度，减少和取消外商投资准入限制，对涉及负面清单之外领域的外商投资项目实行备案制，让各类市场主体有机会公平参与市场竞争，提高中国投资环境的开放度、透明度、可预期性。在风险可控前提下，先行选择有条件的服务业和先进制造业扩大对外开放，再进一步放开一般制造业的外资准入限制。根据扩大开放与加强监管同步的要求，推进外商投资项目在线监管，推进"互联网+"并联审批，加强事中事后监管，做好外资国家安全审查工作，形成政府各部门协同监管、社会公众参与监督的外商投资全程监管体系。

探索"竞争中立"突破路径。竞争中立是指政府的商业活动不得因其公共部门所有权地位而享受私营部门竞争者所不能享受的竞争优势。澳大利亚于1991年首先将竞争中立写入竞争法律体系，随后在欧美等发达国家的推动下，竞争中立规则从一个国内法的概念逐渐成为重要的国际规则。在竞争中立原则下，我国国有企业海外投资面临全新的进入壁垒，对其现有投资和运营模式都提出了新的挑战。为了应对竞争中立原则，我国应落实贯彻《关于深化国有企业改革的指导意见》，在国有企业内部建立现代企业制度，强调积极引入各类投资者实现国有企业股权多元化，大力推动国有企业改制上市，推动国有资产的证券化；取消或放松对各行业的管制，以管资本为主改革国有资本授权经营体制和推动国有资本合理流动和优化配置；分类监管国有企业，引入非国有资本参与国有企业改革，发展混合所有制经济。

鼓励对外投资企业加大社会责任投资。中国对外投资企业应不断强化其社会责任投资意识，以适应环境问题和劳工标准等全球投资规则的新议题。一是企业投资应兼顾环境效益和社会效益。中国企业要支持绿色清洁生产，自觉淘汰生产效率低、能源消耗大的设备和落后的工艺；推进节约用材，使用能耗低的材料；帮助东道国推进传统制造业绿色改造，建立绿色低碳循环发展产业体系；积极参与维护生物多样性，实施濒危野生动植物抢救性保护工程；积极援助当地的教育、文化、卫生等公共事业，开展助残、助老、助孤、赈灾等扶危济困活动。二是为当地民众创造尽可能多的就业机会。中国对外投资企业应积极聘用当地劳动人员，开展当地职工安全生产知识和技能的培训，不断改善安全生产条件，为当地职工提供符合东道国国家标准或行业标准的劳动保护用品，积极改善当地职工的生活条件，保障当地职工身心健康。

强化国内投资规则的协调性和法治化。为了在国际上成功参与或引领新投资规则的谈判或构建，我国需要进一步凝聚改革开放的共识，抛弃部门利益，深化国内投资及相关体制改革，消除投资规则的碎片化效应，确保国内的贸易、产业、科技和企业等其他和投资相关的经济政策与 G20 全球投资指导原则协调一致。中央政府一方面应督促国内经贸谈判代表与部门监管者的立场与态度要达成共识，要协调好参与国际投资谈判的相关部门或机构的关系；另一方面制定的投资政策应为投资者和投资提供有形、无形的法律确定性和强有力的保护，包括可使用有效的预防机制、争端解决机制和实施程序。只有这样，我国才能通过有效的制度设计和法治保障，对内充分协调各部门的利益，在立法、执法中尊重我国承诺的国际义务，制定内在一致性的对外投资政策或法律体系；对外统一立场推动国内投资规则纳入国际投资协定的新议题。从长远看，只有构建这种高效的内生发展机制才能实现国内投资规则和国际投资规则的深度接轨。[①]

---

① 石静霞：《国际贸易投资规则的再构建及中国的因应》，载于《中国社会科学》2015 年第 9 期，第 128~145 页。

二、开创全球投资治理新路径

全球投资规则新议题对我国的对外投资提出了新的挑战。我国一方面应主动适应高标准的全球投资竞争和规则,推动我国与欧美国家在国际投资规则方面的对接;另一方面应积极推动《G20 全球投资指导原则》在全球的推广和落实,在谈判中积极参与国际投资规则制定,携手提升新兴市场国家的投资治理话语权。

(一) 主动适应全球投资新规则

为了应对这些国际投资新议题,我国在签署区域、双边和诸边投资规则或参与投资规则谈判时,应逐步把环境问题、劳工标准、负面清单、准入前国民待遇、投资争端解决机制、竞争中立和国有企业等纳入投资协定或投资谈判中。例如,加入 WTO 的议定书和工作组报告书国企规则的调整已经部分有所体现。《中新自由贸易协定》中设定了投资章节,其中有关国民待遇条款采用准入后国民待遇,投资争端采用投资者和国家争端解决机制,还把《环境合作协议》和《劳动合作谅解备忘录》作为协定的一部分,就加强环境问题合作和劳动合作作出了安排,并涉及劳工标准问题。中韩自贸区协定不仅设定了投资章节,而且其在投资自由化和投资保护程度方面的规定基本接近北美自由贸易协定的规定,内容覆盖负面清单、准入前国民待遇、最低标准待遇、投资者与国家间争端解决机制、安全例外等。中澳自由贸易协定的投资章节与中韩自由贸易协定基本相同,规定将相互给予最惠国待遇,澳方对中国企业赴澳投资降低审查门槛,并作出便利化安排。协定还在政府采购、知识产权、竞争等领域就推进双方交流合作做了规定。在第九轮中欧投资协定谈判中,双方表达了应对监管环境关键挑战的决心,其中包括透明度、执照发放和授权流程的相关挑战,以及如何为投资者及其资本提供高水平、平衡性的保护,协定还将针对外资涉及的劳务和环境问题做出规定。在中美、中欧 BIT 谈判中,我国主张对投资者与国家间争端解决机制(ISDS 机制)进行"精细化"设计。这些协定对外资的保护水平已经大为提高,基本涵盖了投资规则新议题的主要内容,只是具体规则设计有所不同。这些协定和谈判蕴含的高标准和新规则势必对我国主动适应全球投资竞争和规则产生深远影响,推动我国与欧美国家在国际投资规则方面的对接。目前,我国正在推动中日韩自贸区谈判与斯里兰卡、以色列、挪威等国的双边自贸协定谈判,并在深入涵盖 60 多个国家的"一带一路"倡议。发达国家在投资协定谈判中侧重投资自由化和保护的最高标准,强调高度的市场准入、非歧视以及透明度；发展中国家侧重产业发展、产业安全以及东道国应有的政策空间。《G20全球投资指导原则》提出的反对投资保护主义原则、非歧视原则、投资保护原则、透明度原则、可持续发展原则、政府对投资的监管权原则、投资促进与便利化原则、企业社会责任及公司治理原则、国际合作原则等9大原则，既满足了发达国家要求的高标准的投资保护、投资自由化及透明度，又兼顾了发展中国家寻求的发展政策空间最大化。为此，我国在目前开展的谈判应以《G20全球投资指导原则》9大原则为指导，积极吸收符合国际投资发展趋势的合理规则或因素，适当提高制度创新标准；同时围绕各国经济战略和利益关切点的不同，妥善处理谈判分歧，实现高标准的投资保护及自由化与充分照顾发展政策空间的均衡，即在重视保护投资者权益的同时，在强调东道国为了维护合理的公共利益（如环境、劳工、公共健康、安全等）方面，可对外资实施监管权，在利用外资发展经济的同时兼顾社会和生态目标，在履行东道国义务的同时强调投资者承担负责任的行为，在明确制订外资法属于主权范畴的同时强调多边平等协商与对话。

（二）推动《G20全球投资指导原则》在全球的推广和落实

自2008年首次G20峰会在华盛顿召开以来，G20就致力于抵制各种形式的保护主义，在历次峰会中一直重申这一承诺，并号召世界贸易组织、联合国贸发组织和经合组织监督和公开报告G20各成员的投资政策措施，对推动全球投资更加开放和自由产生了积极的作用。《G20全球投资指导原则》是G20成员国经过多轮艰苦谈判达成的重要成果，代表了全球投资领域最前沿的理念，涵盖了未来国际投资体制核心要素，确立了全球投资规则的总体框架，将为新一代国际投资政策提供指引。为此，我国可积极推进G20授权世贸组织、联合国贸发组织和经合组织就《G20全球投资指导原则》在全球进行权威性的解读和宣传，特别是在对经济落后国家和地区进行投资政策咨询和援助时帮助其深入理解9大原则，凝聚全球共识，使其在更广泛的范围内成为全球投资政策协调的重要指南。同时，通过贸易投资工作组建立稳定的推进机制，推动G20成员国以9大原则为基准，重新审查已签订的国际投资协定，并根据情况进行澄清、废止、替换、修订和完善，以遏制全球投资规则的碎片化趋势，为全球多边投资确定发展方向，也为促进全球投资合作提供长远的制度性引领。此外，我国应推动G20贸易投资工作组就落实以往峰会、贸易部长会（TMMs）和协调人会议在贸易和投资领域所作承诺和指示进行充分讨论，并推动G20授权世贸组织、联合国贸发组织和经合组织就《G20全球投资指导原则》在关键领域的落实情况提交全面的监测报告，并就落实的具体步骤和路径提出政策建议①。

（三）提升国际投资规则制定的话语权

西方发达国家作为资本的输出国，历来主导着全球投资规则的制定。随着新兴市场国家对外投资的崛起，协调好发达国家和新兴市场国家的利益关系成为全球投资治理能否达成共识的关键。G20 机制的建立推动发达国家和新兴市场国家平等协商全球投资治理问题。随着 G20 机制的不断完善，新兴市场国家和发展中国家在 G20 中的代表性和发言权不断增加。中国借助 G20 杭州峰会平台，发出中国声音、提出中国方案、融入中国价值，积极参与全球投资治理和规则制定，发挥引领作用，大力推进全球投资治理框架的形成和落实，加强国际国内投资政策以及多边投资协定的相互协调，为全球投资治理提供新动力、作出新贡献。中国在参与全球投资治理改革过程中应延续 2016 年 G20 杭州峰会的成功做法，继续发挥好在发达国家和新兴市场国家投资治理谈判中的桥梁作用，引领新兴市场国家在全球投资规则制定方面享有更多的话语权。除此之外，中国应继续多层次分阶段参与高质量的双边或多边投资协定的谈判，提升在国际投资规则谈判中的话语权。中国可采取美国"有顺序的谈判"和欧盟"以双边带动多边"战略，将国内、双边或区域投资规则上升为全球范围内的多边规则。具体而言，以《G20 全球投资指导原则》中的 9 大原则为指导，积极推动上海、广东、天津、福建、辽宁、浙江、河南、湖北、重庆、四川、陕西、海南等 22 个自由贸易试验区和海南自由贸易港的投资制度创新，形成和总结可复制的经验，将其在全国范围内推广。根据实际发展需要可逐步调整《海峡两岸经济合作框架协议》《内地与香港关于建立更紧密经贸关系的安排》《内地与澳门关于建立更紧密经贸关系的安排》内容，扩大两岸四地的开放程度，将自贸区可复制经验融入其中。在 RCEP 协定签署的基础上，在亚太区域之外选择更多伙伴，特别是美国、加拿大、墨西哥等国，并在适宜的时机发起跨区域多边投资谈判。最后，我国应综合考虑全球政治经济形势的变化和法律规则的演进，积极促进《G20 全球投资指导原则》中的 9 大原则在不同层次投资协定中推广，构造开放合作的投资新机制。

---

① 詹晓宁：《全球投资治理新路径——解读〈G20 全球投资政策指导原则〉》，载于《世界经济与政治》2016 年第 10 期，第 4~18 页。

第二节　推动贸易的开放、融合及转型升级

一、推动国内与国际贸易规则深度接轨

提升贸易便利化水平。借鉴联合国国际贸易"单一窗口"标准，加快建设具有国际先进水平的国际贸易"单一窗口"，推动数据协同、简化和标准化，实现物流和监管等信息的全流程采集，实现海关、检验检疫、边防、海事等口岸监管部门的信息互换、监管互认、执法互助，探索推动国际贸易"单一窗口"覆盖领域拓展至技术贸易、服务外包、维修服务等服务贸易领域。积极推动实施一体化通关。健全与跨境电子商务、进口特殊商品指定口岸、外贸综合服务发展相适应的通关管理机制。加强口岸管理部门执法合作，拓展"一站式作业"，推进贸易领域证书证明电子化管理。实施海事、交通、船检三部门联合办理船舶证书机制和船舶证书信息共享。优化口岸通关流程，推进各环节监管方式改革，探索公布涵盖各通关环节的货物平均放行时间，构建规范的测算标准和透明的公布机制。扩大第三方检验结果采信商品和机构范围。推进进出口产品质量追溯体系建设，实现重点敏感产品全过程信息可追溯。依照自由贸易协定安排，推动实施原产地自主声明制度和原产地预裁定制度。提高与服务贸易相关的货物暂时进口便利，拓展暂时进口货物单证制度适用范围，延长单证册的有效期。创新出口货物专利纠纷担保放行方式。支持开展海关税款保证保险试点。加快形成贸易便利化创新举措的标准化制度规范，覆盖到所有符合条件的企业。与"一带一路"沿线国家开展海关、检验检疫、认证认可、标准计量等方面的合作与交流，探索与"一带一路"沿线国家开展贸易供应链安全与便利合作。

创新贸易综合监管模式。在海关特殊监管区域实施"一线放开""二线安全高效管住"的通关监管服务模式。按照严密防范质量安全风险和最大便利化的原则，一线主要实施进出境现场检疫、查验及处理；二线主要实施进出口产品检验检疫监管及实验室检测，维护质量安全。深化实施全国海关通关一体化、"双随机、一公开"监管以及"互联网+海关"等举措。在确保有效监管前提下，在海关特殊监管区域探索建立货物状态分类监管模式。探索开展电子围网监管模式。探索更为便利的加工贸易核销制度，建立以供应链为单元的新型加工贸易监管模式。对资信良好、管理规范、符合海关监管要求的企业，探索实施自动备

案、自核单耗和自主核报。综合应用大数据、云计算、互联网和物联网技术，扩大"自主报税、自助通关、自动审放、重点稽核"等监管制度创新试点。探索检验检疫证书国际联网核查机制。逐步实现基于企业诚信评价和商品风险评估的货物抽检制度。创新国际会展检验检疫监管模式。在符合相关监管政策的前提下，支持跨境电子商务保税备货业务商品进入海关特殊监管区域时先理货后报关。探索兼顾安全和效率的数字产品贸易监管模式。在合适领域分层次逐步取消或放宽对跨境交付、自然人移动等模式的服务贸易限制措施。探索完善服务贸易统计体系，建立服务贸易监测制度。完善进口商品风险预警快速反应机制，加强安全风险监测，实施安全问题调查制度。完善国际邮件互换局（交换站）布局，加强国际快件监管中心建设，打造重要跨境电商寄递中心。支持在海关特殊监管区域和保税监管场所设立大宗商品期货保税交割库。在严格执行货物进出口税收政策的前提下，允许在海关特殊监管区域内设立保税展示交易平台。实行保税展示交易货物分线监管、预检验和登记核销管理模式。

推动贸易转型升级。积极培育贸易新型业态和功能，形成以技术、品牌、质量、服务为核心的外贸竞争新优势。打造产业梯度转移的国际加工基地，完善全流程产业链，推动加工贸易由水平分工变为垂直整合，向产业链、价值链高端拓展，提高附加值。搭建推动加工贸易转型升级的技术研发、工业设计、知识产权等公共服务平台，建设加工贸易产品内销后续服务基地。支持先进制造业延伸价值链，与现代服务业融合发展，推进互联网与现代制造产业深度融合。大力发展生产性服务贸易，引导出口企业从生产型企业向生产服务型企业转变，推动金融、保险、物流、信息、研发设计等资本和技术密集型服务出口。加快发展技术创新和商业模式创新相融合的新兴服务贸易和技术贸易。推动发展技术转让、许可证贸易、技术咨询及服务、成套设备引进等多种形式的技术贸易。巩固提高旅游、航空运输等传统服务业竞争力，大力促进文化艺术、数字出版、动漫创意、软件信息、数据服务、生物医药研发、中医药、供应链管理、高技术和高附加值产品的检测维修、管理咨询、工程设计等服务贸易发展。支持发展市场采购贸易，大力发展离岸贸易和转口贸易，依托国际空港、陆港和各类口岸，完善国际中转集拼和国际转口贸易枢纽功能。积极发展跨境电子商务，完善相应的海关监管、检验检疫、退税、物流等支撑系统，加快推进跨境贸易电子商务配套平台建设。支持企业建设出口商品"海外仓"和海外运营中心，加快融入境外零售体系，探索建设全球性产品交易展示中心和国内进出口货物集散中心。建立以政府部门"服务清单"制度为核心的服务贸易服务体系，建立一批具有项目对接、海外市场拓展、技术共享等功能的服务贸易公共服务体系和贸易促进平台。支持跨国公司设立面对国内外两个市场的结算中心和区域性总部，打造区域性离岸贸易中心，建立和发展全球或区域贸易网络。搭建便利化的知识产权公共服务平台，设立知识产权服务工作站，大力发展知识产权专业服务业。探索建立重点产业专利导航制度和重点产业快速协同保护机制。推动知识产权跨境交易便利化。扶持和培育外贸综合服务企业，为中小企业提供通关、融资、退税、保险等服务。允许境外服务提供者以跨境交付形式提供管理培训、咨询服务。

二、推动全球贸易包容协调、可持续增长

（一）推动全球贸易可持续增长

美国发动贸易战使国际贸易陷入低迷阶段，对经济发展和就业前景造成了负面影响。我国应推动G20成员国在《全球贸易增长战略》框架下，继续推进降低贸易成本、加强贸易投资政策协调、促进服务贸易、增强贸易融资、制订贸易景气指数、促进电子商务发展，切实加强贸易领域的合作，营造良好的贸易环境，推动全球贸易可持续增长。

降低贸易成本。《贸易便利化协定》是世界贸易组织成立以来达成的首个多边贸易协定，自2017年2月22日正式生效以来，全球贸易便利化和无纸贸易措施的平均实施率得到较大提高。然而，部分国家实施便利化措施的意愿不强，甚至变相实施"逆便利化"，影响了《贸易便利化协定》的整体实施效果。我国应推动G20委托经合组织、世贸组织、世界银行继续做好贸易成本监测工作，督促实施意愿不强的G20成员国家确实采取行动降低贸易成本、缩减贸易时间、减少货物服务流动不确定性。同时，我国应在"一带一路"建设过程中，积极推动《贸易便利化协定》的实施，促进沿线国家的贸易发展。

加强贸易政策协调。我国应推动G20重视世贸组织、联合国贸发会议、经合组织以及世界银行针对贸易政策协调的研究报告，探析各国贸易立场的差异和分歧以及政策不协调部分，就促进贸易监管体系、程序和标准等方面的适度融合提出一系列可供参考的重要政策选择，推动各成员国贸易政策以及其他公共政策相互补充、相互促进。此外，推动各成员国形成全方位、系统化的合作、交流和沟通机制，加强各国贸易监管部门和贸易导向型企业的务实沟通与交流，通过各种途径积极磋商协调来规范贸易活动竞争，促进相互合作、利益共享，不断通过成功的贸易合作项目的示范效应提升各方参与贸易合作的激情。

促进服务贸易。以当代国际生产与贸易服务化发展为契机，最大限度地提高服务业对全球贸易增长的贡献。我国应推动G20成员实施有效政策以打造开放、透明和竞争性服务市场，通过数字技术的应用革新扩大各种形式的

服务贸易，持续优化服务贸易结构，最大限度地挖掘本国服务业市场潜力，为本国国内经济和全球贸易做出更大贡献。推动各成员国持续深化拓展服务贸易领域合作，发挥各自在自然资源、文化资源、人力资源、技术资源等方面的比较优势。同时，共同制定一揽子服务贸易便利化全球方案，切实降低服务贸易成本。

增强贸易融资。贸易融资缺口阻碍了贸易和经济增长。根据国际商会银行委员会 2016 年发布的《全球贸易金融调查报告》，61% 的受访银行认为全球贸易融资存在缺口。贸易融资需求缺口最大的是俄罗斯、中东和北非，以及撒哈拉以南非洲地区。中小企业在获得以银行为中介的贸易融资面临最大的困境。中小企业是贸易融资需求量最大的客户群体，也是贸易融资申请被拒比例最高的客户群体。中小企业提交的贸易融资申请占所有申请的 44%，而中小企业占了贸易融资申请被拒企业中的 58%。为此，我国应推动 G20 加强多边、区域开发银行贸易促进项目下的贸易融资，帮助贫困落后国家提升贸易融资知识和技能，灵活运用保理、信用证、福费庭、打包放款、出口押汇、进口押汇等贸易融资工具进行融资。同时，呼吁世界银行和多边、区域开发银行针对中小企业贸易融资所面临的障碍，提出整体的解决框架和可行的政策建议，如实施全球中小企业贸易融资服务计划，积极搭建中小企业区块链贸易融资平台等。

促进电子商务发展。数字技术的迅速发展正引发贸易结构的深刻变革，跨境电子商务为全球贸易增长注入新活力。鉴于此，我国应推动 G20 成员国加强电子商务问题的讨论与合作。其一，推动 G20 各国构建跨境电子商务合作基本框架，完善跨境电子商务合作机制。G20 各国通过协调国际、国内立法完善跨境电商国际规则，构建跨境电子商务合作基本框架。依据国际认可的基本原则设立跨境电子商务合作基本制度，并通过国际"单一窗口"联合工作计划、相关国家自由贸易谈判机制等，推进跨境电子商务规则、条例的研究和制定。其二，促进电子商务跨境贸易便利化。G20 各国联合建立跨境电商监管中心，不断完善跨境直购、网购保税备货等新型快速通关监管模式，实现口岸监管的前推后移、分类通关管理。同时，加快电子口岸结汇、退税系统与跨境电商平台、物流、支付等系统的整合，打造高效快捷跨境电商物流体系，不断提升跨境物流配送服务质量。其三，积极搭建全球电子商务交易平台，利用跨境电商扁平的交易模式促进产品和服务提供商与消费者直接互动，借助交易平台的融合为消费者创造无缝的消费体验；不断完善相关基础设施和平台建设，基于交易平台不断拓展增值服务类型，推动线上线下一体化发展，服务集约化发展。其四，促进中小微企业发展。中小微企业可利用跨境 B2C 电商开辟新的市场分销渠道，积极融入全球贸易。同时，推动小微企业借助数字化的跨境平台，不断提高其产品和服务的附加值，以较低成本推动品牌建设，逐步改善中小企业在产业链中的分工地位，实现包容性贸易增长。

（二）支持多边贸易体制

多边贸易体制通过争端解决机制对贸易保护国家实施制裁，是 WTO 对全球经济稳定做出的最独特的贡献。G20 作为 WTO 的主要成员，充分认识和支持多边贸易体制对全球经济发展和稳定的贡献，是多边贸易体制的重要参与方、贡献方和受益方。我国应推动 G20 成员国共同努力进一步加强 WTO 建设，努力推进多哈谈判与实施进程，健全已有的多边贸易规则与体制，发挥 WTO 有效实施全球贸易治理的能力；将区域贸易协定的发展置于多边贸易体制的框架之中，推动多边体制继续成为全球贸易治理机制的核心机制。

进一步加强 WTO 建设，发挥其全球贸易治理能力。一是维护 WTO 谈判功能，为多边谈判提供可行思路。我国应推动 G20 成员国继续致力于多哈未决议题的谈判，优先推动多哈剩余议题，包括农业三大支柱（即市场准入、国内支持和出口竞争）、非农市场准入、服务、发展、知识产权和规则、认可特殊与差别待遇，开展以发展为核心的"后内罗毕工作"并最终结束多哈回合，以真正实现所有成员共同制定的发展目标。推动将可持续发展纳入各层面的贸易政策，推进《环境产品协定》诸边谈判，力争尽快取得实质性进展和成果。二是开展新议题的讨论和谈判。为了推动多边体制与时俱进、实现更大进展，WTO 应开展潜在的、符合各方利益的新议题的讨论和谈判，重新审视已有的贸易条款规则，并适时相应进行修订与增补，并在实质内容和程序上更具开放性和灵活性。例如，积极探讨电子商务、数字贸易、中小企业发展等对当今国际贸易可持续增长至关重要的"非多哈议题"，并开展谈判的可行性研究，绘制具体的谈判线路图。

提高区域贸易协定透明度，强化区域与多边协定的一致性。基于贸易协定的发展现实，区域贸易协定与多边贸易体制应以相容性为基础，G20 成员国应确立多边贸易体制的首要和主导地位，将区域贸易协定的发展置于多边贸易体制的框架之中，推动多边体制继续成为全球贸易治理机制的核心机制。G20 应发起诸边谈判和达成诸边协定的多边行为准则与程序，引领 WTO 与区域贸易协定良性互动，一方面搭建区域贸易协定的公共交流平台，加强区域贸易协定的透明度与对话，确保区域贸易协定在既有领域与 WTO 规则条款应保持一致，以确保建立非歧视性的全球贸易体制；另一方面可将很多区域贸易协定所涉及的新议题发展成为 WTO 讨论的合理议题，推动多边贸易体制的变革，适时将其整合到多边体制中。此外，G20 应在反对贸易保护主义、贸易政策审议监管贸易保护、通过"促贸援助"增强发展中国家贸易能力、贸易融资为全球贸易自由化提供资金支持等方面积极贡献力量，推动建立更加公平、开放、包容的多边贸易体制，防止发展中成员在国际经贸规则制定中被边缘化，促进全球贸易的协调发展。

（三）促进包容协调的全球价值链

作为现代国际生产与贸易的分工方式，全球价值链促进了投资、货物、服务、技术和劳动力的跨境流动与国际生产网络的紧密关联，推动贸易理念、贸易格局和贸易治理结构的改变。促进包容协调的全球价值链是世界贸易持续增长的重要驱动力。G20各国应推动不同发展水平国家和不同规模的企业，更好地融合到全球价值链中，尤其是发展中国家和中小企业，以促进全球贸易可持续增长。中国应推动G20各国携手诊断和界定发展中国家和中小企业在融入全球价值链时面临的本国及外国的技术、政策等壁垒，探讨并评估通过便利化措施、结构性改革和政策协调消除这些壁垒的可能途径和效果。制订提升全球价值链能力建设的战略计划，继续帮助发展中国家在积极参与融入全球价值链的同时，实现传统产业的转型升级与发展战略性新兴产业，增强生产能力和创新能力，同时有效管控供应链风险。积极为中小企业提供技术、贷款、供应链连接、电子商务、技能培训等支持，通过国际商会等平台促进中小企业参与全球价值链的对话和交流。此外，G20还应与国际组织、工商界、智库等开展紧密合作，构建面向全球价值链的合作伙伴关系，致力于创建包容协调的新型贸易治理结构，确保全球价值链的可持续运作。

第三节　推进更稳定更有韧性的国际金融架构的构建

一、开辟国内金融改革新路径

我国金融业开放创新应以服务实体经济、促进贸易投融资便利化为出发点和落脚点，通过制度创新进一步扩大人民币跨境使用、探索资本项目可兑换、深化外汇管理改革、探索投融资汇兑便利化，扩大金融业开放，建立健全金融风险防控体系。

推动金融产品全方位创新。推动金融服务业对符合条件的民营资本有序开放，在符合现行法律法规及国家政策导向的前提下，允许符合条件的境内纯中资民营企业依法发起设立中小型银行、财务公司、消费金融公司等金融机构。构建金融业综合统计体系，加强金融信用信息基础设施建设，推动银行业金融机构在依法合规、风险可控的前提下，向企业发放信用贷款。金融机构积极创新金融产品和服务，开展动产融资业务，创新供应链融资、贸易融资等业务，为中小制造企业和"轻资产"服务贸易企业提供融资便利。通过社会资本设立产业股权投资基金、产业结构调整基金、创业投资基金和服务贸易创新发展引导基金，为符合产业导向的企业提供融资支持服务。建设以项目投融资服务等为重点的全国性基金管理服务平台。完善股权、技术等资本或要素交易市场，允许外资参与投资。鼓励境外天使投资、创业投资等风险投资机构开展创业投资业务，海外创新投资机构开展创新投资业务。探索设立并规范发展科技型融资担保公司。促进金融和互联网的融合发展。支持科技型企业通过外资金融机构开展海外上市、离岸并购、特殊目的载体收购。建立知识产权质押融资市场化风险补偿机制，按照风险可控、商业可持续的原则，开展知识产权质押融资。探索知识产权证券化业务。鼓励保险公司创新保险产品，不断拓展责任保险服务领域。各类保险机构创新特殊风险分散机制，开展特殊风险保险业务。建立完善巨灾保险制度，加大再保险对巨灾保险、特殊风险的保险保障力度。建立保险资产登记交易平台。设立健康、科技、养老等专业保险机构，保险资产管理公司、自保公司、相互制保险机构等新型保险组织，以及为保险业发展提供配套服务的保险经纪、保险代理、风险评估、损失理算、法律咨询等专业性保险服务机构。加快发展科技保险，推进专利保险试点。进一步推进内资融资租赁企业试点，支持租赁业境外融资，鼓励各类租赁公司扩大跨境人民币资金使用范围。允许符合条件的融资租赁业务收取外币租金，简化大型融资租赁项目预付款手续。支持开展跨境融资租赁服务。支持符合条件的金融租赁公司和融资租赁公司设立专业子公司。发展商业保理业务，探索适合商业保理发展的监管模式和外汇管理模式。逐步允许境外企业参与商品期货交易。国内期货交易所积极开展期货保税交易、仓单质押融资等业务，扩大期货保税交割试点的品种。

推动人民币业务创新发展。加快构建面向国际的金融市场体系，建设人民币全球服务体系，有序推进资本项目可兑换试点。符合条件的企业可根据自身经营和管理需要，开展集团内跨境双向人民币资金池业务。符合条件的保险机构开展跨境人民币再保险和全球保单分入业务。探索符合条件的金融机构在依法合规、风险可控的前提下向境外销售人民币理财产品、开展人民币项下跨境担保等业务。设立人民币海外投贷基金。鼓励金融机构积极创新面向国际的人民币金融产品，扩大境外人民币投资境内金融产品的范围。支持符合条件的银行可按有关规定发放境外项目人民币贷款。符合条件的企业按规定开展人民币境外证券投资业务。允许符合条件企业的境外母公司按照有关规定在境内发行人民币债券。开展人民币跨境再保险业务，拓展跨境电子商务人民币结算。推动人民币成为我国与"一带一路"沿线国家跨境贸易和投资计价、结算的主要货币。

拓展金融境外服务功能。探索建立适合的本外币账户管理体系，促进跨境贸易、投融资便利化。在风险可控前提下，开展以资本项目可兑换为重点的外汇管理改革试点。拓宽符合条件企业资本项下外币资金结汇用途。支持发展总部经济，跨国公司成立全球或区域结算中心，放宽跨国公司外汇资金集中运营管理准入条件。进一步简化资金池管理，允许经银行审核真实、合法的电子单证办理经常项目集中收付汇、轧差净额结算业务。银行按照"了解客户、了解业务、尽职审查"的展业三原则办理经常项目收结汇、购付汇手续。鼓励符合条件的银行机构在依法合规和有效控制风险的前提下继续发展离岸金融业务。探索有条件的金融机构在依法合规、风险可控的前提下，依托各类跨境投融资工具，研发跨市场投资理财产品。支持私募股权投资基金开展跨境投融资业务。支持银行业金融机构与已获相应业务许可资质的非银行支付机构合作开展企业和个人跨境货物贸易、服务贸易人民币结算服务。开展适应内陆加工贸易、转口贸易等多种贸易业态的结算便利化试点。发挥外资银行跨境业务的网络平台优势，为跨境企业提供综合金融服务。探索与要素市场跨境交易相适应的外汇收支便利化措施，支持区域要素市场开展国际贸易业务。深化支付机构跨境外汇支付业务试点，在保证交易真实性情况下，逐步扩大服务贸易业务范围。拓展跨境电子商务金融服务，开展跨境电子商务人民币结算，推动跨境电子商务线上融资及担保方式创新，鼓励保险机构发展出口信用保险，拓宽服务领域。允许符合条件的银行和已获相应业务许可的非银行支付机构与境外银行和支付机构开展跨境支付合作。鼓励取得互联网支付业务许可的法人支付机构申请本外币跨境支付业务许可，支持已获得本外币跨境支付业务许可的全国性支付机构，按规定为跨境电商交易提供本外币资金收付及结售汇业务。加强与"一带一路"沿线国家和地区在金融领域的交流合作。支持证券经营机构"走出去"，取得合格境内机构投资者（QDII）和人民币合格境内机构投资者（RQDII）资格，开展境外证券投资业务；支持其境外子公司取得合格境外机构投资者（QFII）、人民币合格境外机构投资者（RQFII）资格；支持境外股权投资基金以合格境外有限合伙人（QFLP）身份开展跨境投资相关业务。

建立健全金融风险防控体系。打好防范化解重大风险攻坚战，地方政府要在坚持金融管理主要是中央事权的前提下，按照中央统一规则，强化属地风险处置责任，有效履行属地金融监管职责。探索建立综合性金融监管协调机制，完善跨行业、跨市场的金融风险监测评估机制，加强对重大风险的识别和对系统性金融风险的防范。完善对持有各类牌照金融机构的分类监管机制，健全符合金融业发展实际的监控指标,完善金融监管措施,加强监管协调与合作,确保金融机构风险可控。探索建立跨境资金流动风险监管机制,对企业跨境收支进行全面监测评价,实施分类管理。强化外汇风险防控,实施主体监管,建立合规评价体系,以大数据为依托开展事中事后监管。落实风险为本的原则,探索建立跨境资金流动风险监管机制,强化开展反洗钱、反恐怖融资、反逃税工作,防止非法资金跨境、跨区流动,防范利用跨境贸易从事洗钱犯罪活动,切实防范开放环境下的金融风险。建立健全消费者权益保护工作机制。鼓励金融行业协会、自律组织独立或者联合依法开展专业调解,建立调解与仲裁、诉讼的对接机制,加大对金融消费者维权的支持力度。支持建立健全金融消费者教育服务体系,积极创新多元化金融消费者教育的产品和方式。

二、持续完善国际金融架构

2016年7月成都G20财政部长和央行行长会议形成了《迈向更稳定更有韧性的国际金融架构的G20议程》(以下简称《议程》),围绕推进国际货币基金组织(IMF)改革、构建全球金融安全网、完善主权债务重组机制和改进对跨境资本流动的监测与管理等方面提出了一系列建议,成为G20完善国际金融架构的"中国方案"。中国应以此《议程》为指导,持续推进更稳定更有韧性的国际金融架构的构建。

(一)推动国际货币基金组织的持续改革

推动全球货币治理体系向更均衡的方向发展,国际货币基金组织的持续改革至关重要。IMF改革已经成为G20峰会的核心议题和合作领域之一。中国应携手G20成员国就IMF份额调整、治理结构改革、增加贷款的灵活性和种类、重新调整SDR构成等方面达成改革共识。

推进IMF治理结构改革。在份额调整的改革上,新的份额计算公式设计必须做到科学简单透明,例如提升购买力平价权重比例来计算GDP,并适当反映成员国在全球经济中的相对地位,体现不同国家的利益诉求。份额比例调整应与新兴经济体与发展中国家对全球经济贡献的相匹配,更多地反映新兴市场国家的声音,同时承诺保护最贫困国家的发言权及代表性。在增加新兴经济体与发展中国家代表在IMF管理人员和工作人员中的比重,尤其要提高高级管理人员的比重。IMF还应引入双重多数原则和分类表决制度,取消美国的否决权地位。

完善IMF资源充足度及贷款政策。继续扩大G20框架下的IMF资金筹集规模,继续深化利用IMF一般资源账户机制、一般借款安排以及新借款安排等机制进行借款，强化 IMF 债券的融资建设，大幅增加贷款资源，满足 IMF 资源的充足性要求，增强其作为全球最后贷款人的作用。此外，针对 IMF 现有的贷款模式刻板僵化、缺乏灵活性等问题，应该在贷款条件、贷款期限、贷款品种等方面做出完善，从而使更多的成员国可以切实获得其援助贷款；提高 IMF 决策过程的透明度，以增强 IMF 减贫、难民危机和落后国家经济增长等救援计划的有效性。

强化 IMF 的监督职能。加强 IMF 的权威性，推进美元、欧元和人民币等多元国际储备货币体系的建设，改变国际储备货币体系单一依赖美国国家信用的格局，提高其对全球金融市场，尤其是美国等发达国家的金融市场的监管的有效性，维持全球汇率的稳定。同时，特别提款权（SDR）具有超主权货币的特性和制度，应循序渐进地扩大 SDR 的使用范围，充分发挥其作为全球流动性调节工具的作用，着力建立完善的 SDR 发行准备机制，发展 SDR 计价的资产市场，推动以 SDR 作为计价货币的大宗商品交易、国际贸易，倡议建立替代账户机制作为 SDR 的发行准备。此外，应将 IMF 的监测职能从对成员国的双边监测过渡到对全球宏观经济与金融市场的多边监测，以更快更准确地发现全球范围内的系统性风险，保障金融安全。加强与金融稳定委员会在系统性风险、宏观监测、金融监管等方面的沟通与协调，避免出现方向性冲突。

（二）推进全球金融安全网的构建

全球金融安全网（Global Financial Safety Net，GFSN），是全球范围内可动用的，用来抵御对外支付危机、流动性危机等各种金融危机的多层次资源的总称。构建更加充足有效的全球金融安全网在提供流动性支持、预防金融危机、提高全球生产力等方面发挥着重要作用。中国应推动 G20 成员国积极开展金融国际合作，加强协调和资源整合，促进各个层次发挥合力，确保全球金融安全网广泛覆盖、密切配合和有效预防，以更好地应对系统性金融风险。

发挥 IMF 在完善全球金融安全网中的核心作用。中国应携手 G20 成员国强化 IMF 规则制定和引导全球共识，提高全球金融安全网的覆盖面和包容性。金融安全网更加均衡地覆盖各成员国，提高新兴市场和发展中经济体金融安全服务可得性。在实施危机援助时，短期内考虑提升受救助方清偿债务的能力，更长期应充分考虑如何帮助其走出经济萧条。支持 IMF 审议资本流动的国别经验和新问题，防范资本流动波动幅度过大带来的潜在风险。充分发挥 IMF 在风险防范和危机救助领域的专长，加强和拓展适用于所有国家的全球预防性金融工具。支持 IMF 在全球层面提供更加良好的政策激励来降低系统的道德风险，改善全球储备池的效率。

加强 IMF 和区域融资安排之间的有效合作。中国应携手 G20 成员国构建 IMF

和区域融资协定的沟通与协作机制，制定更具系统性和稳定性的危机应对方案。一是以戛纳峰会的基本原则为基础，拟订 IMF 与区域融资协议的分工合作框架，IMF 主要处理涉及全球性危机或区域系统性的危机，区域性融资协议侧重于解决破坏力较小的中小型国家金融危机。支持 IMF 引入预防性信用额度，用于与区域融资协议联合提供贷款。当危机有严重的蔓延风险且很可能形成区域性系统风险时，将"IMF—区域融资协议联合预防性信用额度"提供给某个国家集团或以单边形式提供给数个国家[①]。三是完善区域融资安排，确保区域性融资安排可持续，提升其实际对外支付的可操作性。关注金融安全网的溢出效应，发挥不同层次安全网间的互补优势，采取协调一致的措施来消除负面溢出效应。

（三）促进主权债务重组机制的完善

中国应携手 G20 成员国支持继续将加强的集体行动条款和同权条款纳入主权债中，强调债权人和债务人之间进行对话，推动作为国际官方双边债务重组的主要国际论坛巴黎俱乐部适应不断变化的官方融资结构，更多地纳入新兴市场债权国。

推广加强的集体行动条款和同权条款。支持 IMF 与其他相关机构协商，实施加强的集体行动条款和同权条款，进一步探索通过市场化方式加快在存量国际主权债中纳入集体行动条款和同权条款。建立全球性债务重组法律框架，以便对不同类型主权债务的重组进行统一和规范。将双边官方债务重组机制（巴黎俱乐部）、国际商业银行贷款重组机制（伦敦俱乐部）、国际主权债券重组机制（债券互换）等三大主权债务重组机制中的部分基本原则以国际法的形式确定下来，形成对所有债务重组具有约束力的法律框架。将多数表决条款（类似于债券互换中的集体行动条款）应用于所有类型的债权人，缩短重组谈判时间，提升不同类型债权人之间的重组协作效率。推广 ICMA 提出的"同权条款"的具体做法，即"债权人享有同等的法定受偿顺序，但并不要求同比例偿还"，以减弱债权人谋求成为"钉子户"的动力，降低主权债务重组阻力。

支持巴黎俱乐部纳入更多的新兴市场债权国。巴黎俱乐部是主要的国际官方双边债务重组平台，是主权债权人重新协商对其他国家官方信贷的重要论坛，致力于减免或重新协商俱乐部各成员国对发展中国家的债务，是处理与发展中国家债务关系的国际利益协调机制。巴黎俱乐部现有澳大利亚、匈牙利、比利时、加拿大、丹麦、芬兰、法国、德国、爱尔兰、以色列、意大利、日本、荷兰、挪威、俄罗斯、西班牙、瑞典、瑞士、英国、美国、韩国等 21 个常任理事国，

[①] 崔熙南：《区域金融：构建危机防护网》，载于《博鳌观察》2013 年第 1 期。

除俄罗斯外都是 OECD 国家。目前，一些新兴市场债权国对主权债务重组机制及集体行动的达成将发挥越来越重要的作用。中国支持巴黎俱乐部持续吸纳更多新兴债权国。作为发展中大国，中国目前尚不适宜加入巴黎俱乐部，但可定期参加巴黎俱乐部会议，发挥更具建设性作用，逐步参与到全球治理和主权债务集体行动中。

（四）完善跨境资本流动监管机制

跨境资本流动推动资本在全球范围内有效配置，并且带动先进技术和管理经验的传播和流动，推动全球经济增长。然而，短期内资本大规模无序波动可能对经济金融带来冲击引发系统性金融风险。中国应在 G20 框架内加强国际宏观经济和宏观审慎政策合作，推动国际资本流动管理的全球行动，共同维护国际金融稳定。

加强国际宏观经济和宏观审慎政策合作。G20 成员国应仔细制定、清晰沟通在宏观经济和结构性改革方面的政策措施，增加政策的透明度，减少政策的不确定性。进一步加强宏观经济政策协调，避免竞争性货币贬值。反对各种形式的保护主义，将汇率过度和无序波动的负面溢出效应降到最低。各国应遵守此前的汇率承诺，督促相关部门应就外汇市场进行密切讨论和沟通，在全球统一协调的基础上实现汇率稳定。支持金融稳定理事会、国际货币基金组织和国际清算银行对各辖区的发达和新兴经济体国家加强资本流动监管的政策工具和框架方面的经验进行总结，将资本流动管理和宏观审慎政策的工作结合起来，为各国化解宏观经济金融风险提供参考。同时，中国应推动 G20 成员国完善跨境资本流动管理的对话协商机制，如 G20 财长和央行行长会议、金融部门评估规划等，就各自市场的情况进行沟通和交流，加强对跨境资本流动的国际监管，防范可能面临的金融风险。

改善资本流动监测和风险防范。作为 G20、金融稳定理事会、巴塞尔委员会成员国的成员，中国应积极影响和参与国际金融监管标准的制定，提高新兴市场国家在监管标准制定方面的话语权。中国应携手 G20 各成员国加强对跨境资本流动的数据收集与风险监测，特别应加强对新出现的跨境风险的监测与防范。加强数据收集以更好地识别货币和期限错配，完善针对资本流动变化和驱动因素的分析框架。解决已发现的包括外汇敞口（国际投资头寸 – IIP）、国际银行统计，证券投资协同调查、政府财政统计等的数据缺口问题。鼓励 G20 成员国主动提供与 BIS 的国际银行业统计和 IMF 的证券投资协同调查相关的数据。支持 G20 构建跨境资本流动风险预警体系，通过构建灵敏的跨境资金流动预警机制，密切监测全球金融走势，重点跟踪高风险国家可能造成的冲击，对国际收支运行中的脆弱性和可能发生的危机和造成的冲击做出预警。可以从宏观、中观、微观三个层次确定风险监测指标,利用指标的历史数据表现,分析跨境资本流动可能引发的系统性金融风险,并预测未来一定时期与跨境资本流动相关的系统性风险。

第四节 推动经济包容和联动式发展

一、促进基础设施互联互通

基础设施互联互通是实现可持续发展和共同繁荣的关键。中国应携手世界银行、全球基础设施中心、经合组织、其他多边开发银行和有兴趣的G20成员落实全球基础设施互联互通联盟倡议。全球基础设施互联互通联盟应从全球视野建立基础设施、规则制度、信息与资本流通、人员交往、服务网络及相关配套产业链相互融合的基础设施互联互通框架,对基础设施互联互通建设的重点领域、主要任务、关键要素、建设路径等进行顶层设计。世界银行作为联盟秘书处应与相关国际组织共同完善沿线国家和地区基础设施互联互通协调与合作机制,推进国与国之间互联互通建设规划的交流合作,形成立足周边、跨区域辐射的互联互通规划设计,实现各国互联互通规划同整体规划的无缝对接。

G20成员国应逐步放宽金融准入限制,进一步推动区域金融市场开放,鼓励各国互设金融机构,拓宽本币跨境投资渠道,扩大各国间本币互换规模,完善货币互换机制,开发适合区域金融市场的金融工具。逐步形成稳定的、多层次的自由便利融资机制,通过发行政府债券、设立境外基础设施领域投资基金等方式筹集资基础设施互联互通建设资金,应用公私合作伙伴关系模式(PPP模式),发挥政府的主导力量,把社会富余资金引向互联互通建设,使社会投资和政府投资相辅相成。完善政府与社会资本合作项目风险分担机制,帮助发展中国家更好地识别、评估和防范基础设施投资风险。在《二十国集团/经合组织关于基础设施和中小企业融资工具多元化政策指南文件》框架下,促进基础设施和中小企业融资工具多元化。

促进基础设施投资,坚持数量和质量并重,从生命周期成本、安全性、抗自然灾害的韧性、创造就业机会、能力建设以及根据共同同意的条件转移知识和专业技能等方面衡量基础设施项目高质量建设水平,推动项目实现经济—社会—环境效应的良性互动。中国参建企业应强化与东道国知名企业的合作,根据能力互补原则形成战略联盟,降低基础设施全生命周期建设成本,最大限度地提高项目的安全性和抗自然灾害的韧性。加大企业社会责任投入，降低能源消耗，保护东道国生态环境，推动人与自然和谐发展；积极参与当地的医疗卫生、教育和文化建设，更多地承担扶贫济困责任；加大联合研发投入，将以工程勘察数据、设计方法和施工技艺、建设实践、项目管理界面等为主要构成的基础技术作用于基础设施建设全过程，逐渐形成标准、技术、品牌、管理等竞争优势。强化本土化经营战略，不断推进人才本土化，积极吸纳当地人力资源，加强培养投入，促进有条件的知识和专业技能转移；积极推进物资设备采购当地化，与东道国能力强且信誉好的供应商建立良好的合作伙伴关系，促进当地经济发展。

二、加快发展绿色经济和能源经济

为了解决严峻的环境问题和推动经济可持续发展，世界各国应切实将绿色理念贯穿于各自的国家战略之中，并开展一场全方位、系统性的绿色变革，以绿色经济引领经济转型升级发展，并构建运转良好、开放、竞争、高效、稳定和透明的能源市场。

加快绿色金融的发展和绿色技术的研发推广。资金技术等要素是世界各国实施应对环境变化行动的前提。只有构建要素多层化获取机制，才能为全球绿色经济发展提供持续的要素保障。支持推广和普及联合国环境规划署的金融自律组织（UNEPFI）的可持续金融理念，以及世界银行下设的国际金融公司倡导的"赤道原则"，使越来越多的金融机构注重可持续发展投资，积极发展绿色信贷。支持世界银行、亚洲开发银行等国际组织继续将生态环境保护作为信贷的目标之一。G20各国应提供清晰的发展绿色金融的政策信号与框架，支持提升绿色金融能力的学习网络建设，统筹设立各类绿色发展基金，引导和鼓励发行绿色债券，开展国际合作以推动跨境绿色债券投资，扩大绿色保险覆盖面，鼓励并推动在环境与金融风险领域的知识共享，适时强化绿色金融风险防控，鼓励引导金融资金和社会资本更多投向绿色产业和生态环境治理。支持联合国开发计划署、世界资源研究所、世界自然基金会等国际组织充分发挥其资金、知识和技术资源优势，通过项目建设、提供贷款、技术支持、信息分享等方式为全球绿色经济发展提供有力的要素支撑。发达国家应向发展中国家提供更加强有力的资金支持，并向发展中国家转让环境友好型技术，帮助其发展绿色经济。具有全球视野的非政府组织应把国际环境科学领域的新思想、新做法、新技术带到地方实践中去，同时站在地方特别是发展中国家的角度对全球问题进行独立思考，将地方特别是发展中国家发展绿色经济的要素需求反映到国际社会中。加强与私人部门、公民社会的合作，创新资金募集方式，引导私人部门加大绿色技术研发投入，使其真正成为绿色技术创新的主体。

推动绿色产业合理布局。发展绿色经济要形成不同层次、不同规模的绿色产业国别合作。各国应根据经济发展水平和绿色经济发展重点的不同,寻求与不同国家的绿色产业差异化合作。推动世界各国以培育支柱产业为目标,以传统产业转型升级为导向,大力发展节能环保产业、清洁生产产业、清洁能源产业、循环农业、文化旅游产业、先进制造业、数据信息产业等绿色新型工业、现代服务业和特色农业,突出抓好生态环保和现代服务产业,提高产业生产的规模化、集约化、标准化程度,促进产业优化升级,形成多级支撑、多元发展、绿色环保的产业格局和绿色产业体系,走具有本国特色的高质量绿色发展道路,实现绿色经济的崛起。

构建高效、稳定和透明的能源市场。推动G20成员国在能源可及性、更清洁的能源未来、能源效率、全球能源架构、鼓励浪费的低效化石燃料补贴、市场透明度、能源安全等采取协调一致的行动。推动G20加强全球能源对话和国际能源组织合作,就能源应急措施、能源来源和通道多元化、能源投资、能源技术、能源安全等议题展开积极对话。积极收集和传播高质量能源数据,为提升能源供给能力提供数据支持,提高能源市场透明度和市场效率。G20成员国要采取联合行动,推动现代能源普及到能源最匮乏的地域,将能源普及的重点从撒哈拉沙漠以南非洲地区扩展到尚有5亿无电人口的亚太地区,使人人能够享有负担得起、可靠、可持续的现代能源服务。鼓励G20成员国结合国情制定本国能源转型战略,重点发展可再生能源,促进可再生能源领域投资,大幅提高可再生能源在全球能源结构中所占的比重,让能源转型成果惠及更多国家和民众。鼓励各国在交通工具、联网设备、能效融资、建筑节能、能源管理、发电、"双十佳"、超高能效设备、区域能源系统、能效知识分享框架、终端用能数据和能效度量等12个重点领域自愿开展国际合作,实现能效的长期提升。

三、彻底消除极端贫困

在联合国2030年可持续发展议程中,消除贫困被列为首要任务。创造高质量就业机会将助推彻底消除贫困。保障粮食安全和消除饥饿则是消除极端贫困首先应当解决的优先事项。

在推动高质量就业方面,各国政府应把积极稳妥促进就业作为国家经济发展的基本优先目标,实施就业优先的宏观经济政策和积极的劳动力市场政策,强化经济、劳动、就业和社会政策协调性。加大政府和社会投资、提供有效的公共就业服务,鼓励创新创业,减少就业歧视,提高女性和弱势群体的劳动参与率,构建完善的社会保障体系帮助失业人员再就业。支持二十国集团创业研究中心搭建创业创新领域经验交流和资源共享平台，与国际劳工组织等国际组织加强创业创新政策研究，为推进创业行动计划实施提供智力支持。开展有效行动支持创业和就业能力，有针对性地开展培训应对技能需求方面的挑战。运用大数据、云计算等新一代信息技术分析劳动力技能需求变化，分析潜在的技能短缺和不匹配，提高创业教育和职业技能培训的针对性，增强劳动者创业就业能力。强调优势产业与技能培训对接，新兴产业与人才培养对接，创业扶持与培育体系对接，建立"社会机构培养、企业基地培养、校园课堂培养"三元人才培养体系。政府、社会伙伴和教育培训机构建立创业教育和各种类型的职业教育合作伙伴关系，共同投资于创业教育和岗位技能培训服务。营造再培训和终身学习的社会氛围，提高创业教育与职业技能培训的普惠性和有效性，提高创业教育与技术职业教育的地位和质量。在《G20促进高质量学徒制倡议》的框架下，提升学徒制数量、质量和多样性，培养具有较强理论和实际操作能力、适应新经济和科技变革而引致劳动力市场需求变化的劳动者队伍。推动各国确保遵守有关工资、工时、工作条件和职业安全卫生的劳工标准和原则，确保可持续的工资增长、在全球供应链框架内建设更安全的工作场所，落实劳工权利，维护体面劳动。

在落实粮食安全的进程中，G20成员国应继续发挥引领作用，构建南北合作、南南合作及三方合作的多层次粮食安全治理体系。推动各国提高农业综合生产能力，重点关注发展中国家的粮食安全，积极响应发展中国家对充足、安全和营养丰富食品的客观需要，尽可能向其提供技术、资金和支持，减少其粮食生产各环节的损失和浪费，提高它们的粮食供给水平。支持世界各国利用国际农科院院长高层研讨会（GLAST）、全球农业研究发展大会（GCARD）、热带农业平台等相关机制围绕农业可持续发展进行经验交流、知识分享和技术应用，推动全球农业科技研发合作平台和农业信息交流平台的建立，提升食品价值链的质量和效率。拓宽农业投融资渠道，创新农业金融产品、完善农业保险机制和风险管理工具，支持私营部门及其他利益相关者加大农业投入，发展农村普惠金融体系，特别使家庭农民、小农和妇女能更好地获取普惠金融服务、促进可持续农业生产。提高可持续农业集约化水平和组织化程度，提高开放条件下家庭农场和小农的组织化程度和市场竞争力。推动农村一二三产业融合发展，推进农业与旅游、教育、文化、健康养老等产业深度融合，通过业态创新促进农业生产全环节升级、全链条升值，带动农村就业、促进农民增收。

参考文献

[1] 罗伯特·吉尔平著,武军等译:《世界政治中的战争与变革》,中国人民大学出版社1994年版。

[2] 奥利弗·威廉姆森:《资本主义经济制度》,商务印书馆2002年版,第539页。

[3] 肯尼思·沃尔兹:《国际政治理论》,上海人民出版社2003年版。

[4] 罗伯特·基欧汉:《霸权之后——世界政治经济中的合作与纷争》,上海人民出版社2006年版。

[5] 樊勇明:《西方国际政治经济学》,上海人民出版社2006年版,第57~58页。

[6] 何顺果:《全球化的历史考察》,江西人民出版社2010年版。

[7] [美] 罗伯特·基欧汉、约瑟夫·奈:《权力与相互依赖》(第4版),北京大学出版社2012年版。

[8] 黄茂兴等:《TPP的中国策:全球化新时代中国自贸区突围之路》,北京大学出版社2016年版。

[9] 李建平、李闽榕、赵新力等主编,黄茂兴执行主编:《二十国集团(G20)经济热点分析报告(2016~2017)》,经济科学出版社2016年版。

[10] 蔡拓等:《全球治理概论》,北京大学出版社2016年版。

[11] 李建平、李闽榕、赵新力、周天勇:《二十国集团(G20)经济热点分析报告(2017~2018)》,经济科学出版社2017年版。

[12] 李建平、李闽榕、赵新力等主编,黄茂兴执行主编:《二十国集团(G20)经济热点分析报告(2017~2018)》,经济科学出版社2017年版。

[13] 彼得·哈吉纳尔:《二十国集团演变、互动、记录》,中国发展出版社2017年版。

[14] 李建平、李闽榕、赵新力等主编,黄茂兴执行主编:《二十国集团(G20)国家创新竞争力发展报告(2017~2018)》,社会科学文献出版社2018

年版。

[15] 张敦福：《依附理论的发展历程和新进展》，载于《山东师大学报（社会科学版）》2000年第1期，第28~31页。

[16] 樊勇明：《霸权稳定论的理论与政策》，载于《现代国际关系》2000年第9期，第20~23页。

[17] 牛震：《关于霸权稳定论及其评价》，载于《世界经济与政治》2000年第10期，第22~27页。

[18] 托尼·麦克格鲁、陈家刚：《走向真正的全球治理》，载于《马克思主义与现实》2002年第1期，第33~42页。

[19] 俞可平：《全球治理引论》，载于《马克思主义与现实》2002年第20期，第20~32页。

[20] 简军波、冬汉：《国际机制的功能与道义》，载于《世界经济与政治》2002年第3期，第15~20页。

[21] 蔡拓：《全球治理的中国视角与实践》，载于《中国社会科学》2004年第1期，第94~106，207页。

[22] 杨照东、王劲松：《国际宏观经济政策协调理论研究综述》，载于《经济学动态》2004年第2期，第72~76页。

[23] 周丕启：《合法性与霸权的衰落》，载于《世界经济与政治》2005年第3期，第50~56页。

[24] 佟家栋、王艳：《国际贸易政策的发展、演变及其启示》，载于《南开学报（哲学社会科学版）》2002年第5期，第54~98页。

[25] 李向阳：《布雷顿森林体系的演变与美元霸权》，载于《世界经济与政治》2005年第10期，第14~19，4页。

[26] 宋伟：《试论约翰·拉格"内嵌的自由主义"》，载于《世界经济与政治》2006年第2期，第41~47，5页。

[27] 舒建中：《"嵌入式自由主义"与战后多边国际经济机制的演进》，载于《世界经济与政治论坛》2008年第1期，第61~66页。

[28] 李格琴：《西方国际合作理论研究述评》，载于《山东社会科学》2008年第7期，第134~139页。

[29] 徐恺：《国际公共产品、地区国际公共产品与东亚供给模式》，载于《理论界》2009年第6期，第188~190页。

[30] 钟龙彪：《浅析G20在全球治理中的角色嬗变》，载于《现代国际关系》2010年第4期，第10~14页。

[31] 张宇燕、田丰：《新兴经济体的界定及其在世界经济格局中的地位》，

载于《国际经济评论》2010年第4期，第7~26，3页。

[32] 曹广伟、张霞：《G20机制的构建及其在后危机时代的角色定位》，载于《国际展望》2010年第6期，第97~107，124页。

[33] 黄梅波、胡建梅：《国际宏观经济政策协调与G20机制化》，载于《国际论坛》2011年第1期，第52~56，81页。

[34] 崔志楠、邢悦：《从"G7时代"到"G20时代"——国际金融治理机制的变迁》，载于《世界经济与政治》2011年第1期，第134~154，159页。

[35] 朱杰进：《G20机制非正式性的起源》，载于《国际观察》2011年第2期，第9~15页。

[36] 曹玮、王俊峰：《G20机制化建设与中国的对策》，载于《亚非纵横》2011年第4期，第28~33页。

[37] 杨洁勉：《二十国集团的转型选择和发展前景》，载于《国际问题研究》2011年第6期，第50~60页。

[38] 邹亚宝、王凯：《论G20机制化及中国在全球经济治理中的策略》，载于《战略决策研究》2011年第6期，第32~38页。

[39] 周宇：《全球经济治理与中国的参与战略》，载于《世界经济研究》2011年第11期，第26~32，87页。

[40] 张笛：《二十国集团机制化进程研究》，华中师范大学硕士学位论文，2012年。

[41] 李仁真、王进：《G20峰会：全球金融治理的主导机制》，载于《武汉大学国际法评论》2012年第2期，第30~43页。

[42] 郑慧：《国际金融监管改革演进与评析——兼论对中国金融监管体制的影响》，载于《中共中央党校学报》2012年第2期，第61~65页。

[43] 张明：《全球货币互换：现状、功能及国际货币体系改革的潜在方向》，载于《国际经济评论》2012年第6期，第65~88，5页。

[44] 岳华、赵明：《国际货币基金组织治理机制改革的新设计》，载于《经济问题探索》2012年第7期，第179~184页。

[45] 黄薇：《全球经济治理之国际储备货币体系改革》，载于《国际金融研究》2012年第12期，第12~25页。

[46] 卢伟：《绿色经济发展的国际经验及启示》，载于《中国经贸导刊》2012年第16期，第40~42页。

[47] 杨西坡：《全球治理视角下的制度变迁：金融危机与二十国集团》，复旦大学硕士学位论文，2013年。

[48] 吴澄秋：《后危机时代的经济治理理念结构》，载于《国际论坛》2013

年第 1 期，第 54~59 页。

[49] 黄仁伟：《全球经济治理机制变革与金砖国家崛起的新机遇》，载于《国际关系研究》2013 年第 1 期，第 54~70 页。

[50] 唐宜红、姚曦：《竞争中立：国际市场新规则》，载于《国际贸易》2013 年第 3 期，第 54~59 页。

[51] 巴曙松：《从〈巴塞尔协议Ⅲ〉的实施进展看全球金融监管的挑战》，载于《理论学刊》2013 年第 8 期，第 39~42, 128 页。

[52] 周宏达：《G20 破局金融全球监管》，载于《中国金融家》2013 年第 10 期，第 83~84 页。

[53] 李玉梅、桑百川：《国际投资规则比较、趋势与中国对策》，载于《经济社会体制比较》2014 年第 1 期，第 176~188 页。

[54] 东艳：《全球贸易规则的发展趋势与中国的机遇》，载于《国际经济评论》2014 年第 1 期，第 45~64 页。

[55] 桑百川：《新一轮全球投资规则变迁的应对策略——以中美投资协定谈判为视角》，载于《学术前沿》2014 年第 2 期，第 82~89 页。

[56] 陈伟光：《全球治理与全球经济治理：若干问题的思考》，载于《教学与研究》2014 年第 2 期，第 53~61 页。

[57] 徐凡：《G20 机制化建设与中国的战略选择——小集团视域下的国际经济合作探析》，载于《东北亚论坛》2014 年第 6 期，第 35~45, 125 页。

[58] 聂平乡：《国际投资规则的演变及趋势》，载于《国际经济合作》2014 年第 7 期，第 16~20 页。

[59] 洪小芝、张文兴：《论新型全球金融治理模式的构建》，载于《上海金融》2014 年第 12 期，第 33~37 页。

[60] 赵蓓蓓：《全球治理困境与 G20 治理机制研究》，山东大学硕士学位论文，2015 年。

[61] 李巍、苏晗：《从体系依赖者到体系改革者——中国参与国际货币体系的角色演变》，载于《国际展望》2015 年第 3 期，第 44~66, 163~164 页。

[62] 李蕊：《二十国集团与国际货币体系改革》，载于《国际展望》2015 年第 3 期，第 67~84, 164 页。

[63] O'Neill、Alessio、Terzi 等：《更完善的 G20 和全新的 G7+：新世纪的需要》，载于《世界经济研究》2015 年第 4 期，第 121~126 页。

[64] 廖岷：《中国参与全球金融治理：背景、路径与建议》，载于《新金融评论》2015 年第 4 期，第 96~105 页。

[65] 刘丹、阿燃燃：《G20 参与下的国际宏观经济政策协调研究》，载于

《经济问题探索》2015 年第 5 期，第 112~116 页。

[66] 刘宗义：《二十国集团转型与中国的作用》，载于《现代国际关系》2015 年第 7 期，第 10~17,49,63 页。

[67] 刘通：《从主权债务违约诉讼看同权条款》，载于《清华金融评论》2015 年第 8 期，第 101~105 页。

[68] 朱颖、罗英：《美国式国际投资规则的影响及我国的应对》，载于《经济纵横》2015 年第 9 期，第 112~116 页。

[69] 孙振宇：《G20 与全球贸易投资治理》，载于《中国经济报告》2015 年第 9 期，第 26~27 页。

[70] 张严冰、杜胜平：《当前二十国集团的机制化困境及应对之策》，载于《现代国际关系》2015 年第 12 期，第 53~58 页。

[71] 蔡伟宏：《国家博弈、制度形成与全球金融治理》，载于《国际经贸探索》2015 年第 8 期，第 102~116 页。

[72] 王小龙、陈伟光：《全球投资治理：发展演进与中国的参与路径》，载于《金融教育研究》2016 年第 1 期，第 3~10 页。

[73] 王中美：《全球经济治理结构变动趋势三阶段预测与影响分析》，载于《世界经济研究》2016 年第 3 期，第 3~11,134 页。

[74] 张小波、李成：《论全球治理中的国际投资机制构成、发展及对中国的影响》，载于《国际观察》2016 年第 4 期，第 144~157 页。

[75] 韩冰：《二十国集团在国际投资领域的合作与前景展望》，载于《国际经济评论》2016 年第 4 期，第 53~66 页。

[76] 上海发展研究基金会课题组：《全球金融治理：挑战、目标和改革——关于 2016 年 G20 峰会议题研究》，载于《国际经济评论》2016 年第 4 期，第 26~40 页。

[77] 甄炳禧：《G20 转型面临的难题及破解之策》，载于《国际问题研究》2016 年第 4 期，第 115~130 页。

[78] 王金波：《G20 与全球贸易治理体系的完善》，载于《海外投资与出口信贷》2016 年第 5 期，第 12~15 页。

[79] 李勋：《IMF 对跨境资本流动监管的法律研究》，载于《上海金融学院学报》2016 年第 5 期，第 32~39 页。

[80] 马涛、苏庆义、韩冰、白洁：《以全球贸易投资合作促进包容性增长——二十国集团智库贸易投资会议纪要》，载于《国际经济评论》2016 年第 5 期，第 149~159 页。

[81] 乔海曙、袁丽婷：《跨境股权资本流动与金融稳定——基于发达国家

和发展中国家的比较》，载于《中南大学学报（社会科学版）》2016年第6期，第125~133页。

[82] 陈志敏：《国家治理、全球治理与世界秩序建构》，载于《中国社会科学》2016年第6期，第14~21页。

[83] 程永林、李青、李子文：《全球经济治理：制度变迁、演进机理与战略评估》，载于《青海社会科学》2016年第6期，第90~97页。

[84] 徐洪才：《设立G20秘书处和构建"5+1"宏观经济政策协调机制》，载于《中国发展观察》2016年第8期，第12~13页。

[85] 陆燕：《G20：改善全球贸易治理》，载于《国际贸易》2016年第8期，第46~51页。

[86] 盛斌：《G20杭州峰会：开启全球贸易投资合作新时代》，载于《国际贸易》2016年第9期，第43~50页。

[87] 周密：《贸易投资：补齐G20全球经济治理的第三支柱》，载于《国际贸易》2016年第9期，第51~54页。

[88] 徐璐：《新兴经济体跨境资本流动的脆弱性与政策应对》，载于《海南金融》2016年第9期，第21~26页。

[89] 詹晓宁：《全球投资治理新路径——〈G20全球投资政策指导原则〉》，载于《世界经济与政治》2016年第10期，第4~18，155页。

[90] 文洋：《全球投资治理：现状、趋势及中国的参与路径》，载于《理论视野》2016年第10期，第65~68页。

[91] 詹晓宁：《全球投资治理新路径世界——解读〈G20全球投资政策指导原则〉》，载于《世界经济与政治》2016年第10期，第4~15，155页。

[92] 李东燕：《G20与联合国全球议题的积极互动及中国的贡献》，载于《当代世界》2016年第10期，第26~29页。

[93] 潘晓明：《G20杭州峰会对国际贸易投资体系发展的影响》，载于《国际经济与合作》2016年第11期，第20~26页。

[94] 张翎、陈莎：《全球金融安全网的现状、问题与政策建议》，载于《海南金融》2016年第11期，第60~63页。

[95] 王毅：《G20杭州峰会：中国特色大国外交的成功实践》，载于《求是》2016年第21期，第18~20页。

[96] 张海冰：《G20机制的发展历程与前景展望》，载于《人民论坛》2016年第25期，第34~36页。

[97] 邓若冰、吴福象：《全球经济治理制度变迁与演进路径》，载于《河北学刊》2016年第1期，第110~115页。

[98] 窦勇：《构建我国参与国际宏观经济政策协调的新机制》，中国智库经济观察（2016），2017年。

[99] 桑百川、任苑荣：《落实〈G20全球投资指导原则〉推动建立全球投资规则》，载于《国际贸易》2017年第1期，第37~40页。

[100] 东艳、张琳：《二十国集团与全球经济治理：杭州峰会成果评估及发展展望》，载于《浙江学刊》2017年第1期，第13~20页。

[101] 赵雅婧，李瑞民：《巴黎俱乐部：源起、规则与作用——兼论对中国的启示》，载于《国际金融》2017年第1期，第59~66页。

[102] 曾繁荣：《全球金融安全网的充足性、有效性分析》，载于《国际金融2017年第2期，第72~80页。

[103] 董亮：《G20参与全球绿色治理的动力、议程与影响》，载于《东北亚论坛》2017年第2期，第59~70页。

[104] 吴振宇、兰宗敏、吴琛琛：《美国在金融危机期间的国际宏观经济政策协调及启示》，载于《经济纵横》2017年第3期，第112~117页。

[105] 李由：《关于后危机时代的G20转型问题》，载于《理论探索》2017年第1期，第86~91页。

[106] 詹晓宁、欧阳永福：《〈G20全球投资政策指导原则〉与全球投资治理——从"中国方案"到"中国范式"》，载于《世界经济研究》2017年第4期，第3~13，134页。

[107] 刘志中、崔日明：《全球贸易治理机制演进与中国的角色变迁》，载于《经济学家》2017年第6期，第50~57页。

[108] 相均泳、冯阔：《全球贸易稳定亟需落实G20杭州峰会成果》，载于《财经界》2017年第8期，第76~78页。

[109] 隆国强：《全球经济治理体系变革的历史逻辑与中国作用》，载于《中国领导科学》2017年第11期，第20页。

[110] 任东方：《后金融危机时代中国在G20中的战略选择》，载于《时代金融》2017年第11期，第7~8页。

[111] 牛恒磊、张亚军：《基于相互依赖理论的"金砖国家"选择性合作探讨》，载于《经济研究导刊》2017年第13期，第177~180页。

[112] 唐宜红：《当前全球贸易保护主义的特点及发展趋势》，载于《人民论坛·学术前沿》2017年第17期，第82~89页。

[113] 张帆：《国际公共产品理论视角下的多哈回合困境与WTO的未来》，载于《上海对外经贸大学学报》2017年第4期，第5~17页。

[114] 辜学武：《G20：经济全球化的政治对冲机制及其前景》，载于《同济

大学学报（社会科学版）》2017年第2期，第30~37页。

[115] 王在亮、齐为群：《G20实现机制化的模式与中国的战略选择》，载于《印度洋经济体研究》2018年第1期，第1~17，138页。

[116] 张茉楠：《数字贸易与新型全球贸易规则发展及对策》，载于《国际经济分析与展望（2017~2018）》，2018年。

[117] 王乔、卢鑫：《"十九大"全球治理观影响下的中国国际贸易治理机制变革》，载于《理论探讨》2018年第1期，第92~98页。

[118] 刘雪莲、桑溥：《新型国际合作理论：国家理性二元统一的视角》，载于《国际观察》2018年第3期，第1~15页。

[119] 贺鉴、王璐：《中国参与全球经济治理：从"被治理"、被动参与到积极重塑》，载于《中国海洋大学学报》2018年第3期，第80~86页。

[120] 曾铮：《格局嬗变 模式嬗变 战略适变——"后美国时代"全球经济治理与中国方略》，载于《区域与全球发展》2018年第3期，第100~108，157~158页。

[121] 佟家栋：《中美战略性贸易战及其对策研究》，载于《南开学报》2018年第3期，第2页。

[122] 程永林、黄亮雄：《霸权衰退、公共品供给与全球经济治理》，载于《世界经济与政治》2018年第5期，第131~148，159~160页。

[123] 盛斌、高疆：《中国与全球经济治理：从规则接受者到规则参与者》，载于《南开学报（哲学社会科学版）》2018年第5期，第18~27页。

[124] 赵骏、谷向阳：《论全球治理中的G20软法治理》，载于《浙江学刊》2018年第5期，第54~60页。

[125] 刘志中：《"一带一路"背景下全球贸易治理体系重构》，载于《东北亚论坛》2018年第5期，第70~82，128页。

[126] 陈淑梅：《全球贸易规则重构与中国方案——基于高质量发展背景与标准治理的视角》，载于《贵州省党校学报》2018年第5期，第34~40页。

[127] 文君：《中国在全球治理中角色的变化与新型国际关系的塑造》，载于《思想理论教育导刊》2018年第7期，第63~68页。

[128] 陈伟光、蔡伟宏：《全球经济治理新范式——基于权威、制度和观念的视角》，载于《社会科学》2018年第8期，第35~44页。

[129] 陈伟雄：《习近平新时代中国特色社会主义对外开放思想的政治经济学分析》，载于《经济学家》2018年第10期，第5~13页。

[130] 马俊炯：《全球贸易规则重构的演变趋势及潜在风险》，载于《中国国情国力》2018年第12期，第26~30页。

[131] 唐杰:《全球数字经济发展现状分析及展望》,载于《经济研究参考》2018年第51期,第43~52页。

[132] 陈伟光、刘彬:《全球经济治理的困境与出路:基于构建人类命运共同体的分析视阈》,载于《天津社会科学》2019年第2期,第74~80页。

[133] 陈伟光、刘彬:《全球经济治理的困境与出路:基于构建人类命运共同体的分析视阈》,载于《天津社会科学》2019年第2期,第74~80页。

[134] 隋广军、查婷俊:《贸易摩擦冲击下的全球经济治理体系变革——基于治理规则的视角》,载于《天津社会科学》2019年第3期,第106~112页。

[135] 张丽娟:《全球化新阶段与贸易政策新挑战》,载于《四川大学学报(哲学社会科学版)》2019年第3期,第73~80页。

[136] 李燕云、林发勤、纪斑:《合作与争端:中国与"一带一路"国家间贸易政策协调》,载于《国际贸易》2019年第4期,第18~27页。

[137] 卢静:《全球经济治理体系变革与中国的角色》,载于《当代世界》2019年第4期,第12~17页。

[138] 董晨君、聂丽、隋明华:《G20与全球经济治理的中国智慧》,载于《当代经济研究》2019年第4期,第62~69页。

[139] 王燕:《全球贸易治理的困境与改革:基于WTO的考察》,载于《国际经贸探索》2019年第4期,第105~116页。

[140] 徐振东:《巴塞尔协议持续改进引领全面风险管理变革》,载于《国际金融》2019年第5期,第29~42页。

[141] 王文、王鹏:《G20机制20年:演进、困境与中国应对》,载于《现代国际关系》2019年第5期,第1~9,33,62页。

[142] 金香丹、廉晓梅:《特朗普政府贸易保护主义政策冲击:中日韩FTA谈判的机遇与挑战》,载于《东北亚论坛》2019年第5期,第92~101,128页。

[143] 刘明、张青青:《G20国家全球治理参与能力测评报告(2019)》,载于《国家治理》2019年第7期,第3~15页。

[144] 李杨、孙俊成:《特朗普政府的贸易保护主义政策——基于政党政治的研究视角》,载于《美国研究》2019年第3期,第43~59,6页。

[145] 王燕:《全球贸易治理的困境与改革:基于WTO的考察》,载于《国际经贸探索》2019年第4期,第105~116页。

[146] 王江丽:《全球绿色治理如何可能?》,浙江大学博士学位论文,2009年。

[147] 孙建东:《金融危机救助研究》,西南财经大学博士学位论文,2013年。

［148］司琳：《国际"碳政治"博弈及中国对策研究》，吉林大学硕士学位论文，2014年。

［149］颜晓敏：《二十国集团对中国能源政策的影响》，复旦大学硕士学位论文，2014年。

［150］徐凡：《G20机制化建设研究》，对外经济贸易大学博士学位论文，2014年。

［151］马腾腾：《二十国集团下发展议程的变迁研究》，外交学院硕士学位论文，2017年。

［152］郭沁心：《世界性权力转移与二十国集团的发展》，上海外国语大学硕士学位论文，2017年。

［153］朱伟婧：《全球经济治理制度性话语权的中国视角研究》，中共中央党校博士学位论文，2018年。

［154］尼古拉斯·维纶：《G20：如何影响全球金融改革议程》，载于《21世纪经济报道》，2016年6月19日。

［155］杨枝煌：《抓住规则演变的战略机遇》，载于《人民日报》2016年8月8日第3版。

［156］何亚非：《从全球治理改革到重塑国际秩序》，载于《第一财经日报》2017年3月20日第A30版。

［157］赵忠秀：《G20贸易协调机制为贸易引擎"加油"》，载于《国际商报》2016年7月11日第A1版。

［158］周子勋：《从G20峰会看全球贸易体系变革》，载于《中国经济时报》2018年11月30日第1版。

［159］张胜：《贸易霸凌正将世界带入险境》，载于《光明日报》2019年5月27日第7版。

［160］章玉贵：《全球贸易体系深层改革分歧的背后逻辑》，载于《第一财经日报》2019年7月1日第A11版。

［161］孙海潮：《英国新首相上任，"民粹主义阵营"更膨胀？》，载于《解放日报》2019年7月31日第8版。

［162］二十国集团：《G20创始公报》，德国柏林，1999年。

［163］二十国集团：《2002年G20财长和央行行长会议公报》，印度新德里，2002年。

［164］二十国集团：《2003年G20财长和央行行长会议公报》，墨西哥莫雷利亚，2003年。

［165］二十国集团：《2004年G20财长和央行行长会议公报》，德国柏林，

2004 年。

[166] 二十国集团：《2005 年 G20 财长和央行行长会议公报》，中国北京，2005 年。

[167] 二十国集团：《2007 年 G20 财长和央行行长会议公报》，南非开普敦，2007 年。

[168] 中国人民大学重阳金融研究院：《G20 机制 20 年：前进、困境与中国应对》，载于《现代国际关系》，2016 年。

[169] Paul A. Samuelson, The Pure Theory of Public Expenditure [J]. *Review of Economics and Statistic*, 1954, 36 (4): 387 – 389.

[170] Governance without Government: *Order and Change in World Politics* [M]. Cambridge University Press, 1992.

[171] Cox R. W. Globalization, Multilateralism and Democracy [M]. Academic Council on the United Nations System, 1992.

[172] Commission on Global Governance. *Our Global Neighbourhood: the Report of the Commission on Global Governance* [M]. Oxford University Press, 1995. pp. 2 – 3.

[173] Clarke J. & Edwards, G. Global *Governance in the Twenty-first Century* [M]. 2004. Springer.

[174] Rosenau J. N. Governance in the Twenty-first Century [M] //Palgrave Advances in Global Governance. Palgrave Macmillan, London, 2009: 7 – 40.

[175] G20 Leaders Statement: The Pittsburgh Summit, http://www.g20.utoronto.ca/2009/2009com-munique0925.html.

[176] The G20 Toronto Summit Declaration, http://www.g20.utoronto.ca/2010/to-communique.html.

[177] Alex Brill and James Glassman, "Who Should the Twenty Be?" [EB/OL], 2012, available at: http://www.aei.org/files/2012/06/14/ – brill-g20-ntu-paper_095940274931.pdf.

[178] Moschella, M., Weaver, C. (Eds.). (2013). Handbook of Global Economic Governance. Routledge.

[179] Kirton J. Growing G20 Governance for a Globalized World [J]. *Global Review*, 2013 (5): 43 – 60.

[180] Morse J. C. and Keohane R. O. Contested Multilateralism [J]. *The Review of International Organizations*, 2014, 9 (4): 385 – 412.

[181] Payne A. Steering into the Great Uncertainty: The G20 as Global Governance [J]. *Caribbean Journal of International Relations and Diplomacy*, 2014, 2 (3):

73 – 85.

[182] Hovi J., Ward H., Grundig F. Hope or Despair? Formal Models of Climate Cooperation [J]. *Environmental and Resource Economics*, 2015, 62 (4): 1 – 24.

[183] Stucki A., Cottagnoud M., Acosta F., et al. Domestic Politics and the Formation of International Environmental Agreements [J]. *Journal of Environmental Economics & Management*, 2017, 81 (1): 115 – 131.

[184] Stucki A., Cottagnoud M., Acosta F., et al. Domestic Politics and the Formation of International Environmental Agreements [J]. *Journal of Environmental Economics & Management*, 2017, 81 (1): 115 – 131.

[185] Liu H. Global Economic Governance. In: Farazmand A. (eds) *Global Encyclopedia of Public Administration, Public Policy, and Governance* [M]. New York, NY: Springer, 2018.

后 记

十多年来，本人和课题组成员始终没有间断对二十国集团（简称"G20"）的关注和研究，也很荣幸得到社会相关方面的支持和帮助，先后出版了《二十国集团国家创新竞争力发展报告》黄皮书、《二十国集团经济热点分析报告》《中国在20国集团中的创新竞争力提升研究》等近10部系列研究著作，产生了积极的社会反响。

2016年11月，由本人作为课题组负责人申报的教育部哲学社会科学研究重大课题攻关项目《二十国集团与全球经济治理研究》（项目批准号：16JZD028）成功获得立项资助。经过三年多的科研攻关，形成的最终验收成果在2020年8月教育部组织哲学社会科学研究重大课题攻关项目结题审核中，通过了专家鉴定，并纳入重大攻关项目成果出版计划。自收到结题验收通过的通知后，本人和课题组成员根据专家鉴定意见并结合最新形势特别是全球抗疫的形势，进一步充实和完善了本书的相关内容，形成了本书最终的研究成果。这份研究成果是集体智慧的结晶，为此，本人向参与本项目研究并做出积极贡献的Tony Heron教授（英）、陈建奇教授、王荧博士、俞姗博士、戴双兴博士、李军军博士、叶琪博士、唐杰博士、黄新焕博士、陈伟雄博士、易小丽博士、白华博士、张宝英博士、郑清英博士、程俊恒博士、陈莹博士表示由衷的感谢。可以说，本书的最终出版凝结了上述各位同仁和同事的智慧和心血。

本书直接或间接引用、参考了其他研究者相关研究文献，对这些文献的作者表示诚挚的感谢。

中国财经出版传媒集团副总经理吕萍、经济科学出版社经济理论分社社长孙丽丽，为本书的出版提出了很好的修改意见，付出了辛苦的劳动，在此向她们表示由衷的谢意。

由于时间仓促，本书难免存在疏漏和不足，敬请读者批评指正。

黄茂兴
2020年10月

教育部哲学社会科学研究重大课题攻关项目成果出版列表

序号	书 名	首席专家
1	《马克思主义基础理论若干重大问题研究》	陈先达
2	《马克思主义理论学科体系建构与建设研究》	张雷声
3	《马克思主义整体性研究》	逄锦聚
4	《改革开放以来马克思主义在中国的发展》	顾钰民
5	《新时期 新探索 新征程——当代资本主义国家共产党的理论与实践研究》	聂运麟
6	《坚持马克思主义在意识形态领域指导地位研究》	陈先达
7	《当代资本主义新变化的批判性解读》	唐正东
8	《当代中国人精神生活研究》	童世骏
9	《弘扬与培育民族精神研究》	杨叔子
10	《当代科学哲学的发展趋势》	郭贵春
11	《服务型政府建设规律研究》	朱光磊
12	《地方政府改革与深化行政管理体制改革研究》	沈荣华
13	《面向知识表示与推理的自然语言逻辑》	鞠实儿
14	《当代宗教冲突与对话研究》	张志刚
15	《马克思主义文艺理论中国化研究》	朱立元
16	《历史题材文学创作重大问题研究》	童庆炳
17	《现代中西高校公共艺术教育比较研究》	曾繁仁
18	《西方文论中国化与中国文论建设》	王一川
19	《中华民族音乐文化的国际传播与推广》	王耀华
20	《楚地出土戰國簡册〔十四种〕》	陈 伟
21	《近代中国的知识与制度转型》	桑 兵
22	《中国抗战在世界反法西斯战争中的历史地位》	胡德坤
23	《近代以来日本对华认识及其行动选择研究》	杨栋梁
24	《京津冀都市圈的崛起与中国经济发展》	周立群
25	《金融市场全球化下的中国监管体系研究》	曹凤岐
26	《中国市场经济发展研究》	刘 伟
27	《全球经济调整中的中国经济增长与宏观调控体系研究》	黄 达
28	《中国特大都市圈与世界制造业中心研究》	李廉水

序号	书名	首席专家
29	《中国产业竞争力研究》	赵彦云
30	《东北老工业基地资源型城市发展可持续产业问题研究》	宋冬林
31	《转型时期消费需求升级与产业发展研究》	臧旭恒
32	《中国金融国际化中的风险防范与金融安全研究》	刘锡良
33	《全球新型金融危机与中国的外汇储备战略》	陈雨露
34	《全球金融危机与新常态下的中国产业发展》	段文斌
35	《中国民营经济制度创新与发展》	李维安
36	《中国现代服务经济理论与发展战略研究》	陈 宪
37	《中国转型期的社会风险及公共危机管理研究》	丁烈云
38	《人文社会科学研究成果评价体系研究》	刘大椿
39	《中国工业化、城镇化进程中的农村土地问题研究》	曲福田
40	《中国农村社区建设研究》	项继权
41	《东北老工业基地改造与振兴研究》	程 伟
42	《全面建设小康社会进程中的我国就业发展战略研究》	曾湘泉
43	《自主创新战略与国际竞争力研究》	吴贵生
44	《转轨经济中的反行政性垄断与促进竞争政策研究》	于良春
45	《面向公共服务的电子政务管理体系研究》	孙宝文
46	《产权理论比较与中国产权制度变革》	黄少安
47	《中国企业集团成长与重组研究》	蓝海林
48	《我国资源、环境、人口与经济承载能力研究》	邱 东
49	《"病有所医"——目标、路径与战略选择》	高建民
50	《税收对国民收入分配调控作用研究》	郭庆旺
51	《多党合作与中国共产党执政能力建设研究》	周淑真
52	《规范收入分配秩序研究》	杨灿明
53	《中国社会转型中的政府治理模式研究》	娄成武
54	《中国加入区域经济一体化研究》	黄卫平
55	《金融体制改革和货币问题研究》	王广谦
56	《人民币均衡汇率问题研究》	姜波克
57	《我国土地制度与社会经济协调发展研究》	黄祖辉
58	《南水北调工程与中部地区经济社会可持续发展研究》	杨云彦
59	《产业集聚与区域经济协调发展研究》	王 珺

序号	书名	首席专家
60	《我国货币政策体系与传导机制研究》	刘 伟
61	《我国民法典体系问题研究》	王利明
62	《中国司法制度的基础理论问题研究》	陈光中
63	《多元化纠纷解决机制与和谐社会的构建》	范 愉
64	《中国和平发展的重大前沿国际法律问题研究》	曾令良
65	《中国法制现代化的理论与实践》	徐显明
66	《农村土地问题立法研究》	陈小君
67	《知识产权制度变革与发展研究》	吴汉东
68	《中国能源安全若干法律与政策问题研究》	黄 进
69	《城乡统筹视角下我国城乡双向商贸流通体系研究》	任保平
70	《产权强度、土地流转与农民权益保护》	罗必良
71	《我国建设用地总量控制与差别化管理政策研究》	欧名豪
72	《矿产资源有偿使用制度与生态补偿机制》	李国平
73	《巨灾风险管理制度创新研究》	卓 志
74	《国有资产法律保护机制研究》	李曙光
75	《中国与全球油气资源重点区域合作研究》	王 震
76	《可持续发展的中国新型农村社会养老保险制度研究》	邓大松
77	《农民工权益保护理论与实践研究》	刘林平
78	《大学生就业创业教育研究》	杨晓慧
79	《新能源与可再生能源法律与政策研究》	李艳芳
80	《中国海外投资的风险防范与管控体系研究》	陈菲琼
81	《生活质量的指标构建与现状评价》	周长城
82	《中国公民人文素质研究》	石亚军
83	《城市化进程中的重大社会问题及其对策研究》	李 强
84	《中国农村与农民问题前沿研究》	徐 勇
85	《西部开发中的人口流动与族际交往研究》	马 戎
86	《现代农业发展战略研究》	周应恒
87	《综合交通运输体系研究——认知与建构》	荣朝和
88	《中国独生子女问题研究》	风笑天
89	《我国粮食安全保障体系研究》	胡小平
90	《我国食品安全风险防控研究》	王 硕

序号	书名	首席专家
91	《城市新移民问题及其对策研究》	周大鸣
92	《新农村建设与城镇化推进中农村教育布局调整研究》	史宁中
93	《农村公共产品供给与农村和谐社会建设》	王国华
94	《中国大城市户籍制度改革研究》	彭希哲
95	《国家惠农政策的成效评价与完善研究》	邓大才
96	《以民主促进和谐——和谐社会构建中的基层民主政治建设研究》	徐 勇
97	《城市文化与国家治理——当代中国城市建设理论内涵与发展模式建构》	皇甫晓涛
98	《中国边疆治理研究》	周 平
99	《边疆多民族地区构建社会主义和谐社会研究》	张先亮
100	《新疆民族文化、民族心理与社会长治久安》	高静文
101	《中国大众媒介的传播效果与公信力研究》	喻国明
102	《媒介素养：理念、认知、参与》	陆 晔
103	《创新型国家的知识信息服务体系研究》	胡昌平
104	《数字信息资源规划、管理与利用研究》	马费成
105	《新闻传媒发展与建构和谐社会关系研究》	罗以澄
106	《数字传播技术与媒体产业发展研究》	黄升民
107	《互联网等新媒体对社会舆论影响与利用研究》	谢新洲
108	《网络舆论监测与安全研究》	黄永林
109	《中国文化产业发展战略论》	胡惠林
110	《20世纪中国古代文化经典在域外的传播与影响研究》	张西平
111	《国际传播的理论、现状和发展趋势研究》	吴 飞
112	《教育投入、资源配置与人力资本收益》	闵维方
113	《创新人才与教育创新研究》	林崇德
114	《中国农村教育发展指标体系研究》	袁桂林
115	《高校思想政治理论课程建设研究》	顾海良
116	《网络思想政治教育研究》	张再兴
117	《高校招生考试制度改革研究》	刘海峰
118	《基础教育改革与中国教育学理论重建研究》	叶 澜
119	《我国研究生教育结构调整问题研究》	袁本涛 王传毅
120	《公共财政框架下公共教育财政制度研究》	王善迈

序号	书名	首席专家
121	《农民工子女问题研究》	袁振国
122	《当代大学生诚信制度建设及加强大学生思想政治工作研究》	黄蓉生
123	《从失衡走向平衡：素质教育课程评价体系研究》	钟启泉 崔允漷
124	《构建城乡一体化的教育体制机制研究》	李 玲
125	《高校思想政治理论课教育教学质量监测体系研究》	张耀灿
126	《处境不利儿童的心理发展现状与教育对策研究》	申继亮
127	《学习过程与机制研究》	莫 雷
128	《青少年心理健康素质调查研究》	沈德立
129	《灾后中小学生心理疏导研究》	林崇德
130	《民族地区教育优先发展研究》	张诗亚
131	《WTO主要成员贸易政策体系与对策研究》	张汉林
132	《中国和平发展的国际环境分析》	叶自成
133	《冷战时期美国重大外交政策案例研究》	沈志华
134	《新时期中非合作关系研究》	刘鸿武
135	《我国的地缘政治及其战略研究》	倪世雄
136	《中国海洋发展战略研究》	徐祥民
137	《深化医药卫生体制改革研究》	孟庆跃
138	《华侨华人在中国软实力建设中的作用研究》	黄 平
139	《我国地方法制建设理论与实践研究》	葛洪义
140	《城市化理论重构与城市化战略研究》	张鸿雁
141	《境外宗教渗透论》	段德智
142	《中部崛起过程中的新型工业化研究》	陈晓红
143	《农村社会保障制度研究》	赵 曼
144	《中国艺术学学科体系建设研究》	黄会林
145	《人工耳蜗术后儿童康复教育的原理与方法》	黄昭鸣
146	《我国少数民族音乐资源的保护与开发研究》	樊祖荫
147	《中国道德文化的传统理念与现代践行研究》	李建华
148	《低碳经济转型下的中国排放权交易体系》	齐绍洲
149	《中国东北亚战略与政策研究》	刘清才
150	《促进经济发展方式转变的地方财税体制改革研究》	钟晓敏
151	《中国—东盟区域经济一体化》	范祚军

序号	书名	首席专家
152	《非传统安全合作与中俄关系》	冯绍雷
153	《外资并购与我国产业安全研究》	李善民
154	《近代汉字术语的生成演变与中西日文化互动研究》	冯天瑜
155	《新时期加强社会组织建设研究》	李友梅
156	《民办学校分类管理政策研究》	周海涛
157	《我国城市住房制度改革研究》	高波
158	《新媒体环境下的危机传播及舆论引导研究》	喻国明
159	《法治国家建设中的司法判例制度研究》	何家弘
160	《中国女性高层次人才发展规律及发展对策研究》	佟新
161	《国际金融中心法制环境研究》	周仲飞
162	《居民收入占国民收入比重统计指标体系研究》	刘扬
163	《中国历代边疆治理研究》	程妮娜
164	《性别视角下的中国文学与文化》	乔以钢
165	《我国公共财政风险评估及其防范对策研究》	吴俊培
166	《中国历代民歌史论》	陈书录
167	《大学生村官成长成才机制研究》	马抗美
168	《完善学校突发事件应急管理机制研究》	马怀德
169	《秦简牍整理与研究》	陈伟
170	《出土简帛与古史再建》	李学勤
171	《民间借贷与非法集资风险防范的法律机制研究》	岳彩申
172	《新时期社会治安防控体系建设研究》	宫志刚
173	《加快发展我国生产服务业研究》	李江帆
174	《基本公共服务均等化研究》	张贤明
175	《职业教育质量评价体系研究》	周志刚
176	《中国大学校长管理专业化研究》	宣勇
177	《"两型社会"建设标准及指标体系研究》	陈晓红
178	《中国与中亚地区国家关系研究》	潘志平
179	《保障我国海上通道安全研究》	吕靖
180	《世界主要国家安全体制机制研究》	刘胜湘
181	《中国流动人口的城市逐梦》	杨菊华
182	《建设人口均衡型社会研究》	刘渝琳
183	《农产品流通体系建设的机制创新与政策体系研究》	夏春玉

序号	书　名	首席专家
184	《区域经济一体化中府际合作的法律问题研究》	石佑启
185	《城乡劳动力平等就业研究》	姚先国
186	《20世纪朱子学研究精华集成——从学术思想史的视角》	乐爱国
187	《拔尖创新人才成长规律与培养模式研究》	林崇德
188	《生态文明制度建设研究》	陈晓红
189	《我国城镇住房保障体系及运行机制研究》	虞晓芬
190	《中国战略性新兴产业国际化战略研究》	汪　涛
191	《证据科学论纲》	张保生
192	《要素成本上升背景下我国外贸中长期发展趋势研究》	黄建忠
193	《中国历代长城研究》	段清波
194	《当代技术哲学的发展趋势研究》	吴国林
195	《20世纪中国社会思潮研究》	高瑞泉
196	《中国社会保障制度整合与体系完善重大问题研究》	丁建定
197	《民族地区特殊类型贫困与反贫困研究》	李俊杰
198	《扩大消费需求的长效机制研究》	臧旭恒
199	《我国土地出让制度改革及收益共享机制研究》	石晓平
200	《高等学校分类体系及其设置标准研究》	史秋衡
201	《全面加强学校德育体系建设研究》	杜时忠
202	《生态环境公益诉讼机制研究》	颜运秋
203	《科学研究与高等教育深度融合的知识创新体系建设研究》	杜德斌
204	《女性高层次人才成长规律与发展对策研究》	罗瑾琏
205	《岳麓秦简与秦代法律制度研究》	陈松长
206	《民办教育分类管理政策实施跟踪与评估研究》	周海涛
207	《建立城乡统一的建设用地市场研究》	张安录
208	《迈向高质量发展的经济结构转变研究》	郭熙保
209	《中国社会福利理论与制度构建——以适度普惠社会福利制度为例》	彭华民
210	《提高教育系统廉政文化建设实效性和针对性研究》	罗国振
211	《毒品成瘾及其复吸行为——心理学的研究视角》	沈模卫
212	《英语世界的中国文学译介与研究》	曹顺庆
213	《建立公开规范的住房公积金制度研究》	王先柱

序号	书名	首席专家
214	《现代归纳逻辑理论及其应用研究》	何向东
215	《时代变迁、技术扩散与教育变革：信息化教育的理论与实践探索》	杨 浩
216	《城镇化进程中新生代农民工职业教育与社会融合问题研究》	褚宏启 薛二勇
217	《我国先进制造业发展战略研究》	唐晓华
218	《融合与修正：跨文化交流的逻辑与认知研究》	鞠实儿
219	《中国新生代农民工收入状况与消费行为研究》	金晓彤
220	《高校少数民族应用型人才培养模式综合改革研究》	张学敏
221	《中国的立法体制研究》	陈 俊
222	《教师社会经济地位问题：现实与选择》	劳凯声
223	《中国现代职业教育质量保障体系研究》	赵志群
224	《欧洲农村城镇化进程及其借鉴意义》	刘景华
225	《国际金融危机后全球需求结构变化及其对中国的影响》	陈万灵
226	《创新法治人才培养机制》	杜承铭
227	《法治中国建设背景下警察权研究》	余凌云
228	《高校财务管理创新与财务风险防范机制研究》	徐明稚
229	《义务教育学校布局问题研究》	雷万鹏
230	《高校党员领导干部清正、党政领导班子清廉的长效机制研究》	汪 曦
231	《二十国集团与全球经济治理研究》	黄茂兴
	……